Paul's Missionary Methods

바울의 선교 방법들

로버트 L. 플러머 · 존 마크 테리 편집
조호형 옮김

기독교문서선교회

기독교문서선교회(Christian Literature Center: 약칭 CLC)는 1941년 영국 콜체스터에서 켄 아담스에 의해 시작되었으며 국제 본부는 영국의 쉐필드에 있습니다.

국제 CLC는 59개 나라에서 180개의 본부를 두고, 약 650여 명의 선교사들이 이동도서차량 40대를 이용하여 문서 보급에 힘쓰고 있으며 이메일 주문을 통해 130여 국으로 책을 공급하고 있습니다.

한국 CLC는 청교도적 복음주의 신학과 신앙서적을 출판하는 문서선교기관으로서, 한 영혼이라도 구원되길 소망하면서 주님이 오시는 그날까지 최선을 다할 것입니다.

Paul's Missionary Methods

Edited by
Robert L. Plummer · John Mark Terry

Translated by
Ho Hyung Cho

Copyright © 2012 by Robert L. Plummer · John Mark Terry
Originally published in English under the title as
Paul's Missionary Methods
by InterVarsity Press,
Translated and used by the permission of InterVarsity Press,
P.O. Box 1400, Downers Grove, IL 60515-1426, U.S.A.

All rights reserved.

Korean Edition
Copyright © 2016 by Christian Literature Center
Seoul, Korea

추천사

김 성 욱 박사
총신대학교 선교대학원 교수

　현재 한국교회의 세계선교는 전 세계교회의 주목을 받고 있다. 130년의 교회역사 가운데 한국교회의 선교적 열정은 과거 1세기 전에 세계선교에 힘썼던 영국교회의 선교와 비교된다. 1910년 '에든버러세계선교대회'가 영국교회를 중심으로 이루어졌다면, 100년 후, '제3차 로잔선교대회'(2010)는 한국교회의 주된 헌신으로 진행되어 이루어졌다.

　'에든버러세계선교대회'(1910)를 100주년 기념하는 선교대회를 한국교회가 중심이 되어 개최하였다는 것은 한국교회가 새로운 미래의 현대 세계선교운동을 이끌고 있다고 볼 수 있다. 이러한 한국교회의 선교를 위해 금번에 번역되어 출판된『바울의 선교방법들』(*Paul's Missionary Methods*)은 심도있는 선교전략서로서 한국교회 선교사역과 선교신학 연구에 크게 기여할 것으로 본다.

　현대 선교의 상황은 더욱 복잡하고 다원주의적으로 전개되기 때문에 효율적인 선교사역에 대한 전략적인 노력과 준비가 절대적으로 필요한 시점이다. 어려운 선교지에서 성공적으로 선교사역을 펼치기 위해 성경적으로 준비된 바울의 선교방법들을 본서를 통해 자세하게 한

국교회에 소개함으로 실제적인 선교사역에 큰 도움이 되리라고 본다.

『바울의 선교방법들』은 일찍이 100년 전에 영국 출신으로 중국에서 사역한 로랜드 알렌(Rolland Allen, 1868-1947)에 의해 『선교방법들: 바울의 선교 또는 우리의 선교』(Missionnary Methods : St Paul's or Ours?, 1912)로 출간되었다. 아직도 그 책은 선교방법의 주요 저서로 사용되고 있는데, 금번에 새로운 신약학자들과 선교학자들에 의하여 이 책에서 다시 바울의 선교방법들이 새롭게 제시된 점이 더욱 귀하다고 본다.

로랜드 알렌은 바울의 선교방법이 철저히 성령에 의존하여 초대 교회가 성공적으로 선교사역을 완수한 점을 강조하면서 현대 교회가 바울의 선교방법들을 추구할 것을 강조하였다. 그리고 현대 선교전략으로 가장 강력하게 제시되는 전문인 선교를 위한 모델로서, 바울의 자비량 선교(텐트메이커 선교)는 한국교회 비즈니스 선교(Business As Mission, BAM)의 확실한 성경적 기초를 제공한다.

이번에 미국에서 박사학위를 마치고 귀국한 조호형 박사에 의해 번역 소개되는 이 책이 한국 선교사역에 큰 역사와 새로운 전문인 선교전략의 개발뿐만 아니라 바울신학과 선교신학을 연구하는 데 귀하게 쓰임받기를 바란다.

한국인 독자들에게 드리는 글

존 마크 테리 박사
미국 남침례신학교 선교학 교수
로버트 L. 플러머 박사
미국 남침례신학교 신약해석학 교수

    수십 년 동안, 우리는 미국과 말레이시아에 있는 여러 신학교에서 신실하고 유능한 한국 학생들을 가르치는 특권을 가져왔습니다. 이곳 미국에서 출판된 『바울의 선교방법들』이 한국어로 번역되어, 한국에 있는 신학자들, 목회자들과 평신도들에게 선교의 이론과 실제를 나눌 수 있게 되어서 더할 나이 없이 기쁘게 생각합니다.

    특별히 우리는 희생적인 수고와 노력으로 이 책이 나올 수 있도록 최선을 다해 준 조호형 박사님에게 진심으로 감사를 드립니다. 부디 이 책이 기독교의 경이적인 부흥을 이룩하고 지금 세계선교에 크나큰 역할을 하고 있는 한국의 현 세대뿐만 아니라, 그 다음 세대에까지 영향을 줄 수 있는 책이 되기를 간절히 바랄 뿐입니다.

편집자 서문

존 마크 테리 박사
로버트 L. 플러머 박사

 선교 전문가이며, 중국 선교사로 헌신하였던 로랜드 알렌(Roland Allen)은 『선교방법들: 바울의 선교 또는 우리의 선교』(Missionnary Methods : St Paul's or Ours?, 1912)를 출판하였다. 100년 뒤인 오늘날 알렌의 책은 선교학의 고전으로 여겨진다. 올해는 그의 책이 출판된 지 100년이 되었기 때문에 여러 질문들을 가지고 그 책에 대해 다시 생각해 보는 것이 적합하다. 과연 그 책이 선교학과 관련하여 어떤 공헌들을 해왔는가? 어떻게 알렌이 신약성경 연구에 영향을 끼쳤는가? 그의 책에서 발견된 가르침들이 오늘날에도 여전히 유효한가? 오늘날 우리가 당면한 선교학적인 질문들과 관심들이 알렌의 시대와 비교했을 때 어떤 면에서 다른가? 우리는 이러한 질문들을 바탕으로 이 책의 내용들을 구상하며 준비하였다.
 우리는 이 책을 크게 두 부분 즉, "바울의 메시지"와 "바울의 선교학"으로 나누었다. 로버트 플러머(Robert Plummer)는 바울의 메시지에 관한 부분을 편집하였다. 그는 신약성경 분야에서 떠오르는 학자이며, 바울서신을 전공하였다.

필자(Terry)는 플러머가 필자의 학생이었다는 사실이 자랑스럽다. 사실 필자는 남침례신학교(The Southern Baptist Theological Seminary)의 석사과정과 박사과정에서 그를 가르쳤다. 지금도 필자가 가르쳤던 선교전략이라는 과목을 수강했던 그가 썼던 바울의 선교전략과 관련된 소논문을 기억하고 있다. 놀랍게도 이후 그는 그 소논문을 논문의 모판으로 삼아, 훌륭한 논문을 완성시켰다. 현재 그는 남침례신학교의 교수로서 재직하고 있다.

플러머가 편집했던 부분에서 각 장의 저자들은 1세기 정황에서 여러 질문들과 함께 바울의 메시지에 초점을 맞추었다. 바울의 복음이 무엇이었는가? 바울은 여러 교회들을 세웠는데, 어떻게 교회 조직들을 계획하였는가? 이 교회들은 복음이 계속 확장되는 데 있어서 어떠한 역할을 하였는가? 바울이 선교활동을 했을 때, 그가 받았던 고난은 어떤 역할을 했는가? 이 책에 글을 기고한 뛰어난 신약학자들은 이러한 질문들뿐만 아니라 다른 여러 궁금한 사항들에 답변하고 있다. 그들은 우선적으로 성경본문 해석에 무게를 두었고, 더 넓은 자료들을 섭렵하면서, 알렌의 주장을 포함시킨다.

이제 필자가 맡은 부분을 설명하려고 한다. 필자가 사랑하는 교수인 칼빈 가이(Calvin Guy) 박사는 남서침례신학교에서 수년 동안 선교학을 가르쳤고, 필자에게 알렌을 소개해 주었다. 그때 이후 필자는 알렌의 저서들에 오랫동안 심취해 왔다. 필자는 아시아와 북미의 학생들에게 알렌의 저작들을 기쁜 마음으로 가르쳐왔다. 필자의 학생들 중 J. D. 페인(J. D. Payne)은 알렌에 관한 논문을 썼고, 이 책의 마지막 부분인 14장에서 페인은 독자들이 알렌의 삶과 사역을 이해하는 데 도움을 주려고 글을 기고하였다.

이 책의 선교학적인 부분은 선교학자들에 의해서 논의되어 중요한 질문들을 다룬다. 사도 바울은 선교전략을 가지고 있었는가? 만일 그렇다면, 그것은 무엇인가? 바울의 전략이 여전히 오늘날에도 적용 가능한가?

이 질문들뿐만 아니라, 더 많은 질문들이 신약성경과 알렌의 책을 참고로 답변될 것이다. 현명하고 날카로운 독자들은 오늘날 제기되는 문제들과 알렌이 실제적으로 얼마나 관련될 수 있는지에 대해 많은 논의들이 개진되고 있다는 것을 알아차릴 것이다. 가령, "내부자운동"[1](Insider movements)에 대한 알렌의 견해를 예로 들 수 있다.

우리는 알렌의 책이 출판된 지 100년이 지났지만, 오늘날에도 여전히 유익하다고 믿는다. 알렌이 중점을 두었던 현지인이 중심이 된 교회들을 세우며, 성령의 능력을 신뢰하고, 토착 사역자들이 교회 내의 토착 신자들을 인도하도록 격려하는 것은 오늘날 너무나 중요하다. 인쇄된 책들은 100년 이후에 남아 있기가 드물지만, 알렌의 저서, 『선교방법들』은 여전히 인쇄 중에 있다. 이것은 알렌의 책이 사도 바울의 선교사역의 원리들을 잘 보여 주기 때문이다.

알렌은 바울의 선교적 접근이 자신이 살았던 당대의 선교사역을 발전시킬 것이라고 믿었다. 우리 역시 오늘날 선교사들이 바울을 닮아야 한다고 믿는다. 알렌은 『선교방법들』을 저술함으로써, 자신이 살았던 시대의 선교사들과 가장 위대한 선교사였던 다소(Tarsus)의 바울을 다시 연결하길 원했다. 우리 역시 우리 시대의 선교사들과 바울 그리고 알렌을 연결하길 간절히 소망한다.

1　내부자운동은 태생적으로 기독교와 이질적인 사회나 종교 공동체에 속하지만 기독교인이라고 스스로 여기는 사람들에게 접근하는 상황화 선교전략이다(http//en.wikipedia.org).

"빚진 모든 분들에게 할 수 없지만, 몇몇 분들에게 꼭 감사의 말을 전하고 싶다." 이전에 비블리카 북스(Biblica Books)에 몸담았던 볼네이 제임스(Volney James)는 우리를 격려해 주었고, IVP 출판사(InterVarsity Press)의 벤 멕코이(Ben McCoy)는 이 책을 편집하는 일에 기쁨으로 동참해 주었는데, 그들에게 감사를 드린다. 우리는 글을 기고했던 각 장의 저자들에게 또한 감사를 드린다. 사실 그들은 우리로부터 재정적인 대가에 대한 어떠한 약속도 받지 못한 채, 글을 쓰기 시작했었다. 그들은 진정으로 이 책을 하나님 나라를 위한 프로젝트로 여겼고, 하늘에 보화를 쌓는 마음으로 동참했다.

초판을 검토해 주고 평가해 주었던 도니 헤일(Donnie Hale), 로드 엘레지(Rod Elledge), 마이크 코스퍼(Mike Cosper), 팀 부커(Tim Beougher), 갈렙 다비스(Caleb Davis), 저스틴 아베크롬비(Justin Abercrombie), 캄미 아베크롬비(Cammie Abercrombie), 루크 브레이(Luke Bray), 사무엘 윌워딩(Samuel Wilwerding) 그리고 필립 반 스틴버프(Philip Van Steenburgh)에게 감사를 드린다. 마지막으로 이 프로젝트를 함께 만들어 낼 수 있도록 기쁨을 주셨던 하나님께 감사를 드린다. 이 프로젝트는 진정으로 사랑의 수고였다.

역자 서문

조 호 형 박사
서울성경신학대학원대학교 외래교수

지난 세기 유사 이래 찾아보기 힘든 기독교의 성장을 경험한 한국 교회는 세계 도처에 한국인 선교사들의 손길이 닿지 않은 곳이 없을 만큼, 선교에도 지대한 영향을 끼쳐왔다. 이제 우리는 더 효과적인 사역과 그에 따른 귀한 열매들을 얻기 위해, 지금까지 행해 온 우리의 선교를 주님의 말씀에 비추어 점검하며, 사역의 현장에서 일어나는 다양한 문제들에 대하여 논의해야 할 때이다.

이런 의미에서 성경의 원리와 현장에서의 실제를 다루고 있는 이 책은 신학자들, 선교사들, 목회자들, 선교를 준비하거나 관심을 갖고 있는 모든 분들에게 유익한 책임이 틀림없다.

이 책은 크게 두 부분으로 나누어진다.

제1부에서는 선교사이자 교회개척자의 모델로서 바울의 메시지에 초점을 맞춘다. 성경신학자들은 1세기 현장에서의 사역을 통하여 직간접적으로 유추할 수 있는 선교방법들의 원리를 제시하고, 오늘날 행해지는 선교를 바라보도록 한다.

제2부에서는 오늘날 선교에서 일어나는 선교의 실제를 다룬다. 전·

현직 사역자들은 선교의 현장에서 자주 논의되는 영적 전쟁, 내부자운동, C5[1] 등 다양한 문제들을 다룬다.

이 책의 두 축인 "원리와 실제"는 약 100년 전 선교역사에 큰 영향을 주었던 로랜드 알렌이 제시했던 "원리와 실제"들과 비교되기 때문에 더욱더 유익하다. 부디 이 책의 모든 유익들을 통하여 부활의 주님을 만나고, 이후의 삶을 전제로 드렸던 바울의 삶이 알렌의 삶에 재현되었던 것처럼, 오늘날 우리 모두의 삶에서 재현되길 간절히 바라는 바이다.

끝으로 추천의 글을 써 주신 김성욱 교수님과 이 책이 번역 출판될 수 있도록 도움을 주신 기독교문서선교회 박영호 사장님께 감사를 드린다.

---

[1] 이슬람 내부자운동의 전략 가운데 하나로 신앙 형태를 C1-C6로 분류한다. 이러한 상황화 이론은 1990년 'C1-C6 스펙트럼'이라는 인도네시아 자바섬 지역 무슬림들을 위한 전략에서 시작되었고, 1998년 소위 6 가지로 상황화된 기독교 공동체로 세상에 알려졌다. 기독교와 이슬람의 혼합적 포용적 세계관은 C5와 C6 공동체에서 발견된다. 내부자운동의 일환으로 기독교와 이슬람의 혼합적 세계관을 가진 계층을 C5로 구분한다. 예수를 구주로 영접한 이슬람교도들로 이루어진 그리스도 공동체를 가리키며, C6은 비밀지하 신자들로 구성된 소규모의 그리스도 중심의 공동체를 의미한다.

기고자 명단

- 리제트 비어드(Lizette Beard)는 미국 남동침례신학교(Southeastern Baptist Theological Seminary)의 박사과정에서 선교학을 공부하고 있으며, 라이프웨이(LifeWay) 연구팀의 연구 프로젝트 담당자이다.
- 미가엘 F. 버드(Michael F. Bird)는 호주 멜버른(Melbourne) 소재 리들리대학(Ridley College)에서 신학을 강의하고 있다.
- 데이비드 J. 헤셀그레이브(David J. Hesselgrave)는 미국 트리니티복음주의신학교(Trinity Evangelical Divinity School)의 선교학 명예교수이며, 복음주의선교학회(Evangelical Missiological Society)의 공동 설립자이다.
- 돈 N. 호웰(Don N. Howell Jr.)은 미국 콜롬비아국제대학교(Columbia International University)에서 신약학 교수로 재직 중이다.
- 크레이그 키너(Craig Keener)는 미국 에즈베리신학교(Asbury Theological Seminary)의 신약학 교수이다.
- 척 로리스(Chuck Lawless)는 남침례교협의회(Southern Baptist Convention)의 국제 선교부 산하 세계신학발전(Global Theological Advance) 부서의 부회장이다.
- 벤자민 L. 머클(Benjamin L. Merkle)은 미국 남동침례신학교(Southeastern Baptist Theological Seminary)에서 신약성경과 헬라어를 가르치는 조교수이다.

- J. D. 페인(J. D. Payne)은 알라바마(Alabama) 버밍햄(Birmingham)에 소재한 브룩힐스교회(The Church at Brook Hills)에서 교회 개척부를 담당하는 목사이다.
- 로버트 L. 플러머(Robert L. Plummer)는 미국 남침례신학교(Southern Baptist Theological Seminary)에서 신약해석학을 가르치는 조교수이다.
- 미가엘 포콕(Michael Pocock)은 미국 달라스신학교(Dallas Theological Seminary)에서 세계선교와 다른 문화들 간의 비교 연구와 관련해서 명예교수로 있다.
- 에크하르드 J. 슈나벨(Echhard J. Schnabel)은 미국 고든콘웰신학교(Gordon Conwell Theological Seminary)에서 신약학을 가르치는 종신 재직권(Mary F. Rockefeller Distinguished Professor)을 보유한 교수이다.
- M. 데이비드 실스(M. David Sills)는 미국 남침례신학교(Southern Baptist Theological Seminary)에서 기독교 선교와 문화 인류학을 가르치고 있으며, 기독교 선교부를 담당하고 있다.
- 크리스토프 W. 스텐쉬케(Christoph W. Stenschke)는 독일 포럼비데네스트(Forum Wiedenest)에서 신약을 강의하고 있으며, 남아공대학교(University of South Africa)에서 객원 교수로 있다.
- 에드 스테처(Ed Stetzer)는 라이프웨이(LifeWay) 연구팀의 선교학자이면서 연구 이사로 근무하고 있다.
- 존 마크 테리(John Mark Terry)는 미국 퍼시픽 림(Pacific Rim)에 있는 신학교의 선교학 교수이며, 남침례신학교(Southern Baptist Theologial Seminary)에서 선교학 객원 교수이다.

목 차

- 추천사(김성욱 박사: 총신대학교 선교대학원 교수) _ 5
- 한국인 독자들에게 드리는 글 _ 7
- 편집자 서문 _ 8
- 역자 서문 _ 12
- 기고자 명단 _ 14
- 약어표 _ 18

제1부 : 신약성경에 나타난 바울

1장 바울이 살았던 시대의 종교적, 역사적인 환경 _ 24
    미가엘 F. 버드(Michael F. Bird)

2장 선교사 바울 _ 43
    에크하르드 J. 슈나벨(Echhard J. Schnabel)

3장 바울의 복음 _ 68
    로버트 L. 플러머(Robert L. Plummer)

4장 바울의 교회론 _ 88
    벤자민 L. 머클(Benjamin L. Merkle)

5장 교회의 선교로서 바울의 선교 _ 116
    크리스토프 W. 스텐쉬케(Christoph W. Stenschke)

6장 고난에 관한 바울의 신학 _ 150
    돈 N. 호웰(Don N. Howell Jr.)

7장 바울과 영적 전쟁 _ 169
    크레이그 키너(Craig Keener)

PAUL'S MISSIONARY METHODS

제2부 : 선교에 끼친 바울의 영향

8장 바울의 선교전략 _ 200
　　데이비드 J. 헤셀그레이브(David J. Hesselgrave)

9장 바울의 전략: 오늘날 우리에게 결정적인가? _ 231
　　미가엘 포콕(Michael Pocock)

10장 바울과 토착 선교 _ 254
　　존 마크 테리(John Mark Terry)

11장 바울과 교회개척 _ 280
　　에드 스테처(Ed Stetzer)와 리제트 비어드(Lizette Beard)

12장 바울과 상황화 _ 313
　　M. 데이비드 실스(M. David Sills)

13장 바울과 리더십 개발 _ 346
　　척 로리스(Chuck Lawless)

후기: 로랜드 알렌의 『선교방법들』 – 백주년을 기념하며 _ 375
　　J. D. 페인(J. D. Payne)

약어표

AB	Anchor Bible
AGJU	Arbeiten zur Geschichte des antiken Judentums und des Urchristentums
Josephus *Ant.*	*Antiquities of the Jews*
Dionysius of Halicarnassus *Ant. Rom.*	*Antiquitates Romanae*
Aristides *Apol.*	*Apology*
Justin *Apol.*	*Apology*
Tertullian *Apol.*	*Apology*
Asc. Isa.	*Ascension of Isaiah*
Suetonius *Aug.*	*Augustus* (*The Twelve Caesars*)
AV	Authorized Version (= KJV)
BECNT	Baker Exegetical Commentary on the New Testament
BBR	Bulletin for Biblical Research
Apollodorus *Bib.*	*Bibliotheca*
CEJ	Christian Education Journal
Origen *Cont. Cels.*	*Contra Celsum*
Lucan *C.W.*	*Civil War*
Hippolytus *Dem. Chr.*	*Demonstratio de Christo et Antichristo*
DNTB	Dictionary of New Testament Background
DPL	Dictionary of Paul and his Letters

EDNT	*Exegetical Dictionary of the New Testament*
EBC	*The Expositor's Bible Commentary*
EJ	*Enrichment Journal*
1 En.	*1 Enoch*
Diogenes *Ep.*	*Epistula*
ESV	English Standard Version
Irenaeus *Haer*	*Adversus Haereses*
Herm	Hermeneia
Polybius *Hist.*	*Histories*
Tacitus *Hist.*	*Historiae*
Eusebius *Hist. Eccl*	*Historia Ecclesiastica*
HCSB	Holman Christian Standard Bible
HolNTC	Holman New Testament Commentary
ICC	International Critical Commentary
Int	*Interpretation*
JPastCare	*Journal of Pastoral Care & Counseling*
Jub.	*Jubilees*
LABC	Life Application Bible Commentary
LCC	Library of Christian Classics
Seneca (the Younger) *Lucil.*	*Epistles to Lucilius*
NASB	New American Standard Bible
NAC	New American Commentary
NIGTC	New International Greek Testament Commentary
NIV	New International Version
NRSV	New Revised Standard Version
NovT	*Novum Testamentum*
NTC	New Testament Commentary (Kistemaker and Hendrikson)
NTM	New Testament Monographs (Sheffield Academic)
Num. Rab.	*Numbers Rabbah*
Dio Chrysostom *Or.*	*Orationes*
Maximus of Tyre *Or.*	*Oratio*
PBM	Paternoster Biblical Monographs

Silius Italicus *Pun.*	*Punica*
1QS	*Serek hayyad / Rule of the Community, Manual of Discipline*
SBJT	*Southern Baptist Journal of Theology*
SGC	Study Guide Commentary
SNTSMS	Society for New Testament Studies Monograph Series
Test. Benj.	*Testament of Benjamin*
TJ	*Trinity Journal*
TNTC	Tyndale New Testament Commentary
WBC	Word Biblical Commentary
Wis.	*Wisdom of Solomon*
WUNT	Wissenschaftliche Untersuchungen zum Neuen Testament

Paul's Missionary Methods

바울의
선 교
방법들

PART 1.
PAUL IN THE NEW TESTAMENT

1부

신약성경에 나타난 바울

1장 바울이 살았던 시대의 종교적, 역사적인 환경
2장 선교사 바울
3장 바울의 복음
4장 바울의 교회론
5장 교회의 선교로서 바울의 선교
6장 고난에 관한 바울의 신학
7장 바울과 영적 전쟁

1장

바울이 살았던 시대의 종교적, 역사적인 환경

미가엘 F. 버드 박사
호주 리들리대학 신학 교수

선교는 "모든 신학의 어머니"라고 처음 말했던 사람이 마틴 켈러(Martin Kähler)이다.[1] 켈러의 말을 증명이라도 하듯이, 로랜드 알렌(Roland Allen)의 저서인, 『선교방법들: 바울의 선교 또는 우리의 선교』(Missionary Methods: St. Paul's or Ours?)은 그 주장을 뒷받침한다. 바울이 가르쳤던 교리들은 대개 그가 직면했던 선교적인 상황에서 나왔다. 따라서 오늘날 행해지는 선교는 바울의 선교방법들과 그 방법들을 뒷받침하는 신학적인 근거에 적합해야 한다.[2] 사실 우리가 바울의 선교방법들에 대하여 알면 알수록, 우리는 바울이 가진 신학에 대하여 더욱더 배우게 될 것이다.

알렌은 또한 바울의 선교적인 노력이 그 당시의 문화적인 상황과 밀접하게 관련되어 있다고 강조하면서 몇 가지를 지적한다.

---

[1] Martin Kähler, *Schriften zur Christologie und Mission* (Munich: Verlag, 1971 [1908]), 190.
[2] Roland Allen, *Missionary Methods: St. Paul's or Ours?* 2nd ed. (Grand Rapids: Eerdmans, 1962), 6-7.

첫째, 바울의 선교사역은 로마의 관할구역이었고, 헬라 문화와 유대교 영향이 있었으며, 상업 활동이 활발했던 일부 지역에서 이루어졌다. 왜냐하면 이 지역들은 더 많은 지역으로 복음을 확장하는 데 있어서 가장 적합했기 때문이다.

둘째, 바울은 어떤 특정 그룹이나 계층만이 아니라, 복음을 듣고 관심을 가진 모든 사람들에게 자신의 노력을 쏟아 부었다. 유대인이었던 바울은 유대교의 교사처럼 여러 도시에 들어갔고, 메시아에 관한 새로운 계시를 설교하였다. 그러나 여기에서 중요한 것은 그렇게 복음을 전할 때, 그는 헬라 시대의 지적인 교양과 세련미가 담긴 용어들을 사용하였다는 것이다.

셋째, 바울이 선포한 복음을 들었던 사람들은 바울과 전혀 다른 세계관을 가졌으며, 악한 영들을 신봉하고, 자신들만의 윤리체계와 종교를 자랑하며, 노예제도를 인정하며, 원형경기장의 경기를 즐겼던 사람들이었다. 바울은 그러한 사람들에게 복음을 전하였고, 그들과 논쟁하였다.[3] 그러므로 어떤 의미에서 바울이 성공적으로 선교를 수행할 수 있었던 것은 자신이 처한 상황을 잘 이해하고, 그것을 잘 이용했던 능력이었다고 볼 수 있다.

바울이 직면했던 선교적인 상황에 관한 알렌의 설명은 약간 짧고, 아돌프 폰 하르낙(Adolf von Harnack)에 비해 약간 부족한 것처럼 보인다. 하르낙은 어떻게 초대 기독교 선교가 성공적으로 이루어졌고, 빠르게 성장했는지 헬라-로마(Greco-Roman) 세계와 관련된 여러 요인들을 아주 세세하게 설명하였다.[4] 종교 사회학자인 로드니 스타크(Rodney Stark)

---

[3] Ibid., 10-37.

[4] Adolf von Harnack, *The Expansion of Christianity in the First Three Centuries*, 2 vols., trans. J. Moffatt (New York: Williams & Norgate, 1904-5) 1:1-39.

또한 사회학적인 연구들을 이용하는데, 기독교 운동의 빠른 성장을 설명하기 위해 면역학(immunology)과 같은 광범위한 요인들을 근거로 설명한다.[5]

이제 나는 바울이 선교를 성공적으로 감당할 수 있었던 그 당시의 유대적, 헬라적, 그리고 로마적인 상황들을 설명하면서 몇 가지의 특징들을 간략하게 설명하려고 한다. 명백하게, 바울이 성공적으로 선교를 할 수 있었던 것은 하나님과 주 예수를 믿는 믿음, 그리고 성령의 역사 때문이었다.

그러나 우리는 동시에 하나님께서 헬라-로마(Greco-Roman) 세계 안에서 사도 바울과 그의 동료들을 통하여 복음을 확장시키기 위해 실제로 사용하셨던 지리학적, 정치적, 문화적, 언어학적인 요소들을 여전히 고려해야 한다. 그러한 접근을 통해 우리는 바울의 선교활동과 관련된 모든 정황들을 더 철저하게 알게 되고, 어떻게 선교사역을 감당할 것인지에 대한 구체적인 그림을 그리게 될 것이라고 나는 확신한다.

1. 바울의 선교와 관련하여 지리학적인 상황

고대 저자들은 자신들이 살고 있는 세계 저 너머에 존재하는 다른 민족, 다른 인종, 다른 나라들에 대해 알고 있었다. 누가는 오순절에 예수를 따르는 갈릴리 사람들이 어떻게 다른 지역의 언어로 말하고 있으며, 또한 어떻게 그들이 "바대인과 메대인과 엘람인과 또 메소보다미아, 유대와 갑바도기아, 본도와 아시아, 브루기아와 밤빌리아, 애굽과

---

[5] Rodney Stark, *The Rise of Christianity: A Sociologist Reconsiders History* (Princeton: Princeton University Press, 1996).

및 구레네에 가까운 리비야 여러 지방에 사는 사람들과 로마로부터 온 나그네 곧 유대인과 유대교에 들어온 사람들과 그레데인과 아라비아인들"(행 2:9-11)의 언어로 하나님을 찬양하고 있는지에 대해 보고한다.

누가는 또한 예수를 따르는 제자들이 "예루살렘과 온 유대와 사마리아와 땅 끝까지 이르러"(행 1:8) 증인이 될 것이라는 말씀을 기록하고 있다. 실제로 이 구절은 사도행전 전체 내용의 전개 방향을 보여 준다. 여기에서 우리는 헬라-로마 세계에 살고 있는 사람들에게 "땅 끝"은 무엇을 의미했는지 질문해야 한다.[6]

로마인들이 생각했던 세계는 기본적으로 아프리카 남쪽에 있는 에디오피아, 동쪽으로는 인도와 신비로운 땅들, 서쪽으로는 스페인과 영국 제도들, 그리고 이탈리아의 북쪽으로는 게르만족 영역의 경계선을 하나로 잇는 지역이었다. 칼라디스(Kallatis)의 데메트리오스(Demetrios), 스트라보(Strabo), 원로회 의원이었던 플리니(Pliny), 알렉산드리아(Alexandria)의 디오니시우스(Dionysius)와 같은 많은 고대 지리학자들은 자신들이 여행 중에 방문했거나, 다른 사람들로부터 전해들었던 민족들과 지역들, 그리고 나라들에 대하여 자세한 이야기들을 기록했다.

이들 중 대부분은 유럽과 아프리카 그리고 아시아를 주요 대륙으로 이해하였다. 주목할 만한 것은 예루살렘이 이 세 대륙의 교차 지점에 위치한다는 것이다! 비록 그 당시 페르시아 저자들은 인도와 중국처럼 동쪽에 있는 나라에서 온 여행자들과 접촉을 했었기 때문에 동방에 대한 지식을 더 많이 가지고 있었다고 하더라도, 고대 로마인들에게 알려진 세계는 사실 그 세 대륙이 전부였다.

주후 1-2세기에 기독교의 폭발적 성장은 복음전도자들이 바로 위

---

6 Eckhard J. Schnabel, *Early Christian Mission* (Downers Grove, Ill.: InterVarsity Press, 2004), 1:455-99를 참조하시오.

에 언급된 많은 지역들로 퍼졌다는 것을 의미한다. 바울이 죽은 지 얼마 되지 않은 시점인, 주후 70년경에 알렉산드리아(Alexandria), 수리아-길리기아(Syria-Cilicia), 구브로(Cyprus), 갈라디아(Galatia), 아시아(Asia), 무시아(Mysia), 마게도냐(Macedonia), 아가야(Achaia), 갑바도기아(Cappadocia), 본도-비두니아(Pontus-Bithynia), 달마디아(Dalmatia), 그레데(Crete), 에데사(Edessa), 그리고 다메섹에까지 유대인 신자들과 이방인 신자들로 구성된 기독교 공동체의 소규모 조직이 존재했었다. 복음은 초대 기독교인들이 알고 있었던 모든 지역에 급속도로 퍼져 나갔다. 그러나 여기에서 멈추지 않고, 복음전도사역은 사도 시대 이후에도 계속되었다.

유세비우스(Eusebius)는 알렉산드리아의 판테누스(Pantaenus)가 주후 2세기 초에 복음전도를 위해 인도로 떠났다고 보고한다.[7] 주후 2-3세기의 기독교는 복음이 여러 지역으로 확장되는 활동 자체를 기독교 메시지로 인정할 정도였다.[8] 이처럼 교회 확장에 대한 노력의 결과로서 주후 2세기 일부 교부들은 심지어 "땅 끝"까지 가야 하는 기독교 사명은 실제로 사도 시대와 바로 그 이후 시대에 성취되었다고 생각할 정도였다. 그만큼 기독교인들은 지중해 도처에 많이 퍼져 있었고, 심지어 바대(Parthian) 지역으로까지 퍼져 있었다.

터툴리안(Tertullian)은 기독교를 맹비난하는 로마 비평가들에게 다음과 같이 말했다.

> 우리(기독교인들)는 아주 오래전부터 있었을 뿐이다. 우리는 이미 너희들의 도시들과 섬들, 그리고 너희들의 군대가 주둔하고 있

---

7 Eusebius *Hist. Eccl.* 5.10.

8 Aristides *Apol.* 2 (Syriac); Justin *Apol.* 1.39; Tertullian *Apol.* 21; Hippolytus *Dem. Chr.* 61; Origen *Cont. Cels.* 3.28; *Asc. Isa.* 3.13-21; cf. 행 26:22-23.

는 야영장, 너희들의 궁전, 원로원과 법정에까지 널리 퍼져 있다. 우리는 오직 너희들의 신전들만 남겨놓았다.[9]

바울은 로마에 있는 이방인 교회들에게 이것을 썼다.

> 그리스도께서 이방인들을 순종하게 하기 위하여 나를 통하여 역사하신 것 외에는 내가 감히 말하지 아니하노라 그 일은 말과 행위로 표적과 기사의 능력으로 성령의 능력으로 이루어졌으며 그리하여 내가 예루살렘으로부터 두루 행하여 일루리곤까지 그리스도의 복음을 편만하게 전하였노라 또 내가 그리스도의 이름을 부르는 곳에는 복음을 전하지 않기를 힘썼노니 이는 남의 터 위에 건축하지 아니하려 함이라 기록된 바 주의 소식을 받지 못한 자들이 볼 것이요 듣지 못한 자들이 깨달으리라 함과 같으니라 그러므로 또한 내가 너희에게 가려 하던 것이 여러 번 막혔더니 이제는 이 지방에 일할 곳이 없고 또 여러 해 전부터 언제든지 서바나로 갈 때에 너희에게 가기를 바라고 있었으니 이는 지나가는 길에 너희를 보고 먼저 너희와 사귐으로 얼마간 기쁨을 가진 후에 너희가 그리로 보내주기를 바람이라(롬 15:18-24).

분명히 바울은 동쪽에서의 사역을 마쳤다고 생각했다. 여기서 "마쳤다"는 것은 그가 많은 주요 도심 지역에 교회들을 세웠다는 것과 그 교회들은 바울 자신이 보여 주었던 복음을 위한 수고를 그 지역 안팎에서 재연할 수 있는 또 다른 교회들을 세웠다는 의미에서다(에베소 지

---

9 Tertullian *Apol.* 37.

역에 있는 교회들이 라오디게아와 골로새 지역에 있는 교회들을 세웠다!).[10] 바울은 예루살렘에 잠깐 방문해서 그곳에 있는 성도들에게 모금한 재정을 전달하고 난 다음, 자신의 선교사역을 서쪽에서도 계속 진행하려고 했다.

방식에 있어서, 바울은 의도적으로 로마 제국의 관할 하에 있으며 유대인들이 모여 있는 공동체가 있는 지역에서 사역을 했다. 바울은 비교적 여행하기에 수월하고 사람들로 북적이는 지중해 동부지역에 있는 해안도시나 그 주변에서 대부분의 사역의 기간을 보낸 듯하다. 그러나 이것 말고 예외들이 있었다.

초창기에 바울은 아라비아(Arabia)와 다메섹(Damascus)에서 사역을 하기도 했다(고후 11:32; 갈 1:17). 그러나 그 이후 그는 동쪽에 있는 로마관할 지역에 초점을 맞추었다. 예를 들어, 누가는 바울과 그의 동료 사역자들이 "무시아 앞에 이르렀을 때, 비두니아로 가고자 애쓰되 예수의 영이 허락하지 아니하였다"(행 16:7)고 우리에게 보고한다.

그때부터 바울은 다메섹과 바벨론(Babylon) 사이에 있었던 헬라 도시 지역이나, 데가볼리(Decapolis)의 북쪽에 위치한 도시들이나, 페트라(Petra)가 위치한 먼 남쪽 지역에 머무를 수 있었고, 바벨론으로 가는 극동 지역에 있는 유대인 공동체에서 사역할 수 있었지만, 오히려 서쪽 그리스로 이동했고, 마침내 이달리야로 갔다. 바울이 서쪽으로 이동했다는 것만으로 좀 더 다른 사실들을 추측할 수 있는데, 스페인으로 가고자 했던 그의 목표는 이사야 66:19에 의해 영향을 받았다는 것을 암시한다.

---

10 다음의 책을 참조하시오. Robert L. Plummer, *Paul's Understanding of the Church's Mission: Did the Apostle Paul Expect the Early Christian Communities to Evangelize?* PBM (Milton Keynes: Paternoster, 2008).

> 내가 그들 가운데에서 징조를 세워서 그들 가운데에서 도피한 자를 여러 나라 곧 다시스와 뿔과 활을 당기는 룻과 및 두발과 야완과 또 나의 명성을 듣지도 못하고 나의 영광을 보지도 못한 먼 섬들로 보내리니 그들이 나의 영광을 뭇 나라에 전파하리라(사 66:19).

비록 서바나(Spain)는 유대인들이 많이 없었고, 헬라어보다 라틴어를 더 사용하였지만, 서바나(=다시스[Tarshish])을 방문하고자 했던 바울의 계획은 이스라엘 포로기의 마지막과 새 창조의 시작을 알리는 이사야 본문의 실현과 관련된다.

실제로 그곳은 열방 중에 있는 유대인과 이방인들에게 그리스도 예수 안에 나타난 하나님의 영광을 선포하고 자신의 사명을 완수하기 위해 방문한 하나의 선교지였던 것이다.[11] 바울은 아마도 스스로를 로마 제국 전역을 돌아다니며 하나님의 영광을 드러내는 서신으로서 인식하였던 것 같다.

2. 바울 선교사역의 헬라-로마 상황

헬라-로마 세계에서 바울의 선교사역과 교회들 간의 네트워크를 수월하게 했던 몇 가지 중요한 요소들이 있다.[12]

앗시리아, 바벨론, 페르시아, 헬라, 그리고 로마 제국들은 계속적으로 고대 근동(Ancient Near East)을 지배했었다. 알렉산더 대제(Alexander

---

11 다음의 책을 참조하시오. Rainer Riesner, *Paul's Early Period: Chronology, Mission Strategy, Theology*, trans. Doug Stott (Grand Rapids: Eerdmans, 1998), 245-53, 305-6.

12 다음의 책을 더 참조하시오. Schnabel, *Early Christian Mission*, 1:557-652.

the Great, B.C. 356-323년)는 이집트, 소아시아, 팔레스타인, 페르시아와 심지어 인도 지역까지 정복하려고 헬라 군대를 이끌고 다녔다. 알렉산더는 헬라 언어, 학문, 문화를 신속히 보급시키려는 목적으로 헬라 도시들을 세워 나갔다. 헬라 문화를 퍼뜨리기 위한 그의 시도는 헬라 언어가 지중해 동부지역의 공용어가 될 정도로 성공적이었다. 물론 동쪽에 있는 모든 사람이 헬라어를 사용했다는 것을 의미하지 않는다(행 21:37). 토착 언어들은 얼마 동안 지속되었을 것이다.

그러나 헬라어는 상업과 정치 그리고 문학과 관련하여 국제적인 통용어가 되었다. 보편적으로 헬라어가 사용되었기 때문에 고대 세계의 다양한 구술 매체와 문서 매체를 통한 사상들과 정보는 더 많은 사람들에게 신속하게 확산되었다. 다소에서 태어났고 헬라어로 말할 수 있는 유대인이었던 바울은 헬라 언어와 관습들을 아주 잘 알고 있었다(행 21:39; 22:3). 그 때문에 그는 지중해 동부 지역에서 사회 종교적인 복잡한 삶을 효과적으로 다룰 수 있었다.

먼저 윤리, 종교와 밀접하게 관련된 헬라 철학은 창조, 신, 종교, 영혼불멸, 최고의 미덕에 대한 사상과 연관되었다. 또한 플라톤 학파, 피타고라스 학파, 에피쿠로스 학파, 스토아 학파의 사상가들은 유대교와 기독교 역시 신성하게 여겼던 본문과 전통을 밀접하게 연관시키려고 했던 초자연적인 실체들에 대하여 질문 하는 데 관심을 가졌었다.

연이은 시민전쟁 이후, B.C. 27년에 결국 로마의 절대적인 통치자가 되었던 아우구스투스(Augustus)의 즉위 이후, 로마 제국의 성향은 현저하게 바뀌었다. 아우구스투스는 제국을 원로원 관할 속주로 재정비했고, 세입 제도를 개혁하기 시작했다. 로마인들은 직접적으로 지방총독을 통하여 각 주를 다스렸다. 그러나 자주 종속국 왕들에게 통치하는 것을 허용했는데, 그 왕들은 로마를 위해 세금을 잘 징수하며, 평화를 유지하도록 힘써야 했다. 로마의 군대는 모든 주에 상주하지 않았지만, 이달리야(Italy), 갈리아(Gaul), 다뉴브(Danube), 시리아(Syria)와 같은 주요 장소에 주둔하였다.

바울은 자주 로마 당국과 지방 당국 사이에 존재하는 알력 가운데 있었고, 로마 수비대에 자주 감금되기도 하였다. 중요하게도, 로마인들은 동전, 비문, 제국 법령, 심지어 시를 통하여 로마의 권력 집권이 신의 힘으로 결정되었다는 신화를 선전하면서, 세상 사람들은 선을 위하여 로마 당국에 묵묵히 복종해야 한다고 가르쳤다(특별히 베르길리우스[Virgil]의 아에네이드[Aeneid]를 보라). 로마인들은 충성스러운 백성들에게 시민권을 수여하였고, 로마 군인의 보호를 받으며, 법적인 제도의 혜택을 누리게 하였다. 그 때문에 바울 역시 로마 시민으로서의 특권을 누릴 수 있었던 것이다(행 16:35-40).

로마인들은 고대 세계에서 여행의 혁신을 일으켰다. 이것은 여행이 "복음을 전파하는 인전대"(transmission belt, 동력을 전달하는 벨트)였기 때문에 너무 중요하다.[13] 로마 시대에 지역을 연결하는 수단들이 많은 방법에서 향상되었다.

첫째, 그나이우스 폼페이우스(Gnaeus Pompeius)는 지중해 동부에서 활동하면서, 선원들을 위협하고, 아프리카로부터 오는 로마의 곡물을 가로채며, 속주들과 의사소통을 중간에서 방해하였던 해적들을 제거하기 위한 캠페인을 B.C. 70-67년에 성공적으로 주도했다.

둘째, 도로와 교량을 건축함으로써 로마인들은 육로를 통하여 여행하기에 안전하고, 이용하기에 편리하도록 하였다.

셋째, 총독들과 지방 당국은 강도들의 위협이 있는 여행 경로들을 지키는 책임이 있었기 때문에, 상인들과 당국 관리들은 여행하는 데

---

13 Schnabel, *Early Christian Mission*, 1:632에서 Reinhold Reck가 인용하였다.

안전하도록 만전을 기하였다. 그래서 로마 시대에는 해상을 통하는 여행이든 육로를 통하는 여행이든지 더욱 안전하고 더욱 빠르게 되었다.

이 시대에는 여행뿐만 아니라 문서 전달에 있어서도 훨씬 더 효과적이고, 신뢰할 수 있게 되었다. 아우구스투스는 심지어 제국 전체에 우편제도를 도입했다.[14] 또한 로마식 공학과 군대 배치 때문에 국제적으로 이동하는 데 있어서 한층 안전하고 신속하게 되었다. 특별히 바울이 팔레스타인, 시리아, 아시아, 그리스, 로마를 지나가야 하는 선교여행 역시 로마의 기간 시설에 의해 설립되고 유지되었던 새로운 도로들 때문에 가능할 수 있었다.

그리스와 소아시아에 있는 도심지는 헬라와 로마 문화의 경계면을 분명히 보여 준다. 고린도와 같은 지역은 퇴역 군인들을 위한 정착촌으로서 재건되었다. 고린도는 헬라어로 기록된 비문들과 라틴어로 기록된 비문들로 가득하다. 그 도시들은 오락을 제공하고 일자리를 제공하였던 신전들, 시장들, 다양한 가게들, 목욕탕, 체육관, 원형경기장으로 즐비하다. 그 도시들에서의 삶은 아주 북적였고, 집단 주택(insulae)이라고 불리는 고층 주택들로 밀집되었다. 초기 기독교 모임들은 아마도 이 집단 주택이나 꽤 넓은 공간을 소유하였던 부유한 교회구성원들의 집에서 있었을 것이다. 바울이 세운 대부분의 교회들은 이렇게 밀집되고 여러 문화가 공존하는 도심지에 세워졌고, 아마도 가정교회들이나 상점, 그리고 계단식 교실에서 만났을 것이다.

헬라-로마 종교는 본질적으로 다신론적이다. 헬라와 로마의 신들뿐만 아니라, 그 지역 신들의 숭배는 동시에 이루어졌다. 로마인들과 헬라인들은 자주 동쪽의 신들을 제우스(Zeus) 또는 주피터(Jupiter)와 같은 기존의 신들과 동일시하면서 자신들의 판테온(pantheon, 기원전 27년에 건

---

14 Suetoniun *Aug.* 49.3.

립된 로마의 수많은 신을 모신 신전)에 포함시켰다. 헬라-로마 세계는 고대 로마와 헬라 종교에서 발전했던 공적인 종교의식과 사적인 종교의식의 혼합물들을 포함하였으며, 신비종교와 같은 근동 종교를 흡수했다. 이것은 자주 점성술과 악령들, 영혼들에 밀접한 관련이 있는 토속 종교의 신념과 결합되었다. 신전들과 사당은 개인적인 장소에서나 공적인 장소에서 보편화 되었었다.

중요하게도, 종교는 개인에게 속하는 개개인의 문제가 아니라, 정치, 다양한 단체, 협회, 축제, 공적인 사건에 영향을 주었다. 지도자들은 그들 자신을 경건으로 지칭하고, 고대 신들과 예식들에 종교적으로 아주 열성적인 모습을 보여 주려고 하였다. 또한 우리는 특히 아시아에서 황제숭배의식이 성행했음을 주목할 수 있다. 여기 아시아 지역에 있었던 에베소 도시와 페르가몬(Pergamum) 도시가 동쪽에서 황제숭배와 관련하여 공식적인 입지를 점하기 위해 경쟁을 했었다. 비록 바울에 의해 개종된 일부의 사람들은 유대교로부터 나왔거나, 유대인들의 삶의 방식에 매료된 "하나님을 경외하는 자들"이었지만, 많은 사람들이 이방 종교를 가졌었고, "우상을 버리고 하나님께로 돌아온"(살전 1:9) 부류였다.[15]

요약하자면, 헬라-로마 세계의 정치, 종교적인 상황은 일반적으로 기독교 전파와 특별히 바울이 선교를 수행 하는 데 이로운 환경을 제공했다는 것이다.

---

15 이것과 관련하여 다음의 글은 아주 유익하다. D. E. Aune, "Religion, Greco-Roman," in *DNTB*, 917-26.

3. 바울의 선교사역의 유대적인 정황

예수는 유대인이었고, 그를 따르는 사람들 역시 모두 유대인이었다. 헬라-로마 세계에서 이방인 선교를 시작했던 사람들도 사도 바울과 같은 유대인 신자들이었다. 각 지역에 유대인들이 흩어져 있었다는 사실과 지중해 동쪽으로 유대교가 유입되었다는 사실은 아주 중요하다. 이 때문에 이스라엘의 메시아와 관련된 복음이 헬라어로 말할 수 있는 사람들과 할 수 없는 사람, 그리고 로마인들에게 퍼지게 된 계기가 되었다.

유대 공동체들은 지중해 분지 도처에 널리 있었고, 로마 제국 인구의 20퍼센트까지 차지하였다. 유대인 디아스포라(Diaspora) 지역은 알렉산드리아, 시리아의 안디옥, 에베소, 고린도, 로마의 주요 중심지에 위치하였다. 유대로부터 멀리 떨어진 이 유대인 공동체들은 끊임없이 이방 사회에서 어떻게 살아야 하는지에 대한 문제에 직면해야 했다. 이방 사회에서 그들은 주변 문화에 동화되지 않고 사회 종교적인 신념을 확실히 가진 소수 민족이었다. 그래서 많은 경우 그들은 문화 수용과 동화의 다양한 형태에 노출되었기 때문에 배교의 시점까지 내몰린 적도 있었을 것이다.

그러나 대부분의 경우, 디아스포라 유대인들은 비록 조상대대로 거주했던 장소로부터 떨어져 살았지만, 자신들만의 유대교 전통, 정체성, 관습을 유지할 수 있었던 것 같다. 회당은 유대인의 사회적, 종교적 삶의 중심지로서 역할을 하였고, 바울과 다른 기독교 전도자들이 유대인 디아스포라의 회당에서 복음사역을 시작했다는 것은 전혀 놀라운 것이 아니다. 로마인들의 눈에 비친 유대인들은 몇 가지 독특한 특징들을 가지고 있었다.

첫째, 유대인들은 한 분 하나님(유일신론)만 예배하는 것으로 유명했는데, 신을 표현하기 위해 만들었던 그 당시의 사람들과 달리 어떠한 형상을 갖지 않았고, 다른 신들에게 제물을 드리는 것(이것은 이교도의 예배에서 중요한 것이었다)도 거부하였다.

둘째, 유대인들은 돼지고기를 금하고 안식일을 지키는 독특한 관습들을 끝까지 고수했다.

셋째, 디아스포라 유대인들은 동족을 돌보는 데 남달랐으며, 정체성이 분명하고 단결된 공동체를 자주 형성했고 다른 인종을 싫어한다고 오해를 받을 정도로 다른 이방 공동체와 접촉을 피하였다.[16]

일부 학자들은 1세기에 이방인들을 유대교로 귀의하도록 하는 유대인들의 적극적인 선교가 있었다고 주장했다.[17] 이 의견에 어느 정도 신빙성이 있고, 실제로 과거 학자들 사이에서 꽤 인기가 있었지만, 유대인들이 이방인들을 향하여 대폭적인 선교활동을 했다는 것에 대해 확실한 증거들이 많지 않은 것 같다.[18] "선교"가 일어났던 것은 상당히 예외적이었고 엄밀하게 돌발적으로 발생했다. 대체로 유대인들의 태도는 이방인들을 찾아 나섰다기보다, 유대교로 귀의한 이방인들을 따뜻하게 맞아주었던 것처럼 보인다.

그 당시 이방인들은 유대교를 꽤나 매력적인 것으로 여겼던 것 같다. 물론 그 당시 이방인들이 유대교에 대해 어떻게 이해했는지, 또한 갈리아부터 갈릴리 지역에 이르기까지 각 지역 사람들의 성향에 따라 달라질 수 있을 것이지만, 그럼에도 몇몇 이방인들이 유대교에 계속

---

16 유대인들의 그러한 태도에 대하여 Tacitus *Hist.* 5.5는 잘 설명하고 있다.
17 이에 대한 최근의 연구를 살펴보려면 다음의 책을 참조하시오. Michael F. Bird, *Crossing Over Sea and Land: Jewish Missionary Activity in the Second Temple Period* (Peabody, Mass.: Hendrickson, 2009).
18 마 23:15와 Josephus *Ant.* 20.17-50을 참조하시오.

관심을 갖도록 했던 몇 가지 매력적인 요인들이 있었다.

① 동쪽의 관습과 의식은 로마 서부 지역에서 특별히 그리스, 이집트, 페르시아에 있는 사람들에게 어느 정도 확실히 관심을 끌만한 무엇인가를 가지고 있었다. 그래서 이방 종교들과 이교도 예배가 자주 유입되었는데, 만일 그러한 것들이 너무 난무하거나, 또는 로마 통치자들이 스스로를 로마 종교 문화의 순수성의 보호자로 자처하고 나섰을 때, 로마 당국은 간헐적으로 이방 종교 지도자들을 쫓아내기도 했었다(아마 행 18:2에 진술된 것처럼, A.D. 49년에 클라우디우스[Claudius]가 로마에 있는 유대인을 추방했던 사건을 예로 들 수 있을 것이다).

아마도 너무 많은 이교도 의식들이 로마에 확산되는 것은 조상대대로 내려오는 관습들과 전통적인 신들을 소홀히 여기도록 했기 때문일 것이다. 로마가 막강한 군사력으로 A.D. 2세기에 파르티아(Parthia)를 정복하고 동쪽으로 더 침투했을 때, 유대교와 같은 종교들이 로마 세계로 흘러들어갔고, 신비적이고 동양의 것들에 관심이 있었던 로마인들은 그러한 것들을 받아들이기 시작했었다.

② 몇몇 이방인들이 유대교에 귀의했던 다른 이유는 유대교가 역사 속에서 아주 오랫동안 존재해 왔기 때문이다. 비록 우리 현대 문화는 과거의 전통적인 것들을 달가워하지 않지만, 고대 세계에서 종교적인 전통이 오래 지속되었다는 것은 그만큼 신뢰할 수 있는 것임을 의미했다.

그런 이유 때문에 요세푸스(Jesephus)는 그의 첫 번째 책, 『아피온 반박』(Against Apion)에서 조상 대대로 내려오는 유대인들의 종교적인 관습을 아주 많은 시간을 들여 확증하려고 했다.

③ 유대교는 기도, 구제, 성일들과 절기들의 준수, 성경의 가르침,

정결법 제도와 같은 관습들을 가졌는데, 고대의 많은 사람들이 보기에 그것들은 따르고 싶을 만큼 귀한 것들이었다. 요즘 우리는 오래된 관습들을 계속 반복하는 것이 의미 없고, 신선미가 전혀 없는 것으로 여길 수 있다.

그러나 고대 사람들에게 그러한 의식은 자신의 경건함을 입증할 수 있으며, 초자연 세계와 교통한다고 여길 수 있는 중요한 장치였다. 그 당시 의식은 신들의 실재를 경험하며, 신들의 자비심을 감지하는 수단으로 여겨졌었다.

④ 유대교는 사람을 치료하고, 악한 마법과 사악한 영들을 물리치기 위해 신에게 간구하는 데 효과적이라고 널리 알려졌었다. 고대 세계에서 마법을 사용하고 점을 치는 주요한 목적은 치료를 행하며, 저주를 퍼붓거나 축복을 하기 위한 것으로서, 신들과 신적인 능력을 마음대로 이용하는 것이었다. 우리는 사도행전에서 이러한 현상을 발견하는데, 바울은 구브로(Cyprus)에서 바예수라 하는 유대인 거짓 선지자인 마술사(엘루마)를 우연히 만났다(행 13:6).

바울은 또한 돌아다니며 마술하는 유대인들을 보았고, 에베소에서 그런 일을 행하였던 스게와의 일곱 아들도 우연히 만났다(행 19:13-14). 이교도들은 귀신을 쫓아내며 다른 마술을 행하는 데 있어서 유대인의 기도와 예배의식이 효과가 있다고 생각했기 때문에 유대교로 개종하였다.

⑤ 유일신론(monotheism)은 고대 세계에서 알려져 있었지만 아주 드문 것이었다. 오히려 단일신론(henotheism, 여러 신들의 존재를 인정하지만, 그것들 중 하나의 신을 최고의 신으로 숭배하는 종교 형태이다)이나 한 신이 다른 신들보다 우위에 있다는 신념이 더 일반적이었다. 그러나 유일신론은 확실히 유대교의 독특한 특징이었다. 이스라엘의 신념의 가장 기본적인 고백은 "우리 하나님 여호와는 오직 유

일한 여호와이시다"(신 6:4)라는 것이었다.

이교도의 사상가들은 천사들과 영들과 같은 중간단계에 있는 존재들까지 수용하며, 단일과 연합을 이끌어내는 유대인의 유일신론은 아주 매력적이었다. 유대인의 예언문학과 변증문학은 또한 우상숭배를 비판하며, 물질로 신상을 만들어 유일신 신앙을 표현하려고 하는 모든 시도들을 배격하는 데 상당히 성공적이었다(사 44장; 지혜서 13장).

⑥ 유대인 공동체의 구성원들은 유대인으로서의 시민과 경제적인 이익을 경험했다. 유대교에 관하여 저술하였던 이교도 저자들의 눈에 비친 유대인들은 사회를 위한 의무를 이행하지 않고서도, 서로를 돌보는 것으로 알려졌었다.[19] 유대인들은 또한 군 복무로부터 면제를 얻거나 황제숭배 의식에 참여하지 않아도 되는 많은 정치적인 특권을 확보했다. 이뿐만 아니라, 그들은 종교, 윤리, 사회생활을 함께 접목하는 독특한 윤리적인 입장을 취했다. 게다가 유대인 공동체는 모든 사람들이 인정할 만큼 정체성과 그들만의 영역이 뚜렷했기 때문에 사회, 정치적으로 더욱 돋보이도록 하였다.

만일 누군가 확고한 정체성을 가지면서도 헬라-로마 지역에 있는 도시에서 살기에 적절한 융통성을 추구한다면, 유대교는 더없이 좋은 매력적인 선택이었다. 대체로 유대교는 하나의 종교로써 또한 하나의 민족성을 나타내는 것으로서 많은 사람들에게 매력적인 삶의 방법을 보여 주었다.

우리는 바울과 같은 기독교 전도자들이 복음전도활동을 시작했던 곳으로서 흩어진 유대인들이 모였던 회당의 중요성을 간과해서는 안

---

19 한 번 더 Tacitus, *Hist.* 5.5.를 보라.

된다. 주로 기도와 토라의 가르침을 위한 장소였던 회당은 학교, 구호단체, 도서관, 숙박시설, 심지어 병원으로서의 많은 역할을 하였다. 회당은 유대인의 삶의 중심이었고, 헬라-로마 세계에서 유대교의 전초기지로서 기능했다.

4. 결론

현대의 선교방법은 사도 바울이 지중해 지역에 교회들을 세우기 위해 복음사역을 감당하면서 보여 주었던 모범적인 예들에서 발견되어야 한다고 로랜드 알렌은 정확하게 주장했다. 선교학적인 방법들을 다시 새롭게 고안할 이유가 없다. 비록 모든 세대가 계속해서 그런 방법을 만들어낸다고 해도, 분명히 얼마 안가서 버리게 될 것이다. 왜냐하면 우리는 바울의 편지들과 사도행전에서 선교학의 이론과 실제를 발전시키기 위한 가장 최고의 원천을 발견할 수 있기 때문이다. 우리는 그렇게 발견된 것을 현 상황에서 어떻게 똑같이 재현할 것인지 생각하면 된다.

우리는 설교해야 하는 우리들만의 광장(agoras, 고대 그리스에서 대중들이 모이는 시장이나 집회 공간을 말한다)과 재판소(Areopaguses, 아테네의 언덕을 의미하며 이곳에 고대 아테네의 최고 재판소가 있었다)가 있다. 우리는 모범적인 모델로서 바울을 맹목적으로 따르는 것이 아니라, 지혜롭게 분별하며 따라야 한다. 중요하게도, 바울처럼 복음사역을 수행할 수 있도록, 우리는 우리 시대의 지리학적, 사회적, 정치적, 종교적, 문화적인 상황들을 잘 다루어야 한다.

선교는 문화가 없는, 가치판단이 없는 진공상태에서 일어나지 않는다. 비록 고대에서 "땅 끝"에 관하여 많은 관점들이 있었다고 해도, 분명히 분명히 사람들이 포함되었을 것인데, 그 모든 사람들에게 도달하기 위한 메시지와 방법은 똑같았을 것이다. 우리 시대의 아프리카, 중앙아시아, 대양주의 지역들, 남아메리카, 그리고 세속적인 유럽에는 예수 그리스도의 복음을 절실하게 들어야 하는 사람으로 가득하다. 바울의 시대에도, 이사야의 시대에도, 그리고 우리의 시대에서조차도 "아름답도다 좋은 소식을 전하는 자들의 발이여"(사 52:7; 롬 10:15)라는 말씀은 사실이다.

2장

선교사 바울

에크하르드 J. 슈나벨 박사
미국 고든콘웰신학교 신약학 교수

바울은 이스라엘이 전통적으로 고대하였던 메시아인 예수와 그를 따르는 사람들을 핍박하였지만, 하나님의 풍성한 은혜를 개인적으로 경험한 후, 세계 곳곳을 다니며 예수 그리스도의 증거자로서 또한 하나님의 대사로서 강하게 체험했던 그 은혜의 복음을 전하였다. 바울의 선교사역은 다메섹 도상에서 십자가에 못 박히고, 부활하여 영광스럽게 된 예수를 예기치 않게 만났던 것과 분명히 관련된다.[1] 우리는 바울이 유대인과 이방인에게 예수 그리스도를 전하도록 부름을 받았던 사

---

[1] Roland Allen은 오직 한 번, 짧게 바울의 소명을 언급한다. "사실 사도 바울은 특별한 환경에서 복음을 전하면서, 특별한 시대에 살았던 특별한 사람이었다. 그는 출생, 교육적인 환경, 소명, 선교사역, 자신이 선포한 복음을 들었던 사람들과의 관계에 있어서, 그 당시 어떤 사람도 누리지 못했던 특혜를 누렸던 사람이다"(Roland Allen, *Missionary Methods: St. Paul's or Ours?* [Grand Rapids: Eerdmans, 2001(1912)], 4). Allen은 그 당시 교회 지도자들과 복음전도자들이 바울을 그러한 특권 때문에 특별한 사람으로 여겼는지는 확실치 않다고 주장한다. 만약 그들이 바울을 특별한 사람으로 여겼다면, 그들은 바울이 선교사역에 대하여 성경이 가르치는 것들을 받아들이기 힘들었을 것이다. "그럼에도 그 당시 시대적인 상황에서 바울이 누렸던 개인적인 특혜들을 우리가 아무리 높게 평가한다고 해도, 우리에게 모범적인 예들을 제시하는 바울의 선교사역을 평가절하 할 수 없다"고 Allen은 설명한다(ibid).

건을 먼저 살펴 볼 것이다. 그 다음에 우리는 부활하신 메시아와의 만남이 어떻게 바울의 선교사역에 영향을 끼쳤으며, 또한 바울이 복음전도자로서의 사명을 어떻게 깨달았는지 알아볼 것이다. 마지막으로 우리는 바울의 선교활동을 살펴 볼 것이다.

1. 바울의 소명

남쪽 갈라디아 지역에 있는 신자들에게 보내는 서신에서 바울은 자신의 과거를 설명하면서, "그의 아들을 이방에 전하기 위하여 그를 내 속에 나타내시기를 기뻐하셨을 때에" 하나님께서 "은혜로 자신을 부르셨다"(갈 1:15-16)고 주장한다.

첫째, 바울은 그의 회심과 소명은 하나님의 주권적인 의지의 결과였다는 것을 강조한다. "은혜"(카리스, charis)로 번역된 용어는 그리스도를 따르는 사람들을 박해했던 바울의 이전의 활동들을 용서하시며(갈 1:13-14), 부활하신 예수를 만난 사람들과 하나님의 대사로 임명된 사람들을 받아들이는 하나님의 호의 또는 하나님의 아낌없는 선물로서 묘사된다(고전 15:5-10). 바울은 예수를 따르는 사람이며 선교사였다. 그것은 자발적으로 복음을 전하고자 했던 개인적인 결심에 의해서가 아니라, 자신의 죄를 용서하시며, 예수의 생애와 죽음, 그리고 부활의 중요성을 확신시키시고, 예수 그리스도의 구원의 메시지를 선포하도록 부르셨던 하나님의 은혜 때문이었다.[2]

---

[2] 바울은 자신의 회심과 소명을 하나님의 선지자들이었던 이사야와 예레미야의 소명과 비슷한 용어로 이해한다는 것을 우리는 주목해야 한다(갈 1:15; 사 49:1; 렘 1:5을 비교하라). 이에 대해 다음의 책을 참고하라. Roy E. Ciampa, *The Presence and Function of Scripture in Galatians 1 and 2*, WUNT 2/102 (Tübingen: Mohr-Siebeck, 1998), 111-12.

둘째, 바울은 하나님의 임명을 하나님의 아들인 예수와 근본적으로 관련된다고 강조한다. 여기서 하나님의 아들이라는 칭호는 "예수와 하나님의 특별한 관계, 왕이자 메시아로서 위치, 하나님의 계획 가운데 특별한 존재, 예수의 출현에 대한 하나님의 밀접한 관여를 내포한다."[3]

셋째, 예수 그리스도께서 "이방에 전하기 위하여" 자신을 임명하였다고 주장한다. "이방"이라는 표현은 인종(유대인이 아닌 이방인)을 의미하거나, 지역(헬라나 로마 지역에 흩어져 사는 유대인을 포함하여, 유대[Judea] 외의 지역들)을 나타내는 용어로 해석될 수 있다.

누가는 바울의 회심에 대하여 보고하는데, 다메섹에 살고 있었던 아나니아가 하나님으로부터 받았던 계시와 관련시켜 설명한다.

> 가라 이 사람은 내 이름을 이방인과 임금들과 이스라엘 자손들에게 전하기 위하여 택한 나의 그릇이라 그가 내 이름을 위하여 얼마나 고난을 받아야 할 것을 내가 그에게 보이리라
> (행 9:15-16).[4]

부활하신 예수가 아나니아에게 준 계시는 바울의 선교사명과 관련하여 네 가지의 강조점을 포함한다.

첫째, 바울은 예수의 "택한 그릇"이다. 이것은 하나님께서 바울을 예수의 손에 들려진 도구가 되도록 선택하였고, 예수가 부여한 목적들을 성취한다는 것을 의미한다.

---

3 Larry W. Hurtado, *Lord Jesus Christ: Devotion to Jesus in Earliest Christianity* (Grand Rapids: Eerdmans, 2003), 107.

4 바울의 회심에 관하여 다음의 책을 참고하라. Dean S. Gilliland, *Pauline Theology and Mission Practice* (Grand Rapids: Baker, 1983), 71-117; Richard N. Longenecker, ed., *The Road from Damascus: The Impact of Paul's Conversion on His Life, Thought, and Ministry* (Grand Rapids: Eerdmans, 1997).

둘째, 회심 이후 바울의 삶의 목적은 이스라엘의 메시아요 구원자로서의 예수에 대한 메시지를 선포하는 것이었다(행 9:15). 바울은 이 메시지를 듣지 못한 사람들에게 예수를 선포하도록 부름 받았다.

셋째, 예수를 선포하는 데 있어서 바울의 초점은 이방인들이었는데, 이들은 다른 신들을 섬기는 사람들이었다. 그렇다고 바울은 이방인에게만 선포했던 것이 아니라, 이스라엘 백성에게도 선포하였다. 바울은 왕들 앞에서까지 복음을 전하며(행 25:23-26:29), 선교사로서의 소명은 유대인들에게도 향하고 있었다(롬 11:13; 15:15-16). 실제로 그는 할례를 받은 사람들이나 그렇지 않은 사람들에게 복음을 전하였다(고전 9:19-23). 누가는 회당에서 사울이 복음을 계속 전했음을 보고한다(행 13:5, 15-41; 14:1; 17:2-4, 10-12, 17; 18:4-5; 19:8).

넷째, 바울이 이방인과 유대인 앞에서 예수 그리스도의 복음을 선포하기 때문에 고난을 받게 될 것임을 나타낸다.[5] 고난 당하시고, 죽으시고, 죽음에서 부활하신 예수를 선포한다는 것은 예수의 증인에게 반드시 나타나게 될 고난을 수반한다.

누가는 바울이 사도행전 22:4-16과 26:9-18에서 자신의 회심을 설명하는 장면을 상세히 기록한다. 그때 바울은 예루살렘과 가이사랴에서 변호 연설을 하였는데, 사용하는 용어에 있어서 그 당시 상황에 맞게 강조점의 차이를 두면서 진술한다.

첫째, 바울은 하나님께서 자신을 택하여 예수를 만나게 하시고 그 입에서 나오는 음성을 듣게 하시고, 예수의 증인이 되게 하셨다고 주장한다(행 22:14-15). 그는 또한 예수가 자신을 종과 증인으로 삼으셨다고 주장한다(행 26:16). 종으로서 바울은 예수가 세상에 있을 때 행하였

---

[5] 바울의 고난에 대해서 다음의 구절들을 보라. 롬 8:35; 고전 4:11-13; 고후 4:7-12; 6:4-10; 11:23-33; 12:10;빌 4:12-13.

던 것을 행함으로써 예수를 돕는다(행 1:1). 증인으로서 바울은 예수에 대하여 보았던 것을 다른 사람에게 전한다. 그 예수는 죽음에서 일어나 하늘의 영광으로 살아서 역사하시는 실재이시다. 마치 열 두 제자가 예수에 의해 보냄을 받았던 것처럼, 바울은 "부활하심을 증언할 사람"으로서 보냄을 받았다(행 1:22).

둘째, 바울은 "모든 사람 앞에서"(행 22:15) 즉 인종과 사회적인 위치와 상관없이 모든 세상에서 예수의 증인이 되도록 임명되었다. 바울은 자신의 동족인 유대인들과 이방인들에게 예수를 선포할 것이라고 주장힌다(행 26:17).

셋째, 바울은 아그립바(Agrippa) 왕에게 유대인과 이방인에게 선포하는 자신의 사명과 메시지가 무엇인지 설명한다(행 26:18). 바울은 십자가에 못 박히고 부활하여 존귀하게 된 메시아이며, 하나님의 약속들을 성취하는 구원자이자 주님인 예수의 실재를 볼 수 있도록 유대인과 이방인에게 복음을 선포한다. 바울은 어둠에서 빛으로, 사탄의 권세에서 하나님께로 돌아오게 하기 위해 유대인과 이방인에게 복음을 선포한다.[6] 바울은 유대인과 이방인이 죄 용서함을 받도록 하기 위해 복음을 선포한다. 이 죄는 하나님의 실재와 그분의 계시를 받아들이는 것 대신에 어둠 가운데 거하는 죄이며, 하나님 대신에 사탄을 섬기는 죄이며, 예수 믿기를 거절하는 죄이며, 다른 신들을 믿는 죄이다. 바울이 선포하는 복음을 듣고 예수를 믿는 사람들은 하나님과 교제하며 하나님의 백성이라는 공동체에 속하게 될 것이다.

선교사역에 대한 바울의 소명은 하나님의 주권적인 인도, 예수를 만

---

6 행 26:18에 나타난 "사명에 대한 진술"은 주의 종은 "이방의 빛"으로서 보냄을 받는다고 기술된 사 42:6을 반영하며, 또한 "암흑이 그 앞에서 광명이 되게 할 것"이라는 사 42:16과 맥을 같이한다.

났다는 사실과 그로 인해 남은 생애에 가장 중심이 된 예수의 권위, 누구에게 보냄을 받았는지에 대한 선교의 대상, 그리고 바울이 선포하는 메시지의 내용과 직결된다. 바울은 특별히 이방인들에게 그리고 또한 유대인들에게까지 보냄을 받은, 주님의 손에 들려 있는 도구였다. 그가 전해야 하는 메시지는 "한 분이신 참 하나님을 믿는 것"과 "죄 용서함을 주며 하나님의 백성으로 포함시키는, 십자가에 못 박히고 부활하신 예수"에 초점이 있었다.

2. 바울의 동기부여

바울이 십자가에 못 박힌 후 부활하셔서 영광스럽게 된 예수 그리스도를 만났을 때, 예수는 바울에게 유대인과 이방인을 위해 죄 용서의 복음을 전하도록 사명을 부여하였다. 이것이 바울이 선교사역을 하는 데 근본적인 동기였다. 바울은 고린도 지역에 있는 신자에게 보내는 첫 번째 서신을 자신이 회심하고 소명을 받은 지 약 20년 후에 기록하였는데, 그는 그 서신에서 다음과 같은 내용을 강조한다.

> 내가 복음을 전할지라도 자랑할 것이 없음은 내가 부득불 할 일임이라 만일 복음을 전하지 아니하면 내게 화가 있을 것이로다 내가 내 자의로 이것을 행하면 상을 얻으려니와 내가 자의로 아니한다 할지라도 나는 사명을 받았노라(고전 9:16-17).

바울의 선교사역은 단순히 개인적으로 좋아서 했던 것이 아니라, 하나님께서 강권적으로 부여하셨고, 하지 않으면 안 되는 사명이었다. 선

지자 예레미야처럼(렘 1:5; 20:9), 하나님께서는 바울을 강권적으로 붙잡
았고, 바울은 하나님으로부터 받은 것들을 해야 했다. 선지자 예레미야
와 달리, "바울은 자신이 부여받은, 저항할 수 없는 소명의 성격을 슬
퍼한다거나 십자가의 복음을 전하는 것 때문에 자신에게 닥칠 고난을
비탄해 하지 않았다."[7]

바울은 사도로서의 직무를 "메시아 예수의 종"(롬 1:1; 빌 1:1)이라는
신분 상태와 관련시킨다. 종이 주인에게 순종하는 것처럼, 바울은 예수
에게 순종한다(종은 헬라어로 둘로스, *doulos*; 라틴어로 세르부스, *servus*이다). 이
것은 바울이 노예의 신분에서 벗어날 날만 손꼽아 기다리면서, 선교사
역을 어쩔 수 없이 했다는 것을 의미하지 않는다. 반대로 종의 신분은
주인의 신분에 의해 결정되기 때문에, 바울은 종으로서의 신분을 존귀
하게 된 예수 그리스도를 전하는 특권으로 간주했다.

실제로 바울은 "온전히 담대하여 살든지 죽든지 내 몸에서 그리스
도가 존귀하게 되길"(빌 1:20) 기대했다. 바울은 "자신에게 사는 것이
그리스도니 죽는 것도 유익하다"고 주장하면서도, 동시에 육신으로
사는 것이 선교사역의 "열매"를 의미한다고 주장한다. 만일 바울이 둘
사이에서 선택해야 했다면, 그는 심각하게 고민했을 것이다.

> 내가 그 둘 사이에 끼었으니 차라리 세상을 떠나서 그리스도와
> 함께 있는 것이 훨씬 더 좋은 일이라 그렇게 하고 싶으나 내가
> 육신으로 있는 것이 너희를 위하여 더 유익하리라(빌 1:21, 23-24).

---

7   David E. Garland, *1 Corinthians*, BECNT (Grand Rapids: Baker, 2003), 424. Garland는 바울은 자신이 당한 고난에 대해 슬퍼하지 않았으며, "오히려 다른 사람들에게 그리스도의 삶을 알리는 무엇인가로서 고난을 받아들였다"고 강조한다.

바울은 교회들을 섬기면서 예수 그리스도를 계속해서 섬길 때, 그는 "그들의 믿음의 진보와 기쁨을 위하여 그들 무리와 함께 거하였다"(빌 1:25). 하나님의 부름으로 바울은 유대인과 이방인 앞에서 예수 그리스도의 증인이 되는 임무를 받았지만, 동시에 다른 요인들도 바울에게 작용하였다. 그것들은 다음과 같다.

① 그리스도를 위해 유대인과 이방인을 얻고자 결심 한 마음
(고전 9:20-23)
② 자신의 동족인 유대인의 구원을 위한 간절한 바램(롬 9:2-3)
③ 믿음 안에서 신자들이 더욱더 성장하기를 바라는 마음
(롬 1:11; 빌 1:8-11; 4:1)
④ 하나님의 능력에 대한 관심(고전 1:18; 2:5)
⑤ 성령의 실재(고전 2:4; 고후 3:8; 갈 3:3, 5; 5:25; 엡 6:17; 빌 1:19; 살전 1:5)
⑥ 예수가 보여 주신 모범(빌 2:5-11)
⑦ 성경에서 설명되는 아브라함과 다른 사람들의 모범(롬 4:12; 고전 10:6, 11)
⑧ 과거 경험들(행 15:37-38; 고전 3:10, 13-15을 9:1과 비교; 고전 15:10)
⑨ 꿈과 계시를 통한 신적인 인도(행 16:6-10; 18:9-11; 22:17-21)
⑩ 동료 사역자들과 상의(행 16:10)[8]

---

8 Allen은 "The Training of Converts"라고 제목이 붙여진 부분에서 믿음 안에서 진보를 강조한다(Allen, *Missionary Methods*, 81-107). 또한 그는 반복적으로, 강력하게 바울의 선교사역이 성공할 수 있었던 원인으로써 성령의 능력을 강조한다(Allen, *Missionary Methods*, 16, 25, 28, 48, 76, 91, 93-95, 113, 124, 131, 142, 121, 146-47, 149-50, 152 참조). 그는 12장 "Principles and Spirit"에서 다음과 같은 문장으로 끝을 맺는다. "우리는 단순히 사람들과의 관계만을 가지고 있지 않다. 무엇보다도 우리는 성령에 관계가 있다. 모든 종류의 체제, 형태, 보호 수단으로 할 수 없는 것들을 성령은 할 수 있다. 우리가 성령을 믿을 때, 우리는 복음을 듣는 사람들이 예수 그리스도를 믿도록 가르칠 것이다. 또한 그들이 예수 그리스도를

3. 바울이 설명하는 선교적인 임무

고린도전서의 두 본문에서 바울은 자신의 선교사역에 대하여 광범위하게 설명한다.[9] 고린도전서 3:5-15에서 바울이 자신의 선교적인 사명을 어떻게 이해하고 있는지 일곱 가지의 특징들을 발견할 수 있다.

① 바울은 자신을 종(헬라어로 디아코노스, *diakonos*; 라틴어로 "하인"를 뜻하는 파물루스, *famulus*)으로서 이해한다. 다른 선교사들, 복음전도자들, 교사들 또한 종이었기 때문에, 그는 좀 더 높은 명성을 얻기 위해 노력한다거나 교만할 이유가 전혀 없었다. 바울에게 있어서 선교사역은 개인적인 영광과 신분이 아니라, 하나님의 명령을 행하는 것이었다.[10]

② 하나님은 선교사역의 주님(퀴리오스, *kyrios*)이시다. 하나님은 자신의 종들인 "조력자들"의 사역을 인도하는 주인이시다. 다시 말해, 하나님께서는 종들에게 다양한 임무들을 부여하시고, 그들이 그 임무들을 잘 수행하도록 다양한 재능들을 선물로 주셨다.

③ 한 그루의 나무처럼 교회를 "심는" 선교사와 개척된 교회나 기존의 교회에 들어온 새 신자들에게 "물을 주는" 교사는 동일한 임무에 참여한다. 즉 그들 모두는 주님을 의지하며, 공동의 목적을 가

믿을 때, 그들은 모든 어려움과 위험을 직면할 수 있을 것이다. 그 어려움과 위험은 우리의 믿음의 정당함을 증명할 것이다. 성령은 예수를 믿는 우리의 믿음이 정당하다는 것을 증명할 것이다. '이것이 세상, 그리고 우리의 믿음조차 정복하는 승리이다'"(150).

9 더 자세한 주해를 살펴보려면 다음의 책을 보라. Eckhard J. Schnabel, *Paul the Missionary: Realities, Strategies and Methods* (Downers Grove, Ill.: InterVarsity Press, 2008), 130-37. 안타깝게도 Allen은 이 중요한 설명을 논의하지 않는다.

10 Andrew D. Clarke, *Secular and Christian Leadership in Corinth: A Socio-Historical and Exegetical Study of 1 Corinthians 1-6*, AGJU 18 (Leiden: Brill, 1993), 119-20.

지고 있기 때문에 "하나"이다.

④ 개척 선교사인 바울은 십자가에 못 박힌 후 부활하여 존귀하게 된 메시아의 구원의 메시지를 선포하며 "터를 닦는" 임무를 가진 사람으로서 교회들을 세웠다. 이 메시아는 유대인과 이방인의 죄를 용서하시며, 하나님과 화해를 가져오고, 죄를 회개하는 사람들의 삶을 변화시켰다. 여기에서 "터"는 십자가에 못 박힌 메시아 예수 그리스도를 가리킨다(고전 1:23; 2:2). 십자가에 못 박히고 부활한 예수에 대한 초점은 복음전도의 선포의 내용이자 교회의 기초이며, 교회성장의 진정성을 측정하는 기준이 된다.

⑤ 선교사역의 긍정적인 결과는 오직 하나님의 능력 때문이다. 다시 말해, 오직 하나님께서 성장하게 하시고, 복음 선포가 효과적이도록 하신다.

⑥ 선교사역의 결과로 나타나는 교회들은 엄밀하게 선교사의 것이 아니다. 교회는 "하나님의 밭이요 하나님의 집"(고전 3:9)이기 때문에 하나님의 것이다.

⑦ 하나님께서 선교사들에게 사명을 주셨기 때문에, 선교사들은 하나님께 충성해야 하는 책임이 있다. 오직 하나님께서만 무엇이 성공인지 결정하신다. 하나님께서 각 선교사와 설교자 그리고 교사의 사역에 따라 수여하는 "상"이 있다는 것을 바울이 지적하는 것처럼 보이지만, 그는 상에 관한 차이에 대하여 자세하게 설명하지 않는다. 교회의 설교자들과 교사들은 예수 그리스도라는 "터" 위에 세우는 방법에 대해 책임이 있을 뿐이다. 그들의 신학적인 관점들, 중요한 우선순위들, 동기들, 방법들은 예수의 죽음과 부활의 실재에 분명하게 기초하고 한다. 십자가에 못 박히고 부활한 예수 그리스도에 초점을 두고 사역한 선교사들과 교사들

은 마지막 날에 있을 불 심판을 두려워할 필요가 없다. 그러나 십자가에 못 박히고 부활한 구원자에 대한 메시지를 내버려두고 다른 문제들에 초점을 맞춘 사람들은 마지막 심판의 때에 "해를 받을"(고전 3:15) 것이다.

고린도전서 9:19-23에서 바울은 선교사역의 일곱 가지의 아주 중요한 요소들을 명확히 서술한다.

① 선교사역에서 가장 기본적인 것은 선교사들은 메시지를 듣는 사람이 누구인지 심각하게 고려해야 한다는 것이다. 바울은 "듣는 사람들이 누구인지 심각하게 고려하지 않고 복음을 전할 때, 그들은 분명히 듣지 않을 것"이라는 사실을 잘 알고 있었다.
② 바울은 듣는 사람들에게 눈높이를 최대한 맞추려고 하였다. 바울의 행동은 듣는 사람들이 필요로 하는 것과 관련이 있었다. 이것은 바울이 복음을 가지고 접촉하려고 하는 사람들과 함께 생활한다는 것을 의미한다.
③ 바울은 복음을 선포할 때, 어떤 특정한 부류를 배제하지 않았다. 그는 인종적인 배경, 사회적인 위치 또는 남녀 상관없이 모든 사람에게 복음을 전하는 데 책임을 다하였다. 그는 유대인과 이방인, 그리고 자유인이나 종들에게 복음을 전했다.
④ 선교적인 적응(missionary accommodation)과 관련하여 바울은 미리 어떠한 제약을 두지 않았다. 그는 여러 사람에게 "여러 모습"(고전 9:22)이 되었다. 유대인 중에서 그는 유대인으로서 살았고, 이방인 사이에서 이방인으로 살았다(물론 이방인들이 자주 범하였던 죄악 된 행동들에는 전혀 관여하지 않았다).

⑤ 바울은 더 많은 사람들을 얻기 위해 끊임없이 복음을 전하였다.
⑥ 바울의 선교사역의 목적은 사람들을 얻는 것이고, 죄인들을 구하는 것이었는데, 그로 인해 그들이 구원을 받고 하나님의 백성에 들어오도록 하기 위해서였다.
⑦ 바울의 행동의 기준은 실용적인 효과가 아니라, 복음 그 자체였다. "내가 복음을 위하여 모든 것을 행함은 복음에 참여하고자 함이라"(고전 9:23). 십자가에 못 박히고 부활한 예수 그리스도의 복음이 선교적인 적응의 범위와 한계를 결정하였다.

4. 바울의 선교활동

교회 전통은 오랫동안 사도 바울이 세 번의 "선교여행"을 했을 것이라고 쉽게 생각해 왔지만, 바울서신들과 사도행전에 나타난 선교사역에 관한 설명들을 면밀히 들여다보면, 우리는 바울의 선교활동을 16단계로 구분하게 될 것이다.[11]

1) 다메섹(Damascus, A.D. 32년)[12]

바울은 회심이후, 예루살렘으로 다시 돌아가기 전(갈 1:17; 행 9:23-26), 예수는 하나님의 아들이며, 이스라엘의 약속된 메시아(행 9:20, 22)라

---

11 Allen은 2장 "Strategic Points"에서 바울의 선교사역에 대하여 자세히 기술하지 않았다(Allen, *Missionary Methods*, 10-17).
12 이 연대는 바울의 회심이 예수의 십자가와 부활 사건이 있은 지 2년 뒤인, A.D. 31/32년에 일어났다는 것을 가정한다. Rainer Riesner, *Paul's Early Period: Chronology, Mission Strategy, Theology* (Grand Rapids: Eerdmans, 1998), 64-74.

고 설명하면서, 곧바로 다메섹에 있는 회당들에서 복음을 전하였다(행 9:19-22). 다메섹에 있는 유대 공동체는 바울을 체포하기 위해 아레다 (Aretas) 4세의 지방 관리와 협력했다(고후 11:32)는 사실은 다메섹에 있는 유대인들이 바울의 활동을 위협으로 생각했다는 것을 증명한다.

이것은 또한 다메섹에 있는 회당에서 바울의 복음전도가 상당한 성공을 거두었다는 것을 함축한다. 왜 바울은 선교사역을 다메섹에서 시작했을까? 이에 대한 대답은 간단하다. 바울은 예수를 믿고 회심한 이후, 다메섹에 있었다. 그가 유대인과 이방인을 위해 예수의 증인이 되도록 하나님의 소명을 받았을 때, 그는 하나님께서 자신에게 주신 임무를 그가 있었던 바로 그곳에서 수행했던 것뿐이다.

2) 아라비아(Arabia, A.D. 32/33년)[13]

바울은 갈라디아서 1:17에서 회심 이후 예루살렘에 있는 사도들과 먼저 상의하지 않고 나바테아(Nabatea)라고 불리는 아라비아로 가서 복음을 전했는지 그 이유를 설명한다. 바울은 고린도후서 11:32-33에서 다메섹에 있는 아레다 왕의 고관이 자신을 체포하려고 했다는 것을 상세히 설명한다(행 9:23-25 참조).

이 사실은 바울이 광야에서 기도하기 위해 아라비아에 있었던 것이 아니라, 나바테아 지역(아마도 셀라이마[Selaima], 샤봐[Shahba], 카나타[Kanatha], 소아다[Soada], 보스트라[Bostra], 게라사[Gerasa], 필라델피아[Philadelphia], 주요도시였던 페트라[Petra]를 포함하여 다른 도시들)에 복음을 전하기 위해 머물렀었다는

---

13 Martin Hengel, "Paul in Arabia," BBR 12 (2002): 47-66; Eckhard J. Schnabel, *Early Christian Mission* (Downers Grove, Ill.: InterVarsity Press, 2004), 2:1032-45; 바울의 선교사역에 대한 다음의 단계들을 위해서 다음의 책들을 보라. Schnabel, *Early Christian Mission*, 1045-1292; Schnabel, *Paul the Missionary*, 60-122, 258-85.

것을 암시한다. 아라비아가 다메섹에 인접한 지역이었기 때문에 바울은 그곳에 가서 유대인과 이방인에게 다가갔다.

또한 유대인은 나바테아인들을 아브라함의 아들인 이스마엘의 후손으로 여겼다. 또한 히브리 성경을 헬라어로 번역하였던 사람들은 나바테아인들을 이스마엘의 열 두 아들 중 장자였던 느바욧의 후손들로 여겼다.[14] 에서의 자손들인 이두매인은 존 히르카누스(John Hyrcanus, B.C. 135/34-104년)에 의해 유대교로 강제 개종을 당했기 때문에, 유대인들은 에서의 자손들보다 아랍 나바테아인들을 비록 이방인이었지만, 여전히 가장 가까운 친척으로 여겼을 것이다.

3) 예루살렘(Jerusalem, A.D. 33/34년)

아라비아와 다메섹에서 복음을 전하다가 어쩔 수 없이 떠나게 된 바울은 3년 전, 교회의 박해자로서 왕성하게 활동하였던 예루살렘으로 돌아갔다. 바울은 신자들의 모임뿐만 아니라 각 회당에서 복음을 전하였다. 2주 후, 그는 거센 반대에 부딪히게 되었고, 더 머무르고 싶었지만 예루살렘을 떠날 수밖에 없었다(행 9:26-30; 22:17-21; 갈 1:18-19).

4) 수리아와 길리기아(Syria and Cilicia, A.D. 34-42년)[15]

바울은 가이사랴(Caesarea)를 경유해서 다소(Tarsus)에 갔다(행 9:30). 이

---

14 창 25:13; 28:9; 36:3; 대상 1:29을 보라.
15 누가와 바울이 지역들을 언급한다는 사실이 "바울에게 중요한 구성단위가 도시(city)보다도 지역(province)이었다는 것" 그 자체를 증명하지 않는다(Allen, *Missionary Methods*, 12). 만약 선교사가 도시와 도시에 속한 마을에 살고 있는 사람들에게 먼저 이르지 않는다면, 지역을 복음화 시키는 것은 불가능하다.

곳은 자신의 고향이었고(행 21:39; 22:3), 1세기 전체 기간에 걸쳐 수리아 지방의 로마 총독이 다스렸던 길리기아 지방의 대도시였다. 바울은 수리아와 길리기아 지역에서 복음을 전하였고, 이것은 유대의 교회들에 알려졌다(갈 1:21-24). 바울은 확실히 다소에서 선교사역에 열중했고, 동시에 안디옥 근처에 있는 도시들에서도 교회들을 세워나갔다(행 15:41).

이러한 사실은 사도 공의회가 끝나갈 무렵 작성된 서신이 안디옥과 수리아, 그리고 길리기아에 있는 이방인 신자들에게 보내어졌다는 것을 통해 알 수 있다(행 15:23). 바울이 선교사역을 하였던 이 기간에 대하여 비록 우리가 자세한 정보를 가지고 있지 않더라도, 약 10년 동안 지속되었을 것이다. 왜 바울은 수리아와 길리기아에서 복음을 전하며 교회들을 세웠을까?

이에 대한 대답은 간단할지 모른다. 다소는 그의 고향이며, 그곳엔 아마 친척들과 친구들이 살고 있었을 것이다. 바울은 다소에서 태어났기 때문에, 이전에 아라비아와 다메섹 그리고 예루살렘에서 어쩔 수 없이 내쫓김을 당했던 것과 같은 반대에 부딪히지 않았을 것이다. 또한 다소는 안디옥의 북쪽 지역에서 가장 중요한 도시였고, 유대인 공동체가 있었으며, 교통의 중심지였다.

5) 안디옥(Antioch, A.D. 42-44년)

바나바는 수리아 지역의 수도이며 로마 제국에서 세 번째로 큰 규모의 안디옥에서 선교와 목양사역을 돕도록 바울을 불렀다(행 11:25-26; 행 13:1). 안디옥에 있는 교회는 A.D. 31/32년에 스데반 집사의 죽음과 더불어 일어났던 박해로 인해 예루살렘을 떠났던(행 11:19-24), 헬라어를 말하는 유대인 신자들에 의해 세워졌었다.

바울은 바나바의 요청을 받아들였다. 아마 이후에 고린도, 에베소, 그리고 지중해 동부에서 그랬던 것처럼, 길리기아에서도 바울은 자신이 기대했던 선교사역의 결실을 얻었기 때문인데, 바울이 세웠던 공동체들은 아마도 의존적이지 않고 독립적이었을 것이다.

바나바는 바울을 동등한 권리를 가진 선교사로서 인정했었고, 안디옥 교회에 그의 도움이 절실히 필요하다고 설득했을 것이다. 실제로 수리아 지역의 수도였던 안디옥의 상황은 대체로 비판적인 사람들이 많았기 때문에, 성경에 능통하며, 강력하게 논쟁하는 능력과 결단력을 가지고 있을 뿐만 아니라, 성장하는 조직을 이끌 수 있는 지도력을 겸비한 바울의 도움이 절실하였을 것이다.[16]

6) 구브로(Cyprus, A.D. 45년)

바울은 바나바와 요한 마가와 함께 안디옥에서 구브로의 동쪽 해안까지 이동했고, 살라미와 해안가에 있는 여러 도시들(아마 키티온[Kition]과 아마투스[Amathus]), 그리고 수도였던 바보(Paphos)에 있는 회당에서 복음을 전하였다(행 13:4-12).

누가는 유대인 마술사와의 만남과 구브로 지방의 총독 서기오 바울의 회심을 상세히 설명한다. 바울과 바나바는 구브로에 갔는데, 아마 바나바가 구브로 사람이었고(행 4:36), 박해와 더불어 예루살렘을 떠나왔던 헬라어를 말하는 유대인 신자들은 바나바를 알고 있었을 뿐만 아니라, 그가 구브로에서 활동하고 있었기 때문이 었을 것이다(행 11:19). 바울과 바나바는 아마도 그 지역에 있는 여러 도시에서 선교사역이 견

---

16 Martin Hengel and Anna Maria Schwemer, *Paul Between Damascus and Antioch: The Unknown Years*, trans. John Bowden (Louisville: Westminster John Knox, 1997), 179-80, 218.

고하게 되고, 확장하기 원했을 것이다.

7) 남 갈라디아(Southern Galatia, A.D. 46-47년)

바울은 비시디아 안디옥, 이고니온, 루스드라, 더베에서 복음을 전하였고 여러 교회들을 세웠다(행 13:14-14:23). 그는 지역 회당에서 설교하였고, 이방인들 앞에서 복음을 전하였고, 교회들을 세웠으며, 그곳에 장로들을 임명함으로써 교회들을 굳건히 했다(행 14:22-23).[17] 왜 바울은 밤빌리아 지역의 수도인 버가와 밤빌리아와 비시디아에 있는 다른 큰 마을들을 지나서, 바보에서 약 1,000명이 거주했던 비시디아 안디옥으로 곧바로 갔을까?[18]

아마도 바울은 말라리아에 걸렸었기 때문에 아나톨리아 평원(Anatolian plateau, 옛날의 소아시아, 지금은 터키)에 위치한 비시디아 안디옥으로 이동했을지 모른다.[19] 바울이 비시디아 안디옥으로 이동했던 또 다른 이유를 추측할 수 있다. 바보에서 회심하였던 구브로의 총독 서기오 바울(행 13:12)은 비시디아 안디옥에 살고 있는 가족들이 있었으며, 중앙 아나톨리아에 있는 갈라디아 지방에 있는 베티수스(Vetissus, 지금의 에미르러[Emirler])의 지역에 토지들을 소유하였던 세르기 포올리(Sergii Paulli)

---

17 비시디아 안디옥에 있는 회당에서 바울이 했던 설교를 주목해서 읽어보라(행 13:16-41). 루스드라에서 바울은 이방인들에게 복음을 전하였는데, 그들은 "나면서부터 걷지 못하게 되어 걸어 본 적이 없는 사람"을 고친 사건 때문에 바울과 바나바에게 제사를 드리며 의식을 행하려 하였다(행 14:15-17).

18 Barbara Levick, *Roman Colonies in Southern Asia Minor* (Oxford: Clarendon, 1967), 93-94. 버가의 극장은 14,000명이 관람할 수 있었고, 비시디아 안디옥의 극장은 5,000명이 앉을 수 있는 공간이었다.

19 갈 4:13에서 바울은 "육체의 약함으로 말미암아" 갈라디아 지역에 가서 복음을 전하였다고 진술한다. F. F. Bruce, *Commentary on Galatians*, NIGTC (Grand Rapids: Eerdmans, 1982), 208-9.

의 가족이었다.[20]

그래서 서기오 바울은 바울이 그곳에 가서 머물 수 있도록 개인적으로 소개장을 써주면서 비시디아 안디옥에서 선교사역을 행할 수 있도록 도왔을 것이다.[21]

8) 밤빌리아(Pamphylia, A.D. 47년)

바울은 밤빌리아의 수도였던 버가에서 복음을 전하였다(행 14:24-25). 비록 누가는 바울이 복음을 전할 때, 회심이 일어났다거나 교회가 세워졌다는 언급을 하지 않지만, 회심과 교회개척은 분명히 일어났을 것이다. 왜냐하면 누가는 일어났던 사건에 대하여 선택적으로 기술하고 있으며, 비록 버가에서 바울이 "말씀"을 전했다고 짧게 언급되지만, 이 표현만으로도 사람들이 복음을 듣고 예수를 믿음으로 반응했다는 것을 충분히 제안하기 때문이다.

9) 마게도냐(Macedonia, A.D. 49-50년)

수리아에 있는 안디옥 방문과 예루살렘 공의회이후 바울은 아시아와 본도 비두니아의 지방에서 선교사역을 계획했다(행 16:6-7). 그는 소아시아에서 유럽으로 횡단하였고 마게도냐에서 복음을 전하였다(행

---

20 Sergii Paulli와 비시디아 안디옥의 관계는 가장 최근의 설명을 참조하라. Michel Christol and Thomas Drew-Bear, "Les Sergii Paulli et Antioche," in *Actes du Ier congres international sur Antioche de Pisidie*, Collection archéologie et histoire de l'antiquité 5, ed. T. Drew-Bear, M. Tashalan and C. J. Thomas (Lyon/Paris: Université Lumière-Lyon / Boccard, 2002), 177-91.

21 Stephen Mitchell, *Anatolia: Land, Men, and Gods in Asia Minor* (Oxford: Oxford University Press, 1995), 2:7.

16:6-17:15). 실라, 누가, 디모데와 동행하였던(디모데는 루스드라에 방문했을 때 사역자로 합류했다[행 16:1-3]) 바울은 빌립보와 데살로니가 그리고 베뢰아에서 교회들을 세웠다.

누가는 그 지역의 회당에서 선교사역, 이방인들의 회심(하나님을 공경하였던 루디아), 귀신 들려 점치는 여종(주인은 이 여인을 통해 돈을 벌었다)과의 만남, 지역 관리들과 만남, 빌립보에서 투옥, 그리고 지역 사람들의 거센 반대 때문에 어쩔 수 없이 떠났던 상황에 대해 잘 설명한다. 에게해(Aegean Sea)를 건너서 마게도냐로의 이동은 유럽에 있는 도시들로 가기 위한 전략적인 선택에 의해서가 아니라, 환상 때문이었다(행 16:9-10).

데살로니가는 마게도냐 지방에서 가장 인구 밀도가 높은 도시였기 때문에 바울은 선교사역을 위한 적임 장소로 여기고 선택하였다. 데살로니가에서 복음전도를 하다 어쩔 수 없이 떠났던 바울과 그 일행은 마게도냐 지방에 있었던 펠라(Pella), 에뎃사(Edessa)와 같은 도시들보다 확실히 덜 매력적인 베뢰아로 이동하였는데, 아마도 데살로니가에 있었던 유대인 신자들이 베뢰아에 있는 유대 공동체와 가졌던 접촉 때문이었을 것이다. 데살로니가에 있었던 유대인 신자들은 "바울과 실라를 베뢰아로 보냈다"(행 17:10).

10) 아가야(Achaia, A.D. 50-51년)

마게도냐를 떠난 바울은 아가야 지방의 남쪽으로 갔고, 아덴과 고린도에서 복음을 전하였다(행 17:16-18:28). 아덴에서 머물렀던 것은 고린도로 가다가 잠깐 멈춘 것이 아니었다. 누가가 바울의 방문에 대한 설명(행 17:16-34)과 사도행전 17:17에서 짤막한 진술("회당에서는 유대인과 경건한 사람들과 또 장터에서는 날마다 만나는 사람들과 변론하니")은 바울이 다른 도시에서 선교사역을 했던 것처럼, 아덴에서도 복음전도사역을 했다는 것을 지적한다.

누가의 보고는 바울이 에피쿠로스(Epicurean)와 스토아(Stoic) 철학자들과 대화를 나누었다는 것에 초점을 맞추는데, 그 철학자들은 바울이 아덴에서 숭배되었던 모든 신들에 하나 더 추가하기 위해 새로운 신을 소개한다고 생각하였다(아마 바울이 메시지에서 인격화[personification]된 신으로서 "예수"와 "부활"을 강조하였기 때문이다).

헬라-로마 시대의 종교적인 포용력에도 불구하고, 어떤 사람이 한 도시에 새로운 예배의식을 소개할 수 있는, 종교적인 자유는 그리 많지 않았다.[22] 그래서 바울은 아레오바고 앞에서 자신의 전도활동을 설명하기 위해 초대되었다. 그 당시 아덴의 아레오바고 협의회는 예배의식의 새로운 것과 그 의식과 관련하여 필요한 요구사항들(제단[성전], 제사, 축제, 진행과정)을 평가하던 곳이었다. 그 협의회는 바울이 예수를 아덴의 신들과 동등한 위치에 놓으려 한다고 판단하였다. 아레오바고 협의회 앞에서(행 17:22-31) 바울은 아덴 사람들에게 자신이 새로운 신을 소개하는 것이 아님을 주장한다.

오히려 그는 "알지 못하는 신"(행 17:23)이라고 쓰인 비문과 함께 제단에서 숭배되고 있는 신을 설명하면서, 그 신은 성전이나 축제나 제사를 요구하지 않는 신이며(행 17:24-26), 세상과 세상 안에 모든 것들을 창조하셨기 때문에 모든 곳에 존재하는 그 신은 인간의 무지를 더 이상 간과하지 않으시고, 예수를 심판의 날의 집행자로 임명하시고, 모든 사람

---

22 Robert Garland, *Introducing New Gods: The Politics of Athenian Religion* (Ithaca: Cornell University Press, 1992). Isocrates는 "조상 대대로 내려오는 제사들 중 어떤 것도 없애지 않고, 동시에 전통적인 제사들에 어떤 것도 더하지 않은" 아덴 사람들을 찬양한다(*Areopagiticus* 30). 아덴에서 숭배되었던 신들에 관하여 다음의 책을 보라. John M. Camp, *Gods and Heroes in the Athenian Agora* (Princeton: American School of Classical Studies at Athens, 1980).

들이 회개하도록 명령하는 분이심을 강조한다(행 17:30-31).

누가는 아레오바고 관리 디오누시오와 다마리라 하는 여자와 또 다른 사람들의 회심을 보고한다(행 17:34). 고린도 지역에서 바울은 지역 회당에서 선교사역을 시작했고, 하나님을 공경하는 이방인이자 확실히 예수를 믿게 되었던 디도 유스도의 집으로 옮겨서 계속 사역하였다(행 18:4-5, 6-7). 유대 공동체 지도자들은 바울을 그 지역 총독이었던 갈리오 앞에 고소하려 하였지만 성공하지 못했고, 바울은 1년 6개월 동안 고린도에서 하나님의 말씀을 전파하였다(행 18:11).

11) 에베소(Ephesus, A.D. 52-55년)

수리아 지역에 있었던 안디옥과 예루살렘, 그리고 자신이 갈라디아와 브루기아에 세웠던 여러 교회들을 방문한 후, 바울은 아시아 지방의 수도였던 에베소로 가서, 약 2년 동안 복음을 가르치고 전했다(행 19:1-41). 누가는 그 도시에서 많은 이방인들의 회심이 그 당시 널리 알려진 아데미 신상 모형을 만드는 일에 부정적인 결과를 초래했다고 보고한다(행 19:21-41). 누가는 또한 바울의 선교사역은 그 지역 전체에 영향을 끼쳤다고 보고한다.

> 아시아에 사는 자는 유대인이나 헬라인이나 다 주의 말씀을 듣더라(행 19:10).

고린도전서 16:19에서 바울은 "아시아의 교회들"이라고 언급하는데, 이것은 다른 교회들이 이 기간 동안 아시아 지역에 세워졌음을 확실히 제안한다.

12) 일루리곤(Illyricum, A.D. 56년)

예루살렘으로 돌아가기 전, 바울이 에베소에서 마게도냐와 아가야로 이동했을 때, 그는 분명히 일루리곤 지방에 있는 도시들을 방문했다. 바울은 로마서 15:19에서 "예루살렘으로부터 두루 행하여 일루리곤까지" 복음을 전했다고 주장한다. 그가 예루살렘에서 선교적인 구제 활동에 참여했기 때문에 비록 짧은 기간이었다고 해도, 그는 일루리곤에서 복음을 전했다고 얼마든지 추정할 수 있다.

바울이 라틴어를 공용어로 사용하는 서바나로 선교를 계획하고 있었고, 일루리곤의 도시에 있는 사람들 또한 라틴어를 사용했다는 것은 이것을 더욱 뒷받침한다. 확실하게, 바울은 헬라어를 말하는 지중해 동부 지역을 떠나서 라틴어를 말하는 환경에서 사역할 수 있는 곳을 찾았을 것이 분명하다.

13) 유대(Judea, A.D. 57-59년)

바울이 예루살렘에서 체포되었을 때, 그는 "백성과 율법과 이 곳을 비방하여 모든 사람을 가르치는"(행 21:28) 것 때문에 고소되었다. 바울은 성전에서(행 22:3-21)와 산헤드린 앞에서(행 23:1-6) 자신이 전하였던 복음에 대해서 설명하고 변호하였다. 그가 가이사랴에서 죄수로서 자신의 사건을 결정할 로마 총독들이었던 벨릭스와 베스도를 기다리면서, 그는 로마 당국(행 24:10-21)과 유대인의 왕 아그립바(행 26:2-29) 앞에서도 복음을 설명하였다. 특히 바울은 아그립바 왕에게 이스라엘의 메시아로서 예수를 믿도록 설득하였다(행 26:27-29).

14) 로마(Rome, A.D. 60-62년)

로마에서 바울은 감금상태에 있었지만, 자신만의 숙박 시설을 이용할 수 있었고, 유대 공동체의 지도자들과 만날 수 있었다. 그는 유대 지도자들을 "모세의 율법과 선지자의 말을 가지고 예수에 대하여 권하면서" 회심시키려고 노력했다(행 28:23-24).

15) 서바나(Spain, A.D. 63-64년?)

초대 교회 전통에 따르면, 바울은 로마의 감금상태에서 A.D. 62년에 풀려나서 서바나에서 선교사역을 감당하였다.[23] 로마의 클레멘트(Clement)는 A.D. 95년에 쓰였던 고린도에 있는 신자들에게 보내는 서신에서 바울에 관하여 다음과 같이 말한다.

> 일곱 번 그는 사슬에 매였다. 그는 유배지로 보내어졌고, 돌에 맞았다. 그는 동쪽에서도 서쪽에서도 복음전도자로서 섬겼다. 그는 믿음 때문에 고귀한 명성을 얻었다. 그는 전 세계에 의를 가르쳤으며, 통치자들 앞에서 복음을 전하면서, 서쪽의 경계선까지 갔다(클레멘트전서 5:6-7).

"서쪽의 경계선"은 가끔씩 고울(Gaul, 현 프랑스)과 영국을 가리키기도 하지만, 일반적으로 서쪽 방향으로 "세상의 끝"이라고 여겼던 서바나를 가리킨다. 정말 바울이 서바나로 갔다면, 추측컨대 그는 서바나의 북동

---

23 Jerome Murphy-O'Connor, *Paul: A Critical Life* (Oxford: Oxford University Press, 1996), 359-61.

쪽 해안에 자리 잡은 히스파니아 시테리오(Hispania Citerior) 지방의 수도인 타라코(Tarraco)에서 복음을 전했을 것이다.

그러나 아쉽게도 지금 우리는 그러한 선교사역의 자료들을 가지고 있지 않다.[24]

16) 그레데(Crete, A.D. 64-65년?)

바울이 디도에게 보내는 서신에 나타난 권면은 그레데 섬에서 선교사역의 기간을 시사한다.

> 내가 너를 그레데에 남겨 둔 이유는 남은 일을 정리하고 내가 명한 대로 각 성에 장로들을 세우게 하려 함이니(딛 1:5).

바울이 디도에게 서신을 썼던 바로 그때에 이미 존재하였던 그레데의 교회들을 누가 세웠는지 우리는 모른다. 그레데에서 온 유대인 순례자들은 베드로가 예루살렘에서 복음을 전하기 시작하였던 A.D. 30년에 예루살렘에 있었다(행 2:11). 이 순례자들 중 일부가 베드로가 전한 복음을 듣고 믿음을 갖게 되었고, 그레데로 돌아가서 복음이 확산되었다는 가정은 충분히 가능하다.

---

[24] 리용(Lyon)의 주교였던 이레네우스(Irenaeus)가 바울의 선교사역에 대한 언급 없이, 서바나에 있는 신자들에 대하여 처음 언급했었다(*Haer*. 1.10.2).

5. 결론

바울은 선교사역을 하면서 동쪽에서 서쪽으로 이동하며, 지리학적으로 근접한 지역들로 다녔다. 그가 유대인의 구원에 깊은 관심을 갖고 있었고, 유대인들은 로마의 지방에 있는 여러 도시에서 살고 있었기 때문에, 그는 도시들에 초점을 맞추었다. 또한 그는 특별히 이방인을 위한 사역으로 부름을 받았기 때문에 인구가 많이 밀집되고, 교통과 교육이 집중되며, 헬라어가 사용되었던 수많은 도시에서 행하는 선교사역에 뛰어들었다.

바울은 회당에서, 예루살렘 성전 뜰에서, 이방 신전 앞에서, 시장에서, 강의실에서, 상점에서, 그리고 개인 집에서 복음을 전하였다.[25] 그는 유대인이나 이방인이나, 남자나 여자나, 자유자나 종이나, 지방의 최상류의 사람이나 어떤 권리를 갖지 못했던 최하층의 사람이나, 적극적으로 듣고자 했던 사람이라면 어느 누구에게나 복음을 선포하였다.[26] 바울의 선교사역은 유대인이든지 이방인이든지 가능한 한 많은 사람들이 예수 그리스도를 믿는 믿음에 이르도록 뜨거운 마음으로 전개되었다.

---

25 바울이 여러 회당에서 복음을 전하였던 사실은 많은 구절에서 언급된다(행 9:20; 13:5, 14; 14:1; 16:12-13; 17:1, 10, 17; 18:1, 4, 18; 19:8). 행 21:27-22:21에서는 바울이 체포되었을 때 성전 뜰에서 말하였던 것을 보여 준다. 행 14:13-18은 그가 루스드라와 도시 밖에 위치하였던 제우스 신전 근처에서 복음을 전하였다는 것을 보여 준다. 행 17:17에서 사용된 동사의 현재 시제는 바울이 시장에서 복음을 정기적으로 전하였다는 것을 지적한다. 행 19:9은 두란노 서원이라는 강의실을 언급하는데, 바울은 이곳을 빌릴 수 있었다. 두란노라는 이름은 교실에서 강의하였던 철학자였거나, 그 건물의 주인이었을 것이다. 행 18:3은 아굴라와 브리스길라가 운영하였던 가죽을 파는 가게가 언급된다. 바울은 이곳에서 일하였다. 행 20:20은 에베소에서 선교사역을 했던 바울이 언급된다.

26 롬 1:14-16; 고전 1:26-29; 9:20-23; 12:13; 갈 3:28; 골 3:11.

3장

바울의 복음

로버트 L. 플러머 박사
미국 남침례신학교 신약해석학 교수

만일 누군가 최근의 복음주의의 책 목록표(예를 들어, 『복음이란?』[What Is the Gospel?] 또는 『벌거벗은 복음』[The Naked Gospel] 또는 『복음에 눈뜨다』[Gospel Wakefulness])를 살펴보았다면, 분명히 그 사람은 복음을 여전히 발견하고 있는 과정에 있다고 결론지었을 것이다.[1] 실제로 그러한 상황을 증명이라도 하듯이, 최근에 수많은 협회들과 블로그들 그리고 컨퍼런스들에서 자주 "복음"이라는 주제가 등장한다.[2]

이처럼 복음이라는 단어가 과다할 정도로 사용되고 있는데, 아마도 예수 그리스도의 복음에 의해 특징되는 삶과 사역을 찾아보기 힘들기 때문일 것이다. 그래서 복음의 진정한 의미를 드러내지 못하고, 주변에 안개만이 자욱한 것 같다. 성공적으로 사역을 해 온 어느 목사는 나에

---

[1] Greg Gilbert, *What Is the Gospel?* (Wheaton, Ill.: Crossway, 2010); Andrew Farley, *The Naked Gospel* (Grand Rapids: Zondervan, 2009); Jared C. Wilson, *Gospel Wakefulness* (Wheaton, Ill.: Crossway, 2011).

[2] 예를 들어, www.thegospelcoalition.org, or the Together for the Gospel conference (http://t4g.org/).

게 "나는 여전히 복음 중심의 설교를 한다는 것이 무엇인지 모릅니다"라고 자신의 속마음을 털어놨다.

1세기 전, 『선교방법들』이라는 영향력 있는 책에서 로랜드 알렌(Roland Allen)은 사도 바울 전체 사역을 지탱하는 주요한 원리들 중 하나가 "오직 복음에 초점을 맞춘 것이었다"고 주장한다. 알렌은 다음과 같이 기록한다.

> 사도 바울은 율법의 설교자가 아니라, 복음의 설교자이다. 그의 서신들은 복음으로 가득하다. 그는 복음을 몇 번이고 반복해서 되풀이한다. 단순히 그가 유대인의 율법을 전했던 사람과 구별해서 복음을 선포한 사람이었다는 것이 아니다. 그는 율법의 체제와 정반대인 복음의 설교자였다. 그는 율법의 체제와 정반대로써 복음의 시대에 살았다. 그는 율법이 아니라, 복음에 따라 살았다. 그의 방식은 율법의 방식이 아니라, 복음의 방식이었다. 그의 방식은 바울에 의해 확장된 기독교의 가장 주목할 만한 표시이다. 그의 방식은 바울이 강조하는 주장들을 다른 모든 종교 체제와 분리하는 것이다.[3]

통계자료는 알렌의 강한 주장을 지지한다. 바울은 자신의 13개의 서신에서 "복음"이라는 단어의 다양한 형태를 77회 사용했다.[4] 비록 "복음"(유앙겔리온, *euangelion*), "복음을 선포하다"(유앙겔리조, *euangelizō*) 또는 다른 "복음의 말들"(예를 들어, 유앙겔리스테스, *euangelistēs*, 복음전도자)이 나타나지 않은 곳에서조차, 복음과 관련된 개념은 두드러지게 나타난다. 바울

---

3 Roland Allen, *Missionary Methods: St. Paul's or Ours?* 2nd ed. (Grand Rapids: Eerdmans, 1962), 148. 이 책은 1912년에 처음 출판되었다.
4 13개의 바울서신에서 유앙(*euan*)으로 시작하는 단어를 BibleWorks 프로그램으로 찾았다.

은 타락한 세상에 하나님의 구원을 가져오는 자신의 신적인 사명은 복음의 선포와 변호라고 확신하였다(롬 1:14-17).

1. 바울에 의한 복음

만약 복음이 사도 바울의 사역을 정의하는 데 필수적이라면, 우리는 그가 말하는 "복음"이 무엇인지 또는 "복음을 선포하는 것"이 무슨 의미인지 근본적으로 알아야 한다. 이것을 자세히 알아보기 위해서 바울 서신에 나타난 몇몇 본문들을 짧게 살펴보고, 또한 중요한 한 본문에 집중해서 과연 바울이 복음에 관하여 무엇을 말했는지 면밀히 조사하는 것이 최상의 방법일 것이다.

고린도전서 15:1-8에서 바울은 복음에 관하여 가장 명확한 정의를 내리고 있다.

> 형제들아 내가 너희에게 전한 복음을 너희에게 알게 하노니 이는 너희가 받은 것이요 또 그 가운데 선 것이라 너희가 만일 내가 전한 그 말을 굳게 지키고 헛되이 믿지 아니하였으면 그로 말미암아 구원을 받으리라 내가 받은 것을 먼저 너희에게 전하였노니 이는 성경대로 그리스도께서 우리 죄를 위하여 죽으시고 장사 지낸 바 되셨다가 성경대로 사흘 만에 다시 살아나사 게바에게 보이시고 후에 열두 제자에게와 그 후에 오백여 형제에게 일시에 보이셨나니 그 중에 지금까지 대다수는 살아 있고 어떤 사람은 잠들었으며 그 후에 야고보에게 보이셨으며 그 후에 모든 사도에게와 맨 나중에 만삭되지 못하여 난 자 같은 내게도 보이셨느니라(고전 15:1-8).

우리는 지금 이 본문에서 복음에 대하여 여덟 가지의 사실을 살펴볼 것이다.

1) 기독교 지도자들은 끊임없이 복음이 무엇인지 되새기며, 다른 사람들에게도 반복해서 복음의 의미를 가르쳐야 한다

고린도전서는 바울이 18개월 동안 사역했던 회중에게 보내는 서신이다(행 18:11). 그는 그들에게 이미 한 통의 서신을 썼었다(고전 5:9). 어떤 사람은 고린도 교인들이 두 번째 서신인 고린도전서를 받았던 시점에 영적으로 성숙되어 기독교적인 삶과 관련하여 더 많은 가르침들이 필요했을 것이라고 긍정적으로 생각할 것이다. 그러나 실제로 그 반대라고 바울은 말한다.

고린도 교인들이 복음을 이해하는 데 실패해 왔기 때문에 그들의 공동체는 수많은 관계적인, 윤리적인 문제에 시달리고 있었다. 고린도 교인들은 파벌이 심했고(고전 3:3-4), 비도덕적이었으며(고전 5:1), 술에 취했으며(고전 11:21), 무례하였으며(고전 11:21), 시기심이 강했고(고전 12:15), 사랑하지 않았고(고전 13:1-3), 신학적으로 상당히 잘못 알고 있었다(고전 15:12). 이러한 상황에서 고린도 교인들에게 연합사역, 성과 결혼사역, 알코올 중독자 재활사역과 같은 여러 사역들이 필요했을 것이라고 우리는 단정 지을지 모르겠다. 그러나 그러한 표면적인 해결은 고린도 교회의 근본적인 문제들을 다루는 데 실패한다는 것을 바울은 알고 있었다.

그 공동체의 모든 문젯거리들은 그들이 복음을 이해하지 못하고, 복음의 빛 안에서 사는 것에 실패하였기 때문에 발생한 것이었다. 고린도 교인들은 기본 단계인 복음을 떠나 다른 단계로 넘어갈 필요가 없었다. 그들은 바울이 자신들에게 전하였던 복음을 계속해서 되새겨야 했다(고전 15:1).[5] 고린도 교인들이 복음을 기억하는 데 실패했다는 것은 우연한 실수(일이 끝나고 집으로 오는 길에 우유 한 병을 사야 했는데 그것을 잊어버리는 것)가 아니라, 절대로 발생해서는 안 되는 비도덕적인 망각이었다. 이것은 곧 하나님이 누구인지, 우리가 누구인지, 하나님께서 우리를 구원하기 위해 무엇을 행하였는지에 대한 가장 중요한 진리로부터의 이탈을 의미했다.

마틴 루터는 복음이 가장 중심이어야 하며, 기독교 지도자들은 자신이 인도하는 사람들 앞에서 복음에 초점을 맞추는 모습을 유지해야 한다는 것을 깨달았다. 루터는 다음과 같이 쓰고 있다.

> 그러므로 가장 필수적인 것은 우리가 복음을 잘 알아야 하고, 그것을 다른 사람들에게 가르쳐야 하고, 그들의 머리에 각인되도록 계속해서 상기시켜야 한다는 것이다.[6]

비텐베르크(Wittenberg)에 있는 성 마리아 교회의 제단 뒤쪽의 벽장식에서 화가 루카스 크라나흐(Lucas Cranach)는 복음에 관한 루터의 강조를 표현하였다. 제단 그림에서 루터는 교회 앞에 있는 설교단에 서 있다. 그의 한 손에 성경이 있다(참으로 선포된 복음은 항상 하나님의 계시된 말씀으로부터 직접 나와야 한다). 루터의 또 다른 손은 설교자와 회중 사이에 십자가에 달려 있는 그리스도의 몸을 지적한다. 회중의 모든 눈은 루터가 아니

---

[5] 고전 15:1에서 바울은 그들에게 전한 복음을 그들이 알도록 하였다. 물론 복음은 변하지 않았고, 바울은 그것을 다시 알도록 상기시키기 때문에, English Standard Version에서 그노리조(gnorizo)를 "상기시키다"로 번역한 것은 아주 정확하다.

[6] Martin Luther, *A Commentary on St. Paul's Epistle to the Galatians* (Cambridge, U.K.: James Clarke & Co., 1953), 101. 나는 Daniel Montgomery에 의해 인용된 Luther의 글에 아주 큰 도전을 받았다. 엄밀히 Montgomery는 이 글을 Tim Keller로부터 얻었다.

라, 십자가 위에 있는 그리스도에게 향하고 있다.

바울은 고린도 교인들에게 "복음을 너희에게 알게 하노니"(고전 15:1)라고 썼다. 이것은 현대의 선교사들에게 꽤 명확하게 적용되어야 한다. 처음 선포했을 때이든지 계속되는 제자화를 통해서이든지 선교사는 그리스도의 복음에 초점을 맞추어야 한다. 우리는 결코 그리스도의 대속하는 죽음을 가르치는 단계를 넘어 다른 단계로 넘어가서는 안 된다. 모든 윤리와 기독교 삶에 있어서 "실제적인 문제"는 그리스도의 삶과 죽음 그리고 부활의 영원불변한 진리에 그 뿌리를 두어야 한다.

2) 복음은 구원의 역사가 계속 일어나도록 선포되어야 하고 받아들여져야 한다

필립 멜랑크톤(Philip Melanchthon)은 유명한 말을 하였다. "그리스도를 아는 것은 그로부터 오는 이익들을 아는 것이다."[7] 다시 말해, 우리는 주변에 있는 이웃들을 아는 방법으로 그리스도를 아는 것이 아니다. 우리는 학교에서 기하학을 숙달시키는 방법으로 그리스도를 알지 않는다. 그리스도가 우리를 위해 무엇을 행하셨는지 듣고, 회개와 믿음으로 반응할 때, 비로소 우리는 영원한 구원을 받게 되고 그리스도를 알게 된다.

일부 기독교 신학자들은 사람들이 죽은 뒤에 회개하고 복음을 믿는 기회를 가질지 모른다고 생각해 왔다.[8] 또 다른 일부 저명한 기독교 사상가들은 다른 신앙을 가졌던 신앙심이 깊은 사람들이 비록 이생에서

7　Philip Melanchthon, *Loci Communes*, in *Melanchthon and Bucer*, ed. Wilhelm Pauck, LCC 19 (Philadelphia: Westminster Press, 1969), 21-22.

8　Clark H. Pinnock, *A Wideness in God's Mercy: The Finality of Jesus Christ in a World of Religions* (Grand Rapids: Zondervan, 1992), 168-75.

그리스도의 구원의 역사를 알지 못했다고 하더라도, 그리스도의 죽음을 통하여 구원을 받을 수 있다고 생각해 왔다.[9]

바울서신들과 성경의 다른 모든 부분에서는 바로 위에 언급된 신학적인 의견들에 대하여 전혀 동의하지 않는다. 고린도전서 15장에서 바울은 자신이 고린도 교인들에게 "복음을 전해 왔고" 그들은 그 메시지를 "받았다"고 말한다(고전 15:1-2). 바울은 만약 복음이 선포되고 받아들이지 않는다면, 복음이 가져오는 구원의 축복들은 존재하지 않는다고 말한다. 바울은 복음이 선포되어야 하고, 선포된 복음을 들어야 하는 필요성을 로마서 10:9-15에서 명확하게 말한다.

> 네가 만일 네 입으로 예수를 주로 시인하며 또 하나님께서 그를 죽은 자 가운데서 살리신 것을 네 마음에 믿으면 구원을 받으리라 사람이 마음으로 믿어 의에 이르고 입으로 시인하여 구원에 이르느니라 성경에 이르되 누구든지 그를 믿는 자는 부끄러움을 당하지 아니하리라 하니 유대인이나 헬라인이나 차별이 없음이라 한 분이신 주께서 모든 사람의 주가 되사 그를 부르는 모든 사람에게 부요하시도다 누구든지 주의 이름을 부르는 자는 구원을 받으리라 그런즉 그들이 믿지 아니하는 이를 어찌 부르리요 듣지도 못한 이를 어찌 믿으리요 전파하는 자가 없이 어찌 들으리요 보내심을 받지 아니하였으면 어찌 전파하리요 기록된 바 아름답도다 좋은 소식을 전하는 자들의 발이여 함과 같으니라(롬 10:9-15).

---

9 John Sanders, *No Other Name: An Investigation into the Destiny of the Unevangelized* (Grand Rapids: Eerdmans, 1992). 특별히 215-80을 보라. 포용주의에 대한 철저한 비판을 보기 위해서 다음의 책 안에 있는 소논문들을 보라. *Faith Comes by Hearing: A Response to Inclusivism*, ed. Christopher W. Morgan and Robert A. Peterson (Downers Grove, Ill.: InterVarsity Press, 2008).

예수는 "서로 사랑하면 이로써 다른 사람들이 자신의 제자인 줄 알 것"(요 13:35)이라고 선언한다. 그러나 수동적이고, 말을 사용하지 않는 증거는 복음이 불충분하게 전해지고 있음을 암시한다. 하나님께서는 자신이 임명한 사람들의 말이나 작성된 문서를 통하여 구원의 메시지가 퍼져나가도록 정하셨다.

고린도전서 15장에서 신자들이 만약 하나님의 구원하는 메시지를 말로나 글을 통해서 알리고 있지 않다면, 충실한 전도자가 아니라는 것을 바울은 암시한다. 엄밀하게 결국은 모든 결과가 하나님에게 달려 있다고 하여도, 신자들이 최선으로 복음을 전하지 않고, 그래서 선포된 복음이 받아들여지지 않고 회개와 믿음을 일으키지 않으면, 하나님 보시기에 합당한 복음전도자라 할 수 없다.[10]

3) 복음은 많은 일들이 일어나는 영역이라 할 수 있고, 우리는 이 영역 안에 서 있다

바울은 고린도 교인들이 복음을 받아들였고, 그들은 지금 "복음이라는 영역 안에", "서 있음"을 말한다(고전 15:1). 바울의 표현은 참으로 이상하게 들릴지 모른다. 텔레비전에서 미국 대통령의 연설을 시청한 후, 당신은 옆에 있는 사람에게 "나는 대통령의 연설 안에 서 있다"라고 말할 수 있는가? 당신은 주일 아침, 아내에게 "목사님의 설교 안에 서 있자"라고 말할 수 있는가? 바울은 복음을 고린도 신자들이 지금 서 있는 영역으로서 설명하는데, 이것은 복음이 단순히 "선포된 말" 이상의

---

10 물론 선교사들은 어떤 열매를 보지 못하고 오랜 기간 동안 사역을 할 수 있다. 그러나 선교사들이 듣는 사람들이 반응하지 않아, 만족스럽지 못한다는 바로 그러한 사실 그 자체는 선교의 노력에 뒤따르는 궁극적인 기쁨과 성공이 불신자가 회개하며 믿음에 이르는 반응과 관련되어 있음을 보여 준다.

의미가 있음을 시사한다. 바울의 다른 서신에서도 그는 복음의 열매를 맺어 자라는 것으로 묘사한다(골 1:6). 바울은 자신의 권리를 쓰지 아니하고 범사에 참는 이유를 설명하면서, 복음이 승리의 행진을 하기 위해서임을 강조한다(고전 9:12). 또한 복음이 마치 여행자가 도착한 것처럼, 교회에 이르렀다고 바울은 진술한다(고전 14:36; 살전 1:5).

바울은 복음을 성장하고, 번성하고, 울려 퍼지고, 오고, 전진하고, 구원하는 역동적인 실체로 생각한다. 이처럼 바울은 복음이 하나님으로부터 오는 강력한 말씀이기 때문에 인격화시킨다. 로마서 1:16에서 바울은 말한다.

> 내가 복음을 부끄러워하지 아니하노니 이 복음은 모든 믿는 자에게 구원을 주시는 하나님의 능력이 됨이라(롬 1:16).

복음은 인간의 말이 아니라, 신적인 말씀이기 때문에 역동적인 실체(entity)이다. 하나님의 말씀은 단순히 실재를 표현하는 데 그치지 않고, 실재를 만들어낸다. 바울에게서 일관적으로 나타나는 이러한 사상은 구약성경에서 하나님 말씀의 역동적인 본성을 보여 주는 많은 예들에서도 나타난다. 예를 들어, 창세기 1장에서 하나님께서 말씀하셔서 세상이 존재한다. 역사서와 선지서 곳곳에, "여호와의 말씀"이 선지자들에게 임하고, 그들은 선포한다(호 1:1; 참조. 삼상 10:10; 겔 2:2). 말씀은 골수에 사무치는 불과 같다(렘 20:9). 하나님께서는 자신의 말에 대하여 다음과 같이 선언한다.

> 내 말이 불 같지 아니하냐 바위를 쳐서 부스러뜨리는 방망이 같지 아니하냐(렘 23:29).

하나님께서는 다른 곳에서도 말씀하신다.

> 이는 비와 눈이 하늘로부터 내려서 그리로 되돌아가지 아니하고 땅을 적셔서 소출이 나게 하며 싹이 나게 하여 파종하는 자에게는 종자를 주며 먹는 자에게는 양식을 줌과 같이 내 입에서 나가는 말도 이와 같이 헛되이 내게로 되돌아오지 아니하고 나의 기뻐하는 뜻을 이루며 내가 보낸 일에 형통함이니라 (사 55:10-11).

바울은 스스로 복음을 만들어내지 않았고, 그 어떤 사람으로부터도 받지 않았다(갈 1:12). 바울은 복음을 주님으로부터 직접 받았다(갈 1:12, 참조. 행 9:5). 복음은 사람에게 선포되는 하나님의 구원의 말씀이었기 때문에, 바울은 복음을 "세계 도처로 퍼지며, 구원의 백성을 모아 하나님의 사명을 성취하는 강력한 실체"로서 말할 수 있었다. 마찬가지로, 이 복음이 새로운 공동체에 머물렀을 때, 이 역동적인 실체는 계속해서 퍼져나갈 것이라고 담대하게 말할 수 있었다(살전 1:6-8; 2:13; 살후 3:1).[11] 사도 바울을 통하여 전진하는 복음은 복음을 받아들인 사람들을 통하여 계속해서 퍼져 나갈 것이다.

이 진리는 아마 틀림없이 "복음이 교회들에 의해 계속해서 퍼질 것"이라고 확신하였던 바울의 중요한 신념이었다. 주님의 역동적인 말씀이 참으로 교회의 신자들 안에 내주하는 한, 그 구원의 말씀은 듣는 사람을 변화시킬 것이며, 그들을 통해 계속해서 퍼져나갈 것이다.

로랜드 알렌의 공헌을 기념하는 글에서 지금까지 논의해 온 우리의

---

11 다음의 책을 보라. Robert L. Plummer, *Paul's Understanding of the Church's Mission: Did the Apostle Paul Expect the Early Christian Communities to Evangelize?* PBM (Milton Keynes, U.K.: Paternoster, 2008), 59-64.

결론과 알렌의 생각을 비교하는 것은 아주 적절할 것 같다. 왜 기독교 신자들이 불신자들에게 복음을 전해야 하는가에 대한 물음에 있어서, 알렌은 그것은 초대 교회 신자들에게 복음을 선포하도록 했던 "자연적으로 발생한 본능" 또는 "본능적인 힘"이었다고 말한다.

알렌은 세상에서 비밀을 지키는 것이 어려운 것처럼, 신자들은 그리스도 안에서 발견한, 어떤 것과도 비교할 수 없는 기쁨을 다른 사람들과 나누지 않으면 안될 만큼 압도되었다고 설명한다. 키케로(Cicero)가 인용했던 것처럼, 타렌툼의 아르키타스(Archytas of Tarentum)의 관찰은 알렌이 말한 심리학적인 현상에 대해 좋은 이해를 제공한다.

> 만일 어떤 사람이 하늘에 올라가서 우주의 구조와 별들의 아름다움을 혼자서만 보아야 한다면, 그는 그 장엄한 광경을 보면서도 그다지 기쁨이 없었을 것이다. 그러나 만일 그가 누군가에게 자신이 보았던 것을 설명해야 한다면, 그에게 주체할 수 없는 기쁨이 넘쳐났을 것이다.[12]

적어도 이 점에서, 알렌은 복음전도의 필수성과 신자들 안에 발생한 강한 심리적인 충동에 초점을 두고 있다. 다시 말해, 기독교의 메시지를 듣고 믿게 된 기독교 신자들은 가만히 앉아 있을 수 없을 만큼 엄청난 경험을 하게 된다. 마치 어떤 사람이 삶 속에서 있을 수 없는 그러나 자신에게 실제로 일어난 엄청난 경험들에 대하여 자신도 모르게

---

12 Roland Allen, *The Spontaneous Expansion of the Church and the Causes which Hinder It*, 3rd ed. (London: World Dominion, 1956), 12; Cicero, *De amicitia* 23.88, trans. William Armistead Falconer under the title *Laelius On Friendship*, LCL 154 (Cambridge, Mass.: Harvard University Press; London: William Heinemann, 1923), 195. Allen의 글보다, 나는 아주 읽기 쉽게 번역된 Falconer의 글을 선택했다. 이 각주와 위에 언급된 대부분의 단락은 내 책, *Paul's Understanding of the Church's Mission*, 10에서 직접 가져왔다.

자연스럽게 말할 정도로 말이다("나는 방금 복권에 당첨되었습니다").[13] 알렌은 또한 성령의 존재와 역사와 관련하여 복음전도의 교회를 이해한다. 알렌은 다음과 같이 쓴다.

> 사도 바울의 훈련의 또 다른 결과는 매우 확실하다. 그에 의해 개종한 사람들은 선교사가 되었다. 사도 바울의 서신에서 선교적인 열정을 불어넣는 권면들이 없다는 것이 우리에게 이상하게 보일지 모른다. 물론 비슷한 한 문장이 있긴 하다. "주의 말씀이 너희에게로부터 들렸다"(살전 1:8). 그렇다고 그 구절은 복음을 전하노록 하는 그리스도의 명령을 강요하는 것이 아니다. 그럼에도 프리드랜더(Friedländer) 박사의 말은 확실히 맞다. "유대인들이 불신자들의 개종을 기껏해야 칭찬할만한 일로 여기는 것에 반하여, 기독교인들은 구원의 메시지의 전파는 가장 최고의, 가장 신성한 일로 생각하였다."[14] 네 지역(갈라디아, 아시아, 마게도냐, 아가야를 의미)의 신자들은 신앙을 선포하는 것에 확실히 열정적이었고, 그러한 일을 하는 데 있어서 어떠한 권면을 필요로 하지 않았다. 이것은 우리를 놀라게 한다. 우리는 언제나 그렇게 열정적인 신자들을 발견하기가 쉽지 않다. 그러나 그것은 놀랄 만한 것이 아니다.
> 신자들은 예수의 영을 받았고, 예수의 영은 복음전도의 영이자,

---

13 실제로 나는 복권에 당첨된 적이 없다. 위의 언급을 보고 복권 상금을 나누자고 나에게 연락하지 않길 바란다.

14 Ludwig Friedländer(1824-1909)는 또한 다음과 같이 기록한다. "첫 사도들의 모범적인 모습은 점점 더 증가하는 신자들을 계속적으로 감동시켰는데, 그 신자들은 이 복음의 가르침에 맞게 자신들의 소유를 가난한 사람들과 나누며, 다른 사람들에게 하나님의 말씀을 전하였으며, 엄청난 위험과 어려움에서도 그러한 열정은 꺼지지 않고 계속되었다."(*Roman Life and Manners Under the Early Empire*, trans. Leonard A. Magnus, J. H. Freese and A. B. Gough, 7th ed., 4 vols. [London: George Routledge & Sons; New York: E. P. Dutton, 1908-1913], 3:186). Friedländer의 Sittengeschichte Roms은 원래 1865-1871에 출판되었다.

잃어버린 영혼들을 데려오도록 예수를 세상에 보내셨던 하나님의 영이다. 신자들이 그 영을 받았을 때, 예수가 그랬던 것처럼, 다른 사람들을 데려오는 것은 당연하고 자연스러운 일이어야 한다.[15]

신약성경에서 신자들은 삶을 변화시키는 경험들에 대하여 마치 말하지 않으면 안 되는 것처럼, 무언가에 의해 강요당하여 말하고 있는 인상을 주는 것이 사실이다. 사도 베드로와 요한은 담대하게 산헤드린 앞에서 말한다. "우리는 보고 들은 것을 말하지 아니할 수 없다 하니"(행 4:20). 또한 알렌이 선교적인 상황에서 성령의 두드러진 역할을 강조하는 것은 옳은 일이다.

사도행전에는 성령의 역사가 확실히 존재한다. 사도행전에서는 세계 도처에 있는 교회가 예수 그리스도의 복음을 증거하며 나아가게 하는 원동력을 성령으로서 이해한다. 사도행전 1:8("오직 성령이 너희에게 임하시면 너희가 권능을 받고 예루살렘과 온 유대와 사마리아와 땅 끝까지 이르러 내 증인이 되리라")에서는 중요한 주제가 진술되는데, 이것은 사도행전 전체에 걸쳐 나타나는 문학적인 구조를 반영하며, 성령의 사역과 동시에 일어나는 복음 메시지의 확산과 수용을 강조한다(행 1:2; 6:7, 8; 9:31, 32-35; 12:24; 13:2; 16:4, 6; 19:20, 21; 28:31).

비록 알렌의 주장이 성경적이고, 기독교적인 경험에 일치한다고 하여도, 그 주제에 관하여 더 차별화된 바울의 견해가 있는지 묻는 것은 적합하다. 우리가 바울에게 "제가 다른 사람들에게 복음을 전해야 합

---

15 Allen, *Missionary Methods*, 93. Allen은 하나님을 가리키기 위해 사용하는 대명사 "그"와 "아버지"를 나타낼 때 대문자를 사용하였다. 이러한 그의 세심함은 그의 작품에서 종종 나타나는데, 나중에 저술했던 *The Spontaneous Expansion of the Church* (1927), 8-9에서도 비슷하게 나타난다.

니까? 전해야 한다면, 왜 전해야 하나요? 제가 무엇을 말해야 하나요?"라고 질문한다고 상상해 보라.

아마 놀랍게도, 바울은 복음전도를 명령하는 것보다 교회의 선교적인 태도를 생각하는 것처럼 보인다. 참으로 바울의 많은 서신에서, 서신을 받는 교회나 개인은 그들이 소유한 믿음 때문에 고통을 당하고 있었다(갈 6:12; 빌 1:29-30; 살전 2:14-16; 3:3-4; 딤후 1:8; 2:3; 3:12). 신앙 때문에 고난을 받는 신자들은 그 신앙을 다른 사람에게 알리도록 권면을 들을 필요가 전혀 없었다. 이미 그들은 신앙 때문에 고난을 받고 있었기 때문이다. 몇몇 본문에서 바울은 명시적으로 일반적인 신자들의 선교활동을 승인하거나 명령하기도 힌다(엡 6:15; 빌 1:14-18; 2:16; 살전 1:8; 딛 2:10).

가장 주목할 만한 것은 바울은 자신과 자신이 세운 교회들이 하나님의 역동적인 구원의 말씀에 의해 결정된 길을 가고 있은 것처럼 말한다(골 1:5-7; 살전 1:8; 2:13-16; 딤후 2:8-9). 실제로 바울은 "평범한 신자들이 복음을 전해야 하는 이유는 하나님의 구원의 말씀을 받고, 승리하는 삶속에 지금까지 거했기 때문임"을 암시한다. 마치 바울의 교회들이 넘쳐흐르는 복음의 강물에 빠져든 것처럼 말이다. 그 강물의 흐름에 따라 움직이지 않는다는 것은 있을 수 없는 일이다. 바울은 복음전도의 동기부여와 관련하여 성경적인 모델을 제시하는데, 그것은 바울서신에 나타난 성령의 역사와 분명한 명령들을 소홀히 여기지 않으면서, 복음 그 자체를 동력적인 존재로서 강조하는 것이다.

4) 복음은 하나님의 의로운 심판으로부터 구원받는 유일한 길을 알려준다

바울은 고린도 교인들이 복음으로 말미암아 "구원을 받는다"고 말한다(고전 15:2). 그렇게 함으로써 바울은 고린도 교인들이 이 복음을 고수해야만, 하나님의 종말론적인 진노로부터 구원받을 수 있다고 선언한다. 즉 그들은 영원한 정죄로부터 구원을 받는다. 그들은 지은 죄에 대한 대가를 지불해야 하지만, 죄를 지셨던 분, 예수에 의해 구원을 받는다.

바울은 이 구원을 수많은 실행 가능한 선택들 중에 하나의 길로 제시하지 않는다. 바울은 "하나님은 한 분이시요 또 하나님과 사람 사이에 중보자도 한 분이시니 곧 사람이신 그리스도 예수라"(딤전 2:5)는 사실을 믿는다. 이러한 기독교의 배타성은 예수에 의해 직접 부름을 받은 사도 요한에 의해 더욱더 강조된다.

> 내가 곧 길이요 진리요 생명이니 나로 말미암지 않고는 아버지께로 올 자가 없느니라(요 14:6).

베드로는 비슷하게 선언했다.

> 다른 이로써는 구원을 받을 수 없나니 천하 사람 중에 구원을 받을 만한 다른 이름을 우리에게 주신 일이 없음이라 (행 4:12).[16]

---

16 왜냐하면 그들 모두는 같은 복음을 전했다. 시몬 베드로는 바울과 "친교의 악수"를 하였다(갈 2:9).

5) 복음 안에서 인내하는 것은 구원에 필수적이다

만약 고린도 신자들이 죄의 삶을 살고, 그리스도를 버렸다면 어떻게 되었을까? 중요한 것은 여기에 차선책은 없다는 것이다. 바울은 "너희가[그들이] 만일 내가 전한 그 말을 굳게 지키고 헛되이 믿지 아니하였으면 그로 말미암아 구원을 받으리라"(고전 15:2)고 말한다. 성경이 "신자들은 구원을 잃을 수 있는지"(알미니안주의) 아니면 "신자들은 구원을 잃을 수 없는지"(칼빈주의)에 대해 가르친다는 것에 진정한 신자들은 동의하지 않는다.

신학자들이 어떤 신학적인 입장을 취하든지 간에, 거의 모든 사람들은 성경은 그리스도를 부인하고 회개하지 않고 죄 가운데 사는 사람들에게 위안의 말을 제공하지 않는다.[17] 바울의 복음은 "안일한 신앙"(easy believism)이 아니다. 바울은 심판의 날에 "화재 보험"을 제공하지 않는다. 그의 복음은 비록 은혜의 선물을 선포하지만, 죄로부터 회개와 주 예수 그리스도에 대한 믿음을 요구한다. 이 회개와 믿음은 회심의 경험에서 일어난 불가분의 요소들(죄로부터 돌아서서 그리스도에 돌아가는 것)이다.

예수는 "누구든지 나를 따라오려거든 자기를 부인하고 자기 십자가를 지고 나를 따를 것이니라"(마 16:24)고 말씀하셨다. 경감할 수 없는 요구로써 이 복음은 또한 풍성한 선물이다. 왜냐하면 회개하며 믿는 능력 자체는 하나님으로부터 오는 선물이기 때문이다(엡 2:8-10; 빌 2:12-13). 어거스틴(Augustine)이 유명하게 말했던 것처럼, "하나님께서는 자신이 요구하는 것을 주신다."[18]

---

17 이 견해에 대해 유일한 반대자는 그레이스신학협회(Grace Theological Society)와 관련된 사람들일 것이다.

18 Augustine, *Confessions*, 10.37, in *Nicene and Post-Nicene Fathers*, First Series, ed. Philip Schaff (reprint, Peabody, Mass.: Hendrickson, 2004), 1:159.

6) 복음은 그리스도의 부활을 직접 경험한 목격자들에 의해 확고히 증명된다

바울은 "내가 받은 것을 먼저 너희에게 전하였노니 이는 성경대로 그리스도께서 우리 죄를 위하여 죽으시고"(고전 15:3)라고 고린도 신자들에게 말한다. 다른 곳에서도 바울은 예수로부터 사도권과 복음을 직접 받았다고 단호히 말한다. 그럼에도 바울은 교회 안에 널리 알려진 "초기 고백서"를 인용하면서, 다른 사도들과 "친교의 악수"를 한 것처럼 보인다. 여기에서 우리는 "최초의 사도신경"이라고 인정할 수 있는 고백을 보게 된다.

"받은 것"과 "전한 것"의 단어들은 중요한데, 신자들은 최선을 다해 새롭게 무언가를 만들어 낸 사람들이 아니라, 신실한 전달자라는 것을 보여 준다. 우리는 인류의 모든 역사의 중심 사건인 그리스도의 죽음과 부활을 설명하는 메시지를 전달한다.

다른 구절(고전 15:5)에서 바울은 신적으로 권한을 부여받은 목격자들을 언급하는데, 이후 모든 기독교 고백들이 그들을 통해서 전달되었다. 우리는 신뢰할만한, 신적으로 권한을 부여받은 목격자들이 기초가 된 신앙을 가지고 있다.[19] 변증적인 목적을 위해서 바울은 그리스도가 오백여명에게 즉시 나타났다는 것을 지적한다. 바울은 "사도들"이었던 사람들(고전 15:7)과 더 많은 목격자 그룹을 주의 깊게 구분한다. 이 사도들은 현재 우리가 가지고 있는 신약성경의 저자들이며 또한 이 신약성경에 포함된 설교들을 하였던 그리스도의 구별된 대사들이었다.

---

19 Richard Bauckham, *Jesus and the Eyewitnesses: The Gospels as Eyewitness Testimony* (Grand Rapids: Eerdmans, 2008).

7) 하나님께서 독생자 메시아 예수를 통하여 잃어버린 인류를 구원하기 위해 역사 안에서 행하셨던 내용이 바로 복음이다

바울은 고린도전서 15장에서 복음을 강조하기 위해, 서론을 이중 구조안에서 표현한다. 그는 "형제들아 내가 너희에게 전한 복음을 너희에게 알게 하노니 …"(1절)라고 말한다. 그리고 "내가 받은 것을 먼저 너희에게 전하였노니 …"(3절)라고 쓴다. 이렇게 쓰인 서론은 복음에 대한 바울의 진술을 수사학적으로 더욱 강조한다.

> 이는 성경대로 그리스도께서 우리 죄를 위하여 죽으시고 장사 지낸 바 되셨다가 성경대로 사흘 만에 다시 살아나사 …
> (고전 15:3-4).

복음에 대한 바울의 진술에서 가장 놀라운 것은 아마 복음이 가져오는 축복들만 강조하는 현대의 복음 요약들과 매우 다르다는 것이다. 바울은 실제적으로 하나님께서 아들을 보내셔서 역사 안에서 행하신 것을 진술한다. 하나님의 아들이 죽음에 넘겨졌다는 것은 무엇보다도 인간의 잠재성을 극대화한다거나 인간의 간절한 바람을 성취하기 위한 수단이 아니었다. 예수의 죽음은 "우리의 죄를 위해서였다." 세상의 근본 문제는 하나님을 대항하는 인류의 반역이며 그 결과로 하나님으로부터 분리된 것이다. 예수는 우리를 구원하기 위해 우리의 자리에서 반역자의 죽음을 대신해 죽음으로서 이 죄를 다루신다.

8) 복음은 하나님께서 이전에 하신 구원의 약속들의 성취이다

바울은 "이는 성경대로 그리스도께서 우리 죄를 위하여 죽으시고 장사 지낸 바 되셨다가 성경대로 사흘 만에 다시 살아나셨다"(고전 15:3-4)고 보고한다. 바울은 기독교 복음이 새롭게 만들어진 것이라고 생각하지 않았다. 오히려 자신의 형상대로 지음 받은 인류와 화해하기 위해 세상에 개입하신 하나님의 긴 이야기의 완성이었다. 그리스도가 오시기 전에 이미 알려졌던 신적인 개입에 대하여 우리가 가지고 있는 신뢰할만한 유일한 기록은 한 분 하나님께서 우리에게 주신 구약성경 39권이다. 학자들은 구약성경에 나타난 메시아 약속들이 무엇인지, 또한 바울은 구약의 어떤 본문을 염두하고 있었는지 논쟁한다. 그러나 중요한 것은 바울이 우리에게 말하지 않고, 그래서 우리는 확신할 수 없지만, 분명히 관련이 있는 많은 구절들이 있다는 것이다(시 22; 110; 사 53; 미 5).

2. 결론

지금까지 고린도전서 15:1-8을 설명하면서, 우리는 복음에 관한 바울의 다양한 이해를 살펴보았다. 복음은 하나님께서 행하신 것이 분명한 진술이지만, 그것은 또한 역사하는 힘을 가지고 있다. 그것은 사명을 받은 사람들의 증언이지만, 신자들이 거주하는 영역이기도 하다. 복음은 하나님께서 이전에 하신 구원의 약속들의 성취이며, 독생자의 대속적인 죽음을 통하여 잃어버린 인류를 구원하기 위한 역사 안에서 하나님의 활동이다.

이 복음은 선포되어야 하고, 받아들여야 하고, 또한 기억되어야 한다. 복음은 구원의 유일한 방법이고, 복음 안에서 인내는 하나님의 종말론적인 심판으로부터 구원을 위해 필수적이다. 참으로 복음은 어린 아이들도 믿을 수 있을 만큼 아주 간단하지만, 신자들이 복음이 함축하는 내용을 이해하면서 여생을 보낼 만큼 아주 심오하고 다차원적이다.

백 년 전, 알렌은 다음과 같이 말하였다. "그의 방식은 율법의 방식이 아니라, 복음의 방식이었다. 이것은 바울에 의해 확장된 기독교의 가장 특징적인 표시이다." 다음 세대의 신자들이 우리 세대를 돌아보면서 다음과 같이 평가한다면, 이것만큼 더 위대한 찬사는 없을 것이다. "그들의 방식은 율법의 방식이 아니라, 복음의 방식이었다. 이것은 21세기 복음적인 기독교의 가장 특징적인 표시이다." 하나님께서 우리 세대에 그렇게 이루어 주시길 간절히 바라는 바이다.

4장

바울의 교회론

벤자민 L. 머클 박사
미국 남동침례신학교 신약학 교수

사도 바울은 세상이 인정할만한 가장 위대한 선교사이자 교회개척자이다.[1] 바울이 그렇게 성공적으로 사역할 수 있었던 이유는 무엇일까? 어떻게 그는 상대적으로 그렇게 짧은 기간 동안 여러 교회들을 개척할 수 있었는가? 바울의 교회개척 전략으로부터 우리는 무엇을 배울 수 있는가? 이 질문들에 대한 대답은 교회에 대한 바울의 신학과 그 신학을 기초로 그가 발전시켰던 전략에서 주로 발견된다. 본장에서 우리는 (1)교회의 조직, (2)교회의 의식들, (3)교회의 직분자들을 살펴보면서, 교회에 대한 바울의 신학을 살펴볼 것이다.

---

1 Roland Allen은 다음과 같이 쓰고 있다. "얼마 안 되어, 그는 아주 견고한 기초를 둔 교회를 개척하였는데, 그 안의 신자들은 믿음 안에 거하고 성장하며, 삶 속에서 신자로서 행하였다. 또한 그 교회는 발생했던 문제들을 해결하였고, 안팎으로부터 많은 위험과 방해들을 극복하였다"(*Missionary Methods: St. Paul's or Ours?* 2nd ed. [Grand Rapids: Eerdmans, 1962]), 7.

1. 교회의 조직

바울이 새로운 도시에 들어갔을 때 정확하게 무엇부터 시작했는가? 바울은 어떤 유형의 교회를 개척하려고 하였는가? 개척된 교회는 어떻게 조직되었는가? 이 질문들에 대답하기 위해, 우리는 먼저 "교회"라는 단어의 의미와 교회의 성격 그리고 교회의 구성원들에 대하여 이해해야 한다.

1) "교회"의 의미

현대 영어에서 "교회"라는 단어는 헬라어 에클레시아(ekklēsia)에서 번역된다. 이 용어는 "장소" 또는 "건물"이나 "교파"가 아니라, 오히려 "사람들의 모임"을 의미한다. 실제로 에클레시아는 사람들의 세속적인 모임을 언급하거나(행 19:32, 39, 41), 구약성경에서 하나님의 백성을 언급할 때도 사용되었다(행 7:38; 히 2:12). 이 용어와 관련된 주요 개념은 "함께 모인 사람들이 누구인지"에 초점이 있다. 이러므로 윌리엄 틴데일(William Tyndale)을 포함하여 초창기 몇몇 성경 번역가들은 에클레시아에 대한 오해를 피하기 위해 "교회"가 아니라 "회중"으로 번역했다.

그러나 킹제임스 성경(KJV)은 "교회"라는 용어를 일관적으로 사용했기 때문에 그것에 영향을 받은 현대 성경 번역들에서는 에클레시아가 아주 드물게 "회중" 또는 "모임"으로 번역된다. 어쩌면 "회중," "모임"과 같은 용어들은 우리가 살고 있는 현대의 상황에서 에클레시아의 의미를 더 잘 드러내는 것 같기도 하다. 잘 알려진 것처럼, 에클레시아라는 용어는 "한 지역의 회중"과 "보편적인 교회"("모든 시대에 모든 참 신자들의 공동체"²)를 표현하기 위해 사용될 수 있다.

에클레시아라는 단어는 "지역 회중"을 언급하기 위해 대부분 사용된다. 바울은 신약성경에서 에클레시아라는 단어를 62회 사용하는데, 적어도 50회 정도는 "지역 회중"을 언급하기 위해 사용한다.³ 참으로 바울의 대부분의 서신들은 한 도시나 지역에 있는 현지 교회들에게 쓰였다.⁴

바울은 교회를 묘사하기 위해 많은 이미지와 비유를 사용한다. 아마 가장 일반적인 이미지들은 하나님의 백성(롬 9:25-26; 고후 6:16; 딛 2:14), 그리스도의 몸(롬 12:5; 고전 12:12-17, 27; 엡 1:22-23; 4:4-6, 15-16; 골 1:18; 2:19), 그리스도의 신부(고후 11:2; 엡 5:25-32), 성령의 성전(고전 3:16-17; 6:16, 19; 엡 2:21-22), 하나님의 가정 또는 가족(갈 6:10; 엡 2:19; 딤전 3:5, 12, 15; 5:1-2)이다.⁵ 바울서신들에서 발견되는 다른 이미지들은 건물(고전 3:9; 엡 2:21; 딤전 3:15), 감람나무(롬 11:17-32), 밭 또는 작물(고전 3:6-9), 몸(고전 10:17; 고후 6:18)이다.

여기에 언급된 수많은 이미지들은 "교회"의 개념이 얼마나 풍부한지 증명하는 것이기 때문에 우리는 그 모든 이미지들을 주의 깊게 살펴보아야 한다. 우리가 이 이미지들 중 어떤 한 이미지가 너무나 중요하게 생각되어 지나치게 강조한 나머지 다른 이미지를 축소내지는 배제해서는 안 된다.

---

2   Wayne Grudem, *Systematic Theology: An Introduction to Biblical Doctrine* (Grand Rapids: Zondervan, 1994), 853.
3   에클레시아가 보편적인 교회를 언급하기 위해 사용된 다음의 구절들을 보라. 마 16:18; 고전 15:9; 엡 1:22; 3:10, 21; 5:23, 24, 25, 27, 29, 32; 골 1:18, 24. 몇몇 사람들은 행 20:28과 딤전 3:15도 포함시킬지 모른다.
4   롬 16:5; 고전 1:2; 고후 1:1; 갈 1:2; 골 4:15-16; 살전 1:1; 살후 1:1; 몬 1:2.
5   다음의 책들을 보라. Paul S. Minear, *Images of the Church in the New Testament* (Philadelphia: Westminster, 1960); Daniel L. Akin, ed., *A Theology for the Church* (Nashville: B&H, 2007), 772-75; Grudem, *Systematic Theology*, 858-59; Millard J. Erickson, *Christian Theology*, 2nd ed. (Grand Rapids: Baker, 1998), 1044-51.

2) 교회의 성격

신약성경에 나타난 교회들은 하나의 특정한 목적을 위해 함께 만났다. 바울은 서신의 수신자들에게 무엇을 하든지 "하나님의 영광을 위하여 하라"(고전 10:31)고 권면한다. 그러므로 교회는 하나님께 영광을 돌리기 위해 존재한다. 교회가 하는 모든 것은 하나님을 영화롭게 하고 그리스도를 높이는 목적으로 행해져야 한다. 그러나 동시에 바울은 신자들이 가르침을 받고 올바른 방향으로 나아가야 하는 것 역시 강조한다. 왜냐하면 신자들이 가르침을 받고 성장할 때, 하나님께서 영광을 받으시기 때문이다(고전 12). 이러한 목적을 성취할 수 있는 다섯 가지의 중요한 방법들이 있다.

① 교회는 예배를 통하여 하나님을 영화롭게 하는데, 이 예배는 하나님의 말씀 읽기와 설교(고전 1:23-24; 골 4:6; 딤전 4:13; 딤후 4:2), 기도(딤전 2:8), 찬양(엡 5:19; 골 3:16-17), 헌금(고전 16:2; 고후 9:6-12), 성만찬(고전 11:17-34)을 포함한다.
② 교회는 친교를 통하여 하나님께 영광을 돌리는데, 이 친교는 서로의 짐을 지는 것(갈 6:2; 행 2:42; 히 10:24-25)을 포함한다.
③ 교회는 제자도를 통하여 하나님을 영화롭게 한다. 이 제자도는 모든 신자들을 하나님의 백성으로 준비시키는 것(엡 4:11-12)과 새로운 지도자들을 훈련시키는 것(딤후 2:2)을 포함한다.
④ 교회는 섬김을 통하여 하나님께 영광을 돌리는데, 이 섬김은 각자의 영적인 은사들을 사용하는 것(딤전 4:14)을 포함한다.
⑤ 교회는 복음전도와 선교를 통하여 하나님께 영광을 돌린다. 예수는 제자들에게 대위임령(마 28:19-20)을 주셨고, 바울은 자신이 개

척하였던 교회들이 다른 사람들에게 복음을 전하길 기대했다.

교회는 단순히 조직이 아니라, 하나님의 백성이다. 바로 이 사실은 선교사가 개척하려고 하는 것이 무엇인지 그 정체성에 대해 상당히 영향을 주기 마련이다. 바울은 위에 언급된 영적인 요소들을 강조하면서 아주 분명하게 하나님의 백성과 조직의 차이를 이해했다. 건물들, 외래 서적들, 예배 장식들과 같은 외적인 요소들에 지나치게 신경을 쓰게 되면, 마치 기독교가 사람들 사이의 관계 보다도 기관 또는 조직 단체라는 인상을 줄 것이라고 알렌은 주장한다.

그리고 "기독교는 조직 단체가 아니라, 생명의 원리이다. 조직 단체를 중요하게 여김으로 우리는 사역이 갖는 영적인 성격들을 애매모호하게 만드는 경향이 있다. 우리는 먼저 외적인 것들에 집착한 다음, 새 신자들이 내적인 것 대신에 외적인 것에 집중하도록 만든다"[6]라고 경고한다. 바울은 건물을 세우려 하지 않았고, 필수적이지 않은, 쉽게 관리될 수 없는, 또한 다시 만들 수 없는 요소들을 예배에 넣으려고 하지 않았다.[7]

바울의 목적은 개종자들을 얻는 것이었고, 자신이 사역했던 모든 도시에 교회들을 세우는 것이었다. 바울은 회중들이 예배하기 위해 일반적으로 집에서 만났다는 것을 몇 차례나 언급한다(롬 16:5; 고전 16:19; 골 4:15; 몬 1:2).[8] 비록 바울이 그리스도의 몸의 연합을 강조한다고 할지라도, 우리는 각 교회가 독립적으로 인도되었다는 증거를 가지고 있다.

---

6 Allen, *Missionary Methods*, 55-56.
7 Allen은 "어떤 조직도 사람들이 이해할 수 없고, 지속할 수 없는 것들을 소개해서는 안 된다"고 정확하게 주목한다(ibid., 161).
8 다음의 책을 보라. Eckhard J. Schnabel, *Early Christian Mission* (Downers Grove, Ill.: InterVarsity Press, 2004) 2:1301-06, 1584-85.

다시 말해, 신약성경은 교회의 자치 모델에 찬성하는 것처럼 보인다. 초대 교회에서 지도자들을 선택하는 것(행 1:23; 6:2-3), 선교사를 파송하는 것(행 13:3; 14:27), 신학적인 입장을 결정하는 것(행 15:22), 교회의 징계를 결정하는 것(마 18:17), 교회에서 제명권을 행사하는 것(고전 5:2)과 같은 중요한 많은 결정들은 지역 교회의 책임이었다. 더욱이, 교회에 보내는 바울의 서신들은 교회에서 직분을 가졌던 사람들이 아니라, 교회 내에 있는 전체 회중에게 보내는 것이었다. 이 사실은 각 회중이 자치적으로 인도되었다는 것을 지지한다(롬 1:7; 고전 1:2; 고후 1:1; 갈 1:2; 엡 1:1; 빌 1:1; 골 1:2; 살전 1:1; 살후 1:1).

흥미롭게도 비록 영국 국교회(Anglican Church)에 속했지만, 알렌은 지역 교회의 독립과 자율을 강력하게 주장한다. 그는 예루살렘 교회를 "기준에 어긋난 모든 행동을 심문하는 최고의 법정"으로 이해하는 것은 틀렸다고 주장한다.[9] 바울은 "전 교회에 행동 방향을 제시하는 중앙관리 체제를 만드는 것을 거절했다"고 알렌은 또한 진술한다.[10] 예를 들어, 재정적인 독립과 관련하여 알렌은 다음과 같이 쓴다.

> 모든 지방, 모든 교회는 재정적으로 독립적이었다. 갈라디아 교인들은 교사들을 후원하도록 권면을 받는다(갈 6:6). 모든 교회는 가난한 사람들을 돌보도록 가르침을 받는다. 예루살렘에 있는 가난한 성도를 위한 모금 사건을 제외하고, 사도행전과 서신들의 처음부터 끝까지 어느 한 교회가 다른 교회에 의존하는 모

---

[9] Allen, *Missionary Methods*, 130. Allen은 의견을 좀 더 피력한다. "그것은 로마의 체제이다. 이 체제는 현대 세계에 주를 이루는 것으로서, 로마 교황의 주장을 거절하는 사람들조차도 다른 사람들을 위해 선교단체들을 설립할 때, 원리적으로 이 체제를 채택하려는 유혹을 갖게 된다"(130).

[10] Ibid., 131.

습을 보여 주는 곳은 없다.[11]

3) 교회의 구성원들

그리스도의 보편적인 교회의 구성원들은 진정으로 회심한(중생의 경험을 한) 사람들이다. 하나님께서는 자신의 백성을 알고 계시며, 그들의 이름은 생명책에 기록되어 있다(빌 4:3; 딤후 2:19). 그러나 많은 지역 교회들은 회심하지 않은 교인들을 포함한다. 그러나 교회는 구성원들이 진정한 신자들이 되도록, 할 수 있는 모든 것을 해야 한다. 등록 교인이 되는 것은 그리스도를 믿음으로 고백하며, 세례를 받았으며, 고백에 합당한 삶을 사는 사람들로 제한해야 한다. 물론 교회는 마치 늑대가 자신을 감추기 위해 양의 옷을 입는 것처럼, 자신을 감추며 거짓을 행하는 사람들이 교인이 되는 것을 때때로 허용하기도 한다(교회의 징계를 위한 세부조항들이 있는 이유이다).

그러나 교회 지도자들은 그리스도의 신부의 순결을 보존하는 책임을 가진다. 교회의 지도자들은 교회를 보호하기 위해, 진실하게 회심한 사람들이 교인이 되도록 하면서, 자신들이 최선을 다해 할 수 있는 것들을 해야 한다. 교회를 하나님의 백성으로서 묘사하는 비유는 구성원들이 독생자 예수 그리스도를 믿음으로 하나님께 속하게 된다는 것을 전제한다.[12]

---

11 Ibid., 51. Allen은 영국 국교회(Anglicans)는 회중교회주의(congregationalism)에 두려움을 가진다는 것을 인정한다. 그에 의하면, 이 회중교회주의는 "각 회중들은 다른 교파와는 별개로, 마치 세상에서 단 하나인 것처럼 행동한다"(60 n. 1).

12 회심한 교인의 필수성에 관한 훌륭한 논의를 위해 다음의 글들을 보라. John S. Hammett, *Biblical Foundations for Baptist Churches: A Contemporary Ecclesiology* (Grand Rapids: Kregel, 2005), 81-131; John S. Hammett, "Regenerate Church Membership," in *Restoring Integrity in Baptist Churches*, ed. T. White, J. G. Duesing and M. B. Yarnell (Grand Rapids: Kregel, 2008), 21-43; John S. Hammett and Benjamin L. Merkle, eds., *Those Who*

예수를 믿지 않은 불신자가 지역 교회의 구성원이 되었다는 것이 알려졌다면, 무엇을 해야 할까? 이러한 상황에서는 교회 징계라고 불리는 과정을 거쳐야 한다. 실제로 바울은 여러 상황에서 징계에 대하여 언급한다(고전 5:1-13; 살후 3:14; 딤전 1:19-20). 교회 징계는 신자들이 심각한 죄를 범하였던(죄 안에서 살고 있는) 누군가를 바로 잡기 위해 권면하는 과정이다. 갈라디아서 6:1에서 바울은 "사람이 만일 무슨 범죄한 일이 드러나거든 신령한 너희는 온유한 심령으로 그러한 자를 바로 잡아야 한다"고 진술한다. 회개하는 것과 회복되기를 거절하는 사람들은 결국 교회에서 제명 처리되어야 한다.

다시 말해, 그러한 사람들은 교인이 되었다는 것이 취소되어야 하고, 불신자로서 간주되어야 한다(마 18:15-20). 바울은 교회 징계의 마지막 단계를 "사탄에게 내어준" 상태로 설명하며, 징계는 회복과 화해의 목적으로 행해진다는 것을 강조한다(딤전 1:20; 고전 5:5).

교회에 대한 바울의 이해는 꽤 간단하다. 그는 교회를 부활하신 그리스도를 믿으며, 삼위일체 하나님을 예배하며, 신자들 서로가 올바른 방향으로 이끌며 도와주는 특별한 목적으로 함께 모이고 만나는, 하나님의 백성으로 보았다. 문화적인 차이를 내려놓고, 오직 복음에 우선권을 두었다. 회중들은 오직 복음에 의해 하나가 되었고, 동시에 각 회중의 지도자와 함께 더욱 성장하도록 협력하면서, 각 회중은 독립적으로 기능했다. 교회를 구성하는 교인들은 예수를 주님으로, 구원자로 고백하며 세례를 받은 신자들이었다. 때때로 회심하지 않은 사람들이 교회에 가만히 들어온다는 것을 알았기 때문에, 바울은 교회들에게 교회 징계를 행하도록 가르쳤다.

Must Give and Account: A Study of Church Membership and Church Discipline (Nashville: B&H, 2012).

2. 교회의 의식들

예수는 두 의식을 행하도록 교회에 명령하였다. 그것들은 바울이 개척하였던 교회들 안에서 행해졌던 세례와 주의 성만찬이다. 우리는 초대 교회가 이 두 의식을 정기적으로 행하였다는 것을 사도행전에서 발견한다.[13] 알렌은 다음과 같이 말한다.

> 초대 교회에서 이 성례들은 할 수도 있고 안 할 수도 있는, 선택적인 것으로 이해할만한 어떠한 증거도 없다. 사도 바울의 서신들에서도 모든 신자들이 세례를 받고, 모든 사람들이 모여 정기적으로 주의 성만찬을 행했다는 것은 아주 당연한 것으로 여겨졌다.[14]

1) 세례

세례는 예수 그리스도를 믿는다고 공언하는 사람들이 물에 잠기는 의식이다. 바울에 의하면, 세례는 그리스도와 연합되어 그의 죽음, 장사, 부활에 참여하는 것의 표시이다.

---

[13] 예를 들어, 사도행전에서 "세례를 하다"(밥티조)라는 동사는 21번, "세례"(밥티스마)라는 명사는 6번 나타난다. 주의 성만찬은 대개 "떡을 떼다"라는 표현으로 나타난다(행 2:42, 46; 20:7, 11; 27:35). "떡을 떼다"라는 표현이 주의 성만찬을 가리킨다는 주장에 관하여 살펴보기 원하면, 다음의 책들을 보라. I. Howard Marshall, *Acts*, TNTC 5 (Leicester: InterVarsity; Grand Rapids: Eerdmans, 1980), 8; John B. Polhill, *Acts*, NAC 26 (Nashville: Broadman, 1992), 119; Ben Witherington, *The Acts of the Apostles: A Socio-Rhetorical Commentary* (Grand Rapids: Eerdmans, 1998), 160–61.

[14] Allen, *Missionary Methods*, 89. 그는 이후에 덧붙인다. "성례들은 의심할 수 없이 사도 바울이 세운 교회들 안에서 행해졌다"(103).

무릇 그리스도 예수와 합하여 세례를 받은 우리는 그의 죽으심
과 합하여 세례를 받은 줄을 알지 못하느냐 그러므로 우리가
그의 죽으심과 합하여 세례를 받음으로 그와 함께 장사되었나
니 이는 아버지의 영광으로 말미암아 그리스도를 죽은 자 가운
데서 살리심과 같이 우리로 또한 새 생명 가운데서 행하게 하
려 함이라(롬 6:3-4).

또 다른 구절에서 다음과 같이 기록한다.

또 그 안에서 너희가 손으로 하지 아니한 할례를 받았으니 곧
육의 몸을 벗는 것이요 그리스도의 할례니라 너희가 세례로 그
리스도와 함께 장사되고 또 죽은 자들 가운데서 그를 일으키신
하나님의 역사를 믿음으로 말미암아 그 안에서 함께 일으키심
을 받았느니라(골 2:11-12).

예수는 그의 제자들에게 모든 민족에게 세례를 주도록 명령하였고
(마 28:19), 바울은 우리에게 세례와 관련된 더 깊은 지식을 주는데, 그
것은 신자가 죄에 대해서 죽고, 그리스도 안에서 새로운 생명을 얻는
모습이다. 이 본문들은 물세례의식 그 자체에 대해서 말하는 것이 아
니다. 실제로 초대 교회의 상황을 보여 주는 사도행전에서 물세례와
회심을 분리하는 것은 상당히 부자연스러운 시도이다. 초대 교회에서
사람들은 정상적으로 회심하는 바로 그날 물세례를 받았다.[15] 이 본문

---

15 신약성경에서 회심은 회개, 믿음, 고백, 성령을 받는 것, 세례를 포함한다. 이 다섯 가지들(신약성경에서 이것들은 정상적으로 동시에 일어나거나 같은 날에 일어났다) 중에서 세례는 전형적으로 첫 단계로 보여졌다(Robert H. Stein, "Baptism in Luke-Acts," in *Believers Baptism: Sign of the New Covenant in Christ*, ed. Thomas R. Schreiner and Shawn D. Wright [Nashville: B&H, 2006], 33-66).

의 의미를 오직 성령세례로만 제한하는 것은 1세기 교회에 적합하지 않은, 즉 물세례와 성령세례를 분리하는 이분법을 소개하는 것이다.

세례는 그리스도와 연합을 표시할 뿐만 아니라, 그것은 다른 신자들과의 연합의 표시이다. 바울은 "주도 한 분이시요 믿음도 하나요 세례도 하나"(엡 4:5)라고 가르친다. 그는 또한 "우리가 유대인이나 헬라인이나 종이나 자유인이나 다 한 성령으로 세례를 받아 한 몸이 되었고 또 다 한 성령을 마시게 하셨느니라"(고전 12:13)라고 진술한다. 이 구절은 세례 안에서 모든 신자들의 참여를 강조하며, 이 의식의 중요성을 증명한다.

이 본문은 아마도 물세례가 아니라, 신자가 성령 안에서 잠기게 될 때 일어나는 회심에 대해서 말하고 있다. 그러나 주목해야 하는 것은 물세례는 그리스도와 연합과 다른 신자들과 하나 됨의 표시로서 성령세례와 밀접하게 관련된다는 것이다. 세례는 내적인 실재의 외적인 표시이다. 신자들의 하나 됨은 그들의 한 세례에 의해 표시된다. 세례는 믿음으로 그리스도와 연합된 모든 사람들에 의해 함께 공유된다(갈 3:27).

세례는 기독교 공동체로 들어오는 눈에 보이는 하나의 입문의식에 해당된다.[16] 자신의 죄를 공적으로 고백하고, 예수를 주님이자 구원자로 믿은 후, 새 신자는 즉각적으로 세례를 받았다. 바울은 자신이 직접 모든 신자들에게 세례를 베풀지 않았고, 다른 사람들이 베풀도록 하였다고 지적한다. 고린도에서 바울은 첫 개심자들에게 세례를 베풀었지만(그리스보, 가이오, 스데바나 집 사람들), 다른 어떤 사람들에게 세례를 베풀지 않았다고 강조한다(고전 1:14-16). 추측컨대, 이 첫 개종자들 중 몇

---

[16] Allen은 "사람들은 바로 그 사회에 들어갈 때, 세례에 의해 인정되어졌다"고 진술한다(*Missionary Methods*, 76).

몇은 교회에서 지도자들이 되었고(고전 16:15), 다른 사람들에게 세례를 베풀었다.

이것은 또한 바울이 누가 세례를 받을 수 있는지 결정할 책임이 없었음을 지적한다. 이 결정은 지역 교회 지도자들에게 주어졌다. 알렌은 이것은 "바울이 성공적으로 사역할 수 있었던 가장 중요한 요소들 중 하나"라고 제안한다. 왜냐하면 그것은 상호 책임을 북돋우었기 때문이다.[17] 지역 교회 지도자들은 교회 밖에 있었던 사람들보다 더욱 그 사람들에 대해 알았고, 누구에게 세례를 베풀어야 하는지 결정하였을 것이다.

세례와 관련하여 다른 중요한 문제는 세례를 언제 베풀어야 하는지에 대해서이다. 회심한 사람은 언제 세례를 위해 준비하는가? 위에서 진술된 것처럼, 초대 교회에서 행해진 세례는 보통 회심이 일어난 바로 그날에 베풀어졌다. 회심한 사람은 세례 이전에 무언가를 배우거나, 진정한 신자인지 평가받는 데 있어서 오랜 시간이 걸리지 않았다. 만일 세례가 그리스도와 함께 죽음과 부활의 표시이며, 그리스도의 몸인 교회로 들어오는 의식이라면, 세례는 가능한 한 회심과 밀접하게 행해져야 한다는 것은 확실하다.

그러므로 초대 교회에서는 세례를 받은 이후에 가르침이 따라온다(마 28:19-20).[18] 이에 대해 알렌은 회심과 더불어 곧바로 세례를 베풀었던 초대 교회와 달리, 요즈음 교회들은 회심한 사람들이 세례를 받을 때까지 너무 많은 시간을 기다리게 만든다고 지적한다. 그렇게 기다리게 하면서, 이미 회심하였지만 세례를 받지 않은 신자들로 하여금, 기

---

17 Ibid., 98.
18 Allen은 "가르침은 세례 이전에 있지 않았다. 명백하게, 세례를 위해, 절대적으로 필요한 기독교 진리의 지식이 약간 요구되었다"고 주장한다(ibid., 95).

독교 교리의 충분한 지식을 가져야 하고, 교육받은 고백에 따라 사는 모습을 반드시 증명해야만 세례의 자격을 받는 것처럼 느끼게 만든다는 것을 정확하게 지적한다. 알렌은 다음과 같이 기록한다.

> 우리는 그리스도와 연합이 힘의 원천이라는 것을 회심자들에게 가르친다. 우리는 또한 그들에게 세례는 연합을 나타내는 성례라고 가르친다. 그리고 난 다음 우리는 그들이 세례를 받기에 합당하다고 인정하기 전, 그들 스스로의 힘으로 덕을 행하면서 진실한 믿음을 증명해야 한다고 은연중에 요구한다. 다시 말해, 우리는 회심자들에게 사람들의 유일한 필요는 그리스도이며, 그리스도 없이 의로움에 도달할 수 없다는 것을 가르친 후에, 세례를 받기까지 일정한 기간을 두면서, 우리는 그들에게 그리스도와 연합되기 위하여 남들이 인정할만한 덕행을 행하며 스스로 의로움에 도달해야 한다고 은연중에 가르친다.[19]

2) 주의 성만찬

우리는 증거와 상관없이 바울이 세웠던 모든 교회들이 주의 만찬을 거행했을 것이라고 당연하게 여긴다. 그러나 우리는 고린도에 있는 교회로부터 구체적인 증거를 살펴볼 수 있다. 바울이 이 구체적인 증거를 제시하는 이유는 아마도 고린도 교회에서 이 의식이 행해지는 동안, 신자들 사이에서 심각한 문제들이 발생했기 때문일 것이다.[20] 예수

---

19 Ibid., 97.
20 바울서신들은 상황적이며, 각 서신에 쓰인 내용은 각 교회가 처한 특별한 상황을 반영한다는 것을 반드시 기억해야 한다. 단순히 문제가 언급되지 않았기 때문에, 그 문제는 중요하지 않다는 것을 의미하지 않는다. 대신에 그것을 언급할 이유가 없었다는 것을 의미한다.

는 배반당했던 밤에 주의 만찬을 제정했고(마 26:26-29; 막 14:22-25; 눅 22:19-22), 바울은 고린도 신자들에게 이 전통을 반복해서 말했다.

> 내가 너희에게 전한 것은 주께 받은 것이니 곧 주 예수께서 잡히시던 밤에 떡을 가지사 축사하시고 떼어 이르시되 이것은 너희를 위하는 내 몸이니 이것을 행하여 나를 기념하라 하시고 식후에 또한 그와 같이 잔을 가지시고 이르시되 이 잔은 내 피로 세운 새 언약이니 이것을 행하여 마실 때마다 나를 기념하라 하셨으니 너희가 이 떡을 먹으며 이 잔을 마실 때마다 주의 죽으심을 그가 오실 때까지 전하는 것이니라(고전 11:23-26).

우리는 이 구절들을 통해 주의 성만찬의 중심 의미가 무엇인지 명백하게 발견한다. 그것은 복음을 다시 생각나게 하는 것이다. 떡은 교회를 위해 찢겨진 그리스도의 몸이며, 포도주는 교회를 위해 흘린 피를 나타낸다. 사도행전에서의 증거는 이 축하가 매주 행해졌다는 것을 나타낸다(행 20:7, 11; 고전 11:18, 20).

바울은 "너희가 교회에 모일 때에"(고전 11:18)라는 구절과 함께 주의 성만찬에 관한 가르침을 시작한다. 그러므로 이 상징적인 의식은 집합적인 모임의 상황에서 행해졌다는 것을 나타낸다. 바울은 또한 주의 성만찬은 그리스도의 몸의 연합에 대한 증거였다고 가르친다. 떡과 포도주에 참여함으로써 신자들은 또한 그리스도의 몸과 피에 참여한다. 바울은 "떡이 하나요 많은 우리가 한 몸이니 이는 우리가 다 한 떡에 참여함이라"(고전 10:17)고 진술한다.

신약성경의 증언으로부터 우리는 초대 교회에서 행해진 주의 성만찬에 관하여 다음의 사실들을 배운다.

① 주의 성만찬은 예수의 복음과 신자들의 연합을 상징적으로 선포하는 것이다.
② 주의 성만찬은 예배의 주요한 요소였다.
③ 주의 성만찬은 매주 행해졌다.
④ 주의 성만찬은 전체적으로 행해졌다.
⑤ 주의 성만찬은 그리스도를 믿는다고 공언하며 세례를 받았던 사람들로만 제한되었다.

3. 교회의 직분자들

바울이 교회를 세웠을 때, 그는 교회 지도자들에 관한 교훈과 지침 없이 단순히 신자들에게 함께 모이도록 가르치지 않았다. 비록 그는 명백하게 모든 신자는 성령에 의해 은사를 받았고, 교회에 중요한 존재들이라고 가르치지만(고전 12:7, 11, 14-26), 모든 사람들이 교회 안에서 같은 권위를 갖고 있지 않다는 것 또한 암시한다. 각자의 은사와 성숙 때문에, 몇몇 사람들만이 다른 사람들에게 주어지지 않은, 교회 내에서 지도권과 권위를 부여받는다. 바울이 밝히는 교회 내 두 직분은 장로/감독과 집사 직분이다.[21]

1) 장로/감독

장로(프레스비테로스, *presbyteros*)와 감독(에피스코포스, *episkopos*)이라는 용어

---

21 우리는 사도, 선지자, 그리고 복음전도자에 대해서 논의하지 않을 것이다. 이 직분들은 전문적으로 교회 직분으로 간주되지 않는다. 왜냐하면 그것들은 지역 교회 밖에서 사역을 하고, 하나의 특정 교회에 제한되지 않기 때문이다.

들은 비록 다른 이름들이지만, 동일한 직분을 가리킨다.[22] 이렇게 주장할 수 있는 많은 요인들이 있다.

첫째, 장로와 감독이라는 용어는 서로 바꾸어서 사용해도 되는 단어로 나타난다(행 20:17, 28; 딛 1:5, 7; 벧전 5:1-2).

둘째, 장로에게 필요한, 따로 독립된 자격 요건이 전혀 나타나지 않는다. 만일 장로와 감독이 두 개의 분리된 직분들이었다면, 바울이 각 직분에 필요한 자격 요건을 주었어야 타당하게 보일 것이다. 그러나 비록 장로가 디모데전서 5:17-25과 디도서 1:5에 언급된다고 할지라도, 바울은 오직 감독을 위한 자격 요건만을 제시한다(딤전 3:1-7; 딛 1:7-9).

셋째, 장로와 감독은 인도하고 다스리며(행 20:28; 딤전 3:4-5; 5:17), 가르치는(딤전 3:2; 5:17; 딛 1:9) 일을 하기 때문에, 그들은 같은 직분을 나타내는 것으로 이해되어야 한다.

넷째, 장로와 감독은 결코 분리된 직분들로 열거되지 않는다. 이처럼 장로와 감독이라는 용어가 같은 직분을 가리킨다는 사실은 많은 교회에서 이후에 발전되었던, 성직 계급(감독, 장로, 집사)을 나타내는 3단계 교회 체제가 신약성경에 맞지 않다는 것을 보여 준다.

비록 목사라는 이름이 현대 교회적인 상황에서 일반적으로 사용된다고 할지라도, 신약성경에서 교회 지도자를 언급하는 용어로써 오직 한 번 사용된다. 에베소서 4:11에서 바울은 "그가 어떤 사람은 사도로, 어떤 사람은 선지자로, 어떤 사람은 복음 전하는 자로, 어떤 사람은 목사와 교사로 삼으셨으니"라고 진술한다. 여기서 사용된 목사라는 용어

---

22 Benjamin L. Merkle, *The Elder and Overseer: One Office in the Early Church*, Studies in Biblical Literature 57 (New York: Peter Lang, 2003); Benjamin L. Merkle, *40 Questions About Elders and Deacons* (Grand Rapids: Kregel, 2008), 54-58, 76-83; Benjamin L. Merkle, *Why Elders? A Biblical and Practical Guide for Church Members* (Grand Rapids: Kregel, 2009), 17-28.

는 교사라는 용어와 한 쌍으로 등장하여 밀접하게 관련되는데, 그 두 용어는 사역의 한 서열을 의미한다.[23]

그렇다면, 우리는 목사의 직분과 장로/감독의 관계를 어떻게 이해해야 하는가? 목사라는 용어가 장로/감독이라는 용어와 분리된, 별개의 직분을 나타내는가? 적어도 이 용어가 동일한 직분을 나타내고 있다는 사실을 증명하는 두 가지의 이유를 우리는 발견할 수 있다.

첫째, 장로/감독은 목사와 같이 동일한 임무가 주어진다. 바로 목양(행 20:17, 28; 엡 4:11; 벧전 5:1-3)과 가르침(딤전 3:2; 5:17; 딛 1:9)이다.

둘째, 우리가 위에서 언급했던 것처럼, 목사라는 용어는 교회 지도자에 대한 호칭으로 신약성경에서 오직 한 번 발견된다. 만일 목사의 직분이 장로/감독과 다르다면, 목사의 직분을 가진 사람들에게 요구되는 자격 요건들이 무엇일까? 바울은 우리에게 장로/감독을 위한 자격 요건들에 대해서 알려주지만, 목사의 자격 요건에 대해서는 언급하지 않는다. 아마도 그것을 언급하지 않은 이유는 바울이 목사로 부름을 받은 사람들 역시 장로/감독에게 요구되는 자격 요건을 갖추어야 했기 때문일 것이다.

2) 지도자의 인원

리더십을 함께 나누는 모습은 성경에 일반적으로 나타난다. 구약성경에서 리더십은 이스라엘의 장로들에 의해 나누어진다.[24] 신약성경에

---

23 헬라어 문장에서 이 구절("목사와 교사로")은 한 직분을 가리키는 것으로 이해하는 것이 좋을 것 같다. 다시 말해, 목사라는 직분과 교사라는 직분이 따로 존재하는 것이 아니라, 같은 역할을 하는 하나의 직분을 가리킨다.
24 다음의 구절들을 보라. 출 3:18; 12:21; 신 19:12; 21:3; 22:15; 삼상 8:4; 삼하 5:3; 17:4, 15; 스 5:5; 6:7, 14.

서 예수는 교회를 이끌도록 열두 사도들을 택하였다. 게다가, 초대 교회는 사도들을 돕기 위하여 일곱 명을 뽑아서, 교회에 있는 미망인들을 돌보도록 하였다(행 6:1-6). 이처럼 리더십을 함께 나누는 모습은 바울이 세웠던 교회들에서도 계속된다.[25]

- 바울과 바나바는 안디옥, 이고니온, 루스드라, 더베 지역 주변에 있는 도시들에 교회를 세웠고, "각 교회에서 장로들을 택하였다"(행 14:23).
- 제3차 전도여행이 끝나갈 무렵 바울은 "밀레도에서 사람을 에베소로 보내어 교회 장로들을 청하였다"(행 20:17).
- 바울이 빌립보에 있는 교회에 서신을 썼을 때, 그는 특별히 "감독들과 집사들"(빌 1:1)에게 인사를 한다.
- 바울은 디모데에게 "잘 다스리는 장로들은 배나 존경할 자로 알되 말씀과 가르침에 수고하는 이들에게는 더욱 그리할 것이니라"(딤전 5:17)라고 글을 쓴다.
- 바울은 디도에게 "각 성에 장로들을 세우도록"(딛 1:5) 지도했다.[26]

교회 안에 지도자들이 여러 명이라는 것을 설명하기 위해 사용된 다른 용어들이 있다. 예를 들어, 데살로니가 교회에 보내는 첫 번째 서신에서 바울은 데살로니가 교인들에게 "너희 가운데서 수고하고 주 안에서 너희를 다스리며 권하는 자들을 너희가 알도록"(살전 5:12) 권면한다. 비록 장로라는 용어가 사용되지 않았지만, 바울이 언급하는 사

---

25 따로 행을 바꾸어 구절 인용을 하는 것은 더욱더 강조하기 위함이다.
26 다음의 구절들을 더 참조하라. 행 11:30; 15:4, 22-23; 약 5:14; 벧전 5:1.

람들은 장로와 같은 역할을 행한 교회의 영적인 지도자들이었다.[27]

신약성경에 나타난 증거는 모든 교회는 일반적으로 여러 장로들에 의해 인도되었다는 것을 지적한다. 신약성경에서 주도적인 역할을 하는 한 명의 장로 또는 한 명의 목사가 회중을 인도했다는 실례가 나타나지 않는다. 예루살렘에 있는 교회에서도(행 11:30), 비시디아 안디옥, 루스드라, 이고니온, 더베에 있는 교회에서도(행 14:23), 에베소에 있는 교회에서도(행 20:17; 딤전 5:17), 빌립보에 있는 교회에서도(빌 1:1), 그레데에 있는 교회에서도(딛 1:5), 야고보가 서신을 썼던 흩어져 있는 유대인들이 세운 교회들에서도(약 1:1), 로마의 지역이었던 본도, 갈라디아, 갑바도기아, 아시아, 비두니아에 있는 교회들에서도(벧전 1:1), 히브리서가 보내어진 교회에서도(히 13:7, 17, 24) 여러 장로들이 지도자들로서 다스렸다.

3) 장로의 권위

바울은 자신이 세웠던 교회에서 목회하지 않았지만, 지역 교회의 지도자들에게 책임을 주었다. 보통은 약 6개월에서 1년을 머문 후, 가능한 한 빨리 바울은 새로 세워진 교회들을 위해 지도자들(장로들)을 임명하였다. 새로운 지도자들은 회중의 영적인 상태를 감독하는 책임을 가졌다(고전 16:15-16; 살전 5:12; 딤전 5:17). 그러므로 전체 회중이 중요한 결정을 했다고 할지라도(마 18:17; 행 1:23; 6:2-3; 13:3; 14:27; 15:22; 고전 5:2), 장로들이 권위를 가진 지도자들로서 교회를 날마다 인도하였다.

장로들의 역할과 기능은 확실히 상당한 권위를 가지고 있었음이 분명하다. 교사로서 장로들은 권위를 갖고 하나님의 말씀을 전하는 일을

---

[27] 다음의 구절들을 더 참조하라. 고전 16:15-16; 히 13:7, 17, 24.

감당하였다(딤전 3:2; 5:17; 딛 1:9). 목회자로서 장로들은 또한 하나님의 백성을 인도하는 일을 하였다(행 20:28; 엡 4:11; 벧전 5:2). 교회의 대표자로서 장로들은 전체 회중을 위하여 말하고 행동하였다(행 11:30; 20:17).

장로들의 권위는 회중이 아니라, 하나님으로부터 온다. 비록 회중이 장로들의 소명과 권위를 인정하고 지지하지만, 그들은 하나님으로부터 온 권위를 갖는다. 바울은 에베소 장로들에게 성령께서 그들을 감독으로 만드셨다고 말한다(행 20:28). 그들은 부름을 받았고, 사람이 아니라 하나님에 의해 권위를 부여받았다. 에베소서에서 바울은 그리스도가 교회에 목사와 교사를 포함하는 여러 은사들을 주었다고 진술한다(엡 4:11). 장로의 권위는 회중으로부터가 아니라, 그리스도로부터 온다.

그러나 장로들의 권위가 절대적이 아니라는 사실이 지적되어야 한다. 예수 그리스도와 그의 말씀이 교회에서 최고의 권위를 갖는다. 모든 것은 그리스도의 권위 아래에서 행해져야 한다. 왜냐하면 "그는 몸인 교회의 머리"(골 1:18)이시기 때문이다. 장로들은 자신들의 권위를 하나님의 말씀으로부터 얻어야 하며, 그들이 그 말씀으로부터 벗어난다면, 그들은 하나님께서 주신 권위를 버리는 것이다(행 17:11; 갈 1:8).

장로들이 소유하는 권위는 그들의 직분에서 뿐만 아니라, 그들이 수행하는 일들에서, 또한 그들이 나타내는 그리스도와 같은 성품에서 나타난다. 다시 말하자면, 단순히 장로라는 이유로 사람들이 장로들에게 순종해서는 안 된다는 말이다. 오히려 장로들은 회중을 목양하고 가르치는 책임을 가지고 있기 때문에 섬김을 받는 것이다(살전 5:13). 그러나 만약 그들이 성경으로부터 벗어난 목회와 가르침을 행한다면, 목자로서 그리고 교사로서 그들의 권위는 더 이상 회중과 관련되지 않는다.

장로들의 권위는 회중 전체의 권위에 의해 균형이 잡혀진다. 그러므로 교회에서 중요한 결정들을 할 때, 장로들만 아니라 회중들에게까지 알리고 모두 함께 결정되어야 한다. 교회는 몸(머리부터 발끝까지 이르는)이기 때문에, 교회 내에 있는 모든 사람들은 중요하고, 주요한 사항들을 결정하는 데 일부분이 되도록 해야 한다.

4) 집사

집사 직분은 장로/감독/목사의 것과 다른 별개의 직분이다. 집사라는 단어는 "종"을 의미하는 헬라어 디아코노스(diakonos)의 번역이다. 집사라는 단어가 정말 "종"을 의미하기 위해 사용되어졌는지 아니면 교회의 직분을 가리키는 명칭으로써 사용되었는지는 이 단어가 사용되었던 교회의 상황을 통해서 알 수 있다. 그 헬라어는 신약성경에 29번 사용되었고, 그 중 오직 세 번에서 네 번만 교회 직분을 나타내기 위해 사용되었다(롬 16:1[?]; 빌 1:1; 딤전 3:8, 12). 집사의 기원은 확실히 알려진 것이 없지만, 많은 학자들은 사도행전 6장에서 선택된 일곱 명을 신약성경에 나타난 집사의 원형으로 주장한다. 사도행전 6장에서 "오로지 기도하는 일과 말씀 사역에 힘쓰기 위해서"(행 6:4) 사도들은 교회가 미망인을 위한 음식을 분배하는 것을 날마다 도울 수 있는 일곱 명을 임명하는 것이 좋겠다고 생각하고 결정했다.

신약성경은 집사의 역할에 관하여 많은 정보를 제공하지 않는다. 디모데전서 3:8-12에 나타난 자격 요건들은 집사의 성격과 가정생활에 초점을 맞춘다. 장로와 집사 사이에 가장 주목할 만한 차이는 집사는 "가르치기를 잘할"(딤전 3:2) 필요가 없었다.

집사들은 깨끗한 양심으로 믿음을 가지도록 부름을 받았을 뿐, 그 믿음을 "가르치기 위해" 부름을 받지 않았다(딤전 3:9). 이것은 집사들이 교회 안에서 공식적으로 가르치는 역할을 가지지 않는다는 것을 보여 준다. 이것은 집사들이 능력에 있어서 가르칠 수 없다는 것이 아니라, 단지 그들은 집사로서의 직분과 관련된 임무에 있어서 가르치거나 설교하기 위해 부름을 받지 않았다는 것을 의미한다.

집사들은 바로 그 이름이 지적하는 것처럼, 회중을 다스리거나 인도하지 않고, 섬김을 위한 직분이다. 성경은 집사들의 기능을 명확하게 지적하지 않지만, 사도행전 6장에서 사도들을 돕기 위해 세워진 일곱 명에 대해서 언급하고 있다. 그래서 집사들의 기능과 관련하여, 하나님께서 장로들에게 주신 목회와 가르침의 소명을 이루기 위해 필요한 모든 것을 행하는 종으로서 이해하는 것이 가장 좋을 것 같다. 마치 사도들이 일곱 명에게 감독하는 책임들을 맡겼던 것처럼, 마찬가지로 장로들은 말씀과 기도의 사역에 모든 노력을 다하기 위해 집사들에게 책임을 위임한다(행 6:4). 결과적으로 집사들의 임무는 각 지역 교회의 특수한 상황과 필요에 따라서 정해진다.

사도행전에서 바울이 교회들 안에 집사들을 임명했다는 언급이 전혀 없다. 제1차 전도여행 동안 바울과 바나바는 소아시아 지역에 있는 교회들에 장로들을 임명하였다(행 14:23). 그러나 누가는 그들에 의해서 집사들이 임명되었다는 것을 어느 곳에서도 말하지 않는다. 이처럼 누가가 언급하지 않는다고 해서 집사들이 그때에 교회 안에 존재하지 않았다고 생각해서는 안 된다.

오히려 누가가 보기에, 집사들은 복음이 확장되는 데 있어서 직접적으로 중추적인 역할을 하지 않았다고 보는 것이 맞다. 이후에 바울은 디도에게 그데데 섬에 있는 모든 도시에 장로들을 임명하도록 명령하지만(딛 1:5), 집사들에 대해서 그 어떤 것도 말하지 않는다. 이러한 사실은 비록 집사들이 교회생활과 안정에 중요했지만, 장로들이 세워진 후에 집사들이 필요하다고 여겨졌을 때에만 임명되었음이 분명하다.

5) 교회 리더십에 대한 결론

우리는 바울이 세웠던 교회들 안에 리더십에 관하여 몇 가지 중요한 결론들을 내릴 수 있다.

바울이 세운 교회들은 다수의 지도자들이 있었다. 위에서 증명된 것처럼, 바울이 개척한 교회의 모습은 다수의 지도자들에 의해 인도되었다. 이 지도자들은 때때로 "장로", "감독", "목사"로 불렸다. 여기서 중요한 점은 지도자들이 여러 이름으로 불릴만한 구별된 각자의 역할이 있었다는 것이 아니라, 항상 다수의 지도자들이 교회 내에 있었다는 것이다.

제1차 전도여행에서 바울은 소아시아의 많은 도시에 여러 교회들을 세웠다. 바울은 되돌아왔을 때, "각 교회에서 장로들을 택하였다"는 것을 우리는 알고 있다. 이러한 상황을 비추어보았을 때, 교회들이 세워진 이후 바로 다수의 지도자들에 의해 다스려졌다는 것이다. 이 모습을 기초로 교회를 개척하는 사람들은 강하고, 통찰력이 있는 한 사람의 지도자를 선택해서 오직 그에게만 모든 책임을 주지 않도록 해야 한다. 대신에 가능한 한 처음부터 리더십은 자격 요건에 부합한 많은 사람들에게 주어서 함께 인도할 수 있도록 해야 한다. 이런 점에서 알렌의 분석은 아주 정확하다.

> 사도 바울은 각 교회에 한 명의 장로를 세우는 것에 만족하지 않았다. 그는 모든 장소에 몇 명의 장로를 임명했다. 이것은 모든 권위가 한 사람의 손에 집중되어서는 안 된다는 것을 확실히 보여 준다.[28]

---

28 Allen, *Missionary Methods*, 104.

바울이 세운 교회들은 책임이 있는 지도자들이 있었다. 만약 동등한 권위를 나누는 다수의 장로 제도가 하나님의 계획이라면, 이러한 성경적인 유형들을 따를 때 많은 유익들이 있을 것이다. 비록 다수의 장로들이 있다고 해서 교회 리더십이 문제들과 갈등에 직면하지 않을 것이라고 보장할 수는 없다. 하지만 한 사람의 목사가 있는 교회가 성경적인 책임의 영역에서 자주 직면하는 어려움들에 대하여 적어도 몇 가지의 안정장치들을 제공한다. 여기서 지적되어야 하는 성경적인 책임은 두 가지이다.

첫째, 이 책임은 한 명의 목사가 잘못을 범하지 않도록 보호한다. 목사들은 자주 교회 내에서 많은 권위를 소유한다. 아쉬운 것은 너무 많은 권위에 비해 너무 책임이 적다는 것이다. 그러한 권위는 오직 지도자 자신만 중요하다고 느끼게 하고 그래서 교만해지도록 한다. 독재적인 권위를 가진 목사들은 무감각하고 비성경적인 방법으로 행동할 수 있고, 자신들이 범하는 잘못들을 보지 못하게 된다.

둘째, 성경적인 책임은 장로들이 더욱 성숙하고 경건해 지도록 하는데 도움이 된다. 히브리서 기자는 책임에 대한 필요로 "오직 오늘이라 일컫는 동안에 매일 피차 권면하여 너희 중에 누구든지 죄의 유혹으로 완고하게 되지 않도록 하라"(히 3:13)고 강조한다. 더 성숙한 장로들은 효과적인 목양의 방법으로 젊은 사람들을 잘 훈련시킬 수 있다.

바울이 세운 교회들은 보수를 받았던 지도자들과 무보수로 섬겼던 지도자들이 있었다. 오직 온 종일 근무하는 목사들만 교회를 인도할 수 있다는 생각은 성경에 나타나지 않는다. 사실 그러한 견해는 건강하지 않은 교회를 초래할 것이다. 유급의 직원과 무보수의 장로들로 이루어진 교회는 유급의 장로들/목사들로 이루어진 교회보다 더 많은 지도자들이 있기 마련이다.

성경에 의하면, 지도자가 장로이든 목사이든 보수를 받아야 하는 요건은 있지 않다. 만일 장로가 재정적으로 후원을 받아야 할 필요가 있다면, 교회는 그의 사역을 위해 보수를 지급할 책임은 있었다. 바울은 자기 자신(고전 9:8-10)과 장로들(딤전 5:18)은 사역에 대한 보상을 받을 권리가 있다고 주장했다(마 10:10; 눅 10:7).[29] 매일 교회를 목회하며 가르치는 장로들은 그렇게 한 일에 대해 존경을 받아야 할 뿐만 아니라 재정적으로도 보상을 받아야 한다(갈 6:6). 그러나 이것은 모든 장로들이 한 일에 대해 보수를 받아야 한다거나, 교회를 위해 전임사역을 하는 사람들만 장로 또는 목사로 불릴 수 있다는 것을 의미하지 않는다.

사도이자 선교사로서 바울은 확실히 자신이 세웠고 수고하였던 교회들로부터 후원을 받을 권리를 가졌다. 그러나 그는 복음을 위하여 자신의 권리를 주장하지 않고, 자신의 손으로 일하는 것을 선택했다(고전 4:12). 바울처럼, 많은 장로들은 교회 밖에서 보수를 받는다는 점에서 자급하고 있다. 그들은 회중을 돌보고 목양하는 데 많은 시간을 보내지만, 그 수고한 대가를 받지 않는다.

몇몇 교회들은 한 명의 장로든지 또는 여러 명의 장로들이든지 재정적으로 후원할 수 없는 어려움을 가지기도 한다. 금전의 대가를 받지 않은 장로들이 있는 교회는 재정적으로 그들을 후원하지 않고서도 더 많은 장로들을 세울 수 있게 된다. 이 상황은 장로들이 더 효과적으로(더

---

29 Allen은 재정적인 후원에 대한 권리는 "정착한 지역 교회 사역자가 아니라, 순회하며 복음을 전하는 사람들, 선지자들에게" 전적으로 속했다고 주장한다(ibid., 50 n. 1). 바울은 에베소의 장로들에게 "자신을 본받아 스스로 재정을 감당하도록" 지도한다고 Allen은 주장한다(ibid). 바울은 장로들에게 "내가 아무의 은이나 금이나 의복을 탐하지 아니하였고 여러분이 아는 바와 같이 이 손으로 나와 내 동행들이 쓰는 것을 충당하였다"(행 20:33-34)고 말한다. 그러나 이 본문에서 바울은 장로들이 반드시 그렇게 해야 한다고 명령하고 있지 않다. 단지 바울은 그곳에 그들과 함께 있었을 때, 자신이 행했던 삶을 상기시키고 있는 것이다. 게다가 딤전 5:17-18에서 바울은 장로들이 열심히 사역한 대가에 대해 보수를 받을 권리를 분명히 확립하고 있다.

많은 장로들을 세움으로서) 회중을 목양하도록 하며, 더 신속하게(금전적인 후원을 받지 않은 장로들을 세움으로서) 교회를 개척하도록 한다.

바울이 세운 교회들은 자질을 갖춘 지도자들이 있었다. 초대 교회에서 리더십은 성경적으로 자질을 갖춘 사람들에게 속했다. 장로/감독(딤전 3:1-7; 딛 1:5-9)이나 집사(딤전 3:8-13)를 위한 자격 요건을 읽을 때, 우리는 자격 요건이 상대적으로 간단하기 때문에 즉각적으로 깜짝 놀라게 된다. 사실, 장로들에게 요구된 자격은 모든 신자들에게 기대되는 기본적인 성품과 관련된다. 전임사역에 대한 것이나 보수를 받는다는 언급은 전혀 찾아 볼 수 없다. 또한 요구되는 공식적인 훈련 역시 없다.[30]

자격 요건의 초점은 "사람이 무엇을 행할 수 있느냐" 보다도 "그 사람이 어떤 사람이냐"에 있다. 또한 지도자들은 회중으로부터 선택되었다는 것 역시 주목되어야 한다. 교회 밖에는 신자들의 자격 요건을 심사하기 위한 위원회가 있지 않다. 알렌은 "바울은 교회의 장로들을 임명했는데, 반드시 그들은 교회에 속해있어야 했다"고 말한다.[31] 그들은 자격 요건들을 충족시켰기 때문에 선택되었다. 그들은 고결한 성품을 소유했고, 좋은 평판을 가지고 있었고, 회중이 존경했던 사람들이었다.

바울이 세웠던 교회의 지도자들은 다른 많은 지도자들을 길러내었다. 바울에 의하면, 지도자들은 "성도를 온전하게 하여 봉사의 일을 하게하며 그리스도의 몸을 세우기"(엡 4:12) 위해 임명되었다. 교사로서 장로의 역할은 현재 교회의 건강을 위해서 뿐만 아니라, 미래에 교회의 성장을 위해서 중요하다. 결과적으로 장로들이 단순히 교사가 되는 것

---

30 Allen은 "그들은 반드시 고등 교육을 받은 사람들이 아니었다"고 언급한다(*Missionary Methods*, 101).

31 Ibid., 100. 그는 "그 장로들은 정말로 자신들이 사역했던 교회로부터 선택되었다"고 이후에 덧붙인다(ibid).

만으로 충분하지 않다. 그들은 목적을 가지고 새로운 교회들을 개척하고, 그 교회들과 함께 사역하며, 다음 세대를 온전케 해야 한다. 바울은 디모데에게 "또 네가 많은 증인 앞에서 내게 들은 바를 충성된 사람들에게 부탁하라 그들이 또 다른 사람들을 가르칠 수 있으리라"(딤후 2:2)고 말한다. 바울의 신실한 협력 사역자로서 디모데는 바울에게서 들었던 순전한 복음을 가르치는 임무를 갖게 되었다.

디모데는 바울에 의해 준비되어졌고, 이제 다른 사람을 준비시키는 사역자가 되어야 했다. 그러므로 그는 바울에게서 배웠던 것들을 "충성된 사람들"에게 맡겨야 했다("충성된 사람들"은 아마 교회의 장로들을 가리키는 다른 표현인 것 같다). 그러나 장로들에게 맡겼다고 해서 온전케 하는 그 임무가 멈추는 것이 아니다. 그 장로들은 "다른 사람들을 가르치며 준비시키는" 사역자가 되어야 했다. 이제 장로들의 일은 복음 메시지가 잘 선포되도록 충성스러운 다른 사람들을 식별하는 데 있다.

4. 결론

　대위임령에 순종하기 위해 바울이 행한 방식은 단순히 개종자들을 얻는 것이 아니라, 교회들을 세우는 것이었다. 바울은 가장 위대한 교회개척자로 인정되기 때문에, 우리는 교회에 관한 바울의 신학과 그 신학을 기초로 해서 사용했던 전략을 조사하는 것이 무척 중요하다. 우리가 발견한 것은 바울은 복음 중심의 교회들을 개척했다는 것이다. 그는 오직 그리스도만 전하였다(고전 1:23; 2:2). 친교는 그리스도 안에서 이루어졌다(고전 1:9). 사역은 오직 그리스도를 위해서 행해졌다(엡 6:7). 의식들은 그리스도에 대한 것들이었다(롬 6:3-5; 고전 11:24-26). 교회의 지도자들은 그리스도의 인도 하에 목회하였다(엡 1:22; 골 1:18). 바울은 복잡한 전략을 갖고 있지 않았다. 그가 가지고 있었던 것은 그리스도가 중심이 된 전략이었다. 바울의 교회론을 올바로 이해해야 우리가 또한 그의 방법론을 올바로 이해할 것이다.

5장

교회의 선교로서 바울의 선교

크리스토프 W. 스텐쉬케 박사
독일 포럼비데네스트 신약학 교수

선교사 바울은 교회들과 상관없이 혼자서 사역을 감당하였던 외로운 인물로 자주 그려진다. 그러나 사도행전의 중간 부분부터 마지막 부분까지 바울을 중심으로 전개되는 사건들과 현존하는 그의 서신들을 자세히 들여다보면 바울의 선교는 수많은 수많은 교회들과 깊은 관련이 있으며, 이 교회들이 다양한 방법으로 그를 후원하였고, 그의 사역을 확장시켰다는 것을 알 수 있다.

1912년에 저술되어 영향력을 끼쳐온 『선교방법들』에서 로랜드 알렌(Roland Allen)은 비록 아주 자세한 설명은 아니지만, 바울의 선교현장에서 형성된 교회들과의 관계와 수많은 상황에서 이루었던 선교사역을 언급하였다.[1] 예를 들어, 알렌은 다음과 같이 지적하였다.

---

1 초판은 1912년에 출판되었다. 나는 1960년 런던에 있는 World Dominion 출판사에서 발행된 판을 사용한다. Allen의 연구에 대하여 아주 훌륭한 요약과 함께 비판적인 접근을 보여주는 다음의 책을 보라. H. Christiansen, *Missionieren wie Paulus? Roland Allens missionstheologische Rezeption des Paulus als Kritik an der neuzeitlichen Missionsbewegung*, Missionswissenschaftliche Forschungen NF 24 (Neuendettelsau: Erlanger Verlag für Mission und

바울은 자신이 세운 교회가 바로 빛의 중심이 되길 원했다. …
만약 중요한 장소에 세워진 교회가 그 지역 전체에 영향력을
끼칠 수 있는 빛의 원천으로서 역할을 하지 않는다면, 중요한
장소에 교회를 세울만한 특별한 이유가 없었다.

알렌은 또한 다음과 같이 설명한다.

사도 바울은 복음전도 설교자로서 단지 각 개인들을 회심시키
기 위해 돌아다닌 것이 아니었다. 그보다, 그는 그 지역 전체에
빛을 발하는 교회들을 세우기 위해 갔었다.[2]

알렌의 계속되는 설명은 상당히 유익하다.

사도 바울의 또 다른 영향은 매우 명백했다. 그의 복음을 듣고
개종한 사람들은 선교사가 되었다. … 네 지방에 있었던 신자
들은 확실히 믿음을 전하는 데 열정적이었고, 분명히 복음 전
파에 관하여 어떤 권면이 필요하지 않았다. … 사실 이것은 정
말로 놀랄만한 것은 아니다. 신자들은 복음전도의 영인 예수의
영을 받기 때문이다. 세상에 왔던 예수, 그 예수의 영은 잃어버
린 영혼들을 아버지에게 돌려보내는 역할을 한다.[3]

　Ökumene, 2008).
2　Roland Allen, *Missionary Methods: St. Paul's or Ours?* (London: World Dominion, 1960), 13, 81.
3　Ibid., 93.

알렌은 교회의 진정한 성격이 복음 전파에 힘쓰는 일이라고 주장한다.[4] 5장에서 알렌의 의견을 살펴보며, 그의 견해가 타당한지 고찰할 것이다. 바울의 선교는 교회들과 매우 밀접하게 관련되기 때문에 교회(들)의 선교로서 이해될 수 있으며, 또한 이해되어야 한다고 나는 주장할 것이다. 1세기 고대 지중해 북동쪽에서 바울이 선교를 했을 때, 교회들이 얼마나 적극적으로 그의 선교에 가담했었는지를 살펴보기 위해 우리는 먼저 사도행전과 바울서신들에서 그 증거를 살펴볼 것이다. 그 다음 "과연 바울은 교회들이 자신의 선교적인 노력을 지지하며 모든 영역에서 말과 행동으로 복음을 전하면서 적극적으로 참여하길 기대했는지, 만약 했다면, 어느 정도 기대했는지"에 대해 우리는 질문할 것이다.

1. 초대 교회 선교와 밀접하게 관련된 바울의 선교

1) 사도행전에 나타난 바울의 선교

우리의 관심은 누가가 바울의 선교를 어떻게 설명하는가에 있다.[5] 그러나 선교사로서 바울이 사도행전 13장에 나타나기 이전, 이미 교회가 유대인과 이방인 선교를 진행했다는 사실은 주목할 만하다.[6]

---

[4] Ibid., 94.

[5] 다음이 책을 보라. I. H. Marshall, "Luke's Portrait of the Pauline Mission," in *The Gospel to the Nations: Perspectives on Paul's Mission*, ed. P. Bolt and M. Thompson (Downers Grove, Ill.: InterVarsity Press, 2000), 99–113. 선교와 관련하여 사도행전의 중요한 역사성을 변호하는 다음의 책을 보라. E. J. Schnabel, *Early Christian Mission* (Downers Grove, Ill.: InterVarsity Press, 2004), 1:12–35.

[6] 제1차 전도여행(행 13–14장)이전 바울은 다메섹에 있는 회당들에서(행 9:20–22) 그리고 예루살렘에 있는 유대인들에게(행 9:28–29) 복음을 전하였다. 안디옥에서 바울은 교회의 교사(행 11:26)로서 나타난다. 갈 1–2장은 행 9:30과 행 11:25–26 사이에 일어났던 바울의 전도활동

비록 이스라엘을 대표하는 열두 사도들이 다시 모이고 복귀해서 사도행전의 초반 몇 장에서만 활동하는 것처럼 비춰질지 모르지만, 그들이 복음을 전하는 데 한계가 있었다고 생각할 이유가 전혀 없다. 예수와 함께 갈릴리에서 왔던 다른 제자들(사도들처럼, 그들 중 몇 사람은 부활 이전 예수에 의해 임명되었다[눅 9:1-6; 10:1-12])과 열두 사도와 함께 오순절 기적을 체험했던 사람들(행 1:14-15) 역시 복음을 전하는 데 아주 적극적이었을 것이다.

우리가 알고 있듯이, 예루살렘 밖에서 복음을 전했던 최초의 신자들은 예루살렘에서 온 피난민들로서 초대 기독교 선교를 출발시켰던 흩어진 유대인들이었다(행 8:4). 그들 중 한 명은 복음전도자 빌립으로, 그는 사마리아에 복음을 전했다(행 8:5-25). 예루살렘에 있었던 교회는 빌립의 선교에 상당한 관심을 가졌고, 사마리아로 베드로와 요한을 보냈다. 사도행전 9:2을 보면, 다메섹에는 이미 신자들이 있었다. 사도행전 9장에서 베드로는 유대 전체를 돌아다니며 욥바(Joppa)와 룻다(Lydda)에 있는 신자들을 방문하였다(행 9:32-43).

사도행전 9:31은 "온 유대와 갈릴리와 사마리아"에 교회들이 있었다는 것을 언급한다. 베드로가 고넬료를 만나려고 가이사랴로 향했을 때, 다른 유대인 신자들은 그와 함께 했다. 이후 이들은 첫 이방인 신자들에게 세례를 베풀고, 하나님의 직접적인 개입에 대한 증거자가 되었다. 베드로가 예루살렘에 돌아왔을 때, 일부 신자들은 "과연 그가 행한 선교가 유대인의 정체성에 합당한 것인지"에 대해 비판적이었지만, 동시에 아주 적극적인 관심을 가졌다(행 11:2-3).

이후 예루살렘에서 박해받은 흩어진 유대인 신자들은 베니게와 구

을 추측케 한다. 또한 행 15:23은 바울이 안디옥으로 오기 전, 수리아와 길리기아 지방에서 복음전도활동을 했다는 사실을 지적한다.

브로, 그리고 안디옥에 복음을 전했다(행 11:19). 안디옥에서 그들 중 몇 사람은 이방인들에게도 역시 주 예수를 전했다. 선교는 사도들의 사역만이 아니라, 다른 신자들도 관련되었다. 예루살렘에 있는 신자들은 하나님께서 역사하고 계신 일을 알아보기 위해 바나바를 안디옥에 보냈다(행 11:22-24). 왜냐하면 그들은 (이전의) 동료들의 활동에 관심이 있었기 때문이다.

바나바는 바울을 안디옥으로 데려와서 예루살렘과 안디옥의 교회들과 선교에 참여시켰다(행 11:25). 소위 제1차 전도여행을 위해 바울은 바나바와 함께 성령과 안디옥 교회에 의해 임명되었다(행 13:1-3; "안디옥에 이르니 이 곳은 두 사도가 이룬 그 일을 위하여 전에 하나님의 은혜에 부탁하던 곳이라" 참조 행 14:26).[7] 그 둘의 활동은 교회의 확장으로서 이해될 수 있다. 이 점에서 안디옥 교회의 선교사들로서 바울과 바나바는 사도행전 14:4, 14에서 사도라고 불린다. 그들은 안디옥으로 돌아와서, 교회 회중들을 모아 하나님이 함께 행하신 모든 일을 보고하였고(행 14:27), 그곳 교회를 오랜 기간 동안 섬겼다.

예루살렘에 있는 일부 신자들은 계속해서 안디옥 교회의 성장에 대하여 적극적인 관심을 가졌고, 이방인 신자들에게 할례를 요구하기 위해 그곳에 가기까지 했다(행 15장). 이렇게 선교가 계속 진행됨에 따라 유대인들은 "이방인들이 하나님의 구원에 어떻게 참여하게 되었는지"에 대해 질문들을 갖게 되었다. 결국 이 문제들은 예루살렘에서 논의되었다. 바울과 바나바는 그 모임에 참석하였고, 하나님께서 이방인들

---

7 사도행전에 나타난 바울의 선교를 살펴보기 위해 다음의 책을 보라. Eckhard J. Schanbel, *Paul the Missionary: Realities, Strategies and Methods* (Downers Grove, Ill.: InterVarsity Press, 2008); Eckhard J. Schnabel, *Early Christian Mission* (Downers Grove, Ill.: InterVarsity Press, 2004), 2:923-1485.

에게 역사하였던 기적들과 표적들을 보고하였다.[8]

그 모임은 안디옥 교회가 행한 율법에 얽매이지 않은 이방인 선교를 승인하였다(다시 말해, 안디옥에서 행해진 이방인 선교와 안디옥에서 보낸 선교사들이 다른 장소에서 행한 선교를 승인하였던 것이다). 예루살렘 공의회에서 결의된 내용은 구속력 있는 것으로 받아들여졌다. 예루살렘의 유대인 신자들과 바울과 바나바는 안디옥으로 돌아와서 예루살렘에서 결정된 내용들이 담긴 서신을 구두로 설명하였다.[9] 이처럼 바울과 바나바는 안디옥 교회와 깊이 관련되어졌다.

안디옥에 있었던 신자들은 바울과 실라에게 하나님의 은혜가 임하길 바라며 제2차 전도여행을 위임했다. 이후에 그들은 예루살렘과 안디옥으로 돌아와 그곳에서 얼마 동안을 보냈다(행 18:22-23). 제3차 전도여행을 위해 바울은 다시 안디옥에서 출발했다.

제3차 전도여행이 끝나갈 무렵 바울은 최종적으로 예루살렘에 있는 교회에 가려고 결심하였고, 그 동안 여러 지역에 개척하며 사역하였던 교회들의 대표들과 함께 예루살렘으로 돌아왔다(행 20:4). 이곳 예루살렘의 교회는 바울이 처음 박해하였던 곳이고, 그를 안디옥 지역의 선교사역에 동참하도록 데려왔던 교회이다(안디옥을 통하여 그 밖의 다른 곳으로 확장되었다). 바울은 예루살렘을 향하여 가는 도중, 자신이 세웠던 많은 교회들을 방문하였다(행 21:16).

예루살렘에는 흩어진 유대인들에게 행하였던 바울의 선교에 대해 의심을 나타내는 유대인 신자들이 있었지만, 예루살렘의 지도자들은

---

8 그들이 예루살렘에 가는 중, "그들이 교회의 전송을 받고 베니게와 사마리아로 다니며 이방인들이 주께 돌아온 일을 말하여 형제들을 다 크게 기쁘게 하였다"(행 15:3).

9 예루살렘 공의회의 결정은 안디옥, 수리아, 그리고 길리기아에 있는 이방인 신자들에게 알려진다. 이 이방인 신자들은 다소에서 바울이 머물면서 복음을 전하였을 때 믿음으로 돌아온 사람들인가?

바울을 전심으로 환영하였고, 그의 선교사역에 대해 하나님께 영광을 돌렸다(행 21:17-20). 그러나 참으로 이상하게도 바울은 유대인으로서 자신의 정체성을 예루살렘에 있는 유대인 신자들에게 증명하였을 때, 로마의 죄수 신세가 되고 말았다(행 21:20-36).

바울은 죄수의 신분으로서 상당히 제약이 따랐지만 선교를 계속했고, 감옥에 있는 동안 다른 교회들과도 접촉하였다(행 27:3; 28:14-30).

누가는 바울의 선교가 예루살렘 교회와 안디옥 교회에 밀접하게 관련되었다는 것을 설명하였다. 이외에도 바울의 선교와 관련하여 누가는 두 가지의 설명을 더하고 있다.

첫째, 바울 이전의 선교와 바울 자신의 선교는 다른 교회들을 세우는 데 초점이 있었다. 이 교회들은 위치하고 있는 지역에서 선교사들을 극진히 대접하며(루디아[행 16:15] 또는 고린도에 있었던 디도 유스도[행 18:7])[10] 선교사들이 다른 곳으로 옮겨서 사역을 계속 할 수 있도록 그들이 필요한 것들을 제공하면서(헬라어 동사 프로펨포[propempō]는 "자신의 길로 보내다" 또는 "동행하다"를 의미하는데, "지원"을 내포한다. 행 15:3; 20:38; 21:5 참조)[11] 선교사역을 공동 분담했다. 추측컨대 그 교회들은 바울과 그의 동료들이 그 지역을 떠난 이후에도 계속해서 복음을 확산시켰을 것이다.

루스드라(Lystra, 교회가 일찍 세워졌던 곳; 행 14:21)에 있었던 신자들 중 디모데는 이후에 바울의 동역자로서 제2차 전도여행에 참여했다(행 16:1-4; 행 14:21에 그의 이름이 언급되지 않은 이유는 바울이 떠난 후 다른 사람들의 전도에 의해 믿게 되었기 때문이다). 바울과 동행했던 다른 사람들 역시

---

10 사도행전에 나타난 후한 대접의 중요성에 대해 다음의 책을 보라. A. E. Arterbury, *Entertaining Angels: Early Christian Hospitality in its Mediterranean Setting*, NTM (Sheffield: Sheffield Phoenix Press, 2005).

11 다음의 책을 보라. J. P. Dickson, *Mission-Commitment in Ancient Judaism and in the Pauline Communities: The Shape, Extent and Background of Early Christian Mission*, WUNT 159 (Tübingen: Mohr Siebeck, 2003), 194-201.

여러 교회들로부터 왔다(에라스도, 행 19:22; 어쩌면 누가 자신일지 모른다).

둘째, 바울은 초대 교회에서 유일한 선교사가 아니었다. 누가의 설명 또한 한 교회에 매이지 않으면서 얼마동안 바울과 함께 동역했던 "다른 선교사들"을 언급한다(예를 들어, 아굴라, 브리스길라, 아볼로는 고린도에 나타난다). 그들이 한 교회에 매이지 않았다고 해서, 교회와 전혀 관련 없는 사람들이었다는 것이 아니다. 그들 역시 교회들에 속한 신자들이었을 것이다. 아굴라와 브리스길라는 아마도 로마의 여러 교회들 중 한 교회에 속했었고 유대인 신자들로서 로마를 떠나야 했을 것이다(행 18:1-3).

누가복음과 사도행전에 관하여 이전에 행해진 연구에서 학자들은 바울에 대한 누가의 묘사가 편견을 가졌거나, 실제적인 사건을 왜곡한 것으로 비난하였다. 그들이 주장하는 바에 따르면, 누가는 바울(바울을 중심으로 형성된 기독교)과 베드로(베드로를 중심으로 형성된 기독교) 사이에 존재하는 갈등과 차이를 극복하고 조화로운 관계를 만들기 위해 글을 썼다는 것이다.[12]

그러나 사도행전의 역사적인 신뢰성에 대한 더 최근의 평가는 그 둘의 관계에 대해 훨씬 더 긍정적이고, 이 긍정적인 평가에 대해 더 확실한 증거들이 나타난다. 누가복음과 사도행전을 기록한 누가의 목적은 자신의 설명이 신뢰할 수 있는 것임을 확실히 한다. 만일 누가가 데오빌로와 다른 독자들에게 보다 더 정확한 사실을 전달하길 원했다면(눅 1:4), 그는 그 목적을 위해 자신이 알고 있는 사실들을 잘 정리하여 그들의 이해를 도와야 했다. 그래야만 독자들은 바울과 그의 동료들이 전했던 복음이 믿을 만하다고 확신할 수 있었을 것이다.

누가는 분명 바울의 생애의 일부분을 생략하고(우리는 이 생략된 부분을

---

12 연구 조사에 관하여 다음의 글을 보라. W. W. Gasque, *A History of the Interpretation of the Acts of the Apostles* (Peabody, Mass.: Hendrickson, 1989).

바울서신들을 통하여 알고 있다), 동시에 어느 다른 사람보다도 바울을 강조하였지만, 바울의 선교를 예루살렘과 안디옥 교회들의 선교이자, 바울이 세웠던 교회들의 선교로 설명하는 누가를 불신하며 의심할 이유가 전혀 없다. 실제로 바울의 선교는 이 교회들과 아주 깊이 관련되기 때문이다.

바울과 두 교회, 즉 예루살렘 교회와 안디옥 교회와 가졌던 강한 관계를 감안한다면, 바울이 그 교회들에 보내는 서신이 없다는 것은 이상한 것처럼 보일지 모른다. 몇 군데에서 예루살렘의 성도들에 대한 짧은 언급과 갈라디아서 2:11-14에서 안디옥 신자들에 대한 한 번의 언급 말고는 바울서신들 안에서 그 교회들은 어떠한 역할을 하지 않는 것처럼 보인다. 아마도 바울이 자신의 선교사역을 보고하기 위해 정기적으로 두 지역의 교회들을 방문했기 때문에 따로 그 교회들에게 서신을 쓸 필요가 없었을 것이다.

물론 이 교회들 안에는 바울 이전에 믿음을 가졌던 성숙한 기독교 지도자들이 있었다. 만일 교회 내에 어떤 문제가 일어났다면, 그 지도자들이 충분히 그 문제를 해결할 수 있었을 것이다. 바울은 또한 로마서 15:20-21에 언급된 원리를 기존의 교회들에 적용했을 것이다. 바울이 자신의 영향력 밖에 있는 기존의 교회들에게 권면할 때, 로마서에서처럼, 바울은 오히려 주저하며 조심스럽게 말했던 것처럼 보인다(롬 15:14-16).[13]

---

13 이것은 골로새서에 적용되지 않는다. 왜냐하면 바울의 동료들 중 한 명이 그 교회를 세웠던 것처럼 보이기 때문이다(골 1:7; 2:1; 4:12).

2) 바울서신들에 묘사된 선교

바울의 모든 서신들은 밀접하게 그의 선교와 관련되며, 이 선교적인 상황을 떠나 이해될 수 없다.[14] 바울은 자신의 선교사역에서 일어났던 문제들을 다루기 위해 서신들을 썼다. 다시 말해, 그가 개인적으로 또는 그의 동료들을 통하여 이 교회들에게 이야기할 수 없을 때, 서신을 보냈다.

바울서신들은 개인과 교회들이 어떻게 바울의 선교사역에 실제적으로 관련되는지 또한 바울은 그들이 어떻게 그 사역에 참여하길 원했는지에 대한 많은 단서를 제공한다.[15] 여기에서 이러한 주제에 관하여 우리는 손 딕슨(John Dickson)의 연구서인, 『고대 유대교와 바울의 공동체에 나타난 선교 헌신』(Mission-Commitment in Ancient Judaism and in the Pauline Communities)에 있는 훌륭한 설명을 살펴보아야 한다.[16]

딕슨은 고대 유대교의 선교와 선교사들에 대하여 조사하며, 신실한 유대인에게서 발견되는 선교적인 헌신을 설명한다. 그리고 난 다음 그는 바울의 선교구조, 복음전도자들의 중요성과 그들과 지역 교회들과의 관계를 연구한다. 그 다음 딕슨은 교회들(복음이 확산되는 데 있어서 회중의 참여)이 바울의 선교를 후원했던 선교적 헌신과 관련하여 몇 가지

---

14 Schnabel은 자신의 책에서 "바울서신들에 나타난 선교 업무"의 요약을 제공한다(*Early Christian Mission*, 2:123–54). 또한 다음의 책을 보라. C. Stenschke, "Das Neue Testament als Dokumentensammulung urchristlicher Mission: Alter Hut oder neue Perspektive?" *Jahrbuch für evangelikale Theologie* 19 (2005):167–90.

15 우리는 신자들이 교회들에 속해 있을 때, 교회들과 각 신자들을 구분하지 않는다. 여기에서 우리의 목적은 바울이 자신의 선교를 어떻게 이해했는지 또는 그가 얼마나 선교사역에 열중했는지를 조사하는 것이 아니다. 다음의 책을 보라. Schnabel, *Early Christian Mission*, 2; P. Bolt and M. Thompson, eds., *The Gospel to the Nations: Perspectives on Paul's Mission* (Downers Grove, Ill.: InterVarsity Press, 2000).

16 Dickson, *Mission-Commitment*, 178–227.

중요한 요점을 말한다.[17] 딕슨은 재정적인 도움과 기도에 대해서 언급하며, 그 외 동료 사역자들의 지원과 바울 자신과 그의 동료들의 도덕적으로 뒷받침된 삶에 대해서 설명한다.[18]

(1) 선교사들을 위한 생활비[19]

바울은 자신과 함께 사역하든지 또는 다른 곳에서 사역하든지 교회들이 선교사역을 하도록 파송하였던 사람들에게 재정적으로 지원하길 기대했다. 바울은 또한 교회들이 자신의 선교사역에 재정적으로 후원하길 기대했는데, 많은 경우 그의 선교사역은 그의 동료들의 선교사역과 상당한 관련이 있었다. 전도여행을 더 진행하기 위해 그 만큼 기도와 재정들을 더 요구하였던 바울은 고린도 교인들에게 "혹 너희와 함께 머물며 겨울을 지낼 듯도 하니 이는 너희가 나를 내가 갈 곳으로 보내어 주게 하려 함이라"(고전 16:6)고 서신을 쓴다.

고린도후서 1:16에서 바울은 "너희를 지나 마게도냐로 갔다가 다시 마게도냐에서 너희에게 가서 너희의 도움으로 유대로 가기를 계획하였으니"라고 알린다. 이처럼 바울은 자신의 사역을 위한 후원을 그 밖의 다른 곳에서도 기대했다. 예를 들어 그는 로마에 있는 신자들이 서바나

---

17 Ibid., 212.
18 Dickson의 단행본에 대한 더 자세한 설명과 평가는 내가 그 책에 대해 평가한 글을 보라. *European Journal of Theology* 15 (2006):125-34.
19 J. M. Everts, "Financial Support," *DPL*, 295-300 참조. Allen은 자신의 책에서 바울은 재정과 관련하여 세 가지의 원리를 가졌다고 주장한다(*Missionary Methods*, 49-61). "바울은 스스로 재정적인 도움을 구하지 않았다. 자신이 복음을 전했던 사람들에게 재정적인 도움을 얻지 않았다. 지역 교회로부터 기금을 조성하지 않았다"(49). 첫 번째 원리에 관하여 Allen은 다음과 같이 자세히 설명한다. "바울이 돈을 받았다고 할지라도, 자신이 복음을 전했던 사람들에게서 받지 않았다. 그는 '돈을 얻기 위해 왔다거나, 기금을 조성하려고 한다는 인상을 주는' 그 어떤 것도 행하지 않았다"(51). 바울의 선교와 그의 재정적인 정책과 관련하여 C. R. Little, *Mission in the Way of Paul: Biblical Mission for the Church in the Twenty-First Century*, Studies in Biblical Literature 80 (New York: Peter Lang, 2005)을 보라.

로 가는 자신의 전도여행을 후원하길 간절히 원했다(롬 15:24).

데살로니가전서 2:1-9과 데살로니가후서 3:8-9에서 바울은 물질적인 후원에 대한 자신의 권리를 언급한다. 물론 그는 이 권리를 이용하지 않았다. 이것에 대한 논의는 고린도전서 9:1-18에서 더 찾아볼 수 있다. 바울은 "비록 주께서도 복음 전하는 자들이 복음으로 말미암아 살리라 명하셨다"(고전 9:14)고 할지라도, 고린도에서 사역하는 동안 이 권리를 사용하지 않았다. 그러나 그가 그 밖의 다른 곳에서 사역하였을 때, 그는 고린도 교인들로부터 후원을 기대했다.

바울은 자신의 동료 디모데를 위해 이런 비슷한 요구를 하였다.

> 그러므로 누구든지 그를 멸시하지 말고 평안히 보내어 내게로 오게 하라 나는 그가 형제들과 함께 오기를 기다리노라(고전 16:11; 딛 3:13 참조).

(2) 선교사역 동안 신설된 교회로부터 받은 재정적인 후원

두 번째 요점은 첫 번째의 것과 밀접하게 관련된다. 교회로부터 가끔씩 받는 선물은 바로 재정적인 후원이었다. 빌립보에 있는 교회에서 바울에게 보낸 재정이 대표적인 예이다. 바울은 그 재정을 받았다는 것을 인정하며, 빌립보서 4:10-20에서 약간 자세하게 감사를 표현한다.[20] 바울은 빌립보 교인들에게 "복음의 시초에 내가 마게도냐를 떠날 때에 주고 받는 내 일에 참여한 교회가 너희 외에 아무도 없었다"고 말한다(빌 4:15; "너희 외에 아무도"라고 말했을 때, 바울은 마게도냐 지역의 교회들을 염두하고 있었을 것이다).

심지어 바울이 데살로니가에서 사역했을 때(데살로니가 교인들은 바울에

---

20 더 자세한 논의는 Dickson, *Mission-Commitment*, 201-12를 보라.

게 재정적인 후원을 주었어야 했다), 바울에게 재정을 보냈던 사람들은 빌립보 교인들이었다(빌 4:16).[21] 바울은 "내게는 모든 것이 있고 또 풍부한지라 에바브로디도 편에 너희가 준 것을 받으므로 내가 풍족하니 이는 받으실 만한 향기로운 제물이요 하나님을 기쁘시게 한 것이라"(빌 4:18)고 쓴다.

바울이 빌립보 교회로부터 재정적인 후원을 기꺼이 받았다는 것은 유일한데, 그 이유는 그는 다른 교회들로부터 후원받는 것을 꺼려했기 때문이다. 어쩌면 다른 교회들로부터 후원을 받는다면, 그 교회의 신자들은 복음을 선포하는 바울의 동기를 오해하였을 것이고, 어쩌면 그러한 도움을 주어야 한다는 부담감을 가졌을 것이다(데살로니가와 고린도의 상황에 관하여 위의 내용을 참조하라).

바울의 선교는 예루살렘에 있었던 가난한 성도들을 위한 모금과 밀접하게 관련된다(롬 15:25-31; 고전 16:1-4; 고후 8-9장).[22] 바울은 자신이 개척한 교회들의 이방인 신자들이 유대인 신자들에게 진 빚을 재정적인 도움을 줌으로써 갚기를 기대했고, 그러한 후원이 아주 필요하며 가치가 있다는 것을 충분히 설명하며 설득하려고 했다.[23]

---

21 데살로니가 지역에서 바울은 짧게 머물렀다(살전 2:1-9). 바울이 거기에 있었을 때, 야손은 그를 극진히 대접하였다(행 17:5-6). 그 설명은 그러한 환대를 했던 야손이 위험에 처할 수 있었다는 것을 또한 예시한다.

22 S. McKnight, "Collection for the Saints," DPL, 143-47; J. M. Everts, "Financial Support," DPL, 295-300.

23 최근의 설명에 대해 D. J. Downs, The Offering of the Gentiles: Paul's Collection for Jerusalem and its Chronological, Cultural and Cultic Contexts, WUNT II.248 (Tübingen: Mohr Siebeck, 2008)을 보라.

(3) 동료 사역자들과 협력 사역[24]

바울이 스스로 로마를 방문하려고 계획했다는 것은 분명히 주목할 만하다. 로마에 있는 신자들에게 보내는 서신에서 그 계획은 두드러지게 나타난다. 로마서 15:24에서 그는 서바나로 가는 길에 로마의 신자들을 방문하는 것에 대한 자신의 계획을 언급하며(롬 1:8-15), "너희와 사귐으로 얼마간 기쁨을 가진 후에 너희가 그리로 보내주기를" 바라는 소망을 표현한다. 명백하게 바울은 그 여행에 필요한 재정적인 후원을 로마의 신자들에게 기대했다. 바울이 예루살렘으로 가는 여행에 대한 기도 부탁을 했을 때에도 역시 그는 서쪽으로 향하는 여행을 위해서도 기도해 주길 기대했을 것이다(롬 15:30-31).

그러나 아마도 바울은 로마에 있는 신자들 중 함께 사역에 참여할 수 있는 사람을 발견하기 원했을 것이다.[25] 바울은 아주 다정하게 자세히 기록하는 인사 목록에서 분명히 몇몇 사람들을 마음에 두었을 것이다(롬 16:3-15). 바울이 그렇게 기록했던 바로 그 순간까지 동쪽에 있는 교회들은 그곳 동쪽 지역에서 진행되어 온 선교사역을 끝내기 위해 협력자들을 절실히 필요로 했다. 그 당시 로마에 있는 많은 신자들은 라틴어를 말할 수 있었으며(아마 바울과 그의 동료들은 말하고 쓸 수 없었다), 또한 유대인 회당에서 어떻게 선교사역을 해야 하는지에 대한 경험을 더 많이 가졌을 것이다. 협력자를 얻고자 하는 간절함 때문에 바울은 로마에 더 오래 체류하려고 하였을 것이다.

바울이 디도에게 적용했던 것을 다른 교회들에도 똑같이 적용했을

---

24 Dickson은 재정적으로 후원을 받으며 사역하는 선교사들의 파송을 다룬다. 그러나 여기에 재정적인 부분 이상의 설명이 있다. 바울의 동료 사역자에 대하여 E. E. Ellis, "Coworkers, Paul and His," *DPL*, 183-89를 보라.

25 로마서에 관한 최근의 주석에서 R. Jewett는 바울이 로마의 신자들과 함께 자신의 사도적인 협력 관계를 세우려는 의도가 있다는 관점으로 로마서 전체를 해석했다(*Romans: A Commentary*, Herm [Minneapolis: Fortress Press], 2006).

것이다. 왜냐하면 디도에게 보내는 바울의 서신은 개인적인 서신이 아니었기 때문이다("은혜가 너희 무리에게 있을지어다," 딛 3:15 참조).

> 율법교사 세나와 및 아볼로를 급히 먼저 보내어 그들로 부족함이 없게 하고(딛 3:13).[26]

(4) 불신자들을 위한 기도[27]

바울은 불신자 유대인들을 위해 기도한다고 로마의 신자들에게 분명히 말한다.

> 내 마음에 원하는 바와 하나님께 구하는 바는 이스라엘을 위함이니 곧 그들로 구원을 받게 함이라(롬 10:1).

바울은 열심히 권면한다.

> 그러므로 내가 첫째로 권하노니 모든 사람을 위하여 간구와 기도와 도고와 감사를 하되 … 그러므로 각처에서 남자들이 분노와 다툼이 없이 거룩한 손을 들어 기도하기를 원하노라(딤전 2:1, 8).

(5) 바울과 그의 동료들을 위한 기도

데살로니가전서의 마지막 가르침에서, 데살로니가 교인들은 임무를 부여받는다.

---

26 바울이 디도서를 3:14의 정황에서 쓰고 있다는 것은 주목할 만하다. "또 우리 사람들도 열매 없는 자가 되지 않게 하기 위하여 필요한 것을 준비하는 좋은 일에 힘쓰기를 배우게 하라."

27 기도에 대한 바울의 요청에 대하여 다음의 글을 보라. W. B. Hunter, "Prayer," *DPL*, 726; D. A. Carson, "Paul's Mission and Prayer," in *The Gospel to the Nations*, ed. P. Bolt and M. Thompson (Downers Grove, Ill.: InterVarsity Press, 2000), 175-84.

> 형제들아 우리를 위하여 기도하라(살전 5:25).

이것은 데살로니가후서 3:1-2에서도 반복된다.

> 끝으로 형제들아 너희는 우리를 위하여 기도하기를 주의 말씀
> 이 너희 가운데서와 같이 퍼져 나가 영광스럽게 되고 또한 우
> 리를 부당하고 악한 사람들에게서 건지시옵소서 하라
> (살후 3:1-2).

에베소 교인들은 모든 성도들을 위해 기도해야 했다.

> 또 나를 위하여 구할 것은 내게 말씀을 주사 나로 입을 열어
> 복음의 비밀을 담대히 알리게 하옵소서(엡 6:19).

골로새 교인들은 기도의 요청을 받는다.

> 또한 우리를 위하여 기도하되 하나님이 전도할 문을 우리에게
> 열어 주사 그리스도의 비밀을 말하게 하시기를 구하라 내가 이
> 일 때문에 매임을 당하였노라 그리하면 내가 마땅히 할 말로써
> 이 비밀을 나타내리라(골 4:3-4; 행 14:27; 고전 16:9; 고후 2:12).

고린도후서 11:23-29에서 바울이 받았던 고난에 대한 설명은 선교사역과 관련하여 부딪히게 되는 위험들과 기도의 필요성을 보여 준다.[28] 바울은 예루살렘을 방문할 때, 로마의 신자들에게 자신과 함께

---

28 요약을 위해 다음의 책을 보라. B. W. Winter, "Danger and Difficulties for the Pauline Mission," in *The Gospel to the Nations*, ed. P. Bolt and M. Thompson (Downers Grove,

힘을 합하여 하나님께 자신을 위해 기도에 힘써 줄 것을 요청했다(롬 15:30-32). 그러나 바울은 자신의 사역을 위해 기도를 요청했을 뿐만 아니라, 그 자신 또한 교회들을 위해 넉넉히 기도한다. 예를 들어, 바울은 빌립보 교인들에게 "내가 너희를 생각할 때마다 나의 하나님께 감사하며 간구할 때마다 너희 무리를 위하여 기쁨으로 항상 간구한다"(빌 1:3-4)라고 쓴다.[29]

(6) 너희와 함께 편히 쉬게 하라(롬 15:32)

바울은 또한 교회들로부터 격려와 영적인 축복들을 기대했다. 교회들이 재정을 후원하고, 도울 수 있는 사람들을 보내고, 기도해 주고 바울은 대신 그들에게 영적인 축복들을 나누어주는 것과 같은, 무언가를 주고받는 사례가 아니었다(롬 1:11-15; 15:29). 바울에게 있어서 로마 방문은 바울 자신과 로마의 신자들 모두에게 좋은 일이었다. 그는 영적으로 로마의 신자들과 함께 편히 쉬길 원했다. 동쪽에서 자신의 사역을 마친 후 서바나를 향하여 서쪽으로 나아가기 전, 바울은 로마의 신자들에게 말한다.

> 내가 너희 보기를 간절히 원하는 것은 어떤 신령한 은사를 너희에게 나누어 주어 너희를 견고하게 하려 함이니 이는 곧 내가 너희 가운데서 너희와 나의 믿음으로 말미암아 피차 안위함을 얻으려 함이라(롬 1:11-12).

Ill.: InterVarsity Press, 2000), 285-95.
29 교회들을 위한 바울의 기도에 대해서 다음의 글을 보라. Hunter, "Prayer," 728.

> 나로 하나님의 뜻을 따라 기쁨으로 너희에게 나아가 너희와 함
> 께 편히 쉬게 하라(롬 15:32).

로마의 신자들이 바울에게 쉼을 허락하고, 그들 모두 서로 격려하며, 영적인 축복들을 나누는 모습들은 얼마든지 가능하였다. 바울이 빌립보 교인들과 가졌던 "첫날부터 이제까지 복음을 위한 일에 참여"하는 협력은 단지 재정과 기도에만 제한되지 않았다(빌 1:5).

바울의 현존하는 서신들 이외에도(고전 5:9; 고후 2:4; 골 4:16은 세 통의 서신이 더 있었음을 시사한다), 바울의 동료들은 바울과 그의 선교, 그리고 교회들과 강한 유대관계를 형성했다. 그 동료들은 바울과 다른 선교사들에게 격려를 하였다.

바울서신들은 바울 자신의 사역과 동료들의 사역이외에도 다른 기독교 지도자들이 바울이 세운 교회들과 복음전도에 적극적이었다는 것을 설명한다. 예를 들어, 고린도 교인들은 아볼로와 베드로의 사역에 대해서 알았다(고전 9:5; 12:28-29, 15:7). 바울은 자신이 그랬던 것처럼, 더욱 담대하게 말하도록 자신을 격려하였던 동료 신자들을 언급하였다(빌 1:14-18).

다시 말해, "바울은 복음전도자들의 동기가 무엇인지 의심하지 않았고, 그들의 정체성에 대하여 더욱 걱정하지 않았다. 그가 간절히 보기 원했던 것은 듣는 사람이 누구였든지 간에 선포되고 있는 그리스도였다."[30]

---

30 I. H. Marshall, "Who Were the Evangelists?" in *The Mission of the Early Church to Jews and Gentiles*, ed. J. Adna and H. Kvalbein, WUNT 127 (Tübingen: Mohr Siebeck, 2000), 259, 251-63.

2. 교회들의 선교와 관련 안에서 바울의 선교사역의 확장

1) 복음전도에 회중의 참여에 대한 바울의 기대

"바울은 교회들이 자신의 선교사역을 후원하면서 중요한 관계를 지속하는 것에 만족하였는지"(이것에 대한 간결한 설명은 윗부분에 있음) 또는 "바울은 자신이 세웠던 교회들이 복음을 사방에 전하는 데 있어서 적극적으로 참여하길 원했는지"에 관한 많은 연구들이 행해져왔다. 이전에 행해진 많은 연구들은 우리가 알고 있는 한, 바울은 교회들이 적극적으로 참여하는 것에 대한 기대를 전혀 하지 않았거나, 만약 했더라도 아주 제한적으로 기대를 했다고 주장한다.[31]

언뜻 보기에, 예전의 주장들이 설득력이 있는 것처럼 보인다. 그래서 오늘날의 교회 지도자들은 선교나 복음전도에 대해 격려하려고 할 때, 그들은 보통 마태복음 28장의 대위임령이나 바울서신 이외의 본문들을 언급한다. 아마도 바울서신에서 선교의 적극적인 참여에 대하여 오직 한 구절만이 관련되는 것처럼 보이기 때문일 것이다(빌 2:16).[32] 이러한 부족 현상은 바울과 그의 서신이 초대 기독교 선교와 아주 밀접하게 관련이 되어있고, 둘을 분리해서는 이해될 수 없다는 것을 감안

---

31 이 문제와 관련하여 학자들의 논쟁을 보려면 다음의 글을 보라. Marshall, "Evangelists," 252-56. 좀 더 자세하게 살펴보려면 다음의 책을 보라. R. L. Plummer, *Paul's Understanding of the Church's Mission: Did the Apostle Paul Expect the Early Christian Communities to Evangelize?* PBM (Milton Keynes, U.K.: Paternoster, 2006), 1-42. 또한 Plummer의 다른 유익한 글을 참조하라. "The church's mission in the Pauline letters: a theological basis for apostolic continuity," 43-70.

32 Allen은 선교의 적극적인 참여와 관련된 한 구절에 주목하면서 다음과 같이 기록한다. "'너희로부터 주의 말씀이 전해졌다'라는 선교를 권면하는 한 문장이 있다. 그러나 복음을 전하도록 하는 그리스도의 명령에 어떠한 강요가 있지 않았다." Allen은 "바울의 개종자들은 스스로 선교사들이 되었다"고 지적한다(*Missionary Methods*, 93).

했을 때, 더욱더 놀라운 것이 사실이다. 그러나 바울은 교회들이 선교에 깊이 관여하길 기대했고, 또한 선교에 참여하도록 표현했다고 주장하는 최근 연구들은 상당한 설득력 있다.[33]

2) 윤리적인 삶

우리는 "회중의 말에 의한 복음전도"(congregational verbal evangelism)를 살펴보기 전, 바울이 또한 복음전도자들의 윤리적인 삶의 중요성을 강조한다는 것을 주목해야 한다. 복음전도와 윤리적인 삶, 이 두 문제는 서로 분리할 수 없을 만큼 상당히 밀접하게 관련된다. 딕슨은 이 문제들을 "사회적인 통합, 윤리적인 변증, 공적인 예배, 그리고 말에 의한 변증"과 관련시키는데, "선교헌신"을 위해 반드시 필요한 요구들로서 이해한다.[34]

"개인적인 거룩함에 대한 요구들"과 "신자인체 하면서 부도덕한 행실을 하는 사람과 관계를 끊도록 하는 경고들"에도 불구하고 신자들은 세상으로부터 물러나서는 안 되며, 불신자들과 함께 교제해야 한다(고전 5:9-10).[35] 고린도 교인들은 자신들을 고립시켜서는 안 되었고, 지

---

33 이것에 대한 글은 Schnabel, *Early Christian Mission*, 2:1451-72와 이 책에 게재된 연구들(각 장)을 보라.

34 Dickson, *Mission-Commitment*, 228-308. "바울의 기대는 지역 선교에 대한 회중들의 헌신을 표현한다"(308).

35 바울은 "개종자들이 불신자들의 상인 조합이나 사회의 일원으로서 계속 상업에 종사해도 되는 것으로 이해했다 … 그들은 그곳에 있었지만, 불신자들의 삶의 방식에 참여하지 않았다"고 Allen은 주장한다(*Missionary Methods*, 119). Allen은 자신의 세대가 바울과 다른 선교방법을 선택했을 때 오는 결과들에 관하여 의견을 제시한다. "불신자들처럼, 신자들은 그 사회에 속하고, 동일한 삶의 환경에서 살며, 함께 수고하며, 함께 이익을 얻고, 함께 손해를 볼 때, 비로소 신자들은 사회에 영향을 끼칠 수 있다. 신자들은 사회 밖에 있을 때, 그 사회에 영향을 미칠 수 없으며, 신자들과 기독교는 특별히 불신자들의 걱정거리로 전락했으며, 신자들은 스스로를 사회적인 삶과 분리하는 것으로 여겨진다. 다시 말해, 기독교는 그 사회에 속하지 않은 것처럼 보인다"(120).

방 연회들이 제공하는 복음전도의 기회들을 사용해야 했다(고전 10:31-11:1). 그들은 식사에 참여해야 했고, 그들이 하는 것은 무엇이나 하나님의 영광을 위해 유대인, 헬라인, 또는 다른 신자들의 기분을 나쁘게 하지 않으면서 어울려야 했다. 그들은 하나님의 구원의 백성으로서 자신들의 이익에 집착하지 않고 많은 사람들의 유익을 구하면서, 모든 일들과 관련해서 사람들을 기쁘게 해야 했다. 이렇게 함으로써 그들은 바울을 닮아야 했다.

신자들은 불신자들 앞에서 좋은 모습을 보여야 한다(살전 4:12, "이는 외인에 대하여 단정히 행하고"). 신자들은 관대하고 옳은 판단을 해야 하며(빌 4:5, "너희 관용을 모든 사람에게 알게 하라"), 그들의 행동을 주시하는 외인들 앞에서 지혜롭게 행해야 한다(골 4:5; 딛 2:2-10; 3:1-8). 그리스도의 종들은 "범사에 우리 구주 하나님의 교훈을 빛나게 하도록"(딛 2:10) 요청 받는다. 모든 신자들은 선한 일을 위해 만반의 준비가 되어 있어야 하며, 다른 사람을 험담하지 않고, 논쟁을 피하고, 온유하며, 모든 사람들에게 온전한 예의를 보여야 한다(딛 3:1). 그들은 선한 일을 하는 데 전념해야 한다.

> 이것은 아름다우며 사람들에게 유익하니라(딛 3:8).

적어도 몇몇 기독교 예배는 대중적이어야 하고, 적어도 간접적으로나마 복음전도의 장이 되어야 한다(고전 14:23-25). 바울은 일부 불신자들이 정기적으로 교회 모임들에 참석한다고 가정한다. 고린도전서 14:24-25("그러나 다 예언을 하면 믿지 아니하는 자들이나 알지 못하는 자들이 들어와서 모든 사람에게 책망을 들으며 모든 사람에게 판단을 받고 그 마음의 숨은 일이 드러나게 되므로 엎드리어 하나님께 경배하며 하나님이 참으로 너희 가운데 계신

다 전파하리라")에 설명된 것을 경험한 불신자들은 확실히 회개와 구원하는 믿음으로 인도될 것이다.[36]

신자들은 자신들의 행동과 믿음에 관한 불신자들의 질문들에 대해 소금으로 맛을 내는 것처럼 아주 바르게 또한 친절한 언행으로 대답할 수 있어야 한다(골 4:6). 이러한 태도 때문에 신자들은 베드로전서 3:15에 나타난 것처럼 복음에 대한 증거의 기회들을 얻을 것이다.

> 너희 마음에 그리스도를 주로 삼아 거룩하게 하고 너희 속에 있는 소망에 관한 이유를 묻는 자에게는 대답할 것을 항상 준비하되 온유와 두려움으로 하고(벧전 3:15).

3. 복음 선포

바울은 교회들이 적극적으로 복음을 선포하길 기대했다는 증거를 지금 살펴보려고 한다.[37]

바울은 다른 사람들의 구원을 염두하고 해야 하는 행동들을 제시한다. 바울은 고린도 교인들이 자신을 본받는 자가 되도록 두 번이나 요구한다(고전 4:16; 11:1).[38] 바울은 회중들이 자신의 선교적인 관심과 활동들을 본받길 간절히 바랬었다.

---

36 자세한 논의는 다음의 책을 보라. Plummer, *Paul's Understanding*, 94-96. Plummer는 다음과 같이 쓴다. "이 본문에서 바울은 고린도 교인들이 불신자들이 죄를 회개하고 믿어 주님께 돌아오기를 간절히 바란다는 것을 전제한다. 이 간절한 마음을 이루기 위해, 교회 모임 안에서 의사소통은 방문하는 불신자들에게 잘 이해되어야 한다고 바울은 설명한다"(94-95).

37 간편한 요약을 위해 다음의 글을 보라. Marshall, "Evangelists," 258-63.

38 이에 대해 자세한 주장을 보려면 다음의 책들을 보라. Plummer, *Paul's Understanding*, 81-92; P. T. O'Brien, *Gospel and Mission in the Writings of Paul: An Exegetical and Theological Analysis* (Carlisle, U.K.: Paternoster, 1995), 83-107.

바울은 또한 불신자와 결혼한 신자의 사명, 즉 복음전도에 대하여 말한다. 이 사명은 아마도 믿지 않은 배우자의 종말론적인 구원을 위해, 신자로서 모범적인 행동을 수반한다(고전 7:12-16). 플러머는 다음과 같이 말한다.

> 그 사도(바울)는 믿는 배우자에게 믿지 않은 배우자와 화목하며 살도록 권면한다. 이 평화적인 태도의 궁극적인 목적은 일시적인 화합이 아니라, 종말론적인 구원을 위해서이다 … 이러한 부부 관계는 다른 관계에서처럼, 믿는 배우자가 복음전도에 대한 관심을 가져야 한다.
> 바울은 "믿는 아내여, 당신은 남편의 구원을 간절히 바라며, 기도하고, 적극적으로 노력해야 합니다"라고 쓰지 않는다. 왜냐하면 그러한 적극적인 행동은 당연한 것으로 생각되기 때문이다 … 물론 상대방의 마음을 끄는 정도의 소극적인 태도 역시 포함되지만, 고린도전서 7:12-16에서 바울의 가르침은 단순히 선교활동의 수동적인 영역으로 분류될 수 없다.[39]

바울은 서신의 수신자들을 그리스도의 사신으로 여긴다. 고린도후서 5:18-6:2에서 1인칭 복수는 바울과 그의 동료들로 제한하는 것보다 오히려 그리스도의 사신들이라고 바울이 여기는 고린도 교인들을 포함한다. "그 언어 자체는 하나님과 화목하게 된 사람들이 화목의 사신들이 되었다는 것을 분명히 지적한다."[40]

---

[39] 더 자세한 논의를 위해서 다음의 책들을 보라. Plummer, *Paul's Understanding*, 93-94; C. Stenschke, "Married Women and the Spread of Early Christianity," Neotestamentica 43 (2009): 176-78, 181-83. 또한 Plummer는 고린도 교인들이 바울을 선교적인 관심의 차원에서 본받았다는 것을 지적하는 상황적인 증거를 제공한다(*Paul's Understanding*, 95-96).

[40] Marshall, "Evangelists," 260.

데살로니가전서 1:8에서 엑크세케오(*exēcheō*)라는 단어는 다음과 같이 이해되어야 한다.

> 주의 말씀이 너희에게로부터 마게도냐와 아가야에만 들릴 뿐 아니라 하나님을 향하는 너희 믿음의 소문이 각처에 퍼졌으므로 우리는 아무 말도 할 것이 없노라(살전 1:8).

"따라서 우리는 데살로니가에서 성장한 선교에 대한 증거를 가지는데, 바울이 열정을 가지고 이야기하며, 그 선교를 인정하였다."[41] 슈나벨은 다음을 주목한다.

> 데살로니가전서 3:12에서 바울은 데살로니가에 있는 신자들의 사랑이 "피차간과 모든 사람에" 더욱 많이 넘치게 되길 기도한다. 그 교인들이 새로운 개종자들로서 새로운 공동체에 거하며 가족과 같은 화목한 친교를 누리고 있는데, 혹시 사회와 분리된 "닫힌 단체"가 되지 않도록 주의해야 한다고 바울은 강조한다. 왜냐하면 그러한 모습 때문에 다른 사람들이 예수 안에 나타난 복된 소식을 듣지 못하기 때문이다.[42]

빌립보 교인들에 관하여, 슈나벨은 또한 다음을 주목한다.

> 바울은 이제까지 복음을 위한 일에 참여하고 있는 것에 감사한

---

41 Ibid., 259. Schnabel도 역시 "이 설명은 바울이 데살로냐 교인들에 의해 마게도냐와 아가야, 그리고 그 외 지역에까지 활발하게 복음이 전해졌다는 것을 설명하는 것으로 이해되어왔다"고 인정한다(*Paul the Missionary*, 244).

42 Schnabel, *Paul the Missionary*, 244.

다(빌 1:5). "복음을 위한 일"(에이스 토 유앙겔리온, *eis to euangelion*) 이라는 구절은 빌립보에 있는 교회가 바울의 선교사역에 적극적으로 참여하고 있음을 설명한다. 빌립보 교인들은 바울을 재정적으로 후원하는 것을 통하여(빌 4:15), 또한 기도를 통하여(빌 1:19), 예수 안에 나타난 복된 소식을 다른 사람들에게 전함으로써 복음을 전하는 데 협력하였다."[43]

빌립보서 2:14-17에서 헬라어 에페콘테스(*epechontes*)는 "확고히 붙잡다"라는 표현의 전통적인 번역보다도 오히려 "밝히다"라는 표현으로 이해될 수 있다.[44] 그러므로 신자들은 생명의 말씀을 밝히는, 즉 말씀을 전하고, 어그러지고 거스르는 세대에 빛으로서 비추는(빌 2:15) 책임을 가지고 있다. 제임스 웨어(James Ware)는 다음과 같이 말한다.

> 빌립보서 2:16은 매우 중요하다. 왜냐하면 바울은 자신의 다른 서신들에서 복음을 전하라는 직접적인 명령은 하지 않았지만, 빌립보 교인들에게 복음을 전하도록 하는 권면은 각 교회가 외부에 있는 사람들에게 적극적인 선교를 해야 하는 것으로 바울이 생각했다는 것을 보여 준다. 바울은 사도로서 자신의 선교 사역을 공동체가 확고히 세워지는 것으로만 이해하지 않았다. 오히려 자신이 세운 공동체들이 독립적으로 복음을 전하는 것까지 확장하여 이해했다.[45]

---

43 Ibid., 245.
44 이 단어에 대한 더 자세한 논의는 다음의 글과 책을 보라. Marshall, "Evangelists," p. 260; J. P. Ware, *The Mission of the Church in Paul's Letter to the Philippians in the Context of Ancient Judaism*, NTS 120 (Boston: Brill, 2005), 256-70.
45 Ware, *Mission*, 284.

이렇게 주장하는 것 이외에도, 웨어는 빌립보서 2:12-18에 나타난 교회의 선교를 자세하게 다루며, 하나님의 역사와 빌립보 교인들이 해야 할 일(빌 2:12-13), 종말론과 선교의 관계(빌 2:14-15), 교회의 선교와 바울의 선교의 관계(빌 2:16-18), 빌립보 교인들의 제사장적인 활동(빌 2:17-18), 그리고 빌립보서 2:16 하반절에서 사도로서 바울의 자기 설명에 관하여 이야기한다.[46] 웨어는 다음과 같이 결론을 맺는다.

> 바울은 그리스도를 높이는 찬양과 관련된 이전 단락(2:5-11)의 결과로 빌립보서 2:12-18을 이해하고, 빌립보 교인들에게 복음을 전하도록 권면함으로써 그 결과들이 무엇인지 분명히 설명한다. 2:12에서 바울은 빌립보 교인들이 구원을 이루도록 권면하는데, 이것은 새로운 명령을 도입하기 위해서가 아니라, 1:12-2:11 전체에 나타난 바울의 간절한 호소를 정점에 이르도록 하고 요약하는 기능을 한다.
> 빌립보서 전체에서 발전되는 주제들을 세심하게 반영하는 그 명령은 빌립보서의 전체적인 상황에서 빌립보 교인들이 고난과 박해의 위협에도 불구하고 담대하게 복음을 전하도록 하는 권면으로서 기능한다.
> 빌립보 교인들을 이방인들의 빛으로 설명하는 바울의 묘사는 고대 유대교에서 열방의 종말론적인 개종을 묘사하기 위해 널리 사용된 빛의 이미지를 반영한다. 이러한 전통을 빌립보 교인들에게 적용하는 바울은 빌립보에 있는 교회를 유대인과 이방인 중에 놓인, 하나님의 구원의 빛을 가져오는 하나님의 진

---

[46] Ibid., 237-84; NovT 51 (2009): 404-7에 있는 나의 비평을 보라. Ware는 빌 1:12-18에 나타난 "복음의 진보"와 빌 1:1-2:11에 나타난 "고난과 선교"라는 시각에서 빌 2:12-18을 바르게 이해한다(163-99에서 다루어진다).

정한 백성으로 묘사한다.⁴⁷

최근에 마크 권(Mark J. Keown)은 빌립보서 전체가 복음전도에 대한 권면이라고 설명하면서 훨씬 더 포괄적인 상황을 주장했다.⁴⁸ 바울은 교회를 복음을 전하는 데 있어서 탁월한 모임으로 간주한다. 성령은 교회에 은사들을 수여하는데, 여기엔 복음전도의 은사도 포함한다(엡 4:11). 바울은 각 신자들이 이 재능을 받고 사용하길 기대했다. 슈나벨은 다음과 같이 말한다.

> 성령께서 "그리스도의 몸을 세우기 위해"(엡 4:12) 교회에 주는 은사들(카리스마타, charismata)은 교회가 원활하게 기능하도록 하기 위해 주어지는데, 예수 안에 나타난 복된 소식을 전하는 임무도 포함한다. 이렇게 복음을 전하는 임무가 포함되었다고 해서, 교회 자체의 내적인 안정과 성장과 관련된 그 단어(charismata)의 주요한 의미를 축소시키지 않는다. 다시 말해, 만약 복음전도자들이 목사와 교사의 역할을 동시에 맡지 않았다면, 그들은 교회 안팎에서 예수 그리스도에 대한 복음을 전혀 듣지 못했던 사람들과 예수 그리스도를 알았지만 아직 믿지 않았던 사람들 앞에서 전하였을 것이다."⁴⁹

---

47 Ware, *Mission*, 283.

48 *Congregational Evangelism in Philippians: The Centrality of an Appeal for Gospel Proclamation to the Fabric of Philippians*, Paternoster Biblical Monographs (Carlisle, U.K.: Paternoster, 2008). 또한 *Missionalia*에서 나올 내가 쓴 비평의 글을 보라. 빌립보 교인들에게 복음을 선포하도록 했던 바울의 가르침들을 위해서 Plummer, *Paul's Understanding*, 72-77을 보라.

49 Schnabel, *Paul the Missionary*, 245.

물론 이것은 은사를 받지 못한 사람을 복음의 증인에서 제외시킨다는 것을 의미하는 것이 아니다.

에베소서 6:11-17에서 군사적인 용어와 관련된 이미지가 사용되는데, 여기에 신을 신는 이미지가 있다. "평안의 복음이 준비한 것으로 신을 신고"(엡 6:15). 이것에 관하여 플러머는 아주 정확하게 질문한다. "'평안의 복음이 준비한 것'에 맞는 '신을 신는다'는 것은 무엇을 의미하는가? '준비한 것'은 무엇인가? 복음이 어떻게 이 준비한 것과 관련이 있는가?"[50] 바울이 이 구절에 이사야 52:7과 나훔 1:15-2:3을 반영한다는 것을 지적한 플러머는 바울이 복음을 전하는 것을 깊이 염두하고 있다고 주장한다.

> 두 본문들은 강력한 적을 정복한 승리자 하나님을 나타낸다. 하나님은 기쁘게 선포되어야 하는 평안과 축복을 가져오는 분이시다. 복음전도에 깊은 관심을 가지고 있는 바울은 이 구약 성경의 본문들의 의미를 이해하면서, 교회가 복음을 전하기 위해 준비해야 하는 것에 대하여 아주 명확하게 말하고 있다.[51]

그러므로 신정 표준 개정판 성경(New Revised Standard Version)은 원문의 의미에 근접하게 번역한다. "너희가 평안의 복음을 전하기 위해 준비한 것을 신고"(NRSV 번역의 강조는 평안의 복음을 준비하는 "너희"에 있다). 이 번역이 다른 번역보다 더 원문에 가까운 이유는 두 가지 때문이다. 성령의 검(이것은 하나님의 말씀을 의미한다)을 사용하는 의무 또한 아마도 복음전도의 의미를 가지고, 독자들은 에베소서 6:18-20에서 복음을 담대하게

50　Plummer, *Paul's Understanding*, 78f. 또한 Schnabel 그 본문에 대해 다루고 있는 *Paul the Missionary*, 246-47을 참고하라.

51　Plummer, *Paul's Understanding*, 80.

선포하기 위해 기도하도록 요청받는다. "바울이 복음전도사역을 위해 기도를 요청하는 다른 두 본문에서도 역시 교회의 선교적인 역할이 언급된다(골 4:2-6; 살후 2:16; 3:1). 바울은 교회들이 행하고 있는 선교사역을 주목하면서도, 복음을 전하는 것에 대한 기도 요청을 하는 것처럼 보인다."[52]

로랜드 알렌은 다음과 같이 말한다.

> 바울이 세운 교회들이 선교사역에 참여한 것은 "정말로 놀라운 것이 아니었다. 신자들은 예수의 영을 받았고, 예수의 영은 복음전도의 영이자, 잃어버린 영혼들을 데려오도록 예수를 세상에 보내셨던 하나님의 영이다."[53]

교회의 복음전도에 대한 최근의 연구들 중 어떤 것도 성령론과 관련된 주장을 포함하지 않는다. 알렌이 복음전도와 성령론의 관련성에 대하여 많은 의견들을 내놓았던 것을 감안하면, 이것은 더 자세하게 살펴볼 가치가 있다.

바울은 교회를 복음전도자들의 사역이 끊임없이 지속되도록 하는

---

[52] Plummer, *Paul's Understanding*, 80. 목회서신에 관하여 Schnabel은 딤전 3:7("장로들의 좋은 평판[말티리아, martyria]은 외인들 앞에서 교회의 복음 증거[martyria]를 결정한다. 장로들과 회중은 죄인들을 구원하길 원하는 하나님의 뜻을 나타내고, 드러내고, 전달해야 할 의무를 갖는다," 247), 딤후 4:5("교회의 지도자들은 예수 그리스도를 아직 듣지 못한 사람들 앞에서 분명하게 복음을 선포해야 한다. 회중은 순회하는 선교사들을 기다려서는 안 된다. 오히려 그 선교사들은 사람들이 복음을 듣는다는 것을 반드시 확인해야 한다," 247), 딛 2:3-5("'늙은 여자'에 대한 권면은 복음전도와 관련될 수 있다. 그들의 행동은 교회의 복음전도의 노력들에 해를 끼쳐서는 안 되며, 더욱 복음이 전파되도록 행동을 잘해야 한다," 247-48), 딛 2:9-10("만약 신자가 된 종들이 반항적인 태도를 보인다면, 지역 교회의 선교활동과 관련해서 선포되는 복음의 신뢰성이 떨어졌을 것이다. 신자가 된 종들은 복음이 주변에 있는 사람들에게 가능한 한 매력적인 것으로 인식되도록 행동해야 했다," 248).

[53] Allen, *Missionary Methods*, 93.

모임으로 이해한다. 플러머와 마셜은 "바울이 교회들이 사도적인 모습으로 복음을 전하길 기대했으며," 바울은 또한 자신이 아닌 다른 신자들을 통하여 계속 진행되는 선교를 인식하였다는 부수적인 증거를 더 제시한다.[54] 예를 들어, 마셜은 "사도들과 동료 사역자들의 활동은 교회와 선교사들의 차이를 흐릿하게 만들 정도로 복음전도에 열심이었다"는 것을 주목한다.[55]

마셜은 그 증거 조사에 대해서 다음과 같이 결론짓는다. "이 증거들의 누적 효과는 초대 교회들과 각 신자들이 복음전도의 역할을 열정적으로 수행했다는 것을 증명한다."[56]

플러머는 다음과 같이 말한다.

> 바울은 교회들이 복음을 적극적으로 전하도록 가르치고 또한 전적으로 찬성했다는 것에는 의심의 여지가 전혀 없다. 빌립보서와 에베소서, 그리고 고린도전서에서 바울은 교회들이 복음을 선포하도록, 또한 선포하는 데 부족함이 없이 모든 부분을 준비하도록 그리고 불신자들의 구원을 위해 몸부림쳤던 자신을 닮도록 명령하는 구절들을 조사했다.[57]

---

54 이것은 Plummer의 책의 한 부분의 머리글이다(*Paul's Understanding*, 107-39). Marshall, "Evangelists," 258-59.

55 Marshall, "Evangelists," 261.

56 Ibid., 262; Schnabel, *Paul the Missionary*, 244. "바울의 가르침은 신자들로 하여금 예수 그리스도를 구주로 받아들이는 자신의 믿음을 다른 사람들과 나누도록 하는 권면을 포함하였다."

57 Plummer, *Paul's Understanding*, 96. Plummer는 "수동적인 증거 자세와 관련된 바울의 명령"을 조사한다(96-105).

3. 결론

우리의 조사는 바울의 선교가 많은 방법에서 교회들과 깊이 관련된 것으로 이해되어야 한다는 것을 보여 준다. 사도행전에 의하면, 바울의 선교는 자신이 속했었던 교회들과 자신을 임명했던 사람들, 그리고 자신이 세웠던 교회들과 밀접하게 관련되어 있다. 그의 선교는 교회들의 선교로 이해되어야 한다.

바울은 교회들이 자신의 선교에 적극적으로 후원하길 기대했다는 것을 바울서신들은 지적한다. 이 후원은 선교사들의 재정적인 생활비, 때때로 선교비용 부담, 동료 사역자들 파송, 불신자들을 위한 기도, 바울과 그의 동료들을 위한 기도, 그리고 선교사들에게 영적인 안식 제공을 포함했다.

바울은 또한 교회들이 적극적으로 지역 복음전도에 참여하길 기대했다. 플러머는 "사도 바울은 초대 기독교 공동체가 복음을 전하길 기대했는가?"라고 질문한다. 우리는 이 질문에 대해 긍정적으로 답변해야 한다. 바울은 그 공동체들이 집에서, 교회에서 또한 그 밖의 어느 곳에서든지 매일의 삶 속에서 모범적인 행동을 통하여 또한 여러 다른 상황에서 구두로 복음을 전하길 기대했다.

알렌은 비록 아주 자세하게 그 상황을 주장하지 않았지만, 그럼에도 바울의 선교와 교회들, 그리고 교회들의 선교사역 참여가 서로 밀접한 관계가 있음을 주목했다. 여러 학자들과 여기에 제시된 자료는 알렌의 주장을 지지한다. 교회들이 즉시 빛의 중심이 되기를 바울이 의도했다는 증거가 있다. 바울이 세운 교회들은 전 지역에 빛의 원천이 되기에 충분한 삶을 소유하였다.[58] 바울의 개종자들이 선교사가 되었고 4개 지

---

58 Allen, *Missionary Methods*, 13.

방의 신자들이 믿음을 전하는 데 확실히 적극적이었다는 알렌의 주장은 입증될 수 있다.⁵⁹

몇몇 교회들은 명백하게 복음전도에 관한 문제에 어떠한 권면을 필요로 하지 않았지만, 고린도, 빌립보, 에베소, 그리고 데살로니가 교인들은 선교사역의 참여와 관련하여 올바른 방향으로 가도록 약간의 격려와 자극이 필요하였다.⁶⁰

바울은 자신이 세운 교회들이 자체적으로 복음전도에 힘쓰기를 기대했다.⁶¹ 그러나 바울은 교회들이 다른 교회들과 연대하며, 파송했던 선교사들 또한 다른 장소에서 사역하는 다른 사람들과 협력하여 복음전도에 힘쓰도록 의도했다는 것 역시 강조되어야 한다(알렌은 정확하게 교회들의 연합을 강조했다).⁶²

누가의 설명과 바울 자신의 진술들, 그리고 바울의 선교에 대한 알렌의 분석을 보면서 우리는 21세기 교회의 선교와 관련하여, 만일 우리의 선교가 바울의 선교를 반영해야 한다면 그것은 교회들과 깊이 관련되어야 한다고 결론 내릴 수 있다. 만일 교회들이 바울의 신학과 행위를 반영해야 한다면, 교회들은 여러 가지 면에서 선교에 깊이 관여해야 한다. 다시 말해, 교회들은 기도를 하고 사람들에게 무언가를 제공하며, 기금을 조성하여 보내줌으로 다른 장소에 있는 선교를 후원해야 한다.

---

59 Ibid., 93.
60 Ibid. 권면할 필요가 없었다는 Allen의 의견은 오히려 불확실한 침묵 논법이다.
61 Ibid., 94. 사도 이후 시대에 교회의 확산은 교회가 스스로 복음전도에 힘썼다는 것을 보여준다. 다음의 글을 보라. R. Hvalvik, "The Expansion of the Church in the pre-Constantinian Era," in *The Mission of the Early Church to Jews and Gentiles*, ed. J. Adna and H. Kvalbein, WUNT 127 (Tübingen: Mohr Siebeck, 2000), 265-87.
62 Allen, *Missionary Methods*, 126-38.

지역 교회들은 다양한 방법으로 그 밖의 곳에 선교와 복음전도를 후원하며, 그들의 각 상황에서 말과 행위로 복음전도에 적극적으로 참여해야 한다. 바울이 이 문제들을 다루어야 했던 것은 자주 칭송되는 초대 기독교에서조차 그러한 참여가 자명하지 않았고, 격려와 촉구가 필요했었기 때문이다. 교회의 이러한 소명은 신약성경에 나타난 신학과 오늘날 교회론에서 회복되어야 한다. 세계의 많은 지역에서 많은 이유들 때문에 교회의 선교적 사명의 재발견은 교회가 세계만방에 제자들을 만드는 사명을 완수할 수 있도록 할 것이다.

교회의 선교로써 선교는 1세기의 교회들이 직면했던 도전들과 비슷한, 우리 시대의 도전들을 극복해야 한다. 많은 것들이 있겠지만, 여기서 세 가지만 언급하려고 한다.

첫째, 신약 시대처럼, 어느 곳에서나 선교에 참여할 때 복음을 거절하는 사람들로부터 저항과 박해에 직면할 것이다. 신자들이 이 도전들에 반응하는 방법은 자신들의 증거를 강조하는 것이다.[63]

둘째, 교회의 선교로써 선교는 희생을 수반한다. 교회에 속한 가장 최고의 사람들이 선교의 사명과 지역 복음전도에 참여하기 때문에 교회는 그들을 잃을지도 모른다(그렇게 보일 것이다). 실제로 이 사람들은 교회 내의 사역에 참여하지 못할 것이다. 게다가 교회들은 선교사역에 약간의 재정을 쏟아 부어야 하며, 기도로 후원해야 한다.

셋째, 교회들은 파송했던 선교사들과 다른 교회들로부터 파송된 선교사들을 위해 영적인 안식을 제공하는 역할을 재발견해야 한다.

---

63 선교와 고난에 관하여 다음의 글과 책을 보라. Plummer, *Paul's Understanding*, 121-38; S. Hafemann, "The Role of Suffering in the Mission of Paul," in *The Mission of the Early Church to Jews and Gentiles*, ed. J. Adna and H. Kvalbein, WUNT 127 (Tübingen: Mohr Siebeck, 2000), 165-84.

만일 선교가 교회의 선교로써 이해되고 행해진다면, 그리스도가 성도들을 "동서남북으로부터 모으며, 그들이 와서 하나님의 나라 잔치에 참여할 때까지"(눅 13:29), 각 교회의 회중은 자신들의 요구와 문제들에 대하여 그들에게 말할 기회를 가지며, 이 세계를 향한 하나님의 비전에 참여하게 될 것이다.

6장

고난에 관한 바울의 신학

돈 N. 호웰 박사
미국 콜롬비아국제대학교 신약학 교수

1. 고난을 향하여 예정된

바울이 신자가 된 이후, 처음부터 고난은 그의 삶에 일관되게 나타나는 현상이었다. 바울은 신자들을 결박하여 예루살렘으로 잡아오기 위해 자신의 수행원들과 함께 다메섹으로 갔다. 바로 그때 자신의 인생을 송두리째 바꾸었던 음성을 들었다.

> 나는 네가 박해하는 예수라(행 9:5).

사울은 지금까지 나사렛 예수가 거짓 선지자이며 신성을 모독한 사람이었으며, 십자가에 못 박혀 저주를 받았다고 생각했었는데, 바로 그 예수가 부활하신, 존귀한 주님이시며, 대속자로서 죄인들을 위해 십자가에서 죽음의 저주를 지신 분이었음을 알게 되었다(갈 3:13).[1] 그러나 그 이상의 것들이 있었다.

예수는 복음을 전하는 증인들이 받는 고난을 자신의 것으로 여겼다. 다시 말해, 증인들을 핍박하는 것은 곧 예수를 핍박하는 것이었다. 사실 지상 사역 동안 예수는 제자들에게 자신 때문에 희생과 역경을 겪어야 한다고 반복적으로 강조하였다(마 5:11-12; 10:17-25; 24:9-14; 요 15:18-25; 16:33). 이사야에 나타난 종으로서 주님이 겪는 고난은 구속적이며, 주님의 백성들의 고난은 그의 백성이기 때문에 겪어야 하는 것이며, 그의 백성이라는 사실을 드러내는 증거다. 아나니아라고 불린 무명의 제자는 사울의 시력을 회복시키기 위해 왔을 때, 그 역시 이방인과 이스라엘에게 구원자 예수의 이름을 선포해야 하는 신적인 소명을 전달했다.

> 그가 내 이름을 위하여 얼마나 고난을 받아야 할 것을 내가 그에게 보이리라 하시니(행 9:16).

이 선언은 사도 바울이 이사야에 나타난 고난의 종으로서의 모습을 갖는다는 것을 의미한다. 물론 이것은 반복될 수 없는 대속적인 희생을 감당하였던 메시아적인 종으로서 받는 고난이 아니라, 고난의 종이자 진정한 주님을 이방인들에게 선포하는 것 때문에 증인이 받는 고난을 의미한다(사 42:1, 6-7; 49:6; 행 13:46-47; 22:21; 26: 15-18).[2]

---

1 Martin Hengel, *The Pre-Christian Paul*, trans. John Bowden (Philadelphia: Trinity Press International, 1991), 64, 83-84.
2 수년이 지나고 바울은 빌립보 신자들에게 육체를 입으신 그리스도의 겸손을 닮도록 권면할 때(빌 2:5), 바울은 그리스도가 육체를 입었던 모습을 표현하기 위해 종(둘로스, *doulos*)이라는 단어를 선택한다(빌 2:7). 바로 그 용어는 바울이 자신을 호칭하기 위해 두 용어를 자주 즐겨 사용하는데, 하나는 사도이며 다른 하나는 바로 종이라는 단어이다(롬 1:1; 갈 1:10; 고

사도행전에서 누가는 바울이 "먼저는 유대인에게요 그리고 헬라인에게"(롬 1:16) 복음전도사역을 수행할 때, 바울의 사역에 끊임없이 고난이 있었다고 기록한다. 바울의 전도사역에서 나타났던 대부분의 적대적인 행위는 종교적인 선입관이 강했던 유대인이 거주했던 지역에서 일어났다(다메섹[행 9:23-25], 비시디아 안디옥[행 13:45-46], 이고니온[행 14:4-5], 루스드라[행 14:19], 데살로니가[행 17:4-9], 베뢰아[행 17:13], 고린도[행 18:6, 12-13], 헬라[행 20:2], 예루살렘과 가이사랴[행 21:27-36; 22:22-23; 23:2-4, 12-15; 25:9-12, 16-19; 26:21], 로마[행 28:23-28]). 물론 때때로 이방인 반대자들 역시 금전적인 손실 때문에 소동을 일으키기도 했었다(빌립보[행 16:19-24], 에베소[행 19:23-41]).

그러나 바울은 이 모든 방해에도 놀라지 않는다. 왜냐하면 그는 갈라디아에 있는 박해받는 교회들에게 그들이 "하나님의 나라에 들어가려면 많은 환난을 겪어야"(행 14:22) 한다고 상기시키고 있기 때문이다.[3] 사실 바울은 고난과 죽음조차도 하나님께서 복음 증거자의 삶 속에 나타나도록 조성하신 환경으로써 기꺼이 받아들인다(행 20:23-24; 행 21:13).

로랜드 알렌은 "바울에 의해 확장된 기독교의 가장 중요한 표시"는 종교적인 이념과 윤리적인 원리들이 아니라, 십자가에 못 박히고 부활하신 그리스도의 생명을 주는 복음에 대한 그 사도의 헌신이며, 그 헌

후 4:5; 빌 1:1; 딛 1:1). 그는 또한 자신의 동료들을 가리킬 때에도 사용한다(빌 1:1; 골 1:7; 4:7, 12; 딤후 2:24). 종(파이스, *pais*)은 초대 교회에서 행해진 사도적인 설교에서 메시아적인 종을 위한 기독교 용어이며(행 3:13, 26; 4:27, 30), 종(*doulos*)은 그리스도에 대한 찬양시(Carmen Christi)에 사용된 선택의 용어이다(빌 2:6-11). 이 찬양시는 그리스도의 마음을 닮는 명령을 담고 있다(빌 2:5). 이 두 용어를 살펴볼 때, 그 둘은 고난 받는 종의 사역의 두 가지의 측면을 보여 주는 것 같지 않는가? 가령, 그의 대속적인 희생의 유일성을 나타내기 위해 파이스를, 신적인 목적을 위해 자기희생적인 포기의 태도를 나타낼 때 둘로스 말이다.

3 여기와 행 9:16에 비인칭 동사, 데이(dei, "~해야 한다" 또는 "하는 것이 필수적이다")가 사용되는데, 이것은 반드시 바울과 교회들에 고난이 있어야 한다는 것을 의미하며, 이것은 또한 하나님의 뜻임을 암시한다.

신은 고난에 대하여 기꺼이 받아들이는 모습으로 확증된다고 설명한다. 그는 다음과 같이 말한다.

> 그리스도는 자신의 생명을 주기 위해 오셨다. 바울은 그리스도의 사역자로서 사람들을 생명이신 그리스도에게 이끌기 위해 왔고, 그들은 그리스도 안에서 생명을 발견했다. 그리스도의 복음은 능력의 복음이었다. 그래서 바울은 계속해서 가르쳤고, 그것 때문에 그의 모든 삶은 고난의 연속이었다.
> 만일 바울이 잠시나마 자신의 사역이 아주 고상한 법이나 새로운 체제를 소개해야 하는 것으로 생각했었더라면, 그는 유대주의자들과 회복하였을 것이고, 그는 같은 시내에 살았던 낭대의 모든 개혁가들과 하나가 되었을 것이다. 만약 그렇게 했다면 복음은 바울의 손에서 사라지고 말았을 것이다. 정말 그렇게 복음을 설명했었다면, 그는 스스로 은혜로부터 멀리 떨어지고 말았을 것이다. 정말 그리스도는 그에게 어떠한 유익이 없었을 것이다. 그러나 그는 그렇게 하는 것을 거절하였고, 복음을 위해 그는 기꺼이 고난을 받았다.[4]

우리는 고난에 관한 바울의 신학을 정확하게 이해하기 위해 그의 서신들을 살펴보아야 한다.

---

4 Roland Allen, *Missionary Methods: St. Paul's or Ours?* 2nd ed. (Grand Rapids: Eerdmans, 1962), 148.

2. 고난 안에서 가능하게 된

바울의 서신들은 고난의 언어로 가득하다.[5] 21세기 서구 주석가들이 해석하는 데 있어서 갖는 가장 큰 어려움은 개인적인 괴롭힘과 사회적인 소외, 그리고 물질적인 손해가 일상적으로 일어났던 환경에 처한 교회들에게 쓰인 언어의 의미들을 완전히 이해하는 것이다(현대에 일어나는 박해의 상황에서 글을 쓰는 사람들에게는 덜 장애가 될 것이다). 바울과 자신이 세운 교회들이 수많은 박해를 받으면서도 다시 회복할 수 있었던 비결은 고난을 통하여 이루어가시는 하나님의 목적에 대한 확신이었다.

바울은 기독교의 고난의 신학이 갖는 세 가지의 목적을 설명하는데, 이 목적은 겹치는 부분이 없잖아 있지만, 서로 보완하면서 각 특징들을 드러낸다.

첫째, 바울은 그리스도의 몸인 교회를 가르치고 이끌어서 올바른 방향으로 나아가게 하기 위해 고난을 견딘다. 교회를 세우는 개척자로서 그의 사역은 예수 그리스도를 모르는 지역에서 복음의 선포와 함께 시작한다. 유대인 공동체의 지도자들로부터 극심한 반대에 시달렸던 데살로니가 지역에서(행 17:5, 13; 살전 2:14-16), 바울은 그러한 시련은 하나님께서 자신과 신자들을 위해 정한 길이라는 것을 교회의 회중에게 설

---

5 주요한 용어들 (1) 파스코(*pasko*), 쉼파스코(*sympasko*), 파세마(*pathema*)는 바울과 교회들이 겪은 고난을 가리키는 일반적인 용어들로서 16번 사용된다. (2) 슬리보(*thlibo*)와 슬립시스(*thlipsis*)는 시련, 고통, 곤궁을 나타내는데, 29번 사용된다. (3) 디오코(*dioko*), 디오그모스(*diogmos*)는 핍박, 박해를 의미하는데 16번 사용되며, 신자가 되기 이전 바울이 박해했던 활동까지 포함한다(고전 15:9; 갈 1:13, 23; 빌 3:6). (4) (쉰)카코파세오([*syn*]*kakopatheo*)는 학대를 견디고, 고통을 참는다는 의미이며, 디모데후서에서 2번 사용된다. 많은 다른 관련된 용어들은 바울이 나열하는 고난의 목록들에서 발견된다(롬 8:35[7개의 목록]; 고전 4:11-13[11개의 목록]; 고후 4:8-9[각각 2개의 대조적인 단어들로 구성된 4개의 단어군]; 고후 6:4-5[다양한 종류의 고난을 의미하는 18개의 목록]; 고후 11:23-29[다양한 위험들과 관련하여 열거된 고난의 27개의 경험들이 나타난다. 특별히 "킨두노스"(*kindynos*)는 고후 11:26에 8번 나타난다〈고전 15:40참조〉]; 고후 12:10[5개의 목록]).

명한다(살전 3:3-4). 그러한 어려움은 갈라디아(갈 3:4)와 빌립보(살전 2:2) 에서도 있었다. 하나님 나라의 확장, 즉 예수를 구주로 받아들이는 사 람들에게 주어지는 하나님의 역동적이고 변화시키는 통치는 믿음으로 견뎌야 하는 신자들의 박해와 고난을 통해서 이다(살후 1:4-5).

바울이 죽기 바로 직전에 쓴 마지막 서신, 디모데후서에서 그는 복 음을 설명하는 전후 문맥에 자신의 고난과 자신이 신뢰하는 목회적인 동료들을 위치시킨다. 그리고 바울 자신과 디모데가 고난을 견뎌야 하 는 것은 복음을 위해서임을 밝힌다(딤후 1:8, 12; 2:3, 9; 4:5). 비록 그러한 어려움에서 일시적으로나마 벗어나는 시점이었지만(딤후 3:10-12), 그는 하나님 나라에서 영원한 상급을 기대한다(딤후 4:7-8, 16-18). 빌립보 교 회에서 바울의 사역(빌 2:17)과 자신의 임박한 죽음(딤후 4:6)은 하나님에 게 부어지는 전제의 희생적인 이미지로 그려진다.

바울은 그리스도에게 돌아온 백성들과 수리아에서 아가야에 이르기 까지 5개 로마 지역에 걸쳐 세워진 교회들을 자신의 가장 귀중한 유 산으로 여긴다(롬 15:16; 갈 4:19; 빌 4:1; 살전 2:19-20). 만일 신자들이 주님 안에서 견고히 선다면, 바울 자신이 겪는 시련은 그 인내와 비교했을 때 아주 사소한 것이나 다름없었을 것이다. 왜냐하면 그는 그들의 영 적인 성장에 기뻐하며 감사하였기 때문이다(살전 3:6-10).

어떤 의미에서 바울의 고통은 교회의 위로를 위해 계획된 것이다. 신자들은 사랑하는 사도의 인내를 보면서, 그들 역시 그리스도에게 더 욱 매달리게 하는 고난을 통해 끝까지 견디는 것을 배웠을 것이다(고후 1:5-7; 엡 3:13).

바울은 골로새 교회에 다음과 같이 쓴다.

> 나는 이제 너희를 위하여 받는 괴로움을 기뻐하고 그리스도의
> 남은 고난을 그의 몸된 교회를 위하여 내 육체에 채우노라
> (골 1:24).

우리는 사도가 약간 더 보충해야 할, 즉 그리스도의 구속적인 고난 안에 불충분한 무엇인가가 있는 것은 아닌지에 대한 생각을 곧바로 버릴 수 있다. 왜냐하면 골로새서의 두 가지의 강조점 때문이다. 그 강조점들은 예수의 변함없는 신성(골 1:15-19; 2:9-10)과 그의 십자가 죽음 때문에 유효하게 된 축복들(골 1:20-22; 2:11-15)이다.

바울은 교회를 어지럽혀 온 잘못된 기독론을 바로잡기 위해 그 두 가지를 강조하고 있다. 골로새서 1:24에서 바울은 자기 자신을 마치 "그리스도의 몸을 겨냥하고 다가오는 수많은 공격"을 흡수하는 완충기나 방패로서 사용하는 것처럼 보인다.[6] 이렇게 이해하는 것은 바울의 논리적 흐름에 딱 들어맞는다. 교회가 십자가에 못 박히고 부활하신 그리스도의 복음을 이방 세계에 선포할 때, 하나님께서는 교회에 고난을 허락하시는데, 이 고난을 통해 교회가 주 예수 그리스도와의 결속을 확고히 하길 원하신다(골 1:25-27).

---

6 Peter T. O'Brien, *Colossians, Philemon*, WBC 44 (Waco, Tex.: Word, 1982), 78-81. 이 해석은 그 언어를 있는 그대로 취한다. "안타나프레로 타 휘스테레마타"(*antanaplero ta hystelemata*)는 어떤 의미에서 부족한 것을 온전하게 성취하는 것을 의미한다. 그러나 이 구절에서 그리스도, 몸(그리스도의 수난에 관해서가 아니라), 그리고 교회(마지막에 명시된다)는 동일시되는데, 이것들은 고난으로 채워져야 하는 영역이다. 왕국의 완성 이전에 정해진 분량에 도달해야 하는 "메시아의 고통"에 관한 유대인의 묵시적인 가르침은 이 표현의 배경일 수 있다. 전후 문맥에는 너무 잘 들어맞지만, 사용된 용어들을 그렇게 성공적으로 다루지 못한(예를 들어, "안타나프레로"[*antanaplero*]는 이방인 세계에 복음을 "확장하다"라는 의미이다) 다른 해석은 다음의 책을 보라. Thomas R. Schreiner, *Paul: Apostle of God's Glory in Christ* (Downers Grove, Ill.: InterVarsity Press, 2001), 100-102.

바울은 교회를 개척하는 사람으로 또한 신자들을 그리스도 안에서 완전한 자로 세우기 위해 하나님께서 주신 온 힘으로 수고하여 교회를 완성하는 사람으로서 자신의 주어진 역할을 이해한다(골 1:28-29). 그는 세워진지 얼마 안 된, 연약한 교회들의 보호자요 방어자로서 서 있다. 그는 하나님의 백성들을 낙심케 하는 고난과 박해를 그들을 대신해서 받는다. 바울이 견디는 모든 고난은 교회들을 세우고, 강화시키며, 또한 올바른 방향으로 나아가도록 하기 위함이다.

둘째, 사도 바울의 고난과 더 나아가 교회들의 고난은 고난의 종인 예수와 밀접하게 결부되었다는 증거이다. 고난은 사도 바울이 예수가 경험했던 겸손에 참여하도록 한다. 그리고 인간적으로 신뢰할 수 있는 모든 원천을 무너뜨리고, 자신의 삶속에서 부활하신 주님의 능력을 나타내도록 한다(고후 1:5; 4:7-12). 게다가 바울과 모든 신자들이 겪는 고난은 도래하는 하나님 나라의 상속자라는 사실을 나타내는 분명한 표지이며, 그런 의미에서 영광스러운 미래의 유업을 위해 정해진 준비 단계이다(고후 4:16-18; 롬 8:17-18).

여기에서 우리는 사도 바울의 종말론적인 이해의 양면성을 보게 되는데, 이 양면성은 구원과 관련하여 시간적으로 3단계를 통합한다. 과거(그리스도의 죽음과 부활)는 미래(하나님 나라의 영광)를 보증하며, 이 미래는 현재(성화되는 인격과 능력의 삶)와 밀접하게 관련된다.[7]

바울의 고난의 신학은 개인적인 고통 속에서 자기를 비하하면서 느끼는 기쁨과 관련되지 않으며, 고통 그 자체를 위한 것 또한 아니다.

---

7 James D.G. Dunn, *The Theology of the Apostle Paul* (Grand Rapids: Eerdmans, 1998), 482-87. Dunn은 바울서신에 나타난 많은 구절에서 신자가 그리스도의 죽음과 부활에 참여하고 있음을 밝히는데(롬 6:5; 갈 2:19; 6:14), 바울은 완료 시제(과거에 일어나서 완성된 사건이 현재의 상태에까지 계속되는 행동)를 사용한다. "신자는 '이미 그리스도와 함께 장사된 상태'와 '아직 그리스도와 함께 부활하지 않은 상태' 사이에 있는데, 이 사이에서 그리스도와 함께 고난을 받는다"(485).

오히려 육체적인 질환, 반대자들의 공격, 악한 말들, 심지어 육체적인 구타와 같은 가혹한 현실은 자기 신뢰의 모든 근성을 부수어버린다. 그래서 그는 하나님의 능력이 차고 넘칠 수 있는 유용한 그릇이 된다(고후 12:7-10). 또한 바울의 고난은 자신과 동일한 처지에서 고난을 당하였던 주님과 깊은 교제를 갖게 만든다.

개인적인 경험 안에서 그리스도의 고난을 아는 것은 그리스도의 부활의 권능을 아는 것이다(빌 3:10). 그리스도와 일체가 되는 동등한 영역, 즉 그의 죽음과 부활에 참여하는 하나님의 백성들의 성화를 촉진하며, 그들이 마지막 날에 하나님 나라에서 그리스도의 직접적인 접견의 영광을 누리도록 하며, 부활에 이르도록 한다(빌 3:11). 6장의 마지막 부분에서 우리는 어떻게 믿음 안에서 견디는 고난이 바울의 인격을 정련했는지를 강조할 것이다.

셋째, 사도 바울의 고난은 그리스도의 진정한 종으로서 인증의 표시이다. 그의 육체적인 고난은 그를 예수에 속한 사람으로서의 흔적을 의미하며(갈 6:17), 그를 갈라디아 교회에 침투한 유대주의자들과 구별하도록 한다.[8] 갈라디아 교회에 침투한 유대주의자들은 동료 유대인들의 입맛에 맞는 율법주의의 메시지를 전함으로써 핍박을 피하려고 하였다.

반면에 바울은 십자가에 못 박힌 메시아가 성취한 구속사역과 관련하여 오직 믿음을 통한 구원의 가르침을 전하였다(갈 6:12; 2:21; 3:13; 5:11-12). 개인 중심의 분파로 나누어진 고린도 교인들에게 바울은 자신과 아볼로, 그리고 게바는 오직 그리스도의 종이며, 주인에게 칭찬

---

8 스티그마(stigma)라는 용어는 동물들의 소인을 위해 사용되었고, 이 소인은 소유권을 입증하기 위해 표시되었다. 전후 문맥(갈 5:11-12; 6:12-15)을 판단하건대, 바울은 은혜의 복음의 종으로서 자신을 인증하는 "표시"(매 맞음과 고문 때문에 생긴[행 14:19; 고후 6:5; 11:23-25])와 율법의 종이라는 것을 확인하는 할례의 표시와 비교하는 것 같다(*EDNT*, 3:276-77).

을 받게 될 복음의 청지기임을 명백히 한다(고전 4:1-5). 그 사도들이 진정한 종임을 증명하기 위해 하나님께서는 정복자들 뒤에서 처형을 받기 위해 쇠사슬에 매여 걸어가는 전쟁의 포로들처럼 그들을 구경거리가 되게 하셨다(고전 4:9). 이 "구경거리"는 전 세계 곧 천사와 사람에게 이 사람들이 바로 그 "고난의 종"의 종들이라는 증거이다(고전 4:9-10).[9]

예수의 고난을 보면서 사도들은 육체적인 결핍과 야만적인 대우(고전 4:11-12)를 견디며, 주님이 고난을 받았을 때에도 보복하지 않고 자신을 낮추었던 태도(고전 4:12-13)를 닮는다. 고난과 관련된 두 개의 목록에서 바울은 고린도 교회에 어떤 사람들이 진정한 주의 종들인지 결정할 수 있는 기준을 제공한다(고후 6:3-10; 11:23-33).

어려움의 상황에서 경건한 행동을 설명하는 첫 번째 목록은 바울 자신이 하나님의 진정한 종이라는 사실을 확증한다(고후 3:4). 두 번째 목록은 "지극히 크다는 사도들"(고후 11:5; 12:11)이 자신들을 그리스도의 종들이라고 주장하며(고후 11:23) 어리석은 자랑(고후 11:16-18)을 하고 있는데, 이 우스운 주장을 반박하기 위해 제공된다. 바울은 "만일 당신이 진정한 종들을 알기 원한다면, 고난의 종을 닮기 위한 그들의 희생을 면밀히 살펴보라"고 말한다.

바울은 자신의 이력과 관련하여 학위나, 출판된 책이나 수상 기록을 나열하지 않는다. 대신에 그는 투옥(고후 11:23), 수많은 고문(고후 11:23-25), 위험들(고후 11:25-26), 육체적인 결핍(고후 11:27), 내적인 압박(고후 11:28), 그리고 마음의 고통(고후 11:29)을 열거한다.

결론적으로 바울의 고난은 자신을 하나님의 종으로 입증하며, 십자가에 못 박히고 부활한 그리스도와 동일시하며, 교회를 올바른 방향으로 인도하며 가르치는 역할을 하였다. 인도하길 간절히 바라는 즉 하

---

9 Richard B. Hays, *First Corinthians*, Int (Louisville: John Knox, 1997), 71-72.

나님 나라를 위해 다른 사람들에게 영향을 주길 원하는 사람은 그리스도를 닮았던 바울을 닮아야 한다(고전 11:1).[10]

3. 고난에 의해 정련된

바울은 "하나님의 선한 뜻"이라는 시각을 가지고 자신의 고난을 이해하며, 또한 그 고난을 교회를 위한 것으로, 그리스도와 함께 당하는 것으로, 그리고 종으로서 받는 것으로 인정한다. 바울의 고난과 교회들이 견디는 고난은 "질그릇"(고후 4:7)을 주인이 쓰기에 거룩하고 합당한 그릇(딤후 2:21)으로 정련하고 다듬기 위한 하나님의 도구이다. 만약 믿음으로 고난을 바라보며, 사랑하는 아버지로부터 오는, 비록 아프지만 은혜가 넘치는 선물로써 받아들인다면(롬 8:28-29, 35-39), 우리는 주 예수와 더욱 깊은 교제를 갖게 되며(빌 3:10), 살아있는 소망으로 가득한, 아주 잘 다듬어진 성격을 소유하게 될 것이다(롬 5:3-5).[11]

---

[10] 고전 11:1에서 바울은 말한다. "내가 그리스도를 본받는 자가 된 것 같이 너희는 나를 본받는 자가 되라." 그러나 NIV에서는 "본받는다"가 아니라 "따르다"로 번역한다. 이러한 번역은 원문에 부합하지 않을 뿐더러, 그 의미에 있어서 바람직하지 않다. 왜냐하면 "따르다"(아코루세오, akolutheo)라는 단어는 유일무이한 권위의 실체인 예수가 바로 그 권위로 제자들을 부르시고 사명을 주었다는 것과 관련된, 예수에 의해 사용된 특징적인 용어이기 때문이다 (마 4:20, 22; 8:19, 22, 23; 9:9; 10:38; 16:24; 19:21, 27-28). 바울은 고전 10:4에서 이 용어 "따르다"를 오직 한번 사용한다. "다 같은 신령한 음료를 마셨으니 이는 그들을 따르는 신령한 반석으로부터 마셨으매 그 반석은 곧 그리스도시라." 그런 의미에서 바울은 "닮다"(미메타이 … 기네스세[mimetai … ginesthe])의 언어를 더 좋아한다(고전 11:1, "본받는 자"; 고전 4:16; 엡 5:1; 살전 1:6; 2:14). 정확하게 말하자면, 바울은 교회들에게 자신의 리더십을 "따르도록"(follow) 하지 않는다. 왜냐하면 그리스도만이 교회들의 리더이고, 바울 자신은 위임받은 종으로서 교회들이 그리스도에 더욱 충성하도록 돕는 역할을 하기 때문이다(고후 1:24; 4:5; 6:4).

[11] 롬 5:4에서 도키메(dokime)라는 헬라어는 신약성경에서 총 7번 등장하는데, 모두 바울서신에서 나타난다. 이 명사는 세 가지 중 한 가지를 의미할 수 있다. (1) 불확실한 것을 알기 위해 행하는 "시험"(고후 2:9; 8:2), (2) 어떤 사람이 주장하는 것이 사실이라는 것을 입증할만한

바로 이것이야말로 사도 바울이 그리스도를 위한 고난을 마치 구원하는 믿음처럼, 하나님의 좋은 선물로써 또한 하나님의 자녀임을 표시하는 것으로 이해할 수 있는 이유였다(롬 8:16-17; 빌 1:28-30). 여기에서 우리는 고난의 도가니에서 만들어진 바울의 성격과 관련하여 네 가지의 모습을 강조하려고 한다. 그는 "지칠 줄 모르며 불요불굴의 복음전도자"에서 "세워진지 얼마 안 된 교회들에게 부드럽게 양육하는 부모"로 바뀌었다(살전 2:6-12).

(1) 겸손(Humility)

바울은 로마의 신자들이 자신의 권면을 따르도록 하는 적합한 모델이 된다.

> 내게 주신 은혜로 말미암아 너희 각 사람에게 말하노니 마땅히 생각할 그 이상의 생각을 품지 말고 오직 하나님께서 각 사람에게 나누어 주신 믿음의 분량대로 지혜롭게 생각하라(롬 12:3).

고난이 바울을 부수고 고난의 주님의 모습에 맞도록 만들었다는 것에 대해 어떤 사람은 가치가 없는 것으로 여길 수 있다. 바울은 "사도 중에 가장 작은 자"(고전 15:9)에서부터 "모든 성도 중에 지극히 작은 자보다 더 작은 자"(엡 3:8)와 "죄인 중에 괴수"(딤전 1:15)에 이르기까지 더욱더 낮은 모습으로 스스로를 평가한다. 특히 고린도 교회에 보내는 서신에서 사도 바울은 인내의 한계를 시험하였던 엄청난 소동을 경험

"증거"(고후 9:13; 13:3), (3) 고난을 통하여 정련되고 다듬어진 "연단" 즉 "입증된 성격"이다(롬 5:4 [2회 사용]; 빌 2:22). 빌 2:22에서 바울은 디모데를 "입증된 성격" 때문에 빌립보 교인들에게 칭찬한다. 디모데는 바울 자신의 가장 신뢰할 수 있는 동료로서 선교사역의 어려운 상황에서도 지난 12년 동안 잘 다듬어진 인물이었다.

한 후, 자신의 불충분함을 인정하고 자신의 불안전함을 표현하였다. 바울은 고린도에 처음 도착하였을 때, "약하고 두려워하고 심히 떨었다"(고전 2:3)고 진술한다.

바울은 세속적인 사람들과 종교에 열성적인 사람들의 박해 때문에 마게도냐 지역에서 행했던 가능성이 높은 사역을 내려놓지 않으면 안 되었다(행 16:38-40; 17:5-9; 13-15). 아덴에 도착해서 그는 자신의 복음전도의 노력에도 불구하고 낙담할 수밖에 없는 한계에 부딪히게 된다(행 17:32-33). 그리고 난 다음 그는 아가야 지방의 수도에 갔는데, 그곳은 헬라의 지혜를 신봉하며 감동을 주는 웅변을 하였던 순회 교사들의 영향을 받은 문화와 더불어 우상과 엄청난 부도덕함으로 가득한 다민족의 대도시였다.

바울은 의도적으로 그곳의 궤변론자들의 수사학적인 스타일을 사용하지 않았고, 성령에 의지하며 명료하게 복음을 전하였다(고전 1:17; 2:4-5). 바울은 고린도 교회에게 그러한 지식은 사랑이 전혀 없고, 왜곡된 견해들로 우쭐하게 하며 교만하게 만든다고 경고한다(고전 8:1-2). 인간적인 지혜와 웅변적인 스타일에 매료된 고린도 교인들은 교회 안에서 인간 중심의 당파들을 만들게 되었다(고전 1:10-17). 바울은 자신에게 충성을 한다고 주장하는 파당이 있음을 듣고 경악을 금치 못한다. 그는 의도적으로 복음의 종이며 청지기로서의 자신의 위임된 역할 말고, 자신을 높아지게 만드는 모든 시도들로부터 멀리했다(고전 1:12-13; 3:4-9, 21-23; 4:1-1, 6-7).

(2) 약함(Vulnerability)

바울이 도덕적인 유혹의 영역에 대해 말할 때, 그는 죄에 빠지기 쉬운 자신의 약함을 의식한다(고전 10:12-13). 그러므로 그는 종말론적인 상을 받지 못하고 도리어 "버림을 당하지" 않도록 엄격한 자기 훈련을 행한다(고전 9:26-27).[12] 바울이 깊이 느꼈던 "자신을 버린다"는 진술은 빌립보서 3:10-11에서도 비슷하게 표현된다. 그리스도의 부활의 권능과 그의 고난에 참여하여 얻게 된 경험적인 지식이 바울에게 있어서 유일한 목표가 되었다.

> 어떻게 해서든지 죽은 자 가운데서 부활에 이르려 하노니
> (빌 3:11).[13]

이 본문을 보고 바울이 자신의 최종적인 구원에 대해 확신하지 못했나고 생각해서는 안 된다. 왜냐하면 그는 아주 담대하게 많은 곳에서 그 확신에 대해 분명히 말하고 있기 때문이다(롬 8:28-30; 고후 5:6-10; 빌 1:20-24; 살전 4:17-18; 딤후 1:12). 그럼에도 바울의 언어는 최종적인 구원에 대하여 기다리는 입장을 나타낸다. 그는 죄와 불신앙과 관련하여 자신의 연약함을 인식하고, 자신이 믿음 안에서 인내할 수 있는 힘을 주시도록 하나님의 능력을 의지한다.[14]

사역현장의 최전선에서 희생적으로 거의 30년을 보낸 이후에도 바

---

12 NIV, NASB, ESV는 고전 9:27에 나타나는 아도키모스(adokimos)라는 헬라어를 "버림을 당하다"(disqualified)로 해석한다. 바울은 자신의 최종적인 구원이 아니라(아마도 AV[Authorized Version]는 최종적인 구원을 넌지시 비춘다), 자신의 사도권의 시험을 언급한다. 그는 엄격한 자기 훈련이 부족하여 이방인에게 복음의 신실한 청지기로서 자신의 사도적인 의무를 감당하지 못하게 되고, 그 결과로 하나님의 사명을 잃어버리지 않을까 두려워한다. 다음의 책을 보라. Judith M. Gundry Volf, *Paul and Perseverance: Staying In and Falling Away* (Louisville: Westminster Press, 1990), 233-37.

13 빌 3:11에서 바울이 기대하는 부활의 경험은 부수적으로 일어나는 몇 가지 요소들과 함께 표현된다(빌 3:11). 조건을 나타내는 "만약~이라면"(에이, ei),과 부정의 부사와 함께 연합된 "어떻게 해서든지"(포스, pos)는 가정법(가능성을 시사) 과거동사(카탄테소, katanteso)와 함께 사용된다.

14 *Moises Silva, Philippians* (Chicago: Moody Press, 1988), 191-93. Silva는 이 본문에 관하여 균형 있게 통찰력을 가지고 의견을 제시한다.

울은 과거의 실패로 인해 움츠러들지 않으며, 비록 영적으로 완전한 상태에 이를 수 없다는 것을 인식하지만, 여전히 그리스도를 열심히 따르고 있었다는 것을 우리는 보게 된다(빌 3:12-14). 하나님의 은혜로 강화된 그러한 결심은(빌 2:12-13) 그리스도의 고난에 깊이 동참하며 그리스도의 부활의 권능을 전적으로 신뢰하기 때문에 가능한 것이었다.

(3) 의지(Dependence)

고린도후서에서 약함 속에서도 실제로 기뻐하는 사도 바울을 보게 되는데, 그는 사역의 현장에서 인간적인 한계에 부딪혔을 때에 역사하시는 하나님의 능력을 경험하였다. 바울은 "살 소망까지 끊어지고," "사형 선고를 받은 줄 알았던" 수준에 이르렀다(고후 1:8-9)고 고백할 정도로 에베소에서 직면했던 압박감에 대하여 말하고 있다[15] 거의 죽음의 지경에 이르렀던 경험은 그가 자기 자신을 의지하는 것을 멈추고 오직 하나님만을 의지하도록 하였다(고후 1:9).[16] 바울이 마게도냐에서 이 서신을 쓸 때, 그는 하나님께서 고난을 통하여 자신의 삶 속에서 역사하셨던 것들로 인해 감사로 넘쳐났다. 새 언약을 맡은 특권을 가진

---

15 Margaret E. Thrall, *A Critical and Exegetical Commentary on the Second Epistle to the Corinthians*, ICC (Edinburgh: T & T Clark, 1994), 1:117-19. "사형 선고"라는 표현은 법정으로 넘겨지는 공식적인 사형 선고가 아니라, 사도 바울이 자신이 아니라 오직 하나님만을 의지하도록 만드는 "죽을 정도로 위험스러운 상황"을 의미한다고 Thrall은 결론을 내린다.

16 바울은 제3차 전도여행 중 거의 3년을 에베소에서 보냈다(행 19:10; 20:31). 여기에서 머무는 동안 그는 아시아 지방에서 넓게 펼친 복음전도를 행하였고, 정령숭배의 미신들을 무너뜨리는 하나님의 능력을 보았고(행 19.11-20), 아데미 신을 숭배하는 은장색들과 무력으로 충돌하기도 하였다(행 19:23-41). 사도행전과 고린도전서(에베소[고전 16:5-9]와 메게도냐[고후 2:13; 7:5]에서 쓰인 현존하는 두 통의 서신들)에 나타난 다른 구절들은 바울이 선교를 수행하는 동안 직면했던 다양한 시련들을 자세히 열거한다(유대인들의 음모[행 20:18-20], 다양한 고난과 박해[고전 4:11-13], 그리스도안에서 영화롭게 됨과 동시에 날마다 죽는 것[고전 15:31], "맹수"와 싸움은 아마도 바울의 반대자들의 사나움을 나타내는 비유적인 표현일 것이다[고전 15:32], "광대하고 유효한 문이 열렸으나 대적하는 자가 많았던" 상황[고전 16:8-9], "사형 선고"[고후 1:9]).

사역자로서 그가 가진 확신은 그를 적임자로 만드셨던 하나님에게서 온다(고후 3:4-6). 말하자면, 그는 남의 이목을 끌지 못하며 큰 가치가 없는 질그릇에 지나지 않았지만, 하나님의 손길이 닿은, 하나님의 능력으로 가득한 존재가 되었다(고후 4:7).

바울은 점차적으로 수척해지며 노쇠해가는 육체를 발견하지만, 낙심하지 않았다. 왜냐하면 자비로운 하나님께서 그에게 사도의 직분을 주시고 선교사역을 맡기셨고, 영원한 영광을 약속하셨기 때문이다(고후 4:1, 16-18). 그가 "내 육체에 가시"(고후 12:7)라고 부르는 알려지지 않은 육체적 질병은 하나님께서 그에게 주셨던 독특한 계시적 경험에 대해 그가 자고하지 않도록 만들기 위한 수단으로 해석된다(고후 12:1-6).[17] 그 질병을 없애달라고 그의 간절하고 끈질긴 간구를 거절하신 주님은 다음과 같이 말씀하신다.

> 내 은혜가 네게 족하도다 이는 내 능력이 약한 데서 온전하여짐이라 하신지라(고후 12:9).

그러므로 바울은 웅변술과 지식을 자랑하는 "지극히 크다는 사도들"과 달리 자신의 육체적인 약함에서 "자랑하였다"(고후 11:5-6; 12:11). 왜냐하면 약함을 통해 그는 하나님의 능력을 온전히 신뢰하였기 때문이다(고후 12:9-10; 고후 11:30).

---

17 Thrall, *Second Corinthians*, 2:809-18. Thrall은 이 "내 육체에 가시"가 무엇인지 찾기 위한 해석의 역사를 제공하며, 여러 주장들에 대한 의견들을 제공한다. Thrall은 심각한 고통을 일으키는 편두통이나 말라리아의 열병과 같은 정기적으로 되풀이되는 질병이었으며, 통증이 없을 때엔 그는 아주 열정적으로 복음전도와 목회사역을 수행하였다고 결론을 내린다.

(4) 관대(Magnanimity)

고난을 통하여 단련된 바울은 자기 자신에 대해서 진실하게 평가할 수 있게 되는데, 그는 다른 사람들, 특별히 실패한 사람들과 자신을 슬프게 하였던 사람들을 가혹하게 다루지 않고 친절하게 대한다. 그는 갈라디아 교인들에게 한 신자가 죄에 빠지고 곧바로 회개하면 성숙한 신자들은 유혹에 쉽게 무너질 수 있는 인간의 연약함을 기억하고 그러한 사람을 온유한 심령으로 회복시켜야 한다고 가르친다(갈 6:1). 그는 데살로니가 교인들에게 엄중한 권면이 요구되는 상황에서도 모든 성도들을 향한 인내심 있는 목회적인 관심을 갖도록 권면한다(살전 5:14).

어떤 신자가 고집스럽게 게으름을 피울 때, 원수와 같이 생각하지 말고 형제처럼 여기며 가족에게 하듯이 권면함으로 치료해야 한다고 바울은 권면한다(살후 3:14-15). 바울은 또한 고린도 교인들에게 회중에 의해 적절하게 징계를 받아 슬퍼하는 개인을 용서하며 위로하도록 가르치면서 자신의 관대한 마음을 드러낸다(고후 2:5-11).

이것은 근심 중에 고린도를 방문하려고 했던 바로 그때(고후 2:1) 바울을 악의 있게 공격했던 주모자를 아마 언급하는 것 같다. 근심 중에 나아가려 했던 그때 바울은 (현존하지는 않지만) 서신을 쓰면서, 교회가 그 공격자를 벌하도록 요구했었다(고후 2:3-4, 9).

그러나 지금은 회복의 기간이다. 고린도 교인들은 이 개인이 엄청난 근심에 잠기지 않도록, 또한 그들의 정죄의 마음이 사탄으로 하여금 엄청난 해를 끼치는 기회를 제공하지 않도록 그를 사랑으로 감싸야 한다(고후 2:7-8, 10-11). 바울이 로마에 구금 상태에 있을 때, 어떤 형제들은 바로 그때를 바울의 권위를 빼앗을 기회로 여겼다. 그들은 시기, 경쟁심, 그리고 자기 야망으로 그리스도를 전하기 시작했다. 사실 그들의 행동은 교회들이 자신들을 따르도록 하며, 바울을 멀리하도록 하여 투옥 상태에 있는 바울의 고통을 증가시키는 것이었다(빌 1:15-17).

그러나 그 동기가 무엇이었든 간에, 바울은 그리스도가 전해지고 있다는 것으로 기뻐했다(빌 1:8). 여기에서 우리는 "자신을 없어서는 안 되는 절대적인 존재로 인정하지 않은 지도자"를 보게 된다. 놀랍게도 바울의 주요한 관심은 자신을 통해서든지 다른 사람을 통해서든지 복음 전도사역의 성취였다.

4. 선교와 관련하여 바울과 교회

이방인의 사도로서 바울의 삶과 사역에는 처음부터 끝까지 고난이 존재했었다(행 9:16). 바울이 다른 지도자들과 구별되는 것은 그는 가족, 잠재적으로 출세와 같은 육적인 편안, 개인적인 안정, 그리고 정상적인 삶의 기대(고전 9:3-15)를 이방인을 위한 교회들을 세우는 사명을 이루기 위해 기꺼이 희생하였다는 것이다. 그가 다메섹에 다가갔을 때, 부활하신 주님과의 만남은 그의 인생의 방향을 바꾸어 놓았다. 바울은 가끔씩 자신의 삶을 회상하는데, 그 기억은 주 예수 그리스도의 은혜에 의해 자신의 마음 안에 일어났던 극적인 변화에 초점을 맞춘다(갈 1:15-16; 2:15-16; 빌 3:4-11; 딤전 1:12-17).

우리는 독생자 예수의 겸손 안에서 표현되며, 하나님의 구원하는 은혜에 대해 계속해서 감사하는 한 사람을 그의 서신들에서 발견한다(빌 2:6-9). 그 사람은 결코 독재적이지 않고 항상 다른 사람이 영적으로 열매를 맺도록 도우려고 하는 리더십의 유형을 소유하고 있었다(고후 1:24).[18] 바로 사도 바울이다.

---

18 바울의 사역의 유형은 지나치게 정이 넘치거나 반대로 강제적이지 않고, 오히려 신자들이 무

그처럼 헌신하였던 바울은 핍박과 고난, 그리고 결국 순교자의 죽음까지 맞이하게 된다. 그러나 고난은 바울에게 친구이지 적은 아니었다. 왜냐하면 고난은 그의 성격을 정련하였고, 교회들을 더욱더 견고하게 하였으며, 그를 그리스도에 결합시키며, 그의 사역을 신임할 수 있는 증명 그 자체가 되었기 때문이다.

바울은 신자들에게 "내가 그리스도를 본받는 자가 된 것 같이 너희는 나를 본받는 자가 되라"(고전 11:1)고 권면한다. 예수 그리스도를 선포하는 그의 모습은 교회가 닮아야 하는 전형적인 예이다.

21세기에 들어와 수많은 선교적인 노력에도 불구하고 여전히 세 개의 종교 문화(불교[일본, 태국, 대만, 티벳], 힌두교[북 인도], 그리고 이슬람)의 난공불락의 요새들이 남아 있다. 이 세 종교의 뿌리 깊은 신념 체제에 파고들 수 있는 것은 마치 바울이 자신의 삶을 내놓았던 것처럼, 그리스도의 종으로서의 최선의 헌신과 희생뿐이다.

그러나 그리스도의 종들로 헌신하거나 아니면 그들을 보내거나 후원하는 하나님의 백성들은 자신들이 겪게 되는 고난을 통하여 그리스도께서 성취할 약속들을 확신해야 한다. 고난을 통해 이루어질 약속들은 교회를 세우며(교회), 그리스도와 더욱 깊은 교제를 갖게 되며(그의 고난에 참여), 그들이 종의 신분(인증)이라는 것을 입증하며, 그리스도를 더욱 닮아가도록 그들의 성격이 다듬어지는(변화) 것들이다.

언가를 할 수 있도록 돕고 촉진시키는 유형이었다. 그러한 사역의 유형은 모든 신자들 각자 안에 그리고 새롭게 세워진 회중들 안에 계시는 성령의 존재에 대한 심오한 확신에 근거를 두어야만 가능한 것이었다. Roland Allen은 교회가 바로 이러한 모습을 되찾아야 한다고 주장한다. 다음의 책을 보라. Don N. Howell Jr., "Confidence in the Spirit as the Governing Ethos of the Pauline Mission," *TJ* 17 (1996): 203–21.

7장

바울과 영적 전쟁

크레이그 키너 박사
미국 에즈베리신학교 신약학 교수

많은 사람들은 영적 전쟁과 선교를 연관시켜왔다.[1] 이렇게 관련시키는 것이 적합한지 아닌지는 우리가 어떤 의미로 영적 전쟁을 이해하는가에 대부분 달려있다.[2] 만일 우리가 영적 전쟁을 천상의 세력을 떨어뜨리는 것과 같은 특별한 기도 의식을 의미하기 위해 사용한다면, 우리는 성경적인 근거를 별로 얻지 못할 것이다. 그러나 만일 우리가 신약성경에서 영적 전쟁의 이미지를 발견하고 그것이 무엇을 의미하는지 알게 된다면, 선교와 신자의 삶이 곧 영적 전쟁들임을 우리는 깨닫게 될 것이다. 여기에서 영적인 싸움은 기도를 포함하지만, 그렇다고 기도에만 제한되지 않는다.

---

[1] 여기에서 강조는 "영적"이라는 단어에 있다. 실제로 신약성경은 사람들에 대항하는 전쟁 비유를 사용하지 않는다.

[2] 다음의 글을 보라. "Appendix: Statement on spiritual warfare: A Working Group Report," in *Deliver Us from Evil: An Uneasy Frontier in Christian Mission*, ed. A. Scott Moreau, Tokunboh Adeyemo, David G. Burnett, Bryant L. Myers and Hwa Yung (Monrovia, Calif.: Lausanne Committee for World Evangelization, 2002), 309-12.

비록 영적 전쟁이라는 구절이 보편적으로 사용되기 이전에 로랜드 알렌(Roland Allen)은 자신의 저서에서 사용하였고, 복음의 진보와 관련하여 하나님의 직접적인 개입이 얼마나 중요한 역할을 하는지에 대하여 비슷하게 인식했다. 알렌은 다음과 같이 쓴다.

> 우리가 오늘날 필요한 것은 하나님의 역사에 대한 믿음이다. 우리는 우리가 가지고 있는 방법들과 체제들, 그리고 우리 자신마저도 그 믿음에 종속시켜야 한다. 우리는 어리석게도 마치 우리의 개종자들이 약하고 죄를 많이 짓는 사람들인 것처럼 자주 말한다. 우리는 그들이 이것 또는 저것을 능히 할 수 없다고 생각하며, 또한 우리는 이런 저런 특별한 교육과 훈련이 없는 사람들에게 진리를 맡길 수 없다고 말한다. 우리는 그들이 마치 사람들과만 관계가 있는 것처럼 말한다. 그러나 우리는 그들이 겨우 사람들과만 관계가 있지 않다는 것을 인식해야 한다. 오히려 우리는 성령과 관계가 있다.[3]

어떤 사람은 영적 전쟁이라는 주제를 아주 자세하고 폭넓게 다룰 수 있겠지만, 나는 짧게 두 가지의 주요한 제목들에 초점을 맞추려고 한다. 하나는 바울서신들에 나타난 영적 전쟁의 이미지인데 특별히 에베소서에 많은 집중을 할 것이다. 다른 하나는 복음전도의 현장에서 바울이 귀신과 직면한 상황 즉 선교학자들이 자주 "능력 대결"이라고 부르는 것이다(특히 행 13:6-12; 16:16-18; 19:11-20).

---

3 Roland Allen, *Missionary Methods: St. Paul's or Ours?* 2nd ed. (Grand Rapids: Eerdmans, 1962), 149-50.

1. 바울서신들 안에 나타난 영적 전쟁

바울은 신자의 삶을 영적 전투의 관점에서 자주 묘사했다. 이 싸움의 이미지는 인간 이상의 힘을 가진 신과의 충돌의 문제로만 제한되지 않는다. 오히려 그 이상이다. 그렇다 치더라도, 오늘날 행해지는 영적 전쟁에 대한 몇몇 접근들은 그 주제에 관한 바울의 가르침의 중요한 요소들을 자주 놓치는 경향이 있다. 영적 전쟁과 관련하여 가장 일반적으로 사용된 본문은 내가 이제 자세히 다루려고 하는 에베소서 6:10-20이다.[4]

1) 배경

고대 사상가들은 자신들의 삶이나 일들을 자주 전쟁으로 묘사했다. 실제적으로 모든 사람이 전쟁이 무엇인지 잘 알았던 세계에서 그 전쟁 이미지를 사용한다는 것은 상당한 영향력을 발휘했을 것이다. 그러므로 모든 사람은 바울이 선한 싸움을 싸우는 것에 대해 말했을 때, 그것이 무엇인지 알았을 것이다(딤전 1:18; 6:12; 딤후 4:7). 그 고대 사상가들은 마치 요새를 부수는 것처럼, 그릇된 이데올로기들을 부수는 것을 묘사하기도 했다.[5]

마찬가지로 바울도 그리스도를 위해 모든 이론을 무너뜨리며 모든 생각을 사로잡는 것에 대해 말할 때(고후 10:3-5), 고대 사상가들이 자주

---

[4] 나는 에베소서를 바울이 기록한 서신으로 받아들인다. 저작 논쟁에 관하여 다음의 책을 보라. Harold W. Hoehner, *Ephesians: An Exegetical Commentary* (Grand Rapids: Baker, 2002), 2-61, 114-30.

[5] 예를 들어, Seneca *Lucil.* 109.8-9; Diogenes *Ep.* 10; 다음의 책에 나온 인용들을 참조하라. Craig S. Keener, *1-2 Corinthians* (Cambridge: Cambridge University Press, 2005), 217.

그랬던 것처럼, 그는 아주 그릇된 이데올로기들(고린도에 있었던 바울의 반대자들이 가졌던 사상들처럼)을 염두하고 언급했을 것이다. 고대 철학자들은 또한 정욕과 싸우는 것에 대해 말하였다. 그래서 서신의 수신자들은 바울이 비슷하게 정욕과의 싸움에 대해 말할 때(롬 7:23; 롬 8:6, "평안"), 그가 무엇을 의미하려고 하는지 이해했을 것이다.[6] 더욱더 바울이 "인류는 하나님과 반목의 상태에 있고, 오직 그리스도를 통하여 하나님과 편히 화해될 수 있다"는 권면은 그 당시의 전쟁의 개념을 반영하였을 것이다(롬 5:1, 10-11; 골 1:20-22).

바울의 청중들은 헬라어로 사용된 전쟁이라는 단어를 명확하게 이해할 수 있었고, 성경은 비록 자세하지 않지만, 인간의 영역 밖에서 일어나는 전쟁에 대한 지식을 이미 제공했었다. 바울보다 더 일찍 예수는 자신의 제자들이 행한 귀신들로부터 구원하는 사역을 사단이 하늘로부터 떨어지는 것으로 비유적으로 설명 하였다(눅 10:17-20).[7]

그러나 그러한 싸움들은 이미 구약성경에서도 나타났다. 야곱은 에서를 만나기 전, 한 천사와 밤새도록 씨름을 하였다. 이것은 천사가 육체를 먼저 취한 후에 일어났던 영적인 싸움이었다(창 32:9-31; 호 12:4). 여호수아가 아말렉과 육적으로 싸울 때, 모세는 하나님의 능력을 상징했던 지팡이를 들어 올리면서, 이스라엘 백성들을 영적으로 지지하고 있었다(출 17:8-13). 여호수아는 여호와의 군대 대장을 우연히 마주했고(수 5:13-15), 그 이후 이스라엘이 큰 소리로 외쳤을 때 여리고의 벽은 무너졌다(수 6:20). 그렇게 벽이 무너졌던 것은 단순히 사람들이 외치는

---

[6] 예를 들어, Diogenes *Ep.* 5; 12; 다음의 책에 나온 인용들을 참조하라. Craig S. Keener, *Romans* (Eugene, Ore.: Cascade, 2009), 94-95.

[7] George Eldon Ladd, *The Gospel of the Kingdom* (Grand Rapids: Eerdmans, 1959), 50; Gerald F. Hawthorne, *The Presence & the Power: The Significance of the Holy Spirit in the Life and Ministry of Jesus* (Dallas: Word, 1991), 149-150.

소리만이 아니라, 하늘의 군대에 의해서 일어났을 것이다.

다윗은 뽕나무 꼭대기에서 걸음 걷는 소리를 들었을 때, 그는 여호와의 군대가 그보다 앞서 나아가 블레셋 군대를 치며 승리를 거두었다는 것을 이미 알았었다(삼하 5:24; 대상 14:15).

엘리사의 사환이 성읍 전체를 둘러싼 많은 군사들을 두려워하였을 때, 엘리사는 그의 눈을 열어주시기를 기도했고, 그 사환은 불 말과 불 병거의 하늘의 군대를 보았다(왕하 6:17; 살후 1:7; 계 19:11-14). 그 사환의 영적인 눈이 열렸을 때, 적들의 영적인 눈은 멀어 있었고, 그들은 전투 없이 진압되었다(왕하 6:15-23, 엘리사의 스승 엘리야는 하늘의 수레를 타고 하늘로 올라갔었다[왕하 2:11]) 유다의 군대가 하나님께 예배했을 때, 하나님께서는 유다의 적들을 혼란에 빠뜨리시고, 유다는 어떤 육체적인 전투를 하지 않고 승리할 수 있었다(대하 20:22-25). 에베소서 6장에서처럼, 영적인 전쟁은 육적인 전쟁보다 우선된다.

육적인 전투가 필요한 것처럼 보일 때조차도, 하나님께서는 적들을 혼란시키기 위해 왕벌을 보내셨다(신 7:20; 수 24:12). 이 왕벌은 이스라엘을 인도하였던 하나님의 천사를 나타내는 비유적인 표현일 것이다(출 23:20, 23, 28; 32:34; 33:2). 비록 하나님의 심판이 전염병으로 끝날 수 있었지만, 주의 천사는 이스라엘 백성을 멸하기 위해 손을 들고 있었다(삼하 24:15-17).

다시 말해, 인간이 자연적인 사건들로서 경험하는 것조차 인간의 영역 이상에서 감지할 수 있는 원인들과 조화를 이루며, 실제로 자주 그 둘은 함께 일어나는 것처럼 보인다(계 12:7-9, 전후 문맥에서 예수의 수난과 존귀를 둘러싼 하늘의 전쟁이 나타난다). 성경을 진지하게 받아들이고 따르는 사람들이라면, 영적인 문제들이 우리의 선교를 수행하는 데 중요한 요소임을 부정할 수 있을까? 인간적인 수준에서 복음전도와 교회성장을 위해 일반적으로 알려진 다양한 전문 기술과 전략들을 사용하는 것이 지혜로울 것이다. 그러나 또 다른 한편으로, 자라게 하시는 이는 영이신 하나님임을 기억해야 한다(고전 3:7). 만약 우리가 하나님의 축복을 원한다면, 우리는 그에게 믿고 맡겨야 할 것이다.

2) 하나님의 전신 갑주

위에서 살펴본 고린도후서 10:4에 나오는 싸우는 무기 외에, 바울은 로마서 13:12에서 영적인 "갑옷"을 언급하는데, 아마도 로마서 6:13과 고린도후서 6:7에서도 그렇다(이 세 구절에서 사용된 헬라어는 또한 비군사적인 의미로도 사용될 수 있다). 그러나 바울은 데살로니가전서 5:6-8과 에베소서 6:10-20에서 군사적 이미지를 아주 자세하게 사용한다. 데살로니가전서 5:8과 에베소서 6:14-17에 나타난 목록들을 비교해 보면, 우리는 신자의 전신 갑주의 구성요소들이 서로 비슷하기 때문에 바꾸어 사용할 수 있다는 것을 알 수 있다. 즉 바울은 로마 군병의 장비와 관련하여 그 당시의 사람들에게 익숙하였던 목록들을 언급한다.

두 곳에서 발견되는 목록들을 살펴보면, 약간의 차이를 발견할 수 있는데, 바울이 이 목록들을 제시하는 것은 각각 목록들이 영적인 개념을 담고 있어서가 아니라, 우리가 영적으로 준비되고 갖추어야 하는 것을 단지 설명하기 위해서이다. 두 곳에서 발견되는 약간의 차이를 들여다보면, 에베소서에서는 구원으로 사용되고, 데살로니가전서에서는 구원의 소망이라고 언급 되는데, 이 두 경우 모두 투구가 사용된다. 그러나 바울은 데살로니가전서에서는 믿음과 사랑의 호심경, 에베소서에서는 의의 호심경과 믿음의 방패를 사용한다.

우리는 영적인 전쟁과 관련하여 바울이 사용한 이미지들은 구원 믿음, 사랑, 의, 그 외에 다른 것들과 관련되어 있음을 주목해야 한다. 때때로 몇몇 사람들이 영적인 전쟁과 관련되어 있는 "상징적인"요소들을 감지한다면(왕하 6:17에서처럼), 영적 전쟁과 관련하여 바울이 사용하는 이미지는 몇몇 사람들이 생각하는 것보다 더 실제적이고 실용적이게 될 것이다. 실제로 대부분의 이미지는 보호하는 전신 갑주와 관련되며, 우리가 하나님과 올바른 관계에 의해 보호받는다는 것을 암시하는 것이다.

또한 상징적인 요소와 관련하여 자주 지적되는 것들 중 하나는 하나님의 용사들은 로마의 군인들처럼 뒷부분이 아니라, 오직 앞부분에 보호를 가진다는 것이다. 방패를 버리고 도망하는 군인들이 있었다면, 분명히 추격하는 적들의 손쉬운 표적이 되었을 것이고, 반면에 나란히 정열하고 적진을 향해서 행진하는 로마의 군인들은 실제적으로 극복할 수 없는 무적자였을 것이다.[8]

군인들은 보통 때엔 무장을 위해 몇 개의 장비들을 착용하였지만, 일반적으로 전쟁 때엔 투구를 쓰고 호심경을 착용하였다. 그러나 여기서 설명된 무장은 영적인 전쟁터에서 영적인 군인이 어떻게 준비되어야 하는지 직접적으로 관련된다. 바울은 이러한 영적인 전쟁이라는 상황에서 신자가 준비되어야 하는 상황을 암시한다.

데살로니가전서 5:8의 무장에서 설명된 세 개의 미덕은 바울의 윤리에서 아주 익숙한 믿음, 소망, 사랑이다(고전 13:13; 갈 5:5-6; 골 1:4-5; 살전 1:3). 그러나 여기에서 우리는 에베소서 6:14-17에 나타난 더 많은 목록에 초점을 맞추려고 한다. "하나님의 전신 갑주"(엡 6:11, 13)라는 표

---

8 Dionysius of Halicarnassus *Ant. Rom.* 9.9.9; 9.20.4; Maximus of *Tyre Or.* 15.10. 후퇴와 도망은 아주 수치스러운 것으로 인식되었고(Polybius *Hist.* 6.37.12-13; Silius Italicus *Pun.* 10.7; Dio Chrisostom *Or.* 31.17), 아주 엄하게 처벌되었다(Polybius *Hist.* 6. 38. 1-4; Dionysius *Ant. Rom.* 6.9.4).

현은 단순히 "하나님으로부터 오는 전신 갑주" 또는 "신적인 전신 갑주"로 이해할 수 있을 것이다. 그러나 바울이 계속해서 설명하는 전신 갑주의 몇몇 장비들은 이사야 59:17에 나타난 하나님 자신의 전신 갑주 목록과 일치하기 때문에, 바울 역시 영적인 군인들은 신적으로 보호받는 대표자들로서 하나님 자신의 선교를 수행하고 있다는 것을 암시하는 것 같다.

바울의 상황에서 우리가 확실히 말할 수 있는 것은 우리는 감히 우리 자신의 힘으로가 아니라, 하나님을 의지하면서 전쟁을 한다는 것이다(엡 6:10). 서구의 신자들은 하나님을 제외하고 경제적인 자원들, 기술, 정보, 그리고 그 밖의 모든 것들을 의존하는 데 익숙하다. 그러나 하나님 나라가 전진하는 방법은 하나님께서 사역의 직접적인 인도자임을 인정하며, 오직 하나님만이 우리가 진정으로 신뢰할 수 있는 분임을 겸손히 인정하는 데에 있다.[9]

위에서 언급된 전신 갑주의 첫 번째 장비는 허리를 보호하는 "허리띠"이다(엡 6:14).[10] 이것은 로마 군인의 갑옷 아래 가죽 앞치마 또는 아래 복부를 보호하는 금속 띠를 연상시킨다. 하나님의 군사는 부분적으로 진리에 의해 보호된다. 여기서 진리는 전후 문맥상 정직을 포함할

---

9 Roland Allen은 다음과 같이 쓴다. "모든 종류의 체제, 형태, 보호수단으로 할 수 없는 것들을 성령께서는 할 수 있다. 우리가 성령을 믿을 때, 우리는 복음을 듣는 사람들이 예수 그리스도를 믿도록 가르칠 것이다. 또한 그들이 예수 그리스도를 믿을 때, 그들은 모든 어려움과 위험을 직면할 수 있을 것이다. 그 어려움과 위험은 우리의 믿음의 정당함을 증명할 것이다. 성령께서는 예수를 믿는 우리의 믿음의 정당함을 증명할 것이다. '이것이 세상, 그리고 우리 이 믿음조차 정복하는 승리이다'"(Missionary Methods, 150).

10 군인들의 의복에 관하여 다음의 글들을 보라. G. L. Thompson, "Roman Military," DNTB, 991-95 (허리띠에 관하여는 993); James S. Jeffers, The Greco-Roman World of the New Testament Era: Explaining the Background of Early Christianity (Downers Grove, Ill.: InterVarsity Press, 1999), 175. 이 부분에서 다루어지는 많은 자세한 사항들은 널리 알려진 에베소서 주석들에 기록되었다(예를 들어, Markus Barth, Ephesians: Introduction, Translation and Commentary, AB 34-34A [New York: Doubleday, 1974]; Andrew T. Lincoln, Ephesians, WBC 42 [Waco, Tex.: Word, 1990]).

수도 있다(엡 4:15, 25). 그러나 하나님의 요구들을 인식하고 그것에 합당하게 살고 있는 바울에게 있어서 "진리"는 세상적인 거짓에 반대된 것으로서 특별히 복음의 진리를 포함한다(엡 1:13; 4:21; 24-25; 5:9; 롬 1:18-19). 신자들은 일관되게 살아 계신 하나님과 동행하며 살아야 하며 말해야 한다.

그 다음 바울은 가슴을 보호하는 것으로서 일반적으로 금속과 가죽으로 만들어진 "호심경"을 언급한다(엡 6:14). 이사야 59:17에서는 하나님 자신이 "의를 호심경으로" 입으시는 모습이 나타난다. 그렇게 함으로써 하나님께서는 세상이 버렸던 정의와 공의를 제정할 수 있다(사 59:14-16). 하나님께서는 우리를 대리인으로서 부르시고 사명을 주셨는데, 그것은 하나님의 영광과 자신의 형상으로 만들어진 모든 사람들이 올바로 다루어지도록 정의와 공의를 행하는 것이다.

또한 바울의 일반적인 사용법을 감안하면(엡 4:24; 5:9), 이 "의"는 또한 하나님께서 그리스도 안에서 우리에게 주신 새로운 위치와 신분과 관련된다. 하나님 앞에서 의로운 상태와 마음을 가진 사람들은 세상에서 그분의 의의 진정한 대행자가 될 것이다.

군인들은 또한 신발 또는 반장화를 신는다(엡 6:15). 이것은 전쟁을 위해 필수적으로 준비되어야 한다. 그래야만 군인들은 무엇을 밟을지 신경 쓰지 않고 적을 대항하며 나아갈 수 있다.[11] 바울은 바로 이 이미지를 "평안의 복음"에 적용한다. 이 이미지는 전령이 하나님의 백성을 위해 구원과 회복의 복된 좋은 소식을 가져오는 것을 나타내는 이사야 52:7을 언급하는 것이다. 복음을 전하기 위한 만반의 준비 자세는

---

11 군인들의 신발에 대하여 다음의 책을 보라. R. J. Forbes, *Studies in Ancient Technology* (Leiden: E. J. Brill, 1957) 5:60; Alexandra T. Croom, *Roman Clothing and Fashion* (Charleston, S.C.: Tempus, 2000), 63.

하나님의 용사들이 앞으로 나아가기 위해 필수적이며, 우리가 아주 공격적인 무기를 준비하도록 만든다. 이 무기는 나중에 바울이 포함하는 것인데, 바로 복음 메시지이다(엡 6:17).

로마 군인들은 가죽으로 뒤덮인, 약 1m 20cm 정도 높이의 직사각형 방패들을 사용했다. 그러한 방패들은 불화살에는 취약할 수 있었기 때문에, 군인들은 그러한 불화살이 있을 법한 전쟁에 나가기 이전 방패들을 물에 적셨다. 군인들이 진형을 갖추어 함께 행진했을 때, 첫 번째 열에 있는 군인들은 방패를 바로 듦으로써 정면을 가렸고, 두 번째 열에 있는 군인들은 방패를 위로 높이 들어 첫 번째 열에 있는 군인들의 머리 위 부분부터 방어를 하였기 때문에 실제적으로 적들이 발사하는 그 어떤 것도 진형을 흩뜨리거나 제대로 공격할 수 없었다. 철저히 무장한 상태에서 화염에 타오르는 불화살과 상처들은 전혀 있을 수 없었다.

그래서 전혀 있어서는 안 되는 일이 일어났다는 것을 암시할 때, 헬라인들과 로마인들은 때때로 불과 상처라는 단어로 성적인 유혹을 설명하기도 했다. 또한 성경은 이미 악한 사람들로부터 오는 공격(중상모략을 포함)에 대한 비유로서 화살을 언급하기도 한다(시 11:2; 57:4; 58:6-7; 64:3; 120:2-4; 잠 25:18). 이처럼 로마 군인과 관련된 이미지를 사용하는 바울은 우리가 때때로 소홀히 여길 수 있는 그 무언가를 생각하였을 것이다. 아마 로마 군인들이 행진할 때 중요하게 여겼던 열, 그리고 서로를 보호하면서 반드시 함께 나아가야 했었던 상황들일 것이다.

바울에게 위협을 주었던 존재는 사람(로마 군대와 같은)이 아니라, "악한 존재"였다.[12] 그러나 비록 사단은 강하다 할지라도, 믿음의 방패는

---

12 어떤 사람은 내가 사용한 "악한 존재"를 일반적으로 "악한 자"로 이해할 수 있다(살후 3:2-3). 그러나 에베소서 전후 문맥에서 분명히 상대는 인간적인 존재(엡 6:12)가 아니라,

사단이 쏜 화살에 붙은 불을 끄기에 충분하다고 바울은 선언한다. 신자들은 사단의 공격들을 두려워해서는 안 되며, 믿음 안에서 굳세게 서야 한다.

오늘날 우리가 "믿음"에 대해 생각할 때, 과거 2세기동안 지배해 온 철학적 흐름 때문인지, 자주 우리는 주관적인 느낌 또는 모든 의심을 없애는 "정신적인 능력" 정도로만 생각하는 습관이 있다. 사실 이 두 모습은 신자의 노력에 초점을 두는 것들이다. 그러나 예수의 가르침에서도 정확하게 지적되듯이, 문제는 사람이 얼마나 많은 믿음을 가지는 것(겨자씨 정도의 크기라면 충분하다)이 아니라, 사람이 누구를 믿느냐에 있다.

바울서신들에서 예수와 하나님 아버지는 믿음의 합당한 대상들이다. 사람들이 믿음에 관하여 일반적으로 이해하는 것처럼, 믿음은 어두움으로 정처 없이 뛰어가는 것이 아니다. 믿음은 하나님의 실재의 빛으로 향하는 신중한 걸음이다. 믿음에 의해 제공되는 보호는 우리가 소유한 믿음 그 자체를 신뢰할 때 오는 것이 아니라, 우리가 오직 하나님을 신뢰할 때 온다. 바로 그 하나님만이 우리를 보호할 수 있고, 우리가 신뢰할 수 있는 유일한 분이심을 신뢰할 때 온다.

로마 군인들은 전쟁을 위해 청동으로(또는 철로) 만들어진 투구를 썼는데, 이것은 양 볼을 덮을 정도의 긴 조각을 가지고 있었다(엡 6:17). "구원의 투구"라는 특정한 구절은 에베소서 6:14에서처럼 이사야 59:17을 반영한다. 이사야 59:17의 전후 문맥에서 이 투구는 악한 자로부터 압제받는 자를 구원하기 위해 행동하시는 하나님을 나타낸다(사 59:15-16).

그러나 이사야의 더 큰 흐름에서 구원의 주제를 살펴보면 바로 하나님인데, 자신의 백성과 열방 중에서 자신에게 돌아오는 모든 사람을 구원하시는 분으로 묘사된다(사 46:13; 49:6; 51:5-8). 구원의 메시지와 하

마귀(엡 6:11)이다.

나님의 통치는 또한 "평화의 좋은 소식"이라고 불린다(사 52:7; 엡 6:15). 그 전후 문맥은 우리가 하나님의 구원의 메시지를 가져오는 데 참여한다는 것을 시사하며, 또한 데살로니가전서 5:8에서 바울의 언급을 감안했을 때, 그 구원의 메시지를 전하는 우리는 하나님의 구원에 의해 보호받는다.

더욱더 주목할 수 있는 것은 바울이 전신 갑주의 목록에서 군인의 장비들 중 유일한 공격 무기에 대해 언급할 때 정점에 이른다는 것이다(엡 6:17). 바울이 여기서 오직 하나의 공격 무기만을 언급하는 것은 로마 군인이 오직 하나의 무기만 지녔기 때문이 아니다. 사실 그들은 여러 종류의 창, 칼, 단검 등등 많은 무기를 지녔었다. 그러나 신자들은 오직 하나의 무기, 즉 하나님의 말씀을 가진다. 바울이 여러 무기들 중 하나님의 말씀을 가리키기 위해 창보다도 검의 이미지를 선택하는 것은 매우 논리적이다.

전진하는 군대의 맨 앞 열은 상대 공격자들을 놀라게 하고 상당히 가까운 거리에서 바로 찌를 수 있는 무거운 창을 가지고 있었다. 그러나 일단 전투가 잇따라 계속되면, 무거운 창들은 검보다도 덜 실용적이었다(여기에서 검은 길이가 약 50~60cm 정도의 양날 검[글라디우스, gladius]이었다). 상대방에게 접근한 상태로 싸우는 육박전을 상상하며 바울은 영적 전쟁 역시 멀리서가 아니라 아주 가까운 거리에서 이루어지는 싸움으로 생각한다.

바울이 언급하는 모든 장비들은 우리를 보호하는 것들인 것에 반하여, 바울은 신자들에게 유일한 공격 무기는 "성령의 검 곧 하나님의 말씀"이라고 선언한다. 여기서 하나님의 말씀은 성경을 포함한다(예수는 사단이 유혹하였을 때 성경을 아주 적절하게 사용하였다). 바울은 보통 복음을 가리키기 위해서도 "하나님의 말씀"이라는 구절을 사용한다(롬 10:8, 17

에서도 동일한 용어가 사용됨; 엡 1:13에서 동일한 개념이 사용됨). 그런 의미에서 사단이 차지한 땅을 되찾기 위해 우리가 사용할 수 있는, 유일한 공격 무기는 복음, 즉 복음전도이다.

너무 자주 교회는 과거에 일어났던 부흥의 시대에 맺었던 열매만을 의지하며, 세상이 교회를 에워싸고 성장하지 못하도록 억누를 때, 그것에 대해 단순히 방어 전쟁을 하기에 급급하다. 세상의 영향력을 바꾸도록 하기 위해 하나님께서 우리에게 제공하신 가장 최고의 전략적인 수단은 복음전도를 통하여 우리가 평안과 구원의 복된 소식을 세상에 가져가는 것이다. 복음전도는 사단의 소유물들을 회수하는 영적 전쟁의 중요한 요소이다. 복음전도 없이, 영적 전쟁은 불완전할 수밖에 없다. 복음을 전하는 우리는 진리와 의, 그리고 구원에 의해 안전하게 된다는 것 또한 잊지 말아야 한다.

성령의 검을 지니고 있는 평안의 사신들은 항상 잘 환영받지 못할 것이다. 고대 사람들은 소식을 알리는 사신들이 외교 특권을 부여받았다고 이해했고, 그 임무를 수행하는 사신을 학대하는 것은 곧 그 사신을 보낸 왕을 대항하는 전쟁을 의미하는 행동이었다.

그러나 바울은 "쇠사슬에 매인 사신"(엡 6:20)으로 자신을 묘사한다. 로마의 지상 제국은 하나님의 더 위대한 왕국에 복종하려고 하지 않았다. 그러나 현재 로마를 포함하여 과거 지상의 제국들은 땅속에 묻혀 있고, 하나님의 나라는 약속된 것처럼 모든 사람들에게 확장되고 있다. 예수는 다시 돌아올 것이고, 하나님의 나라는 더욱더 널리 확장될 것이다. 그렇게 되기까지, 하나님 나라는 정복을 통해서가 아니라, 바울의 경우에서처럼, 복음을 선포하는 하나님 나라 백성들의 고통을 통하여 계속해서 퍼질 것이다.

3) 에베소서에 나타난 영적 세력들

에베소 지역에 있는 많은 신자들은 마술과 영적인 능력에 익숙한 배경에서 개종하였다(행 19:18-20). 그래서 바울은 에베소 지역 내에 있거나 주변에 있는 신자들의 정체성을 상기시키곤 하는데, 그들은 하늘의 영역에 있는 모든 통치와 권세들보다 뛰어난 그리스도와 함께 높여진 존재라는 것이다(엡 1:20-22; 2:6). 여기서 하늘의 영역에 있는 모든 통치와 권세들은 에베소서 6:12에 나타나는 것처럼, 영적 군사들이 맞서 싸워야 하는 영적인 세력들이다.

초기 유대 문헌들은 이와 같은 명칭들을 지상의 통치자들(여기에서 다룰 요점이 아니다)뿐만 아니라, 그들 뒤에 존재하는 영적인 세력들과 각 나라들과 관련된 천사들을 나타내기 위해서 사용했다.[13] 이 하늘의 세력들은 아마도 신명기 32:8에 어렴풋이, 다니엘 10장에서는 가장 확실하고 중요하게 나타난다.[14] 여기서 "바사 군주"와 "헬라 군주"가 하나님의 사자를 지체시켰다. 그래서 이스라엘의 군주인 미가엘이 그 하나님의 사자를 도와 그 군주들로부터 구했다(단 10:13, 20-21). 다니엘서에 등장하는 이 군주들은 그들이 다스리는 정치적 존재들과 분명히 관련되지만, 그 정치적 존재들과 동일하지 않다. 즉 뒤에 있는 영적인 세력들이었다.

초자연적인 것에 대해 해박한 사람들에게, 예수의 이름이 모든 이름보다 뛰어나다는 사실을 아는 것은 매우 중요히었다(엡 1:21). 이 선언은 특히 에베소 지역에서 중요했다. 그곳은 마술을 행하여 이익을 얻었던 사람들이 예수의 이름은 오직 예수에 의해 위임된 사람들을 위해

---

13 *Jub.* 15:30-32; *1 En.* 89:59-90:19; 이후에 *1 En.* 40:9; 61:10.
14 Tremper Longman, *Daniel*, NIVAC (Grand Rapids: Zondervan, 1999), 250-51.

서만 역사한다는 것을 알았을 때, 자신들의 마술을 버리게 된 사건이 있었던 곳이다(행 19:13-16). 시편 110:1을 반영하면서, 바울은 그리스도가 이 적대적인 세력들보다 뛰어나기 때문에 왕위에 즉위되었다는 것(엡 1:20-21)과 신자들은 그리스도와 함께 높여졌다는 것(엡 2:6)을 선언한다. 참으로 우리가 그리스도의 몸을 구성하는 존재들이고, 그 적대적인 세력들은 그리스도의 발아래 있기 때문에, 그 세력들은 우리의 발아래 있는 것이다(엡 1:22-23).

바울의 요점은 신자들이 영적인 세력들에 순종하도록 통치자들에게 명령하거나 또한 나라들의 운명을 좌지우지하면서 돌아다닐 수 있다는 것이 아니다. 이 세력들을 다루는 성경적인 예는 그 세력들에게 직접 명령하는 것에 있지 않고, 하나님께 끊임없이 드리는 인내심 있는 기도와 관련된다(단 10:12-13). 오히려 그 세력들은 우리를 지배하지 못한다는 것을 의미한다. 에베소 지역에는 운명을 맡은 여신들이 하늘의 별들을 통하여 사람들을 지배하면서 그들의 미래를 관리한다고 널리 알려졌었다.

오직 지위가 높은 일부 신들만이 사람들을 이 여신들로부터 자유롭게 할 수 있었다(이 사상과 관련하여 현존하는 대부분의 예들은 바울 이후에 등장하는 자료들에서 발견된다). 그러나 바울은 신자들이 이러한 영적인 세력들의 지배를 받지 않은 뛰어난 존재들이라고 믿었다. 또한 바울이 각 나라의 구분을 상징했던 각 천사를 능가하는 그리스도를 소개하면서, 유대인 신자들과 이방인 신자들의 연합을 강조한다는 것은 참으로 중요한 부분이다(엡 2:11-22). 왜냐하면 그 당시 사람들은 자신의 나라들과 관련된 각 천사들이 있다고 믿고 있었기 때문이다.

4) 에베소서 안에 나타난 영적 전쟁

영적 세력들보다 더 뛰어남을 설명하는 바울의 의도는 그의 계속된 설명에 의해서 더 명확해진다. 그리스도와 함께 지금 높여진 신자들은 이전에는 이 세상의 가치들을 귀히 여기며 살았고, 허물과 죄로 죽었던 존재들이었다(엡 2:1-2). 이 세상은 공중 권세를 잡은 자에 의해 통치되며, 공중 권세 잡은 자는 에베소서 1:20-22에서 언급된 하늘의 영역에 있는 적대적인 지배자들의 왕이다. 이 통치자는 불순종한 자들 중에서 활동한다(엡 2:2).

바울의 동시대의 사람들 중 일부는 세상에서 활동하는 사단을 인정했지만, 다르게 설명하였다. 예를 들어, 사해사본을 썼던 분파는 인간의 모든 활동을 진리의 영(하나님의 영) 아니면 거짓의 영 둘 중 하나에 의해 결정된 것으로서 보았다. 마술과 귀신에 대한 생각들이 널리 퍼졌을 때, 일부 유대인들은 일천 귀신을 만지지 않고서 손을 내밀 수 없다고 믿었다. 즉 그만큼 귀신들의 숫자가 엄청나다고 그들은 믿었다.[15] 그러나 바울의 접근은 훨씬 더 진실하며 과장되지 않는다. 사단은 모든 죄, 즉 죄악의 모습, 생각, 그리고 유혹들을 널리 퍼뜨리면서, 우리 육체의 욕심과 세상의 풍조를 통하여 역사한다고 바울은 주장한다(엡 2:2-3).

예를 들어, 소비자 욕구를 중요시 여기는 서구 문화에서 사단은 전략적으로 오락 산업을 통하여 자신의 영향력을 확장할 수 있다(우리가 영원한 운명을 걸고 싸우고 있다는 현실을 자각하지 못하는 많은 신자들은 성경을 읽는 것보다 텔레비전을 보는 데 더 많은 시간을 보낸다). 사단은 또한 신자들이 복음을 전하기 위해 노력할 때, 지성적으로 합리화된 반응들을 조장하

15　1 QS 3.19-21; *Test. Benj.* 6:1; *Num. Rab.* 11:5.

면서, 철학과 여론을 점점 더 잠식해간다(고후 10:3-5).

바울의 요점은 예수가 신자들을 사단의 손아귀와 세상적인 삶의 방식에서 자유롭게 하였다는 것이다. 유명한 관용구를 빌리자면, 신자들은 "악마가 시켜서 했어요!"라고 더 이상 말할 수 없다. 우리가 기억해야 하는 영적 전쟁의 중요한 요소는 하나님께서 그리스도 안에서 우리를 위해서 이미 행하신 것을 인식해야 한다는 것이다. 이 영적 세력들보다 높아진 우리는 더 이상 그 세력들을 두려워하거나, 각각의 문화에 끼치는 그 세력들의 영향력에 복종할 필요가 없다.

서구 기독교인들은 물질 만능주의, 편안함에 대한 욕망, 하나님과 초자연적인 것에 대한 회의론, 오로시 자연적인 해결에만 의존, 그리고 문화에 스며든 악한 많은 것들과 함께 혼합주의를 신봉할 필요가 없다. 일부 다른 문화에 속한 신자들 역시 조상들에 대한 믿음과 영들에 대한 두려움으로 동요될 필요가 없다. 신자들은 하나님 나라보다도 문화에 깊이 스며든 비성경적인 가치들을 받아들이고 있는데, 어쩌면 그리스도의 승리를 인식하지 못해서든지 또는 이러한 영적인 상황의 심각성을 깨닫지 못해서일 것이다. 어쨌든 그 신자들은 지금 영적 전쟁에서 실패하고 있는 것이다.

에베소서 4:27에서 바울은 신자들이 마귀에 굴복하지 않도록 즉 마귀에게 어떠한 기회를 제공하지 않도록 경고한다. 전후 문맥적인 상황은 아마도 바울이 의도하는 굴복이 무엇을 의미하는지 설명하고 있다. 에베소 교인들은 거짓, 분, 그리고 도둑질과 더러운 말을 버리고, 참된 것을 말하고, 가난한 자에게 구제하며, 덕을 세우는 말을 하고, 그리스도가 보여 주신 것처럼 용서하고 사랑해야 한다(엡 4:25-5:2).[16] 다시 말

---

16 Clinton E. Arnold, *Ephesians: Power and Magic. The Concept of Power in Ephesians in Light of its Historical Setting*, SNTSMS 63 (Cambridge: Cambridge University Press, 1989), 65,

해, 신자들은 하나님의 백성으로서 신자다운 관계들을 유지하고 그리스도의 몸의 연합을 위해 힘쓰는 것이 마귀에게 굴복하지 않는 것이다(엡 4:1-6, 13, 16; 5:21). 비슷하게 야고보는 탐욕과 복수와 같은 세상적인 가치를 버리고(약 3:15-4:4) 마귀를 대적하라(약 4:7)고 말한다. 베드로전서 5:8-9의 전후 문맥과 관련해서 비슷한 구절이 나타나는데, 여기에서도 믿음을 굳건하게 하고 박해를 이겨내면서 마귀를 대적하도록 한다.

하나님의 전신 갑주를 언급한 다음, 바울은 하나님의 사신으로서 감당하고 있는 자신의 선교사역을 포함하면서, 하나님을 위해 따로 구별된 모든 사람들을 위해 성령의 영감을 받은 기도를 한다(엡 6:18-20). 아마 바울은 계속해서 어떻게 로마 군인들이 서로를 보호하는지에 대해 생각하였을 것이다(비록 그는 더 이상 전신 갑주의 장비들을 열거하고 있지 않지만). 그 군인 이미지가 보이든지 안 보이든지, 신자들의 연합은 이 서신에서 상당히 강조되고 있는 중요한 문제이다(엡 4:1-6). 바울이 했던 것처럼, 하나님 나라의 맨 앞 열에서 사역하는 사람들뿐만 아니라 서로를 보호하는 기도는 영적 전쟁의 부분임을 명심해야 한다.

위에서 언급된 것처럼, 더 일반적으로 그리스도의 종들 사이에서 발생하는 나쁜 관계들은 마귀에게 굴복하는 것이다(엡 4:27). 그 밖의 바울 서신들에서 나타나듯이, 용서하지 않은 것 역시 마귀의 계책에 굴복하는 것이다(고후 2:11). 다른 문맥적인 정황에서도 용서는 기도와 밀접하게 연관된다(마 6:12-15; 막 11:25).

신자들은 내적으로 여전히 보복하고자 하는 마음을 가지면서 하나님을 의지한다고 주장할 수 없다. 영적인 전쟁은 다른 사람들과 관계의 실제적인 면들을 포함한다. 만일 선교 팀 안에서 멤버들 사이에 불

118.

화가 있고 서로 좋은 관계로 지내지 않는다면, 그들은 선교사역에서 하나님의 축복을 손상하고 있는 것이다.

또한 나는 영적 전쟁이 아닌 것에 대해서 명백히 하려고 한다. 나는 어떤 "기도 모임"에 참석했다. 그 모임에서는 하나님께 기도하지 않고, 나를 데려갔던 친한 친구를 포함하여 많은 사람들은 사단을 직접 꾸짖고 영적인 세력들을 쫓아내는 데 모든 시간을 보냈다. 고대에서 많은 유대인들은 마귀를 저주했다. 그러나 그 당시에도 몇몇 다른 사람들은 이 접근은 어리석은 것이라고 인식했었다. 성경은 마귀를 조롱한다거나, 마귀와 임무를 지닌 영적인 존재들을 가볍게 취급하는 것은 잘못이라고 말한다(벧후 2:10-11; 유 8-9). 세다가 그렇게 하늘의 세력들에게 직접 말하는 것에 대하여 명확히 보여 주는 성경적인 전례들이 사실상 부족하다.

성경에서 귀신들을 꾸짖고 쫓아내는 경우, 순순히 말을 들었던 귀신들은 땅에서 활동하는 존재들이었다. 다니엘 10장에서 하늘의 군주의 경우에 있어서도, 다니엘은 땅의 세력들을 다스려 주시도록 하나님께 기도했다. 우리 역시 그리스도께서 승리하셨기 때문에 사단은 하늘에서 행했던 역할을 더 이상 하지 못하고 강제 추방되었다는 사실을 인식해야 한다(요 12:31-33; 16:11; 계 12:5-10). 우리들은 이제 본질적으로 지상에서 악을 발견하고 영적 전쟁을 하는 존재들이라는 사실 또한 명심해야 한다. 중요한 것은 그러한 영적인 전쟁은 우리 스스로 하는 것이 아니라, 공중 엄호를 하고 계시는 하나님을 신뢰하면서 한다는 것이다.

신자들은 기도하고 있는 지역과 관련된 영적인 문제들에 대해서 알아야 하며, 또한 영적인 것과 무관한, 아주 메마른 지적인 기도를 하는 데 머물러서는 안 되는 것도 사실이다. 그런 의미에서 『세계 기도 정보』(Operation World)와 같은 기도 안내 책자는 각 나라의 기도 정보를 알려주는 아주 귀중한 도구일 것이다. 실제로 그곳의 사역자들을 위해 간구하는 사람들은 자주 사역자들로 나가기도 할 것이다(마 9:37-10:1, 10).[17] 그렇다고 하나님께 말해야 하는 기도 시간을 듣지도 않은 영적인 세력들에게 직접 말하는 데 사용하는 것에 대해 어떠한 정당성을 부여하지 않는다. 사실 특별한 선지자적인 영감의 경우를 제외하고, 신자들은 그러한 모습으로 영적 세력들을 대항하도록 신적인 권한을 부여받지 않았다.

2. 사도행전에 나타난 바울과 영적 세력의 충돌

사도행전에 나타난 바울의 사역을 살펴보면, 전쟁의 이미지는 덜 명확하지만(헬라 저자들은 자주 사용하였고, 바울의 말을 들었던 사람들은 잘 알고 있었을 것이다), 영적인 충돌 그 자체는 꽤 분명하다. 바울서신들은 바울 자신이 신자들의 공동체에 서신을 쓸 수밖에 없는 상황들을 보여 주는 반면, 사도행전은 복음서에 나타난 것처럼, 바울이 영적 세력을 만났다는 것을 보여 준다.[18]

누가에 의해 기록된 성경(누가복음과 사도행전) 안에서 영적 세력과의 만남은 바울이 등장하기 이전에 나타난다. 누가는 귀신들에 의해 고통

---

17 Patrick Johnstone and Jason Mandryk, *Operation World: 21ST Century Edition* (Waynesboro, Ga.: Paternoster, 2001).

18 영적 세력과의 충돌에 관하여 다음의 책을 보라. Craig S. Keener, *Miracles: The Credibility of the New Testament Accounts*, 2 vols. (Grand Rapids: Baker Academic, 2011), 843-52. Roland Allen은 다음과 같이 쓴다. "이적들은 새로운 종교의 특징을 보여 주는 것으로서, 설교의 연장선상에서의 행동이다. 이적들은 두 개의 근본적인 교리들, 즉 죄의 속박과 마귀의 세력으로부터 벗어나도록 한 하나님의 자비와 구원의 교리들을 설명한다"(*Missionary Methods*, 45).

당하고 지배당하는 사람들을 구원하는 예수를 더 일찍 설명한다. 누가는 또한 예루살렘에 있는 사도들 역시 비슷한 사역을 행하였음을 보고하며, 사마리아 마술사 시몬과의 만남도 자세히 설명한다(눅 4:33-36, 41; 6:18; 7:21; 8:2, 27-39; 9:1, 39-42; 10:17; 11:14; 13:11-13; 행 5:16; 8:7-11, 18-24).

지금 누가는 적어도 바울이 직면했던 세 번의 주요한 사건에 대해서 보고한다.

첫째, 바울이 안디옥 교회로부터 바나바와 함께 파송되었는데, 바로 그 선교 초기에 유대인 마술사 엘루마 바예수를 만난 사건이다. 유대인 마술사들(행 8:9-11; 13:6, 8; 19:13-14)을 주목하는 바울은 예수를 선포한 사람들이 유대인들보다 더욱더 유일신론을 선포한 사람들임을 자주 강조한다(행 17:29-30; 19:26). 하나님의 영에 감동된 바울은 마술사에게 일시적으로 육적인 눈이 멀도록 하면서 심판을 선언하였다. 육적인 눈이 멀게 된 것은 곧 그 마술사의 영적인 상태를 나타낸다.

빌립보에서 바울의 사역은 더욱더 선교에 뛰어들게 만드는 또 다른 걸음이었고, 다시 많은 반대들을 만난다. 그는 드로아에서 빌립보를 향하여 나아갔는데, 드로아는 헬라인들이 아시아라고 부르는 곳과 유럽이라고 부르는 곳 사이에 있는 전통적인 경계선으로 인식되었다. 드로아는 또한 고대에서 가장 유명한 헬라인과 마게도냐 사람의 아시아 침략 즉 트로이 전쟁(Trojan War)과 알렉산더 대제의 페르시아 침입의 장소였다.

그러나 바울이라는 한 사람을 통한 사역은 아시아에서 유럽에 이르기까지 그리고 궁극적으로 로마 제국의 중심부에 평화의 메시지를 가져왔다.[19] 바울이 처음 방문했던 것은 로마 식민지에 속해 있었던 빌립

---

19 다음의 책을 보라. Craig S. Keener, "Between Asia and Europe: Postcolonial Mission in Acts 16:8-10," *Asian Journal of Pentecostal Studies* 11, no. 1-2 (2008): 3-15. 내가 저술한

보였고, 거기서부터 그가 마게도냐를 떠날 때까지 그는 심각한 반대에 부딪힌다.

둘째, 빌립보에서 바울은 이중으로 이용당했던 한 여종을 만난다. 그 여종은 "점치는 귀신"(spirit of a pythoness)이 들렸으며, 그 여종의 주인은 그녀를 이용하여 이익을 얻었다(행 16:16, 19). 문자적으로 "점"(pythoness)은 델포이(Delphi)에 있는 가장 유명한 헬라 신전이었던 아폴로 신전의 여사제를 의미했는데, 그 여사제는 앞일을 알아맞히는 귀신에 사로잡혀 있었다.[20]

그 여종은 바울과 그의 일행이 구원의 길을 선포하고 있으며, 지극히 높으신 하나님(이스라엘의 하나님을 가리키는 일반적인 칭호)의 종이라고 알렸다. 마치 예수가 자신이 누구인지 떠들어대는 귀신들을 조용히 하도록 명령하였던 것처럼(눅 4:34-35), 바울도 며칠이 지난 후 조용히 하도록 명령하였다. 아마 바울은 귀신을 쫓아냈을 때 발생할 수 있는 어려움들 때문에 며칠을 가만히 참고 기다렸을 것이다.

어쨌든 바울은 그 귀신이 나오도록 명령한다. 이것은 지금까지 착취당한 젊은 여인의 삶이 자유롭게 되는 것을 의미하였다. 반대로 그 여종의 주인은 지금까지 챙겨온 이익이 없어졌기 때문에, 바울과 실라를 도시 당국에 고발하여 끌고 갔다. 우리는 선교사들의 직접적인 박해는 귀신들로부터가 아니라, 사람들의 탐욕에서 온다는 것을 주목해야 한다. 선교의 성공이 이미 축적되어 있었던 경제적인 이익을 무너뜨릴 때 엄청난 일이 발생한다. 이 여종을 구원했기 때문이든, 이후에 아데미 신상 모형을 주조한 사람들의 경제적인 이익에 도전했기 때문이든

책에서 아주 자세하게 사도행전에 나타난 이 모든 단락들을 다룬다(*Acts: An Exegetical Commentary*, 4 vols. [Grand Rapids: Baker Academic, 2012]).

20　Apollodorus *Bib.* 1.4.1; Lucan *C.W.* 5.86-101.

(행 19:25-28), 그 지역에서 심각한 반대가 있었다. 다양한 환경에서 영적인 세력과 대결은 필수적이다.

그러나 그러한 대결에서 얻는 승리가 항상 신자들의 삶을 평탄하게 한다고 생각해서는 안 된다. 귀신들과의 대결에서 얻는 승리는 신자들이 직면해야 하는 고난과 어려움들을 경감시키지 않는다. 신약성경의 다른 부분들에서는 전쟁이라는 언어를 박해와 다른 고난과 관련시켜 설명한다(계 11:7; 12:11; 13:7). 그러나 다양한 시험들이 어떻게 다가오든 신자들에게 그것들을 "이기도록" 권면된다(계 2:7, 11, 17, 26; 3:5, 12, 21; 12:11; 15:2; 21:7). 여기서 "이기다"라는 단어는 전쟁이나 충돌의 상황에서 자주 사용된다.[21]

셋째, 사도행전에 나타난 바울의 가장 두드러진 대중적인 사역은 에베소에서 일어나는데, 이것은 훨씬 덜 대중적인 사역을 수년 동안 경험한 이후이다. 거기에서 바울은 약 2년 동안 승인된 교사로서의 역할을 맡아 기독교 메시지를 전한다(행 19:9, 많은 사람들은 바울을 철학자로서 생각했을 것이다). 그러나 그러는 동안 많은 귀신을 쫓아내는 것을 포함하여 기적들이 또한 일어나고 있었다. 심지어 기적들은 간접적으로도 일어났다(행 19:12-13). 바울의 성공적인 사역을 보고 그를 모방하려고 하는 사람들도 생겨났다. 일부 불신자들 중에서 귀신을 쫓아내는 것으로 유명한 사람들(고대에서 귀신을 쫓아내는 것은 자주 마술로도 이해되었다)은 바울이 선포한 예수의 이름을 사용하려고 하였다(행 19:13-14). 그 당시 사람들은 영들을 달래어 떠나가도록 하기 위해 다양한 주문들과 악취나는 물질들을 사용하였다. 다른 방법으로는 더 강력한 영들을 불러내어 덜

---

21 다음의 책은 이 논의와 관련해서 통찰력들을 제공할 것이다. Richard J. Bauckham, *The Climax of Prophecy: Studies on the Book of Revolution* (Edinburgh: T & T Clark, 1993), 216-18.

강한 영들을 쫓아내는 것이었다.

그러나 마술을 사용하여 귀신을 쫓아내는 사람들은 예수의 이름이 단순히 이용할 수 있는 마법의 관용표현이 아님을 발견한다. 그 이름은 위임받은 사람들만이 사용할 수 있는 것이었다(행 19:15-16). 사도행전 16:17에 나타난 영처럼, 이 귀신은 하나님의 종들이 누구인지 인식하였다(행 19:15). 예수와 그를 따르는 사람들은 하나님의 손을 힘입어 귀신들을 쫓아낼 수 있었던 반면, 일부 다른 사람들은 비록 귀신을 쫓아냈지만, 그들이 하는 것만큼 하지 못했기 때문에 선한 일을 많이 성취하지 못했을 것이다(눅 11:19-20).

예수의 진정한 종들을 보며 동시에 귀신을 대항해서 실효를 거두지 못한 마술을 행하는 사람들을 본 이후에, 여전히 마술의 세계관에서 헤어 나오지 못했던 에베소의 많은 신자들은 공개적으로 자신들의 마술을 버렸다. 자신들이 행한 일을 고백함으로써(행 19:18), 그들은 그 모든 행위를 버렸다(참으로 그들은 이렇게 고백함으로써 마술의 신비한 효험이 없어지는 것으로 믿었을 것이다). 책들을 불태운 것 또한 공적으로 그 책의 내용들을 거부한다는 것을 표현하기 위한 관습적인 방법이었다(행 19:19).

3. 바울과 영적인 세력과의 만남을 보면서 오늘날 선교 사역을 위해 적용할 수 있는 것들

오늘날 많은 문화에 있는 신자들은 에베소 지역의 "믿는 사람들"이 보였던 모습과 비슷한 상황들을 만나게 된다. 그 사람들은 하나님의 뛰어나신 능력을 보고 자신들이 행하여 온 일들을 공개적으로 거절하였다(행 19:18). 세계의 어떤 지역에서는 신자들이 계속해서 무당들과 토속종교의 마술사들을 찾아간다. 왜냐하면 그 신자들은 하나님을 믿는 믿음을 가지고 있지만, 그 믿음으로 많은 문제들을 극복할 수 없다고 생각하기 때문이다.

그러나 또 다른 곳에서는 성경을 읽는 신자들이지만, 하나님의 능력은 우상들의 능력보다 더 강력하다는 것만을 인식하고, 때때로 이상한 결과들을 야기할 다양한 요구들을 놓고 하나님께 기도한다. 때때로 과거에 선교사들은 그러한 이해들을 반대했었다. 왜냐하면 서구의 관점을 가진 그들은 그렇게 기도해서는 안 된다는 것을 보여 주는 성경의 예들을 알고 있었기 때문이다.

다른 경우, 선교사들은 지역 교회들과 상호 작용을 하면서 자신들의 시각을 재조정하기도 한다.[22] 오늘날 선교는 가르치는 역할과 배우는 역할과 관련하여, 지역 교회 신자들과의 협력을 자주 가진다. 비록 수 세기동안 서구가 선교를 지배했다고 할지라도, 다양한 문화권에서 파송 받은 오늘날 기독교 선교사들은 서구를 향한 바울의 아시아 선교를 상기시키면서, 서로에게서 통찰력들을 배워야 한다.

영적 세력과의 만남은 아일랜드에 있는 패트릭(Patrick)이나, 스코틀랜드에 있는 콜룸바(Columba)나 독일에 있는 보니파시오(Boniface)를 포함하여, 계속해서 일어나는 선교역사에서 보고된다. 영적 세력과의 만남은 오늘날 새로운 복음전도의 분위기에서 또한 자주 보고된다.[23] 세

---

[22] Roland Allen은 비록 사도행전에 언급된 유형의 기적들은 아니라고 할지라도, 성령께서 자신의 날에 복음의 진보가 사실임을 입증하며 또한 그것이 가능하도록 힘을 주시기를 기대한다. 그는 다음과 같이 쓴다. "만약 우리가 성령을 드러내는 능력을 사용하기만 한다면, 기독교의 특징인 구원과 사랑이 무엇인지 행동으로 설명하기에 충분한 능력이 우리에게 나타날 것이다. 어느 날 우리는 아마도 이적들을 통해 초대 교회의 믿음을 회복하게 될 것이다. 그렇다고, 우리는 이적들의 부재가 1세기와 오늘날 사이에 통행할 수 없는 차이를 만드는 것이며, 우리의 선교사역에 적용할 수 없는 사도적인 방법을 만드는 것이라고 말할 수 없다. 그렇게 말하는 것은 가당치 않다"(*Missionary Methods*, 48).

[23] Boniface의 대결에 관하여 다음의 책을 보라. Stenphen Neill, *A History of Christian Mis-*

계의 많은 부분에서 신자들은 서구에서보다도 이 격렬한 영적 전쟁을 더 잘 알고 있다.[24] 예를 들어, 20세기 초기 중국 교회 지도자 워치만 니(Watchman Nee)는 특히 신학적으로 분석적인 일부 서구 비평가들에 도전하면서, 그들의 신학적인 논쟁은 "만일 꼭 해야 할 때, 당신이 귀신을 쫓아낼 수 없다면" 아주 적은 유익을 줄 것이라고 말한다.[25]

과연 그가 지적하고 있는 것처럼, 초인간적인 악한 존재의 실체를 인정하는 사람들은 두려운 생각 안에서 더 빠져들기 쉽고, 때때로 실제로 존재하지도 않은 곳에서도 그러한 활동을 상상할지도 모른다. 많은 집단들 역시 다른 신학적인 전통 때문에 그러한 영들에 대한 특정한 견해들에 둔감하다.

그럼에도 불구하고, 영적인 활동과 관련하여 많은 경우들은 서구인들이 좋아하는 순수하게 물질적인 용어들로 설명될 수 없다.[26] 이것들 중 많은 것들이 오늘날 학계 안에 그러한 신념을 반대하는 선입관에도 불구하고 일부 학문적인 문헌에서 기록되었다.[27] 예를 들어, 잘 알려진

---

sions (Harmondsworth, U.K.: Penguin, 1964), 75; Kenneth Scott Latourette, *A History of Christianity* (San Francisco: HarperSanFrancisco, 1975), 1:348.

24 다음의 글들을 보라. R. E. K. Mchami, "Demon Possession and Exorcism in Mark 1:21–28," *Africa Theological Journal* 24, no. 1 (2001): 17–37 (esp. 17); Felix Augustine Mensah, "The Spiritual Basis of Health and Illness in Africa," in *Health Knowledge and Belief Systems in Africa*, ed. Toyin Falola and Matthew K. Heaton (Durham, N.C.: Carolina Academic Press, 2008), 171–80 (esp. 176); John S. Mbiti, *African Religions and Philosophies* (Garden City, N.Y.: Doubleday, 1970), 253–56.

25 Angus Kinnear, *Against the Tide: The Story of Watchman Nee* (Wheaton, Ill.: Tyndale House, 1978), 152.

26 다음의 글을 보라. Paul G. Hiebert, "The Flaw of the Excluded Middle," *Missiology* 10, no. 1 (1982): 35–47 (esp. 43).

27 Craig S. Keener, *Miracles*, 788–856; idem, "Spirit Possession as a Cross-Cultural Experience," *Bulletin for Biblical Research* 20 (2010): 215–36; Paul Rhodes Eddy and Gregory A. Boyd, *The Jesus Legend: A Case for the Historical Reliability of the Synoptic Jesus Tradition* (Grand Rapids: Baker Academic, 2007), 67–69; Stafford Betty, "The Growing Evidence for 'Demonic Possession': What Should Psychiatry's Response Be?" *JRelHealth* 44, no. 1

신약성경 학자 데이비드 인스톤-브류어(David Instone-Brewer)는 어떤 영에 사로잡힌 사람이 자신의 생각들을 정확하게 알고 있었다는 것을 보고한다.28

나는 또한 개인적으로 인간 영역 이상에 있는 영적 존재들의 실체들을 목격한 사람이다. 나의 아내는 콩고에 있는 복음주의 교회 출신이며, 콩고에 있는 우리 가족과 함께 우리는 이 영적인 존재들과 맞서야 했는데, 서구 기독교 신자로서 나는 처음에는 맞설 준비가 전혀 되어 있지 않았었다. 만약 내가 그러한 것들을 경험하지 않았으면, 나는 믿지 않았을 것이다. 지방 사람들이 주술이라고 여겼던 것과 관련되었던 이 사람들은 실제적이고 위험한, 때때로 우리의 삶을 위협하는 영적 존재들을 다루고 있었다. 그러나 나는 또한 하나님께서 자신의 자녀들을 보호하는 능력은 이러한 실체들의 능력보다 훨씬 더 위대하고 강력하다고 단언할 수 있다.

(2005): 13-30; M. Scott Peck, Glimpses of the Devil: A Psychiatrist's Personal Accounts of Possession, Exorcism, and Redemption (New York: Free Press, 2005); David W. Van Gelder, "A Case of Demon Possession," JPastCare 41, no. 2 (1987):151-61; R. Kenneth McAll, "The Ministry of Deliverance," ExpT 86, no. 10 (1975): 296-98; 특히 다음의 책을 보라. John Warwick Montgomery, ed., Demon Possession: A Medical, Historical, Anthropological and Theological Symposium (Minneapolis: Bethany House, 1976).

28 David Instone-Brewer, "Jesus and the Psychiatrists," in The Unseen World: Christian Reflections on Angels, Demons and the Heavenly Realm, ed. Anthony N. S. Lane (Grand Rapids: Baker; Paternoster, 1996), 133-48 (esp. 140-41).

4. 결론

바울서신들에서 영적 전쟁의 이미지들은 다양한 범위의 경쟁들, 잘못된 이데올로기들과 죄, 그리고 사람들을 하나님의 진리와 의로부터 멀리 떠나도록 하는 세상에서 활동 중인 영적인 존재들에게 적용한다. 바울은 신자들이 하나님의 백성으로서 살아가는 모습과 서로를 위해 기도하는 모습을 통해 적개심으로 가득한 영적 세력들을 저항한다고 생각한다. 신자들은 복음전도를 통하여 그 세력들의 영역을 차지한다.

우리가 사도행전에 보고된 바울의 선교적인 경험을 조사할 때, 우리는 바울 역시 더 직접적인 수준에서 이 세력들을 직면해야 했음을 알게 된다. 이처럼 바울이 귀신의 세력들과 직접적으로 아주 많이 만났지만, 동시에 그는 여전히 악한 사람들을 수없이 만났다. 어떤 의미에서 귀신의 세력들은 그 악한 사람들 사이에 있었던 것이다.

Paul's Missionary Methods

바울의 선교 방법들

PART 2.
PAUL'S INFLUENCE ON MISSIONS

2부

선교에 끼친 바울의 영향

8장 바울의 선교전략
9장 바울의 전략: 오늘날 우리에게 결정적인가?
10장 바울과 토착 선교
11장 바울과 교회개척
12장 바울과 상황화
13장 바울과 리더십 개발
후기: 로랜드 알렌의 『선교방법들』– 백주년을 기념하며

8장

바울의 선교전략

데이비드 J. 헤셀그레이브 박사
미국 트리니티복음주의신학교 선교학 명예교수

"사도 바울은 선교전략을 가졌는가?"라는 질문이 자주 대두된다. 선교 역사가 허버트 케인(J. Herbert Kane)은 매우 상식적으로 그 질문에 접근하는데, 그는 전략이라는 단어가 무엇을 의미하는지에 따라 그 대답은 정해질 것이라고 말한다.[1] 로랜드 알렌(Roland Allen)이 방법들(methods)이라는 단어를 사용하는 것만 제외하면, 그 역시 케인과 같은 이해를 가지고 있는 것이 사실이다. 사실 방법들이라는 단어가 오해를 불러일으키고 잘못된 질문들을 이끌어내기 때문에 좋지 않은 뉘앙스를 갖는 것이 사실이다.

알렌의 공헌을 높이 평가하는 오늘날, 과연 방법들이라는 단어가 어떠한 오해를 가져올 수 있는지 또한 어떻게 잘못된 질문들을 야기하는지 살펴보아야 한다. 일단 이 문제들이 올바로 다루어지기만 한다면, 비록 알렌이 방법들이라는 단어를 사용했다고 하더라도, 바울에 대한

---

[1] J. Herbert Kane, *Christian Missions in Biblical Perspective* (Grand Rapids: Baker, 1976), 73.

그의 평가는 아주 가치가 있음을 증명하게 될 것이다. 만약 그렇게 증명이 된다면, 알렌의 공헌과 관련하여, 아마 시대를 막론하고 모든 선교사들은 알렌이 바울의 선교와 관련된 적합한 태도와 행동들을 제시한다고 평가할 것이다.[2]

1. 세대적인 재조명에 대한 요구

독자들은 알렌에게서 "이해할 수 없는 모순된 무엇인가"를 발견할 것이다. 우리는 그가 "사도 바울의 방법들"이라고 말할 때, 중요한 무엇인가를 강조하고 있음을 직감할 수 있다. 그러나 우리는 그가 정확하게 무엇을 강조하려고 하는지 이해하기란 쉽지 않다.

1) "방법들"과 관련한 알렌의 생각

뉴비긴(Newbigin)은 알렌이 단순한 이유로 책 제목에서 "방법들"이라는 단어를 사용한 것은 안타까운 일이라고 지적한다. 여기서 단순한 이유는 비록 그 책을 읽는 독자들이 선교사역에 적용할 수 있는 어떤 방법들을 찾으려고 해도, 그 어떤 방법도 찾지 못한다는 것이다. 설령 그들이 찾는다고 해도, 그들은 분명히 알렌이 의도하는 것을 오해하기 때문에 찾는 것이다.[3] 뉴비긴의 지적은 알렌이 책의 마지막에, "적용"에 관하여 한 장(chapter)을 할애하기 때문에 약간 이상하게 들릴지 모

---

2 Lesslie Newbigin, foreword in Roland Allen, *Missionary Methods: St. Paul's or Ours?* (Grand Rapids: Eerdmans, 1961), i.

3 Ibid.

른다.⁴ 그럼에도 불구하고 뉴비긴의 지적은 간과할 수 없을 만큼 예리하다.

알렌은 "방법들"에 대하여 별도로 정의를 내리지 않기 때문에 독자들이 애매모호함을 갖게 된다. 알렌은 "전략"과 "원리"와 같은 단어들을 사용할 때, "방법들"이라는 단어와 같은 의미를 의도하는 것처럼 보인다. 그러나 그는 "방법들"이라는 단어의 일반적인 정의라든가 또는 구체적으로 특정한 정의를 제공하지 않기 때문에 혼란을 야기시킨다.

"방법들"이라는 제목을 가지고 알렌은 매우 다양한 주제들을 논의한다. 예를 들어 1세기 도시들의 모형론(typology), 교회 재정의 기본 원리들, 사회 계층의 중요성, 복음전도 설교에서 교리 내용의 위치, 그리고 성령의 권능과 인도와 같은 주제들 말이다.⁵ 선교적인 방법들로써 이 모든 요소들은 단순히 방법론을 넘어서는 것들이다.

알렌의 "방법들"은 이론과 실제를 포함한다. 통찰력이 있는 헨드릭 크래머(Hendrik Kraemer)는 사역/실제와 이론/신학을 "분리할 수 없는 것으로" 생각했다. 알렌 역시 비슷하게 "바울의 방법들"은 사도의 신학과 사역이 분리될 수 없는, 함께 종합된 상태라고 생각한다. 알렌은 세례라는 단어를 예로 들면서 "분리될 수 없는 것"에 대하여 설명한다. 알렌은 세례라는 단어를 전체적인 이해 안에서 다음과 같이 설명한다.

> 나는 단순한 형태를 의미하지 않는다. 나는 여러 가지 요소로 이루어진 하나의 복합된 상태를 의미한다. 주홍빛 같은 죄의 씻김뿐만 아니라, 회개, 믿음, 성령의 은혜 … 비록 이 모든 것들은 구별할 수 있는 여러 요소이지만, 동시에 연합적으로 일

---

4 Roland Allen, *Missionary Methods: St. Paul's or Ours?* (Grand Rapids: Eerdmans, 1961), 51-163.
5 Ibid., 13, 49-61, 22-23, 68-69, 125.

어나는 단일적인 사건이다.[6]

다시 말해, 세례는 하나의 의식이지만, 단순히 의식에만 그치지 않고 훨씬 그 이상의 것들이 있음을 의미한다. 이것은 영국 국교회의 성례 신학(Anglo-Catholic sacramentarian theology)과도 관련된다. 이처럼 알렌이 "분리될 수 없는 바울의 방법들"에 대해 설명하려고 하지만, 동시에 약간의 혼란을 야기하면서, 명확하지 않는 것이 사실이다.

그러나 일단 각 요소들을 명확하게 정리하면, 알렌이 의도하는 방법들은 결국 단 하나로 줄여질 수 있다. 이 하나의 방법이라 함은 주후 1세기의 바울과 사도들에게 중요했고, 20세기 초반 알렌의 세대에도 중요했으니, 21세기 초반의 우리 세대에도 역시 너무나 중요한 것으로서 "하나의 과정"을 의미한다. 정말로 알렌은 "바울의 방법들"을 하나의 과정으로 이해한다. 그것은 "세대적인 재조명"이다.[7]

2) 세대적인 재조명과 관련한 알렌의 생각

뉴비긴은 "이 방법이 옳은지 저 방법이 옳은지"에 대하여 선교사들을 확신시키는 것이 알렌의 의도가 아니라고 말한다. 오히려 그의 의도는 각 세대의 사람들이 따르는 전통들을 하나님의 말씀과 성령에 비추어 스스로를 반성하고 다시 헌신하도록 한다는 것이다.[8] 뉴비긴은 다음과 같이 말한다.

---

6 Ibid., 73 n. 1.
7 나는 이 통찰력에 대해 Lesslie Newbigin에게 빚을 지고 있다. 독자들이 이 장(chapter)을 계속해서 읽을 때 왜 내가 이렇게 말하는지, 그 빚에 대해서 인식하게 될 것이다.
8 Lesslie Newbigin, "Foreword," in Roland Allen, *Missionary Methods: St. Paul's or Ours?* (Grand Rapids: Eerdmans, 1961), ii.

적용해서 잘 실행될 수 있는 방법들은 전혀 없다. 모든 사람들은 예로부터 내려온 교회 생활방식들이라도 성령의 엄격한 심사 대상으로 삼아야 한다.⁹

왜 알렌은 이러한 요구를 하고 있는가? 왜냐하면 그는 자신의 세대의 선교사들이 바울의 방법과 전혀 상관없이, 물려받은 식민지의 방식들과 전통들에 일치하는 방법들을 가지고 선교사역을 하고 있다고 확신하였기 때문이다. 알렌에게 있어서, 이 방식들과 전통은 성령의 엄격한 심사 대상으로 여겨져야 했으며, 그런 의미에서 재조명의 과정(resubmission)은 아주 중요했다.

재조명은 모든 신자에게 의무이다. 알렌은 모든 신자들과 교회들이 그러한 과정을 거쳐야 한다고 권면한다. 기독교 선교는 교회들 안에 식견이 있고 헌신적인 지도자와 신자들이 지원하는 만큼만 움직이는 것이지, 교회 밖에 있는 사람들에게 의해 되는 것이 아니다. 결국 선교이론가들과 선교사역을 하는 사람들이 기독교 선교가 어떻게 이해되어야 하고 추진되어야 하는지를 거의 결정한다. 그러한 이유 때문에 알렌은 가장 직접적으로 그들에게 그러한 과정을 거치도록 말했던 것이다.

재조명 과정은 이전부터 행해 온 현재의 방식들, 계획들, 그리고 관습들이 이미 지배해 왔다는 것을 전제한다. 비록 알렌은 특히 물려받은 생각들과 관습들이 정말 옳은 것인지 점검받아야 한다고 주장하지만, 그는 각 세대의 사람들 역시 자신들이 현재 가지고 있는 생각들과 관습들이 옳은 것인지 점검해야 한다고 주장한다. 사실 이 세상에 절대적으로 새로운 것은 거의 없다. 새로운 것처럼 보이는 많은 생각들과 접근들은 점검될 것이고, 일부 경우에 불충분하다고 여겨질

---

9 Ibid.

것이다. 정말로 새롭고 진기한 것처럼 보이는 것들은 특별히 조사되어야 할 것이다. 이것은 확실히 그렇게 되어야 한다. 물론 알렌의 책에는 명확하게 나타나지 않고, 암시적으로 나타나지만 말이다.

재조명하도록 할 때, 하나님의 말씀과 하나님의 영은 항상 합법성(legitimacy)과 효율성(effectiveness)의 척도로서 사용되어야 한다. 알렌은 영감과 계시에 관한 자신의 신학을 논하지 않는다. 그렇다고 그는 성경적인 계시와 성령의 인도를 가볍게 또는 건성으로 말하지 않는다. 세대적인 재조명은 "완전히 권위적인 성경"과 "참 신자 안에서 또한 모든 세대의 교회들 안에서 활동하시는 성령의 사역"에 기초를 둔다.

그러나 동시에 이미 알려진 것처럼, 영국 국교회의 한 사람으로서 알렌은 성령께서는 교회의 질서와 성례를 통하여 사역한다고 믿었다. 상대적으로 신생 교회들은 비록 주교와 성례들을 가지고 있다 할지라도, 규모와 능력에 있어서 스스로 연약하다고 여길 수 있다. 그러나 그러한 교회일수록 성령의 사역에 대한 신념은 더욱 강할 것이고, 그러한 신념을 가진 신자들은 교회 안에서 업무를 더 잘 수행할 수 있게 된다.

재조명 과정은 특히 사도 바울의 선교와 사역에 대한 성경적인 이해를 향하고 있으며 또한 의존한다. 알렌은 그리스도와 사도들의 방법은 바울의 방법이라고 확신한다. 그것은 그 책 제목에서 뿐만 아니라, 알렌의 명확한 진술들, 바울의 선교사역과 관련하여 시종일관된 사용, 그리고 『선교방법들』의 2판 서문에서도 명백하다.

알렌은 서문에서 다음과 같이 쓴다.

> 나는 바울의 사역에 관하여 주의 깊게 조사할 때, 무엇보다도 그의 원리들의 이해와 적용을 들여다보면서, 우리가 현재 겪고

있는 대부분의 어려움들의 해결책을 발견할 것이라고 더욱 확신한다.[10]

2. 로랜드 알렌이 자신의 세대에서 재조명이 꼭 필요하다고 여겼던 원리들과 방식들, 그리고 계획들

케네스 스코트 라투레트(Kenneth Scott Latourette)는 1800년대부터 1914년 제1차 세계대전의 초반까지의 기독교 선교를 "위대한 세기"(Great Century)라고 부른다.[11] 1868년 잉글랜드에서 태어난 알렌은 그 위대한 세기의 마지막 세대의 한 사람으로서 활동하였다. 아이러니하게도, 알렌은 자신의 세대가 재조명하는 과정이 필요하다고 한 반면, 라투레트는 바로 그 세대는 "위대한 세기"라고 부르며, 세 가지 특징들을 주목한다.

첫째, "위대한 세기"는 서구의 관점에서 바라볼 때, 거의 유례없는 복음의 진보로 특징 지워졌다. 서구 식민지의 권력은 세계의 미개한 사람들을 "문명화시키고", "기독교인으로 만드는" 것이 자신들의 의무라고 생각했다. 기독교는 "예전보다도 더 많은 사람들로 넘쳐났고, 변화시키는 단체로서 이전의 모든 세대보다도 더 많은 문화들을 융합시켰다"고 라투레트는 진단한다.[12]

둘째, 비서구 문화의 사람들이 기독교를 수용했던 것과 달리 "서구

---

10 Roland Allen, *Missionary Methods: St. Paul's or Ours?* 2nd ed. (Grand Rapids: Eerdmans, 1962), vii.

11 Kenneth Scott Latourette, *The Great Century in Europe and the United States of America: AD 1800-AD 1914*, vol. 4 of *A History of the Expansion of Christianity* (New York: Harper and Row, 1941).

12 Ibid., 7.

유럽 사람들은 이전보다도 훨씬 공공연히 기독교를 거절하였다."[13] 이것은 비록 알렌의 세대의 기독교인들이 위대한 진보를 물려받았다고 할지라도, 그들은 본국에서 기독교를 거절하는 이상한 현상을 물려받았다는 것을 의미한다. 철학적으로 또한 종교적으로 계몽주의와 관련된 회의론과 불가지론이 19세기에 꽃을 피웠다는 것은 그러한 현상에 대한 원인일 수 있겠다.

셋째, 라투레트는 20세기에 변화를 일으켰던 새로운 운동들보다도 오히려 이전에 존재했던 운동들이 더 열매를 맺었다고 말한다.[14] 실제로 알렌의 세대의 선교사들은 충분히 물려받은 생각들과 관습들을 성령에 의해 인도된 엄격한 심사에 맡기고 스스로를 반성하고 다시 헌신해야 했었다. 그 당시의 역사와 알렌의 책은 그러한 상황을 자세히 보여 준다.

이 모든 상황들에 더하여, 알렌의 세대는 수많은 도전들과 함께 헌신하는 과정과 스스로를 반성하고 다시 헌신하는 과정이 절실히 필요했던 성경적인 선교에 직면했었다. 『선교방법들』을 연구하며 평가할 때, 독자들은 알렌의 세대에서 가장 두드러지게 나타나는 이러한 도전들을 염두하는 것이 중요하다.

1) 만연된 식민지주의와 서구화된 선교원리와 실제

위에서 지적된 것처럼, 알렌이 자신의 책에서 직접적으로 다루었던 문제는 식민지주의다. 이것은 선교역사에서가 아니라 선교정신과 실제에 있어서 두드러진다. 부흥과 밀접하게 관련된 19세기 개신교 선교운

13　Ibid.
14　Ibid., 6.

동은 세계 복음화를 가장 우선시했다. 수백만의 사람들은 복음을 듣고 믿었으며, 수천 교회들이 세워졌고, 수많은 문화가 변화되었다. 이것들은 기독교 역사에 유례없는 선교의 진보를 나타내었다.

그러나 그것들만이 전부가 아니었다. 부흥을 일으켰던 그 엄청난 선교운동은 또한 인도주의적이고 문명화시키려는 노력에 초점을 맞추었는데, 서구 단체들의 혜택들을 더 넓은 세계와 나누기 위함이었다. 그 결과, 선교는 그 "위대한 세기"의 강점들뿐만 아니라 약점들까지 나누게 되었다.

알렌은 19세기와 20세기 초반 상당히 많이 퍼져 있었던 선교기지들이 분명히 식민지 정신과 방법론에 의존했으며, 1세기 사도 바울에 의해 제시된 개선과 교정을 필요로 한다는 것을 알았다. 그러므로 알렌의 책은 대체로 그의 시대에 널리 퍼져 있었고, 20세기에 보편화되었던 선교기지 접근에 대해 반응하였다. 그 책의 마지막 장에서 그는 두 선교사의 접근을 실례로 들면서 자신이 의도하는 것을 풀어나간다. 한 선교사는 그 당시 많은 선교사들의 전형적인 이미지를 가지고 묘사한 인물이고, 다른 선교사는 실제로 현장에서 사역하였던 선교사의 일기에서 직접 발췌한 이미지다.

알렌은 첫 번째 선교사의 성격에 대하여 특별히 계몽적이라고 묘사한다. 그렇다고 알렌은 그 첫 번째 선교사의 동기를 비난하거나 공격하지 않는다는 것에 주목해야 한다. 사실 "여러 가지 좋은 요소를 가지고 있는" 그 선교사는 "자신의 일에 헌신된 좋은 사람이며, 원주민 교회를 세우는 것을 신실하게 바라는 사람"이다.[15] 문제는 그 사람에게나 그의 동기에 있지 않고, 그의 방법론들에 있다. 그의 방법론들은 답습해 온 식민지의 방식과 온정주의 방식과 관련된 것들로서 하나님 말씀

---

15 Roland Allen, *Missionary Methods: St. Paul's or Ours?* (1961), 164.

과 성령의 사역에 비추어 반성하고 헌신하는 데 실패한 것들이다.

2) 서서히 확장되는 자유주의/현대주의와 서구화된 선교신학과 교리

항상 명확하지 않지만, 바울의 신학과 선교학을 지지하는 알렌은 교회와 선교에 침입한 자유주의에 의해 야기된 문제들을 반대한다. 어떤 의미에서 기독교인들이 자유주의의 침입 때문에 수세기 일찍 이루었던 선교를 회상하면서 변증학이나 건전한 교리에 다시 초점을 맞춘다는 점에서 이점이 있는 것이 사실이다. 그러나 전체적으로 그 결과는 아주 해롭다. 왜냐하면 일부 기독교 학자들이 세속적인 학문에서까지 받아들일 수 있는 기독교 교리를 만드는 데 노력을 해 왔고, 더불어 선교에 부당하고 해로운 양보를 해 왔기 때문이다. 이 양보는 아주 다양하다.

(1) 성경의 권위에 대한 도전과 사도 바울의 중요한 역할

일반적으로 알려진 것처럼, 19세기에 복음주의 신학에, 특별히 복음주의 선교학에 해로운 두 개의 사상 학파들이 일어났다.

첫째, 바우어(F. C. Bauer, 1826-1860)가 이끌었던 튀빙겐(Tübingen) 학파였다. 바우어는 오직 바울의 네 개의 서신만을 믿을만한 문서로 생각했고, 바울의 선교에 관하여 설명하는 사도행전의 역사적인 신뢰성에 의문을 제기했다.

둘째, 율리우스 벨하우젠(Julius Wellhausen, 1844-1918)에 의해 시작된 고등비평과 관련된 학파였다. 이 학파는 모세오경과 성경 본문의 여러 부분들의 권위를 약화시키는데, 특별히 성경 문서를 정리하는 비평 과정에 기초를 둔다.

바우어와 벨하우젠의 사상들은 곧바로 서구 교회들과 신학교들에 거대한 영향을 끼쳤다. 사실 로랜드 알렌이 1890년대 열심히 사역하였던 동양에 있었던 신생 교회들에게까지 영향을 끼쳤다.

(2) 기독교 친교와 연합을 위한 도전들

이 "위대한 세기"의 마지막 수십 년에 학생자원운동(Student Volunteer Movement)이 일어났다. 또 이 시기에 세계 복음화의 임무와 "왕을 다시 모셔 들이기"(bring back the King) 위한 강한 노력들이 있었다. 그러나 19세기가 끝나갈 무렵, 이 노력들은 시들기 시작했고, 20세기에 접어들자, 그 노력들은 심각한 위기에 봉착했다.

사실 알렌이 출판을 위해 원고를 준비하고 있었던 바로 그때, 1910년에 있었던 잘 알려진 세계선교회의(World Missionary Conference)가 스코틀랜드(Scotland)에 있는 에든버러(Edinburgh)에서 계획되고 있었다. 영국 국교회의 참여 때문에 켄터베리(Canterbury)의 대주교인 랜달 데이비슨(Randall Davidson)은 그 회의 협의사항에서 교리 논의를 제외하겠다는 약속을 존 모트(John R. Mott)와 그의 동료들로부터 얻어냈다. 그 결정에 관하여, 복음주의적인 영국 국교회의 한 사람이었던, 지금은 고인이 된 존 스토트(John R. W. Stott)는 다음과 같이 말한다.

> 신학적으로, 에든버러에서 치명적인 결점은 너무 많은 교리적인 불일치라기보다 명백하게 교리적인 무관심이었다. 왜냐하면 교리는 협의사항에 있지 않았기 때문이다. 복음의 내용에 대한 중요한 주제들, 복음주의의 신학, 그리고 교회의 성격은 논의되지 않았다 … 그 결과, 그 당시의 신학적인 문제들은 전혀 다루

어지지 않았다.[16]

(3) 복음전도와 세계 복음화의 우선순위에 대한 도전들

1701년에 설립된, 알렌이 속한 선교단체인 복음전도협회(The Society for the Propagation of the Gospel)는 복음전도와 인도주의적인 노력을 하는 것으로 유명하다. 그러나 수년이 지나, 그러한 노력은 특히 19세기 유럽과 미국의 교회 지도자들이 신학을 사회 개혁에 접목시킨 이후, 점차 인도주의적인 방향으로 기울게 되었다.

아마도 이에 대하여 가장 잘 알려진 실제적인 예는 사회복음운동(Social Gospel movement)을 이끌었던, 신학자 월터 라우쉔부쉬(Walter Rauschenbusch)에게서 찾아볼 수 있다. 그는 알렌의『선교방법들』이 출판되기 4년 전, 대표적인 저서,『기독교와 사회적 위기』(Christianity and the Social Crisis)를 출판하였다.[17]

하나님 나라는 그리스도의 중심 메시지라고 제시하였던 라우쉔부쉬는 기존의 사회 질서의 변혁을 주장했던 구약성경의 선지자들의 사회적인 관심을 강조하였다. 몇 년이 지난 후, 라우쉔부쉬는 자신의 조국이었던, 기독교로 뿌리를 내려온 독일과 기독교 신생국인 미국 사이에 발생한 전쟁을 목격하면서 낙심한 채 죽었다. 그러나 그와 그의 사역(사회복음 자체)은 알렌이 원고를 준비하고 있었을 때에 인기 절정에 있었다.

앞서 말한 내용에 비추어, 우리는 "알렌의 분석이 정말 정확한지" 또한 "그의 제안들이 실행 가능한지"에 대한 일반적인 질문들을 가지고

---

16 John R. W. Stott, *Making Christ Known: Historic Mission-Documents from the Lausanne Movement 1974-1989* (London: Paternoster, 1996), xii.

17 Walter Rauschenbusch, *Christianity and the Social Crisis* (New York: Macmillan, 1907).

"그가 어떻게 실제적으로 사역을 했었는지" 접근하는 것은 꽤 자연스럽다. 만일 뉴비긴이 옳다면, 그리고 내가 그가 옳다는 것에 어떠한 의심을 가지지 않는다면, 우리는 또한 알렌이 자신의 저서, 『선교방법들』에서 강조하였던 "세대적인 재조명"이 정말 적합한지에 대해 질문해야 한다.

3. 세대적인 재조명을 돕는 알렌의 책의 강점과 약점

위에서 언급된 것처럼, 『선교방법들』 2판 출판을 기대하면서, 알렌은 자기의 주장의 타당성에 대해 아주 확신에 차 있다고 진술한다.[18] 그는 자신의 주장의 본질을 전혀 바꾸지 않으면서, 그 책의 자매편, 『교회의 자연스러운 확장과 그것을 방해하는 원인들』(The Spontaneous Expansion of the Church and the Causes which Hinder It)에서도 자신의 주장을 강조한다.[19] 그렇다면, 우리가 적어도 그의 저서를 세대적인 재조명을 돕는 책으로 평가하는 것은 매우 중요하다.

지금 나는 책임지고 그 평가를 하려고 한다. 그러나 그 평가는 즉, 나의 의견과 결론은 알렌의 저서 『선교방법들』 2판의 본문의 이해를 기초로 해서 만들어지는 것임을 분명히 언급하고 싶다. 나의 의견과 결론을 알렌의 다른 저서들에 적용해서도 안 되고, 또한 그렇게 되길 원치 않는다.

---

18 Allen, *Missionary Methods*, vii.

19 Roland Allen, *The Spontaneous Expansion of the Church and the Causes which Hinder It* (London: World Dominion Press, 1927).

1) 세대적인 재조명을 돕는 책으로 『선교방법들』의 강점들

선교 관련된 책들은 수명이 짧기로 평판이 나 있다. 그러나 알렌의 책이 출판된 지 50년이 지난 후, 레슬리 뉴비긴은 다음과 같이 썼다. "그는(독자는) 이 차분한 의견이 오늘날 교회가 당면한 문제들과 직접적으로 관련된다는 것을 발견할 것이다."[20] 또한 케네스 그럽(Kenneth Grubb)은 다음과 같이 쓰고 있다. "최근에 알렌이 저술한 이 책과 또 다른 저서들에 대한 관심이 새롭게 일어났다. 의심 없이, 세계의 많은 곳에서 행해지는 선교와 많은 교회들의 상황이 거의 반세기 이전 알렌이 주장하였을 때와 너무나 비슷하기 때문이다."[21]

왜 그렇게 알렌의 책을 다시 찾게 되었는지 많은 이유들이 분명히 있지만, 나는 1960년으로 거슬러 올라가, 아마도 긍정적인 평가에 공헌하였던 세 가지 부가적인 요소들을 제안하고 싶다.[22]

(1) 하나님의 말씀과 하나님의 영에 신실함

제2차 세계대전 이후 수십 년 동안 성경의 영감과 권위에 대한 심각한 논쟁이 있었다. 특별히 성경무오(inerrancy)를 붙들고 있는 사람들과 무오류성(infallibility)을 마지못해 받아들이는 사람들 사이의 구분이 복음주의 안에서 명확해졌다.[23] 내가 위에서 말했던 것처럼, 비록 알

---

20 Lesslie Newbigin, foreword in Allen, *Missionary Methods*, 2nd ed., iii.
21 Kenneth G. Grubb, Publisher's Foreword in Allen, *Missionary Methods*, 2nd ed., vi.
22 나는 Newbigin과 Grubb이 이 세 요소들의 중요성에 관해 동의할 것이라고 주장하지 않는다. 오직 그들은 일반적으로 긍정적인 수용이 이루어지도록 공헌하였고, 그것 때문에 그 책이 그 당시에 특별히 복음주의자들에 의해 받아들여졌다.
23 이 두 용어는 하나님의 말씀으로 성경을 어떻게 받아들이느냐에 관련된다. 이 두 용어 모두 성경이 참이며, 진리임을 인정한다. 그러나 약간의 차이가 있음을 주목해야 한다. 먼저 성경무오는 원문과 관련하여 일점일획이라도 어떠한 오류가 없다는 주장이다. 이것은 만약 현재 우리가 가진 성경 안에 오류처럼 보이는 것은 번역의 과정에서 발생할 수 있는 활자상의 오

렌이 영감과 계시를 다루지 않으며, 더군다나 성경무오와 무오류성은 더더욱 다루지 않는다고 할지라도, 바울의 방법들의 탁월함을 주장하는 알렌의 경우는 성경에 철저한 의존의 좋은 예가 된다. 『선교방법들』 173페이지에 성경 본문에 대한 153개의 구체적인 언급이 발견되며, 그 언급들 중 상당 부분이 아주 상세하게 나온다. 이러한 언급은 의심 없이 명확하게 복음주의적인 것임을 증명한다.

(2) 신생 교회에서 식민지주의 소멸과 독립정신의 발흥

모든 사람들은 제2차 세계대전이 끝남과 동시에 식민지주의 역시 끝났다는 것을 알았다. 아프리카와 세계 도처에서 각 나라들이 주권을 회복했고, 주권 국가로서 받아들여졌다. 신생 교회들도 스스로 자립했다는 사실은 선교학적으로 너무나 중요하다. 이제부터 그 교회들은 그들 스스로 결정하며, 기독교 신학과 기독교 선교의 이론과 실제에 그들 자신만의 독특한 공헌을 할 수 있게 되었다. 더 깊게 들여다보면, 알렌의 책은 미리 앞을 내다보았던 것이다.

알렌의 방법들은 단지 사도 바울에게서 나왔을 뿐만 아니라, 알렌의 시대에 널리 알려진 일부 선교사상과 일치하였다. 알렌은 자신의 책의 주장과 관련하여 다섯 가지의 영역을 말했다.

① 바울이 다양한 중심 도시들을 방문하게 된 동기
② 바울의 설교, 이적들, 재정 정책의 면들
③ 각 지역의 지도자들과 선지자들에게 리더십을 맡기는 문제

류인 것이다. 성경의 원저자이신 성령의 영감에 의해 기록된 성경은 어떠한 오류, 실수가 존재하지 않는다. 무오류성은 성경은 믿음과 기독교 실제에 관하여서 전적으로 참되다는 주장이다. 이것은 만약 성경 안에 어떤 오류들이 있다고 해도, 그것들은 구원과 믿음으로 인도하는 성경의 궁극적인 메시지에 중요한 문제가 아니라는 입장이다.

④ 권위와 징계의 문제들
⑤ 기본 원리와 결론

알렌의 권면들을 더 논의하는 것은 더 많은 지면을 할애해야 할 것이다. 그러나 뉴비긴의 평가는 주목할 만한 가치가 있다. 그는 다음과 같이 쓴다.

> 만약 독자들이 단순히 사람의 말보다도 더 엄중한 목소리가 자신들의 익숙한 많은 생각들을 점검하고 있다는 것을 느끼지 못한다면, 그것은 놀라운 일일 것이다.[24]

2) 세대적인 재조명을 돕는 책으로 『선교방법들』의 약점들

사람들은 대개 로랜드 알렌의 『선교방법들』과 같은 선교 고전 작품의 약점들에 관하여 말하는 것을 주저한다. 그러나 우리는 그러한 크기의 책에는 약점들이 있다는 것을 당연하다고 생각한다. 아마 일부 약점들은 현재 이 책 어딘가에 나타날 것이다. 내 인생에서 선교사역을 처음 시작했던 초창기에도 나는 알렌의 책에 대해 매우 감사하였지만, 오늘날 훨씬 더 감사하고 있는 내 자신을 발견한다. 간단하게 말해서, 나는 알렌이 오늘날 복음주의의 선교학자들을 구분하는 주요 문제들에 관한 한, 정통적인 사고방식을 가지고 있었다고 생각한다.

그건 그렇다 치고, 나는 알렌이 성경적인 선교에 대한 도전들을 더 이야기하는 것에 관심이 없었다는 것은 약점이라고 생각한다. 알렌이 그것들을 다루지 않는 이유들이 분명히 있었을 것이지만, 그러나 과연

---

24 Lesslie Newbigin, "Forword" in Allen, *Missionary Methods*, 2nd ed., iii.

그 이유들이 정당한지 우리는 의문을 던져야 한다.

알렌은 "사도 바울의 방법들"의 진정한 이해는 교리의 진정한 해석이 아니라, 사실들의 진정한 이해에 달려있다고 믿는다. 그는 다음과 같이 쓴다.

> 나는 사도 바울의 교리에 관한 책을 쓰고 있지 않다. 나는 믿음의 기초들에 관하여 다시 주장할 필요를 느끼지 않는다. 나는 성직자이고, 성직자로서 이 글을 쓰고 있다. 나는 자연스럽게 교회 교리를 함축하는 용어들을 사용한다. 그러나 내가 관심을 갖고 있는 것은 상세하게 설명하고 방어해야 하는 교리가 아니라, 사도 바울의 방법이다. 그 방법의 진정한 이해는 교리의 진정한 해석이 아니라, 그 사실들의 진정한 이해에 달려 있다. 그 사실들에 대하여 아주 일반적인 동의가 있다. 반면에 교리에 대하여 매우 적은 동의가 있다.[25]

나는 바로 이 부분에서 알렌의 논리가 신학적으로, 역사적으로 문제가 있음을 발견한다. 적절한 교리 문제를 다루는 데 있어서의 실패는 교회가 선교에 대하여 어떻게 생각해야 하는지 뿐만 아니라 교회가 선교를 어떻게 시작해야 하는지에 대해 유해한 영향을 끼치는 것이다. 수년에 걸쳐 바우어, 벨하우젠, 라우쉔부쉬, 그리고 수많은 다른 사람들에 의해 조장되었던 주장들은 기독교 선교에 심각한 부정적인 결과를 가져왔다.

그것뿐만 아니라, 몇 번이고 되풀이하여 존 모트와 에든버러에서 선교회의를 계획했던 그의 동료들을 포함하여 수많은 사람들이 이와 같

---

25 Allen, *Missionary Methods*, 2nd ed., 7.

은 주장들을 간과하려고 했던 행동은 선교에 아주 해로운 결과를 가져왔음이 드러났다. 예를 들어, 알렌의 동료, 영국 국교회의 한 사람이었던 존 스토트는 그렇게 간과하려고 했던 의지는 에든버러의 "치명적인 결점"이라고 생각했다.[26]

스토트는 "다가오는 수십 년 동안 신학적으로 자유주의의 폐해는 서구 대학들과 신학교들의 중심에 스며들었고, 대개 교회의 선교를 마비시켰다"고 진단했다.[27]

알렌은 또한 교회 화합은 교리적인 약속을 반드시 기초로 하는 것처럼, 영적인 유대 관계를 기반으로 한다고 믿는다. 사도 바울에 의해 세워진 1세기 교회와 관련하여 알렌은 다음과 같이 쓴다.

> [사도 바울]은 교회의 사신으로 파송되어 사람들을 교회와의 교제안으로 데리고 왔다. 그에 의해 개종된 사람들은 단지 같은 지역에 살고, 같은 교리를 믿고, 한 사회를 형성하는 것이 서로가 도움이 된다는 생각에서 나오는 편리한 결속으로 결합된 것이 아니다. 그들은 세례에 의하여 서로 지체들이었다. 각 사람은 영적인 유대 관계를 더욱 가깝게 만들어주는 한 성령 안에서 성찬식에 의해 모든 곳에 있는 다른 모든 신자들과 하나가 된다. 각 사람은 공동의 의식들인 성례에 참여함으로 모두 하나가 된다. 각 사람은 공동의 위험들과 공동의 희망에 의해 모두 하나가 된다.[28]

---

26 Stott, *Making Christ Known*, xii.
27 Ibid.
28 Allen, *Missionary and Methods*, 2nd ed., 126.

확실히, 이런 생각은 약간의 타당성을 가지며, 특별히 성례의 관점에서 호소하는 듯하다. 그러나 성경과 역사에 비추어볼 때, 그것은 그렇게 타당하지 않다. 1910년 에든버러의 상황을 생각해 보면, 랄프 윈터는 교리적인 토론을 허용하지 않았던 모트의 결정이 에든버러에 오기 이전, 동양에서의 경험을 토대로 한 결정임을 나에게 알려주었다. 윈터에 의하면, 모트는 오로지 영적인 교제, 상호 격려, 합심 기도에 전념하는 선교모임에서 상당히 은혜를 받았고, 그 역시 에든버러에서 그 모임의 정신을 그대로 재현하려고 했다.

아마도 정말로 그랬을지 모른다. 그러나 만약 그랬다면, 에든버러에서 기독교 교리보다도 오히려 영적인 교제 위에서 이루어진 화합을 토대로 하는 모트의 결정은 적당한 교리의 기초를 세워야 하는 세계교회협의회(World Council of Churches)의 실패와 연결된다. 이 실패는 잉글랜드에 있는 알렌의 교회를 포함하여, 20세기의 주요한 교단들과 선교에 해로운 결과를 가져왔다.

주요한 교회들이 20세기 초 무렵 선교의 인원과 재정과 관련하여 약육강식의 법칙(lion's share)을 조장하였지만, 이 법칙은 20세기가 끝나갈 무렵 아주 많이 줄어들었다고 공식적인 기록으로 기재되어 있다. 비슷하게, 이 주요한 단체들을 통해 예전에 복음을 받아들였던 각 지역의 토착교회들은 오늘날 신생 교회의 교리와 실제가 성경에 반하게 되면 비난한다. 예를 들어 현재 잉글랜드에 있는 영국 국교회의 주교들이 동성 결혼에 관하여 교회의 축복을 기원하지만, 아프리카에 있는 영국 국교회의 주교들은 그렇게 하는 것을 거부하고 있는 것은 아이러니하지만 교훈적이다.

4. 세대적인 재조명과 복음주의 선교의 오늘과 내일

　로랜드 알렌의 저서, 『선교방법들』은 비록 약점들이 분명히 존재하지만, 20세기에 평가할 수 없을 만큼 귀중한 가치를 지녔었고, 오늘날 교회와 선교를 위한 매우 귀중한 자료들을 포함한다. 우리는 알렌이 자신의 시대에 이루어진 선교가 직면했던 가장 어렵고 엄청난 신학적이고 교리적인 문제들을 정면으로 대처하지 않은 것에 대해 이해할 수 있다. 과거에 기독교인들은 비슷하게 행동했었다. 그러나 오늘날 기독교인들은 더 이상 그렇게 할 여유가 없기 때문에 너무 많은 위기에 처해 있다. 그래서 알렌이 기록하지 않은 것뿐만 아니라 기록한 것으로부터 배우는 것은 너무 중요하다. 이 둘은 엄청나게 중요하다.

　알렌의 작품의 약점들을 피하면서 신자들은 각 세대의 계획들을 성경과 역사의 빛에 비추어 엄중하게 검토하고, 본문에 입각한 것은 받아들이고 그렇지 않으면 거절하면서 기독교 선교를 보호하고 인도해야 한다. 동시에 신자들은 알렌의 주장들(과거 다른 지도자들의 주장들)을 동일한 과정을 거치도록 하면서, 그의 작품의 강점들을 모방해야 한다.

1) 오늘날 복음주의자들의 헌신이 필요한 최근의 제안들

　복음주의자들은 많은 부분에서 상당히 많은 노력들을 해 왔지만, 특별히 선교를 생각하고 행하는 데 있어서 매우 재치가 있고, 상상력이 풍부하고, 창조적이었음을 증명해 왔다. 우리가 만일 세대적인 재조명의 과정이 현대의 선교와 관련된 제안들뿐만 아니라 물려받은 선교의 전통들과 제안들을 점검하는 것을 함축하는 것이라고 이해한다면, 우리는 이 세대가 반성과 다시 헌신하는 과정을 거치도록 적합한 일을 착수해야 한다.

점검의 대상들과 관련하여 나열하자면, 성경을 이야기로 꾸미는 것과 소리로 들려주는 것, 위도 10-40°사이에 분포해 있는 미전도 종족 국가들(the 10-40 Window)과 위도 4-14°사이에 미전도 종족 국가들(the 4-14 Window), 비선교 부족(hidden peoples)과 흩어져 있는 하나님의 백성들(Diaspora peoples), 인터넷에 의한 가상 기독교인(cyber Christians)과 가상 교회(cyber churches) 등등 그 목록은 거의 끝이 없다. 모든 것들은 다소 중요하고, 상세히 조사하는 것이 필요하다.

그러나 내가 지금 고찰하려고 하는 것은 선교와 관련하여 자주 대두되는 신학적인/교리적인 문제들이다. 사실 알렌은 아마 이러한 문제들을 회피했을 것이고, 오늘날 선교 지도자들 역시 회피하는 경향을 가지고 있는 것이 사실이다. 그러나 나는 그러한 문제들을 다루는 것이 좋든 나쁘든 그 문제들의 잠재성 때문에 다루어야 한다고 생각한다.

(1) 복음주의자들과 가톨릭 신자들의 연합

"단결"과 "연합"이라는 명목하에 이 운동의 지지자들은 때때로 오직 성경으로(sola scriptura), 오직 은혜(sola gratia)와 같은 바울의 교리들을 재해석하고, 의의 전가(the imputation of righteousness)와 의의 전이(the impartation of righteousness)를 동일시한다. "미사"라는 이름의 희생 제사와 성만찬을 혼합하는 것이다.[29] 이와 같은 양보는 성령의 연합케 하는 사역 때문이라고 그들은 자주 생각한다. 그러나 성령은 성령으로 영감된 하

---

29 이 예들은 다음의 책에서 가져왔다. Charles Colson and Harold Fickett, *The Faith: Given Once, For All* (Grand Rapids: Zondervan, 2008), 113, 150-51. 이 두 학자의 견해를 선교사로 활동하였다는 James G. McCarthy의 것과 비교해 보라. *The Gospel According to Rome: Comparing Catholic Tradition and the Word of God* (Eugene, Ore.: Harvest House, 1995), 47, 166.

나님의 말씀과 떨어져서 독립적으로 일하지 않는다. 그러므로 이와 같은 제안들은 역사와 성경의 관점에서 엄중하게 검토되어야 하고, 재확립되어야 한다.

(2) 바울에 관한 새로운 관점들

"바울의 새 관점"이라고 불리는 이 특별한 운동에서 대두되는 근본적인 주장들은 B.C. 200년에서 A.D. 200년에 이르기까지 존재하였던 랍비 유대교(Rabbinic Judaism)에 대한 재조명 때문에 만들어진다. 전통적인 견해를 대체하는 그들의 주요한 주장은 제2 성전기 이후 유대교를 율법의 종교가 아니라 은혜의 종교이며, 유대인들은 하나님과의 언약 관계에 대해 감사하는 반응으로서 율법의 행함을 이해한다는 것이다. 때때로 "신율주의"(covenantal nomism)라고 불리는 이 가르침은 예수에 의해 드러나고, 바울에 의해 더욱더 알려지게 되었다고 그들은 주장된다.

이 새로운 관점은 유대주의자들에 의해서 만들어진 거짓 복음과 오직 믿음으로 의롭게 된다는 개념, 그리고 성경의 완전한 권위에 관한 바울의 가르침에 대한 개혁주의의 전통적인 이해를 거절하는 결과를 야기하곤 한다.[30] 사도 바울로부터 물려받고, 종교개혁자들에 의해 다시 발견된 선교적인 메시지가 수정되거나 잃지 않기 위해서 선교 공동체가 그들의 주장을 주목해야 한다.

---

30 다음의 책을 보라. E. P. Sanders, *Paul and Palestinian Judaism: A Comparison of Patterns of Religion* (Minneapolis: Fortress, 1977), 422.

(3) 이머전트 교회 운동(The Emergent Church)

이머전트 교회 운동의 주요한 지도자의 설명에 의하면, "선교적인"이라는 단어는 신자들이 먼저 선교가 무엇인지 결정하고, 그리고 난 다음 선교를 지지하는 신학을 세워야 한다는 것이다.[31] 일부 학자들은 적어도 복음주의 교회들과 복음주의 선교 내에서 이머전트 교회 운동이 감소하고 있는 것으로 생각한다. 그러나 선교비전이 선교신학에 선행하며 결정한다는 생각은 여전히 우리에게 스며들어 있는 것이 사실이다. 그러한 생각이 있다는 점에서, 이머전트 교회 운동은 하나님에 관한 지식(신학이 무엇인지 또한 무엇이 되어야 하는지를 보여 주는 지식)을 선교에 검증되지 않은 개인적인 지식에 부차적인 것으로 만듦으로서 성경적인 선교의 근본적인 기초를 위협한다. 그러한 운동은 신학과 선교학 모두를 쉽게 변질시키는 것이다.

(4) 대체주의(supersessionism)와 대체신학(replacement theology)

대체주의는 창세기 12장에서 아브라함에게 주신 하나님의 약속들은 궁극적으로 다민족적인, 다국적인, 다문화적인, 다세대적인 한 몸으로 그리스도의 교회 안에서 성취된 "영적인 약속들"이라는 것을 주장하는 언약신학의 형태이다.

개인적으로 나는 이 대체주의의 극단적인 형태로서 극단적 세대주의(ultradispensationalism)을 생각하고 있다. 이 극단적 세대주의는 오직 바울서신들(반드시 그것 전부는 아니지만)만 직접적으로 은혜의 시대에 위치

---

31 다음의 책을 보라. Brian D. McLaren, *A Generous Orthodoxy: Why I am a missional, evangelical, post-protestant, liberal/conservative, mystical/poetic, biblical, charismatic/contemplative, fundamentalist/calvinist, anabaptist/anglican, methodist, catholic, green, incarnational, depressed-yet-hopeful, emergent, unfinished Christian* (Grand Rapids: Zondervan, 2004), 105.

하는 교회에 적용할 수 있다고 가르친다. 또한 이 세대주의는 이스라엘 민족은 오늘날 하나님의 경륜 안에서 어떠한 위치도 갖고 있지 않다고 주장한다.

그러나 바울은 이스라엘의 "부분적인 우둔함"(partial hardening)은 "이방인의 충만한 수"가 들어오기까지 임시적이며, 이후에 구원자가 시온에서 오며, 이스라엘과 맺어진 하나님의 언약이 성취될 것이라고 가르친다.[32] 휴거(Rapture), 환난(Tribulation), 그리스도의 재림, 그리고 하나님 나라의 성격과 관련된 문제들을 논의하는 데 있어서 복음주의 진영이 너무나 탈진된 상태 때문인지, 대체주의의 다양한 형태들은 급속도로 널리 퍼지고 있다.[33] 성경뿐만 아니라 재림, 유대인 복음전도, 그리고 세계 복음화의 강조를 가진 전천년설이 현대 선교에 주었던 매우 긍정적인 영향의 관점에서, 복음주의자들이 그러한 문제들을 자세히 조사하도록 아주 긍정적인 도전을 받는다.[34]

(5) 수정주의 통전론(Revisionist holism)

선교학 전체 범위를 생각할 때, 어떤 사람들은 "통전적 선교"(holistic mission)가 복음주의와 사회 정치적인 행동은 선교를 하는 데 있어서 어느 정도 동등한 협력자라고 주장한다.[35] 다른 사람들은 "물질과 영,

---

32 롬 11:25-29.

33 Kevin D. Zuber, "Supersessionism Rising. Dispensationalism …?" *VOICE* (Sept./Oct. 2011): 19-21, 30-31.

34 Craig A. Blaising, "The Future of Israel as a Theological Question," in *To the Jew Frist: The Case for Jewish Evangelism in Scripture and History*, ed. by Darrell L. Bock and Mitch Glaser (Grand Rapids: Kregel), 103.

35 John R. W. Stott, *Christian Mission in the Modern World: What the Church Should Be Doing Now* (Downers Grove, Ill.: InterVarsity Press, 1975), 27; David J. Hesselgrave, *Paradigms in Conflict: Ten Key Questions in Missions Today* (Grand Rapids: Kregel, 2005), 120-22.

복음전도와 사회적인 행동, 하나님을 사랑하는 것과 이웃을 사랑하는 것"을 나누는 이분법이 있을 수 없다고 주장한다. 즉 그들에 의하면, 예수의 이름으로 선을 행하는 것은 복음전도이다.[36] 여기에서 "어느 정도의 협력"은 다소 중요하지만, 그러나 더욱 중요한 것은 우선순위에 있다.

기독교 선교는 세계 복음화이다. 선한 행동을 하는 것은 참으로 기독교적이다. 그러나 선한 행동을 하는 것 그 자체가 기독교 선교를 만들지 않는다. 제자들을 만드는 것이 우선적이지만, 하나님께서는 무엇을 행해야 하는지 그리고 어떻게 그것을 행해야 하는지 정확히 결정하신다. 제자들을 만드는 것은 선교 안에서 명확하게 이루어진다. 사회정치적으로 선한 행동들을 하는 것은 총체적인 문제인데, 일반적으로 사람들이 그 선한 행동을 어떻게 해야 하는지를 결정하기 때문에 때때로 혼란을 야기한다.

1968년 웁살라(Uppsala)에서 개최된 세계교회협의회 모임의 안건에 관련하여 세계 복음화를 위한 시도에서 도날드 맥가브란(Donald McGavran)은 "복음을 받아들이지 않은 20억은 어떻게 할 건가요?"라는 질문을 반복적으로 하였다. 사회 정치적인 관심사를 다루며 우선적인 문제를 회피하는 것을 좋아하는 참여자들은 "세계가 그 안건을 설정하도록 하자"는 구호를 채택했다. 복음주의자들은 결코 그 표어를 채택하지 않고 있지만, 선교전문가들은 복음주의자들의 실제적인 관심과 참여 활동은 세계의 안건들을 따르는 경향이 있다고 진단한다.

실제적인 예로써, 제2차 세계대전 이후 복음주의 선교 안건은 인종

---

36 Bryant L. Myers, "In Response ⋯ Another Look at Holistic Mission," *Evangelical Missions Quarterly* 35, no. 3 (1999): 287; James F. Engel and William A. Dyrness, *Changing the Mind of Missions: Where Have We Gone Wrong?* (Downers Grove, Ill.: InterVarsity Press, 2000), 93.

분리 정책(apartheid)과 반식민지 주의(anticolonialism)를 강조했었다. 이후에 선교 안건은 여권신장운동(feminism)과 후천성 면역 결핍증(AIDS)에 집중되었다. 가장 최근에는 인신매매가 우선시 되었다. 이러한 것들은 정기적으로 침입한 자연 재해이자, 국가적인 재난이었음이 분명하다. 그러나 맥가브란의 진단은 아주 고려할 만하다. "이러한 것들은 기독교가 행해야 하는 것들이 분명하지만, 그러나 그러한 것들을 행하는 것 자체가 기독교 선교는 아니다."[37]

2) 로랜드 알렌이 제시한 제안들 중 오늘날 여전히 가치 있는 것들

결론을 내리기 이전, 우리는 "방법들"이라는 영역 아래 알렌이 내놓은 제안들이 무엇인지 생각해 보아야 한다.[38] 전부는 아니라고 해도, 일부 제안들은 이 책에서 상당히 많이 다루어질 것이다. 많이 다루어지는 알렌의 제안들 중 나 역시 하나의 제안을 다루려고 한다. 그것은 주후 1세기 바울에 의해 행해졌고, 20세기 알렌에 의해 명령되었던, 그리고 현재 21세기 역시 재조명이 절실히 필요한 사도적인 설교에 대해서이다. 나는 사도 바울의 설교의 세 가지 측면에 초점을 맞추려고 한다.

(1) 사도적인 설교의 목적

알렌은 우리가 닮아야 하는 바울의 설교의 몇 가지 목적들을 분명히 밝히는데, 듣는 사람들 입장에서 의미 있는 결정들을 하도록 하기 위함이었다. 그리고 "속사람이 완전히 회심하여 옛 생활을 완전히 버

---

37 1988년 4월 7일 McGavran으로부터 받은 개인적인 서신에 나타난 것을 인용한 것이다.
38 Kenneth G. Grubb, "Publisher's Foreword" in Allen, *Missionary Methods*, vi.

리고 새로운 삶을 받아들이도록" 하기 위함이었다. 또한 교회 설립 또는 "하나님의 백성들을 세상으로부터 불러 그리스도와 교제를 갖도록" 하기 위함이었다.[39] 알렌은 동시대의 사람들이 세계를 기독교화 시키기 위해 단순히 "씨를 흩뿌리는 것"에만 만족하는 태도를 비난한다.[40] 오늘날도 마찬가지 아닌가?

(2) 사도적인 설교의 호소

알렌은 바울이 철학과 도덕성을 기초로 "이교도"들에게 주저함 없이 호소하였다고 주장한다. 바울은 자연 세계 안에서 조화를 추구하며 세상의 성격과 목적에 관하여 지적인 설명을 추구하였던 다신론에 의해 혼란케 된 사람들을 무조건 비난하지 않았다. 그 당시 철학자들이 그러한 사람들을 강하게 비난했던 것과 달리, 오히려 바울은 그들을 이해하려고 하였다. 게다가 바울은 죄의 감각이 무디어지고, 희망이 없으며, 그 당시 억압 받았던 사람들이 자신의 설교를 통해 도덕적인 신념과 윤리적인 민감성을 인식할 수 있도록 하였다.[41] 적어도, 바울의 설교에 대한 알렌의 분석을 통해 우리는 오늘날 불신자들의 종교적이고 윤리적인 이념들을 어떻게 다루어야 하는지에 대하여 진지하게 자문해야 한다.

(3) 사도적인 설교의 내용

알렌에 의하면, 선교적 설교에서 "가장 중요한 주제는 십자가, 회

---

39 Allen, *Missionary Methods*, 2nd ed., 70-71, 74.
40 Ibid., 75-75.
41 Ibid., 77.

개, 그리고 믿음이다."[42] 그것은 간단하지만, 정확하게 올바른 방향이다. 알렌은 동료 선교사들의 설교의 내용이 상당히 결함이 있다는 것을 발견한다.

첫째, 그는 "엄격한 교리를 다루는 것을 달가워하지 않은 그 당시의 경향"을 주목한다.[43] 그는 다음과 같이 말한다. "우리는 바울의 복음의 가장 두드러진 두 요소를 잃고 있다. 하나는 임박한 심판의 교리이며, 또 다른 하나는 하나님의 진노의 교리이다."[44] 이러한 현상은 그 다음 단계로 "복음과 관련하여 쉬운 교리만"을 향하여 나아가게 할 것이다.[45]

둘째, 사람들은 바울의 복음이 순수하게 개인주의적이었다고 이해하고 있었지만, 알렌은 그러한 이해는 사실이 아님을 주장한다. 사도 바울의 설교에서 교회생활에 적극적으로 참여하도록 하는 강조들이 상당히 많이 나타나며, 어떤 의미에서 바울이 생각하는 복음의 본질적인 부분이다. 바울은 자신이 선포한 복음을 듣는 신자들이 믿는 사람들의 공동체에 참여하길 간절히 기대했다. 실제로 바울의 설교를 듣고 회개했던 사람들은 성례들에 참여하고, 박해를 함께 나누는 공동체의 일부분이 되었다.

교회론적이며, 신학적인 전체 범위를 아울러야 하는 선교사들은 성경적인 교리, 신적인 심판, 그리고 교회 설립에 대한 자신들의 설교의 내용이 과연 타당한지, 하나님의 목적에 진실한지 점검하는 것은 지극히 당연한 일일 것이다.

---

42 Ibid., 67.
43 Ibid., 70.
44 Ibid., 72.
45 Ibid.

3) 세대적인 재조명의 실천과 관련하여 알렌이 바울의 설교에 의존

결론을 내리기 전, 나는 알렌의 기본적인 주장을 한 번 더 반복하며 강조하는 것이 지혜롭다고 생각한다. 바울은 하나님의 사명을 받은 사람으로서, 계속적으로 지나온, 또한 다가오는 세대의 선교사들을 위한 모델임이 분명하다. 알렌은 바울이 진정한 모델임을 주장하였는데, 사실은 그러한 주장은 알렌의 것만이 아니다. 실제로 알렌은 오래 지속된 선교학의 전통을 성경과 역사의 빛 아래 진지하게 점검하였고, 그 전통이 지지할 수 있으며 정말 맞는지 평가하면서 자신의 동시대의 사람들을 이해하려고 하였다.

그리고 난 다음, 『선교방법들』의 2판의 서문을 쓸 때, 알렌은 그가 1판에서 썼던 내용과 어떻게 그것이 받아들여졌는지를 회고하였다. 그는 다음과 같이 결론을 내린다.

> 나는 바울의 서신들을 세심하게 조사하면서, 무엇보다도 그의 원리들을 이해하고 감상하면서 우리가 현재 직면하는 대부분의 어려움들을 해결할 수 있다는 확신을 갖게 되었다. 현재 내가 갖는 이러한 확신은 이전의 것보다 더 강력하다.[46]

비록 이견이 분명히 있겠지만, 알렌의 주장은 오늘날에도 여전히 적용되며, 만약 그가 살아있다면, 자신의 수상을 확증하는 목소리들을 발견할 것이다.

선교역사에 관하여 폴 바우어(W. Paul Bowers)는 다음과 같이 말한다.

---

46 Ibid., "Author's Preface," vii.

주후 1세기 사도 바울의 선교는 이후 천년 동안 기독교의 증거를 위한 주요한 원천이며 모범으로서 기능하였다. 특별히 현대 선교운동은 사도 바울의 사상과 노력들을 토대로 하여 나아갈 방향을 모색하려고 하였다.[47]

현대 선교문헌과 신약성경 본문의 주의 깊은 조사를 기초로 해서 케빈 드영(Kevin DeYoung)과 그레고리 길버트(Gregory Gilbert)는 바울이 선교사의 진정한 모델이라고 결론을 내리며, 다음과 같이 말한다.

바울의 선교는 세 겹으로 되어 있는데, 첫째, 무엇보다도 복음 전도를 강조하며, 둘째, 기존의 교회들이 죄에 대항하며, 믿음 안에서 기초를 세우도록 양육하고, 셋째, 복음의 완전한 설명을 통하여 각 교회를 건강한 회중으로 확고히 세우며, 각 공동체의 리더십을 임명하는 것이다.[48]

5. 결론

나는 오늘날 기독교 선교에 특별히 관련된 것처럼 보이는 두 개의 의견과 함께 이 8장을 마치려고 한다.

첫째, 나는 알렌의 책은 선교를 정확하게 이해한다고 생각한다. 신학자들과 선교학자들은 때때로 선교가 선한 모든 일과 고귀한 행위에

---

47 W. Paul Bowers, "Paul and Mission," in *Evangelical Dictionary of World Missions*, ed. A. Scott Moreau (Grand Rapids: Baker Books, 2000), 731.

48 Kevin DeYoung and Greg Gilbert, *What Is the Mission of the Church? Making Sense of Soical Justice, Shalom, and the Great Commission* (Wheaton, Ill.: Crossway, 2011), 62.

포함이 되도록 포장하려고 한다. 그러나 그러한 시도들보다 성경적인 선교가 훨씬 더 초점이 되어야 한다.

둘째, 우리가 가장 최근에 읽은 선교에 대한 책이 마지막 책이 되지 않도록, 우리는 당연히 『선교방법들』과 같은 선교의 고전들을 찾아서 읽고 또 다시 읽어야 한다. 모든 책은 그 당시의 산물이라는 사실을 인정하면서, 그럼에도 불구하고 이와 같은 책들은 폭넓은 경험, 포괄적인 정보, 그리고 영적인 성숙이 동시에 어우러져 만들어진, 시대를 초월한 작품들임을 상기하면서 말이다. 『선교방법들』과 같은 책들은 믿음과 열매가 가득한 길로부터 너무 멀리 뒤처지지 않도록 우리를 지켜주는 책이다.

9장

바울의 전략: 오늘날 우리에게 결정적인가?

미가엘 포콕 박사
미국 달리스신학교 선교학 명예교수

8장에서 데이비드 헤셀그레이브(David Hesselgrave)가 바울과 로랜드 알렌(Roland Allen)은 오늘날 우리가 생각하는 전략 또는 방법들을 주장하지 않았다는 것을 지적했고, 사람들은 그것에 대해 동의했다. 우리는 원리, 강조점, 가치, 그리고 추세를 논리적으로 도출하여 자주 반복된 습관들을 관찰하지만, 방법들과 전략에 있어서는 그렇게까지 하지 않는다.

몇 년 전, 찰스 베네트(Charles Bennett)는 바울의 방법들에 관한 글을 쓰면서, "실용주의자 바울"이라는 제목을 붙였다.[1] 그의 요점은 우리가 바울의 행동에서 발견한 한 패턴을 다룰 때마다, 동시에 우리는 그의 행동에서 그 패턴에 맞지 않은 예들을 발견한다. 그래서 베네트는 바울이 "기회를 잘 이용했다"고 결론을 내린다.[2]

---

1 Charles T. Bennett, "Paul the Pragmatist," *Evangelical Missions Quarterly* 16, no. 3 (1980): 133-38.

2 Ibid.

기독교 믿음과 행동을 위한 규범으로써 성경을 다루는 모든 사람들은 감사한 마음을 가지고 사도 바울의 역동적인 사역을 바라본다.

또한 다양한 방법으로 바울이 행했던 접근들을 닮으려고 애쓴다. 바울의 삶과 사역은 성령의 영감을 받았던 누가와 바울 자신에 의해서 기록되었다(사도행전과 바울서신들). 그렇게 기록된 성경을 대하는 신자들은 사뭇 진지하다.

그러나 반대로 성경에 대하여 진지한 태도를 갖지 않고 단순히 이야기로 받아들이는 것 역시 얼마든지 가능하다. 실제로 일부 신자들은 의식적이든지 무의식적이든지 역사적인 내러티브를 바울서신들보다 부차적인 위치로 격하시키곤 한다. 우리는 9장을 끝내기 전 이러한 문제들과 관련해서 해석과 적용의 문제를 다룰 것이다.

로랜드 알렌은 당대의 선교사들과 자신이 속해 있었던 영국 국교회의 선교회가 행하여 온 선교관습들을 면밀히 살피고 성경을 통하여 성령의 시선에 비추어 살펴보도록 요구하면서, 자신의 저서인『선교방법들』에서 다음과 같이 말한다.

> 네 지역[3]에 교회들을 세우는 것에 대해 성 누가는 아주 주의 깊게 설명을 하고 있는데, 그렇다고 그 설명을 단순히 고고학적이고 역사적인 관심 이상의 무언가로 이해하는 것은 불가능하다. 사도행전 이외의 다른 성경들과 마찬가지로, 그것은 "우리의 배움을 위해 쓰였다." 그것은 또한 특별한 상황에서 엄청난 일을 행하고 있는 뛰어난 사람의 낭만적인 역사 이상의 무엇인가로 확실히 생각되었다.

---

3 여기서 네 지역은 갈라디아(Galatia), 아시아(Asia), 마게도냐(Macedonia), 그리고 아가야(Achaia)를 의미한다.

마치 시드(Cid)의 역사나 아더 왕(King Arthur)의 탐험[4]으로부터 교훈을 얻는 것처럼, 이후 시대의 보통 사람들은 바울의 실제적인 선교사역을 통해 많은 모범을 발견하고 교훈을 얻게 된다.[5]

이 책의 9장에서 우리는 사도 바울의 접근들이나 "방법들"이 오늘날 얼마나 수행되고 있는지, 또한 알렌의 저서에서 얼마나 나타나는지 보여 주려고 한다. 그리고 나서 우리는 바울의 방법론이 정말 오늘날 규범적인 것으로 간주되어야 하는지 생각해 볼 것이다.

1. 바울의 전략을 오늘날에 적용

선교학자들 중에서 많은 사람들이 알고 있는 것처럼, 알렌이 "바울의 방법론은 1960년대까지 진지하게 강조되지 않을 것"이라고 예견하였지만, 실제로 선교학자들이나 선교회의들은 훨씬 더 일찍 알렌의 저서를 이해하고 상당히 많이 사용했다.

인도 탐바람(Tambaram)에서 개최된 국제선교협의회(International Missionary Council)를 위해 준비되었던 소논문들 중에서 1938년 헨드릭 크래머(Hendrik Kraemer)는 알렌의 중요성과 중국의 존 네비우스(John L. Nevius)의 중요성을 비교했다.[6] 거기에서 크래머는 "각 세대는 선교에서

---

4 Cid는 기독교의 옹호자로서 Moor인과 싸운 스페인의 전설적 용사이며, King Arthur는 가장 유명한 기사 전설에 등장하는 인물로서, 6세기경에 영국을 통치한 전설적인 왕이다.

5 Roland Allen, *Missionary Methods: St. Paul's or Ours?* 2nd ed. (Grand Rapids: Eerdmans, 1962), 4.

6 Hendrik Kraemer, *Christian Message in a Non-Christian World* (Grand Rapids: Kregel, 1956), 413.

자신들의 교리, 가르침, 그리고 방법론을 주의 깊게 재점검해야 한다"
는 알렌의 생각을 이해했다. 그는 다음과 같이 말한다.

> 나는 특히 우리의 시대에 … 모든 근본적인 것들과 원리들은
> 재점검되어야 한다는 것을 확신하게 되었다. 내가 마음에 품은
> 가장 큰 소망은 (『기독교 선교와 타종교』[Christian Message in a Non-
> Christian World, CLC 刊]의 출판과 관련하여) 이 책이 교회가 소유해
> 야 하는 사도적인 성격을 재발견하는 데 공헌하는 것이다.[7]

바울의 방법론과 관련하여 선교적인 재점검을 요구했던 알렌의 중요성은 1958년 알렉산더 맥레이쉬(Alexander McLeish)가 다음과 같이 말했을 때 더욱 명확하게 드러나게 되었다. "선교방법들과 원리들에 관한 그의 설명은 일반적으로 생각되는 것보다 훨씬 더 혁신적이다."[8] 이것이 기독학생회(InterVarsity Christian Fellowship)가 1962년에 개최된 어바나 학생선교대회(Urbana Fellowship Missionary Convention)에서 모든 참석자에게 『선교방법들』을 나누어 주었던 이유일 것이고, 그때 이후부터 더 널리 읽혀졌을 것이다.

해리 보어(Harry R. Boer)는 성령의 영감으로 기록된 바울의 서신들에 관한 알렌의 강조를 상세히 설명했다.[9] 독일사람 피터 베이어하우스(Peter Beyerhaus)는 "삼자원리"(Three Self Principles)로 이미 알려졌던 알렌의 통찰력 있는 강조에 감명을 받았다.[10] 또한 남아프리카 사람 데이비

---

7   Ibid., v.
8   Alexander McLeish, *The Priority of the Holy Spirit in Christian Witness. Being an Examination of the Objective Aimed at in the Writings of the Rev. Roland Allen* (London: World Dominion Press, 1961), 2.
9   Harry R. Boer, *Pentecost and Missions* (Grand Rapids: Eerdmans, 1961), 63.
10 Peter Beyerhaus and Henry Charles Lefever, *The Responsible Church and the Foreign Mis-*

드 보쉬(David Bosch)는 "성령의 은사는 선교에 본질적으로 동등하게 연결되며, 이것은 또한 부활과 아주 밀접하게 관련된다"는 알렌의 주장을 따랐다.[11]

데이비드 헤셀그레이브는 교회개척과 관련하여 바울에게서 발견되는 10단계를 설명하면서 그중 절반을 알렌으로부터 인용한다. 또한 라틴 아메리카 사람 사무엘 에스코바(Samuel Escobar)는 윌리엄 D. 테일러가 편집한 『21세기 글로벌 선교학』(Global Missiology for the Twenty-first Century, CLC 刊)의 2개 장(chapter)에서 알렌이 성령의 권능과 능력이 신생교회가 자발적으로 성장하도록 인도한다고 믿는 바울의 신념을 지지하면서 필립 젠킨스(Philip Jenkins)가 자신의 저서, 『다음 세대의 기독교』(The Next Christendom)에서 "남반부 기독교"(Southern Christianity) 후에 "제3세계 개발도상국"(The Global South)이라고 불리는 지역에서 어떻게 기독교가 급속하게 성장할 것인가를 실제로 예언하였음을 보여 준다.[12]

복음주의 선교학자라면, 성경적인(특별히 바울로부터) 원리들을 기초로 선교의 사고, 계획, 그리고 실제를 추진하였던 알렌의 독창적인 공헌을 인정하지 않을 수 없다. 그러나 아마도 수많은 복음주의자들은 자신들의 신학이 성경적이며 바울로부터 얻은 것이지만, 바울이 어떻게 사역을 했는지에 관한 선교학적인 중요성을 이해하는 데 실패한다. 이것은

---

sion (Grand Rapids: Eerdmans, 1964), 33-39.

11 David Jacobus Bosch, *Transforming Mission: Paradigm Shifts in Theology of Mission* (Maryknoll, N.Y.: Orbis Books, 1991), 40. 이 책은 『변화하는 선교』(CLC 刊)로 출간 되었다.

12 David J. Hesselgrave, *Planting Churches Cross-Culturally: North America anc Beyond*, 2nd ed. (Grand Rapids: Baker Books, 2000), 76, 114-15, 124, 225, 275, 284-85; William David Taylor, ed. *Global Missiology for the 21st Century: The Iguassu Dialogue* (Grand Rapids: Baker Academic, 2000), 28; Philip Jenkins, *The Next Christendom: The Coming of Global Christianity* (Oxford; New York: Oxford University Press, 2002), 7; Philip Jenkins, *The New Faces of Christianity: Believing the Bible in the Global South* (New York: Oxford University Press, 2006).

특히 선교단체와 관련 없이 선교사역을 직접적으로 하려고 하는 많은 교회들에게 나타나는 현상이다.

모범으로서 바울의 모습은 그를 따르려고 하는 교회들에게 훨씬 더 많은 것들을 제시함에도 불구하고, 바울의 의도를 완전히 인식하지 못한 채, 바울의 교리에 대해서 자랑삼아 논의하려고만 한다. 이러한 교회들은 선교와 관련하여 역사적인 문제들을 자주 알지 못한다. 그 결과 그 교회들은 알렌이 독자들에게 피하도록 권면하였던 잘못들로 곧장 빠지게 된다.

선교학자들이 얼마만큼 알렌과 바울을 진지하게 생각하는지에 대해 알아보는 것을 멈추고, 우리는 바울과 알렌의 사고와 행동이 오늘날 선교에 실제로 어느 정도 영향을 끼쳤고, 오늘날 선교에서 얼마나 관찰될 수 있는지를 살펴보아야 한다. 우리는 알렌이 무엇을 강조하는지를 살펴보며, 그 다음 기독교의 사역과 선교에서 오늘날 나타나는 현상 또는 행동을 살펴볼 것이다.

1) 성령과 하나님 말씀에 의지하고 복종한 로랜드 알렌의 원리들에 대한 실행

누가는 자신의 복음서 안에서 예수에 관한 그림을 우리에게 보여주며, 사도행전 안에서 사도들을 통한 성령의 사역에 관하여 선택적으로 설명하고 있다. 그는 복음의 놀라운 확산과 1세기 북부 지중해 지역에 교회들이 세워지는 것과 관련하여 성령의 중심성과 필수불가결성을 보여 준다.

바울은 명백하게 성령의 사역을 인식하고 있었다. 다메섹 도상에서 회심 이후 바울은 다소로 갔다. 그곳에서 바나바는 바울이 급격히 성장하고 있는 안디옥에 있는 교회를 가르치며 돕도록 불러냈다. 안디옥으로부터 파송을 받은 제1차 전도여행은 아가보라 하는 한 사람이 일어나 성령으로 말함으로 시작되었다(행 11:28). 이것은 예루살렘에 있는 성도들을 구제하는 것과 관련이 있는데, 그들은 큰 흉년을 겪었던 참이었다. 실제로 구제가 로마서 15장과 고린도후서 8-9장에서 증거하는 것처럼, 바울의 사역 전체에 큰 비중을 차지하였는데, 그런 의미에서 구제 프로그램의 첫 시행이었다.

예배하고 금식한 후, 안디옥에 있는 교회 지도자들은 바울과 바나바에게 선교사로서 임무를 부여하였다(행 13:1-3). 성령은 분명히 그들이 그 직분을 감당하도록 선택하였고, 성령은 그들을 파송하였다(행 13:4) 그래서 성령은 그 임무를 위해 그들을 선택하였고, 교회 지도자들은 그들의 임무를 확인하였던 것이다. 누가는 바울이 구브로에 있는 총독에게 복음을 전하고 마술사 엘루마를 호되게 꾸짖을 때, 그는 성령에 충만하였다(행 13:9). 누가는 제자들이 성장했고, "제자들은 기쁨과 성령이 충만하였다"고 기록한다(행 13:52).

사도행전 15장에 의하면, 예루살렘에 있는 장로들의 결정이 담긴 서신이 이방인 신자들에게 전달되는데, 그 서신에는 그렇게 결정하도록 격려하셨던 분이 성령이었음을 보여 준다(행 15:28). 바울과 바나바가 제2차 전도여행을 계속 하고 있었을 때, 성령은 그들이 어느 한 지역에 들어가는 것을 막았고, 대신에 그들은 환상중에 마게도냐에 가도록 인도되었다(행 16:7-10). 에베소의 신자들은 성령의 실체, 존재, 그리고 능력에 순응해야 했다(행 19:1-7).

바울의 설교는 확실히 그리스도 중심적이었다. 그러나 바울은 대개 자신의 활동은 성령에 의한 인도함이라고 설명하였다. 이 이유 때문에 그는 에베소 신자들에게 "성령에 매여" 예루살렘으로 가며, 모든 도시에서 성령이 자신에게 증언하여 결박과 환난이 자신을 기다린다고 말하였던 것이다(행 20:22-23).

바울은 마지막 고별 설교에서 에베소 장로들에게 그들 자신들과 온 양 떼를 위하여 삼가야 한다고 권면하며, 성령이 그들을 감독자로 삼고 교회를 보살피게 하셨다고 말하였다(행 20:28). 성령이 감독자로 삼았다는 이 요점은 "각 지역 교회 내 리더십은 신자들 안에 그리고 그들 중에 있는 성령 때문에 신임 받을 수 있다고 주장하였던" 알렌과 매우 일치한다.[13]

우리는 사도행전에서 실례로 보여 주는 것들은 바울서신들 안에서도 가르쳐지고 있음을 보게 된다. 그 가르침들은 매우 중요하다. 로마서를 시작하면서 바울은 그리스도의 복음이 성결의 영을 통하여 선포되었다고 선언한다(롬 1:4). 진정한 할례는 성령의 할례이며(롬 2:29), 육체를 극복할 수 있는 비결은 오직 성령을 의지하는 것뿐이다(롬 8:1-15; 갈 5:16). 또한 하나님 나라의 충만은 오직 성령 안에 있는 의와 평강과 희락의 문제이며(롬 14:17), 성령은 도덕성, 윤리, 그리고 기쁨이 생기도록 한다(갈 5:22-26).

성령의 능력의 증거는 복음 선포와 관련하여 진정한 영향의 기초이며, 깊은 영적인 진리들을 이해하는 능력은 성령에 의해 주어지는 능력이다(고전 2:4, 6-16). 그리스도의 몸이 되는 것은 개인적으로 집단적으로 성령의 성전이 되는 것이다(고전 3:16-17; 6:19). 그 몸을 가르치고 이끌어서 올바른 방향으로 나아가도록 하는 은사들은 성령에 의해 주어진다(고전 11-14장). 신자들은 두려움과 소심함에서 벗어나게 되고, 성령께서 사랑, 능력, 그리고 절제를 준다(딤후 1:7). 신자들은 성령의 검으로

---

13 Allen, *Missionary Methods*, 114; Roland Allen, *The Spontaneous Expansion of the Church and the Causes which Hinder It*, American ed. (Grand Rapids: Eerdmans, 1962), 59.

자신을 보호해야 한다(엡 6:17). 성령은 계속적으로 신자들을 성화시키기 위해 일한다(살후 2:13). 성령은 바울이 곁에 있든 없든 상관없이, 디모데와 같은 젊은 지도자들이 진리를 수호하도록 돕는다(딤후 1:14).

이 모든 가르침들은 성령의 사역에 대하여 많이 말하는 것이지만, 그것들 대부분 역시 요한복음에서 예수가 예언했던 것들에서 발견된다 (요 3:5-6; 7:37-39; 14:15-26; 15:26; 16:5-15). 사실 이것은 알렌이 20세기 초반 행해졌던 선교적인 노력을 조사했을 때 그를 사로잡았던 것이다. 그 당시에 새로운 신자들이 스스로를 보호하며 자신들의 증거를 확장하도록 하는 성숙과 능력을 일으키는 성령의 실체, 존재, 그리고 능력에 대한 인식이 불충분했었다. 알렌은 『선교방법들』에서 성령에 대하여 언급했으며, 바로 뒤이어 저술한 저서들인 『교회의 자연스러운 확장』(The Spontaneous Expansion of the Church)과 『성령의 사역』(The Ministry of the Spirit)에서 훨씬 더욱 발전시켰다.

해리 보어는 다음과 같이 알렌에 대해서 기록한다.

> 너무 찬란한 빛(성령으로서)은 전적으로 숨겨질 수 없다 … 그러나 이 능력의 성격과 실제와 관련하여 선교적인 중요성에 관한 이해의 빛은 희미하다 … 얼마나 이 계시가 우리 시대의 위대한 교사들에 의해 다루어지고 있는가? … 나는 그것은 실제적으로 전혀 다루어지지 않았고 무시되어져 왔다고 감히 말할 수 있다.[14]

이것은 그 당시에 이루어졌던 선교사역에 대한 알렌의 평가의 가장 중요한 부분이라고 나는 생각한다. 왜냐하면 그 이후 상당히 성령에

---

14 Boer, *Pentecost and Missions*, 48.

대한 강조가 이루어졌기 때문이다.

내가 로랜드 알렌의 사역에 대하여 놀라는 것은 『선교방법들』이 처음 등장했던 1912년에 선교사역과 관련하여 성령의 중요한 위치에 대한 그의 관심사가 켄자스(Kansas) 도시와 아주사(Azusa) 거리에서 갑자기 나타났었던 성령강림운동(Pentecostalism)과 똑같다는 것이다. 그러나 알렌은 그곳에서 일어난 운동에 대해 몰랐던 것처럼 보인다.[15]

알렌은 자신의 고향에 더 가까운 웨일즈에서 1904-1905년 동안 200,000명의 사람이 그리스도를 믿게 되었던 일을 알지 못했다. 아마 지금처럼 통신이 발달되지 않았기 때문에 그 당시 의사소통이 아주 더뎠을 것이다. 인정을 하든지 안하든지, 알렌이 정확히 말했던 것처럼, 우리는 하나님께서 세상 곳곳에서 임의적으로 그리고 동시에 일하고 계신다고 결론을 내려야 한다. 성경적인 정통성을 자부하는 곳에서조차, 영적인 어둠이 있었던 곳이라면, 하나님께서는 회중교회 사람들(Congregationalist), 영국 국교회 사람들(Anglican), 장로교회 사람들(Presbyterian), 그리고 독립교회 사람들(Independent) 모두에게 성령의 인격과 사역을 재강조해야 하는 필요를 느끼게 하셨다.[16]

알렌은 세이무르(Seymour)와 팔햄(Parham)을 따르는 사람들과 같은 방법으로 오순절파 사람이 되지 않았다. 그럼에도 성령을 강조했던 알렌은 자신이 속해 있었던 영국 국교회의 사람들의 관심을 받지 못했고, 사실상 그들은 성령의 실제 사역에 큰 관심이 없었다. 오히려 주요한 다른 교단들에 속해 있는 사람들이 성령의 사역에 관심을 갖기 시작했

---

[15] Gary B. McGee, "William Seymour and the Azusa Street Revival," *EJ* (Fall 1999), http://enrichmentjournal.ag.org/199904/026_azusa.cfm.

[16] Michael Pocock, Gailyn Van Rheenen and Douglas McConnell, *The Changing Face of World Missions: Engaging Contemporary Issues and Trends* (Grand Rapids: Baker Academic, 2005), 186.

다. 개혁파(Christian Reformed) 선교사이자 교수였던 해리 보어는 자신의 영향력 있는 저서, 『오순절과 선교』(Pentecost and Missions)를 저술할 정도로 성령의 역할을 고려해야 하는 필요에 대하여 절실히 느꼈다.

비록 달라스신학교(Dallas Theological Seminary)는 강조점에 있어서 오순절이나 은사주의 계통으로 볼 수 없다고 할지라도, 그 학교의 설립자이자 회중교회 교인인 루이스 스페리 채퍼(Louis Sperry Chafer)는 많은 복음주의자들에게 안내서가 되었던, 성령으로 걷는 것이 무엇인지를 보여 주는 『영적인 그분』(He That Is Spiritual)을 썼다.[17] 성령은 진정으로 그리스도께 영광을 돌리는 삶과 사역을 일으키는 필수불가결한 존재라는 채퍼의 신념은 정확하게 맞다. 1918년에 채퍼는 자신의 저서에서 많은 사람들이 자신들의 교단적인 배경과 상관없이 성령의 중요성을 깨닫고 있었다는 것을 반영했다.

알렌이 성령의 역할에 대하여 상당한 강조를 했지만, 그렇다고 선교와 관련하여 그가 성령의 역할의 인식에 초점을 맞춘 운동들을 이끌었던 유일한 사람이었다고 결론을 내릴 수 없다. 그러나 우리는 확실히 개신교 신자들뿐만 아니라 1960년대와 70년대의 가톨릭 부흥운동 동안 로마 가톨릭 신자들이 오순절과 은사주의에 대하여 많은 관심을 갖게 되었다는 것을 알 수 있다.

또한 세계적인 신오순절주의 운동들과 관련하여, 성령에 초점을 맞추게 된 그 변화를 우리는 이해할 수 있다. 이러한 움직임들은 오늘날 전 세계의 복음주의 운동의 약 70퍼센트를 구성한다. 서부 지역에서 유일한 은사주의 선교단체인 예수전도단(Youth with a Mission, YWAM)은 1960년에 설립되었고, 2012년엔 전 세계적으로 18,000명의 직원들이

---

17 Lewis Sperry Chafer, *He that is Spiritual* (Chicago: Moody Press, 1918).

일하는 단체로 성장했다.[18]

2) 감소된 외국의 지배에 따른 교회 운동의 성장

루퍼스 앤더슨, 헨리 벤, 그리고 존 네비우스의 뒤를 잇는 로랜드 알렌은 '삼자원칙'(three-self principle)을 지지하였는데, 이 원칙은 교회가 자치(self-supporting), 자립(self-governing), 그리고 자전(self-propagating)해야 한다는 것이었다. 알렌은 자신의 시대에 행해진 선교가 리더십, 행정, 교육, 재정, 복음 전파와 관련하여 너무 많이 개입하였기 때문에 토착교회들의 성장을 망쳐놓았다고 믿었다.

간단히 말하면, 알렌은 그러한 선교를 온정적인 간섭주의라고 진단하였다. 그는 선교단체들이 계속적으로 간섭하고 있다고 지적하면서, 그 이유를 "새 신자들을 건전한 교리와 올바른 행동을 하도록 인도하며 보호하는 성령을 신뢰하지 않았기 때문"이라고 설명했다. 그는 자신의 저서, 『선교방법들』의 적용부분에서 다음과 같이 썼다.

> 만약 지금 우리가 바울의 방법들에 접근하는 어느 수단들을 힘 있고 직접적으로 실행해야 한다면, 먼저 우리는 성령에 대한 믿음을 절대적으로 가져야 한다. 믿음 없이(이 믿음은 성령을 믿는 믿음이며, 우리의 개종자들 안에 내주하는 성령을 믿는 믿음이다), 우리는 아무것도 할 수 없다. …
> 만일 우리가 그들 안에 성령의 능력에 대한 믿음을 가시고 있지 않다면, 그들은 자신들 안에 내주하는 성령의 능력에 대하

---

18 YWAM에 관한 정보에 관하여 다음의 웹 사이트를 참조하시오. www.ywam.org/About-ywam.

여 어떻게 신뢰해야 하는지를 배우지 못할 것이다. 우리는 그들을 신뢰할 수 없으며, 그들 역시 스스로를 신뢰할 수 없게 된다. 다시 말해, 우리가 반드시 신뢰해야 하는 그분은 바울의 방법 안에서 행해진 사역이 성공할 수 있게 하신 성령이다.[19]

새 신자들 안에 내주하는 성령의 역사를 신뢰하지 못하는 것은 선교사들이 토착교회의 리더십, 교육, 재정적인 책임과 성장이 자발적으로 이루어지도록 내려놓지 못하는 것과 맞물려 있다. 알렌이 이러한 주장들을 교회선교사회(Church Missionary Society)와 일반적인 선교에 제기했던 이후에, 새 신자들의 일을 효과적으로 수행하는 능력을 신뢰하는 선교사들과 선교단체들이 현저하게 증가했다는 것을 우리는 보아왔다.

식민지주의의 종말은 이것과 상당히 관련되었고, 토착교회들은 성숙하게 되었다. 주목할 만하게, 외국의 단체와 어떠한 관계를 전혀 갖지 않아야 한다는 운동들과 더불어, 혹여 그러한 관계에 놓여있더라도 훨씬 적은 간섭이 있어야 한다는 운동들이 상당히 급증하였다.

예를 들면, 서구 전통 교단에 속하지 않는 아프리카 독립교회들(African Initiated Churches, AIC)과 같은 단체가 주도하는 운동들이 자발적으로 급증했다. 아프리카 독립교회들은 남부 아프리카의 시온주의(Zionist) 운동, 짐바브웨의 베포스토리(Vapostori)운동, 알라두라(Aladura), 킴방구 (Kimbanguist), 그리고 6천 개의 다른 아프리카 독립교회들을 포함하는데, 이 목록들은 데이비드 바렛(David Barrett)에 의해 처음 분류되었고, 더 최근에 바렛과 존슨(Johnson)에 의해 분류되었다.[20]

---

19 Allen, *Missionary Methods*, 152.
20 David B. Barrett, *Schism and Renewal in Africa: An Analysis of Six Thousand Contemporary Religious Movements* (Nairobi, Kenya: Oxford University Press, 1968); David B. Barrett, George Thomas Kurian and Todd M. Johnson, *World Christian Encyclopedia: A Compara-*

때때로 중국에서 일어난 마르크스주의의 혁명(Marxist revolution)과 같은 사건들은 교회의 간섭에 관하여 외국 선교의 손을 뿌리치도록 하였다. 막스가 그랬던 것처럼, "종교는 대중의 아편"이라고 믿었던 모택동주의자들 역시 종교는 인류가 진보할 때, 결국 소멸할 것이라고 확신하였다. 그들은 기독교 운동 역시 사라질 것이기 때문에 그 운동을 가만히 보기로 결정하였다. 중국에 있는 교회들은 삼자애국운동(Three Self Patriotic Movement, TSPM)에 속하도록 요구받았다. 어떤 의미에서 이것은 서양의 선교를 그들 자신의 언어로 취하고 있었던 것이다. 그러한 "삼자교회"는 이상적이기 때문에 외국인들은 더 이상 필요하지 않다고 생각하였다.

중국의 중앙 정부는 삼자애국운동에서 중추적인 역할을 했다. 이것은 많은 가정교회들이 삼자애국운동과 협력할 수 없도록 하는 결과를 초래했다. 왜냐하면 가정교회들은 그리스도만이 교회의 진정한 권위라고 여겼기 때문이다. 반어적으로 가정교회 운동은 지금 6천만 명에서 7천만 명의 회원에 달한다. 이 가정교회들은 외국의 간섭으로부터 자유로운 진정한 "삼자"교회들로서 알렌의 예언을 성취하는 모습을 갖고 있다.[21] 삼자애국운동에 속한 교회들은 약 1천 6백만 명의 회원을 가지고 있는 것으로 추정된다.

---

tive Survey of Churches and Religions in the Modern World, 2nd ed. (New York: Oxford University Press, 2001), 4.

21 "Christian Population in China," Christians in China: First-hand Reports on the Current State of Christianity in China (December 26, 2009), www.christiansinchina.com/2009/12/26/christian-population-in-china.

2. 바울의 방법들이 오늘날 교회와 선교를 위한 기준인가?

9장에서 답변하려고 하는 질문은 과연 바울의 선교방법들이 현대 선교에 적용할 수 있는지에 대해서이다. 즉 다른 말로 하자면, 현대의 선교사들은 바울을 선교적인 모델로 받아들여야 하는가? 적어도 알렌이 사도행전과 바울서신들에 나타나는 접근들을 매우 중요하게 취한다는 점에서 알렌으로부터 얻을 수 있는 대답은 "그렇다"이다.

성경은 오늘날 교회들이 어떻게 나아가야 하는지 보여 준다고 알렌은 믿었다. 우리는 이미 알렌의 저서, 『선교방법들』의 서론에서 성경과 오늘날 교회의 밀접한 관련성에 대한 그의 진술을 주목해 왔다. 그러나 알렌이 진술했던 것처럼, 기독교 믿음과 행동을 위한 규범으로써 성경을 다루는 알렌의 접근이 오늘날 일반적으로 받아들여지는 해석학의 원리들과 일치하는가?

본장을 시작하면서 다루었던 문제인데, 서신들에 나타나는 가르침은 역사적이고 내러티브적인 부분을 상당수 포함하는 사도행전에 특별히 나타나는 모범적인 인물들의 이야기들보다 더 구속력이 있다고 우리는 자주 생각하는 경향이 있다. 그러나 현장에서 행해진 실제적인 사역들과 내러티브와 관련된 구절들은 선교사들이 심각하게 취해야 하는 원리들을 제공한다. 그렇다고 선교사들은 모든 점에서 독창성이 없이 그 사도들을 모방해서도 안 된다.

베르나르드 램(Bernard Ramm)은 다음과 같이 자신의 소견을 밝힌다. "성경은 단순히 이론적인 추상적 개념들에 관한 책이 아니라, 독자들의 삶에 강력한 영향력을 끼치는 책이다."[22] 월터 카이저(Walter Kaiser)와

---

22 Bernard L. Ramm, *Protestant Biblical Interpretation: A Textbook of Hermeneutics*, 3rd ed. (Grand Rapids: Baker, 1970), 113.

모세 실바(Moisés Silva)는 더 최근에 성경의 3분의 2는 본질상 내러티브이며, 이 내러티브는 그리스도의 몸, 즉 교회를 위해 아주 중요하다는 것을 지적했다. "내러티브는 분명히 성경을 지탱하는 주요한 구조 틀이다."[23]

사도 바울은 고린도 교인들에게 출애굽과 광야 경험의 사건들이 실제로 일어났고, 그 사건들은 휠씬 이후 독자들의 현 세대에 오는 사람들을 훈계하기 위해 기록되었다는 것을 상기시킨다. 그러면서 그는 성경의 역사적인 부분을 강조하고, 동시에 그 사건에서 교훈들을 끄집어내는 이른바 "작은 신학"(minitheology)의 예를 보여 준다(고전 10:6, 11). 이것은 분명히 성경에 나타난 역사적인 내러티브는 교훈적인 의도와 가치를 가지고 있다는 것을 암시한다.

이것은 바울이 디모데에게 주는 권면에서도 잘 나타난다.

> 모든 성경은 하나님의 감동으로 된 것으로 교훈과 책망과 바르게 함과 의로 교육하기에 유익하니 이는 하나님의 사람으로 온전하게 하며 모든 선한 일을 행할 능력을 갖추게 하려 함이라 (딤후 3:16-17).

이것은 성경적인 방식들을 아무 독창성 없이 답습한다는 것을 의미하지 않는다. 만약 그렇게 되면, 은혜에 역행하는 신율법주의의 결과를 낳게 될 것이다. 오히려 바울이 보여 주는 사역의 유형들은 현재 처한 상황에서 적용할 수 있으며, 사역을 감당해야 하는 상황에서 아주 가치가 있기 때문에 기록되었다는 것을 우리는 알아야 한다. 바울이 보

---

23 Walter C. Kaiser and Moisés Silva, *An Introduction to Biblical Hermeneutics: The Search for Meaning* (Grand Rapids: Zondervan, 1994), 123.

여 주는 유형들은 분명한 기준들을 제시하는데, 우리는 이 기준들을 가지고 현 시대의 선교사역을 평가할 수 있고 실제로 평가해야 한다.

알렌은 또한 토착교회의 신자들이 성경을 이해하고 해석하는 능력을 가지고 있다는 것에 대해 긍정적이었다. 그는 외국 선교사들이 성경 본문들의 의미들을 해석하고 적용해야 하는 요소들을 찾아낸 다음, 새로 개척된 토착교회들에 그러한 요소들을 적용하는 것을 반대했다.

바울이 고린도 교인들에게 일반 성도들도 중대한 문제들과 관련하여 올바른 결정들을 할 수 있다는 것을 신뢰하도록 권면하였다는 것을 감안하면, 바울 역시 성령이 내주하는 신자들이 건전한 결정들을 할 수 있는 능력을 가지고 있다고 인식하였다는 것을 보여 준다(고전 6:1-6). 베드로도 베드로전서 2:4-10에서 모든 신자들은 제사장이라고 주장하였다. 이것은 기존의 신자들이 자신의 일을 잘 판단하고 처리하는 신뢰할만한 사람들임을 나타낸다.

최근 기독교 선교학자이자 인류학자인 폴 히버트(Paul Hiebert)는 "비판적 상황화"(critical contextualization)에 대해 논의했을 때, 그가 "해석학적 공동체"(hermeneutical community)라고 불렀던 것에 대한 요지를 단호히 주장했다.[24] 히버트는 토착교회의 문제들을 해결하는 데 있어서 성경의 의미와 적용에 대한 결정은 항상 토착교회의 대다수의 신자들에 의해 행해져야 한다고 주장했다. 비판적 상황화의 과정을 잠깐 살펴보자면, 먼저 그 토착 지역의 사람들은 특별한 상황에서 보통 행해져야 할 것을 인식한다.

그 다음, 가능하다면 그 지역에 거주하는 선교사의 도움과 함께, 그들은 그 문제에 관하여 성경이 무엇을 말하는지 발견한다. 마지막으로

---

24 Paul Hiebert, *Anthropological Issues for Missionaries* (Grand Rapids: Baker Books, 1985), 186-90.

그 지역 교회의 신자들, 즉 "해석학적 공동체"는 어떻게 성경이 그 문제에 관련되었는지 그리고 그 문제를 해결하기 위해 무엇을 해야 하는지를 결정한다. 알렌은 이러한 과정을 너무나 사랑했을 것이다! 히버트는 토착교회의 모든 사건들은 하나님의 말씀 안에서 만들어지는 결정들에 의해 다루어져야 한다고 주장했다.

오늘날 선교와 관련해서 해석학적 공동체의 원리의 적용은 "비전 2025"(Vision 2025)에 대한 위클리프성경번역선교회(Wycliffe Bible Translator)의 접근에서 입증된다. 이 전략은 세상의 모든 언어들을 성경으로 번역하려고 하는 것을 목표로 하고 있는데, 모든 사람들이 각자의 언어로 된 성경을 실제적으로 갖는 시점을 2025년까지로 계획한다. 위클리프선교회는 이 일을 단독으로 하려고 하지 않고, 다른 단체들과 교회들과 협력하여 그 목적을 이루려고 한다.

여기에서 중요한 요소는 같은 단체 안에서 함께 머물며, 신뢰할만한 번역들을 할 수 있는 많은 토착 번역가들의 훈련에 있다. 이것은 히버트가 강조하는 "해석학적 공동체"뿐만 아니라, 알렌과 사도 바울이 보여 주는 토착교회의 신자들에 대한 강조의 실제적인 사례이다. 이 신자들은 스스로 무엇을 믿어야 하고, 어떻게 행동해야 하는지 읽고, 반영하고, 결정해야 한다. 신약성경에서 베뢰아 지역의 신자들은 이러한 접근의 단적인 예이다.

누가는 다음과 같이 주목한다.

> 베뢰아에 있는 사람들은 데살로니가에 있는 사람들보다 더 너그러워서 간절한 마음으로 말씀을 받고 이것이 그러한가 하여 날마다 성경을 상고하므로(행 17:11).

사람들은 토착교회 신자들이 정통적인 교리가 무엇인지 정확히 분별할 수 없기 때문에 신뢰할 수 없다는 두려움을 갖는데, 알렌은 그와 같은 "교리에 대한 두려움"은 토착교회들의 성장에 제한적인 영향을 가진다고 믿었다.[25] 그는 "우리는 지나친 개인적인 열정 때문에 범할 수 있는 실수들을 두려워한다"고 썼다.[26]

실제로 교회들은 혼자 남겨졌을 때 하나님 말씀을 잘못 이해하는 이단적인 가르침에 빠지거나 잘못 적용하는 중대한 실수들을 범하는 일들이 일어나기도 한다. 예를 들어, 중국에 있는 모든 가정교회들은 정통적인 교리를 가지고 있지 않고, 아프리카 독립교회들은 때때로 "가장 변두리에 위치한 신자"라고 보여질 수 있다.[27] 그러나 이것은 그들이 확실한 신자가 아니라거나, 영원히 이단적인 상태에 머문다는 것을 의미하지 않는다.

알렌이 마음속에 기대했던 자발적으로 성장하는 교회들은 오늘날 "내부자운동"(insider movements)이라고 불리는 것과 아주 유사하다. 이 운동은 보통 여러 가지 점에서 문화적인 상황 안에 남아있는 가정교회 운동이다. 이 교회들은 처음 시작하였던 종교의 일부 요소들을 계속해서 행하고 있으며, 외부에 있는 많은 사람들은 심지어 밀접한 기독교 관계자들까지 이상한 단체로 또는 심지어 이단으로 판단할지 모른다.[28]

그럼에도 불구하고, 그 운동들은 성경을 자신들의 권위로 여기는 예수 지향적인 운동들이다. 그러나 안타깝게도 여전히 그들의 오래된 종

---

25 Allen, *The Spontaneous Expansion of the Church*, 43-47.
26 Allen, *Missionary Methods*, 94.
27 Barrett, Kurian, and Johnson, *World Christian Encyclopedia*, 4.
28 Joshua Lingel, Jeffery J. Morton, and Bill Nikides, eds. *Chrislam: How Missionaries are Promoting and Islamized Gospel* (Garden Grove, Calif.: 12 Ministries, 2011). 이 책은 내부자운동들과 이슬람교의 상황 안에 있는 다양한 저자들과 많은 토착 신자들에 의해 이루어지는 이슬람교도를 위한 성경 번역에 대하여 강한 비판을 포함한다.

교적 신념들과 관련된 경전들을 존중하고 읽는다. 이러한 운동들에 대해 우리는 무엇을 생각해야 하는가?

데이비드 게리슨(David Garrison)이 자신의 저서, 『교회개척운동』(Church Planting Movements)에서 증명하는 것처럼,[29] 우리는 그러한 운동들이 빠르게 성장한다는 것을 알고 있다. 자발적으로 성장하는 가정교회 운동들은 아시아, 아프리카, 그리고 라틴 아메리카에서 증가하고 있다. 만일 알렌이 오늘날 살아있다면, 그는 그러한 성장을 환영했을 것이고, 그러한 현상은 자신이 예언했던 것이라고 분명히 말했을 것이다. 또한 그는 만일 선교사들이 오직 새로 개척된 교회가 선교사들의 과도한 간섭을 받지 않고 자발적으로 성장하도록 허용한다면, 일어날 수 있는 현상이라고 인정했을 것이다.

새 신자들을 위한 시기적절한 교정과 교훈은 반드시 필요하다. 이것은 왜 바나바가 바울을 안디옥에 있는 새 신자들을 가르치도록 초대했는지(행 11장) 그리고 왜 브리스길라와 아굴라가 열정적이고 진실한 설교자였던 아볼로에게 "하나님의 도를 더 정확하게 풀어야"(행 18:18-26)한다고 했는지 그 이유가 될 수 있다. 우리는 아볼로의 잘못된 가르침이 무엇인지 모른다. 그러나 명백하게 아볼로는 아굴라와 브리스길라와 시간을 보낸 이후, 복음주의적이고 목회적인 책임을 깨닫고 사역을 수행했을 것이다(행 18:27-28).

랄프 윈터(Ralph Winter)는 다음과 같이 질문한다. "우리는 선교현장에서 얼마나 많은 이단들을 더 만나야 하는가? 이단들은 희망의 비를 가진 구름들이 될 수 있는가?"[30] 「선교전방개척」(Mission Frontiers)과 「국

---

29 V. David Garrison, *Church Planting Movements: How God is Redeeming a Lost World* (Midlothian, Va.: WIGTake Resources, 2004), www.churchplantingmovements.com.

30 Ralph D. Winter, "Do We Need More Heresies on the Mission Field? Can Heresies be Clouds with a Silver Lining?" *Mission Frontiers* (Septempber 1, 1996).

제전방개척선교저널」(The International Journal of Frontier Missiology)이라는 정기 간행물에서 발표하였던 소논문들을 기반으로 발전시킨, 그의 요점은 그리스도를 향한 새로운 운동들은 역사적으로 이단으로 간주되어왔지만, 이들 중 많은 운동들은 시간이 지나면서, 더 성경적인 정통 교리로 돌아왔다는 것이다.

이것은 "아마지온스"(Amaziones, 서부 아프리카의 시온주의 교회들[Zionist Churches of Southern Africa])라고 불렸던 아프리카 독립교회들이 자신들이 펼쳐온 광대한 운동과 관련하여 더 성경적인 기초를 놓으려고 시도하는데, 이 과정에서 전통적인 복음주의 교사들을 환영하고 있다는 것만 보아도 명백하다. 비슷한 현상은 오늘날 중국에서도 발견될 수 있다.

알렌의 작품을 읽었던 일부 사람들은 몇 주 또는 몇 달 안에 교회들을 세우고, 다른 지역으로 옮겨가면서 바울처럼 신속하게 일할 수 있다고 결론을 내린다. 그러나 알렌은 새로이 세워진 교회들을 신속하게 내려놓고 가는 것에 결코 초점을 맞추지 않는다. 알렌의 무엇보다도 중요한 신념은 성령은 새 신자들을 가르칠 수 있다는 것인데, 그렇다고 그의 강조점은 새 신자들과 교회들을 안내 없이 두고 떠나는 것에 있지 않다.[31] 그가 주장했던 것은 선교사가 억지로 상황에 떠밀려서 하기 전에, 권위와 책임감을 신생 교회들에게 기꺼이 넘겨주고, 자립할 수 있도록 하는 것이었다.[32]

---

31 Allen, *Missionary Methods*, 153-54.

32 Ibid., 158-59.

3. 결론

몇몇 사람들이 이 책에서 보여 주었던 것처럼, 로랜드 알렌은 선교사들과 선교단체들이 자신들의 이론들과 실제들을 성경과 성령의 점검 아래에서 살펴본 다음 반성하고 다시 헌신하는 것을 바랬었다. 우리는 선교학자들과 대규모의 선교적인 협의회들과 개인들은 그러한 과정을 해 왔다는 것을 보아왔다.

그러한 과정을 해오면서, 아마도 재조사의 신선한 과정을 경험해야 하는 많은 그룹들과 개인들이 있었을 것이다. 우리의 시대를 위한 도전은 "제3세계 개발도상국"으로부터 생겨나는 선교단체들과 선교를 보내는 교회들은 선교역사와 사도 바울의 본보기적인 실제를 무시할 수 있다는 것이다.

우리는 내러티브 또는 성경에서 역사적으로 설명하는 부분들은 항상 신중하게 취해져야 한다는 것을 살펴보았다. 그러한 부분들은 단순히 독창성 없이 복제되어야 한다는 것을 의미하지 않는다. 그러나 성경적인 실례로부터 끌어내는 유형들과 원리들은 절대적으로 현 시대의 사역에서 이루어지는 우리의 행동을 인도하게 될 것이다. 게다가 바울의 사역의 일반적인 원리들과 유형들은 실용적으로 그리고 영적으로 우리의 시대에 적용할 수 있다.

과거의 질적, 양적 성장을 억눌렀던 방법들의 반복을 피하면서, 우리의 사역에 성경적으로 진정한 접근을 유지하는 유일한 방법은 우리 스스로가 성령을 의지하면서, 성령을 어떻게 의지하는지 보여 주고 가르치는 모델이다.

선교사역에서 기독교의 정통 교리를 갖는 것만으로 충분하지 않다. 물론 그것도 가져야 하지만, 우리는 또한 가장 뛰어나고 우위에 있는 예수 그리스도에 관한 믿음과 성령의 필수불가결한 능력, 그리고 하나님의 말씀의 인도에 일치하여 행동하는 올바른 실천을 가져야 한다는 것을 잊지 말아야 한다.

10장

바울과 토착 선교

존 마크 테리 박사
미국 남침례신학교 선교학 교수

"토착"(indigenous)이라는 용어는 생물학에서 온 것으로, 어느 한 지역에서 태어난 식물과 동물을 가리킨다. 예를 들어, 망고나무가 필리핀 원산종의 나무이듯이, 참나무(oak trees)는 북아메리카 원산종의 나무이다. 19세기에 선교학자들은 그 단어를 채택해서, 문화라는 토양에서 번식할 수 있는 교회를 언급하며, 민족 언어(ethnolinguistic)집단의 문화적인 특성들을 반영하기 위해 사용했다.

토착교회들을 세우려는 이 선교적인 노력은 자연적으로 환경이라는 토양에 적합한 교회들을 심고 또한 그 교회들이 주변에 또 다른 교회들을 번식할 수 있도록 하며, 서구의 유형들을 단순히 복제하는 교회들이 되는 것을 피하려는 노력의 일환이다.[1]

---

[1] 이 책 10장의 대부분은 나의 소논문의 축약된 형태로 나타났다. "Indigenous Churches," in *The Evangelical Dictionary of World Missions*, ed. A. Scott Moreau (Grand Rapids: Baker Books, 2000), 483-85.

1. 사도 바울의 토착 선교전략

토착교회를 세우려는 선교적인 노력은 사도 바울이 했던 것처럼 선교를 행하려는 시도이다. 사실, 토착 선교를 옹호하는 사람들은 바울의 선교전략에 관한 글을 근거로 해서 주장한다. 토착 선교에 관한 글들을 반대하는 엉성한 비평조차도 이 사실을 드러낸다. 토착 선교를 지지하는 사람들은 사도 바울의 전략을 모방하려고 애쓴다.

사도 바울의 선교전략은 무엇이었는가? 선교학자들은 바울이 정말 중요한 전략을 가졌었는지에 관하여 논쟁해 왔다. 트리니티복음주의신학교(Trinity Evangelical Divinity School)에서 오랫동안 선교학 교수로 재직하였던 허버트 케인(J. Herbert Kane)은 다음과 같은 질문을 하였다.

> 만약 전략이라고 했을 때, 인간적인 관찰과 경험을 바탕으로 아주 계획적이고, 잘 형식화된, 그리고 적절히 작성된 행동의 계획을 생각한다면, 바울은 전략을 거의 가지고 있지 않거나 전혀 없다고 해야 한다. 그러나 만일 우리가 전략이라는 단어를 성령의 인도와 간섭 아래 발전되는 융통성 있는 운용방식(modus operandi)을 의미하는 것으로 이해한다면, 바울은 선교적인 전략을 가졌다고 말할 수 있다.[2]

거의 확실히, 바울과 바나바는 제1차 전도여행을 떠나기 전, 특정한 전략을 만들지 않았다. 그러나 오랜 시간을 거쳐서 바울은 전략으로서 설명될 수 있는 사역의 유형을 발전시켰다. 바울의 전략 또는 운용방

---

[2] J. Herbert Kane, *Christian Missions in Biblical Perspective* (Grand Rapids: Baker Book House, 1976), 73.

식은 무엇이었는가?[3]

1) 바울은 순회하는 교회개척자로서 섬겼다

그는 교회들을 세우면서, 이 도시에서 저 도시로 이동하였다. 몇몇 도시에서 그는 오직 몇 주 또는 몇 달만 머물렀지만, 그는 분명히 순회하는 교회개척자로서 역할을 하였다. 사실, 바울은 전도여행들을 하면서 어느 도시에서든 3년 이상 머무르지 않았다. 그는 자주 자신을 사도로서 설명하였다. 존 폴힐(John Polhill)은 사도에 대해서 "부활하신 그리스도로부터 새로운 영역에 사역을 감당하도록 직접적으로 부름을 받은 개척적인 선교사"로 정의한다. "사도는 개척자였다."[4] 이렇게 바울을 묘사하는 것은 아주 적합하다. 그는 로마서 15:20에서 자신의 목적을 다음과 같이 설명하였다.

> 또 내가 그리스도의 이름을 부르는 곳에는 복음을 전하지 않기를 힘썼노니 이는 남의 터 위에 건축하지 아니하려 함이라
> (롬 15:20).

토착 선교의 이론과 실제는 선교사들의 책임을 강조하는데, 그들은 선구적인 교회개척자로서 자신이 세운 교회들을 목회하기 위해 머무르지 않는다.

---

3 Ibid., 75-85. Herbert Kane이 제시하는 이 자료는 10장의 바로 이 부분에 대한 기초이다.
4 John B. Polhill, *Paul & His Letters* (Nashville: Broadman & Holman, 1999), 441.

2) 지역들을 복음화하기 위한 바울의 접근은 도시들 안에 교회들을 세우는 것이었고, 그 교회들로 하여금 복음이 주변의 지역에 스며들도록 하는 역할을 하도록 하는 것이었다

누가는 사도행전 19:10에서 "두 해 동안 이같이 하니 아시아에 사는 자는 유대인이나 헬라인이나 다 주의 말씀을 듣더라"라고 말한다. 로랜드 알렌 또한 이것에 주목한다.

> 한 지역을 복음화 하는 것에 대한 사도 바울의 이론은 혼자서 그 지역의 모든 곳에 복음을 전하는 것이 아니었다. 그러나 중요한 장소 두 세 곳에 기독교의 삶의 중심지를 세우는 것이었다. 복음은 그 중심지에서부터 그 지역 주변으로 확산되었다 … 그는 자신이 세운 교회가 즉각적으로 빛의 중심이 되길 간절히 원했다.[5]

바울이 왜 다른 곳이 아닌 몇몇 도시들 안에서 사역하는 것을 선택했는지 명확하지 않다. 적어도 때때로 성령은 바울을 특별한 장소로 인도하였다. 사도행전 16:6-10은 하나님께서 환상을 통해 바울을 마게도냐로 인도하였던 방법을 보여 준다. 아마도 마도게냐로 가서도 바울은 주변의 다른 도시에서 사역했을 것이다. 왜냐하면 그는 거기에서 접촉들을 가졌고, 도시들은 그에게 중요했기 때문이다. 에베소의 중요성은 확실히 바울이 거기에서 일하도록 영향을 주었다.

알렌은 다음과 같이 요약한다.

---

[5] Roland Allen, *Missionary Methods: St. Paul's or Ours?* 2nd ed. (Grand Rapids: Eerdmans, 1962), 12. Michael Green은 자신의 저서에서 Allen의 입장을 확고히 한다(*Evangelism in the Early Church* [Grand Rapids: Eerdmans, 2003], 362).

사도 바울이 로마 관할 중심지, 헬라 문명의 중심지, 유대교영향의 중심지, 그리고 중요한 무역로의 관문에 도착했던 것은 하나의 규칙인 것처럼 보인다. 마치 한 눈에 주저함 없이 받아들여질지 모르는 규칙 말이다. 그러나 우리는 사도 바울이 교회들을 세웠던 장소들의 특징들에 관하여 너무 지나치게 강조하는 것을 허용해서는 안 된다 …

사도 바울은 명백하게 그가 단순히 이와 같은 기반들을 가지고 있는 곳에서 의도적으로 복음을 전하지 않았다. 다시 말해, 그는 성령에 의해 인도되었다. 또한 우리가 전략 중심지에 대해서 말할 때, 우리는 그 중심지들은 자연 발생적인 중심지들임을 인식해야 한다. 그러나 또한 선교사역을 위해 그 중심지들은 전략적으로 사용되어졌기 때문에 전략적 중심지들임을 우리는 인식해야 한다.[6]

3) 바울은 주로 로마의 네 지역인 갈라디아, 아시아, 마게도냐, 그리고 아가야에서 집중 사역하였다

이렇게 하는데 있어서 사도 바울은 "확산전략"(diffusion strategy)보다 오히려 "집중전략"(concentration strategy)적인 사역을 증명한다. 확산전략에서 선교사들은 가능한 한 빨리, 가능한 한 많은 사람들에게 복음을 제시한다. 집중전략을 사용하는 선교사들은 바울처럼 제한된 지역이나 특별한 그룹이나 도시에 집중한다. 이 아이디어는 다른 장소들과 사람들에게 도달할 수 있을 교회들을 세우는 것이다. 허버트 케인은 바울의 집중전략을 다음과 같이 설명하였다.

---

6 Allen, *Missionary Methods*, 16.

그의 목적은 단순히 영토를 뒤덮는 것이 아니라, 교회를 세우는 것이었다. 이것을 성취하기 위해, 씨를 뿌리는 것뿐만 아니라, 추수를 하는 것이 필수적이었다. 이것은 그의 노력을 꽤 제한된 지역에 제한함으로써 가장 잘 수행될 수 있었다.[7]

4) 바울은 지역 회당이 있는 곳이라면 그곳에서 일반적으로 자신의 복음사역을 시작했다(행 13:10-15)

이것에 대한 몇 가지 이유들이 있다.

첫째, 안식일에 회당에 가는 것은 바울의 습관이었다.

둘째, 바울과 바나바는 흩어진 유대인들의 회당에서 구약성경 본문을 읽고 그 본문들에 관한 주석을 해 주도록 자신들이 요청받을 것을 알았다. 이것은 적어도 바울과 바나바가 회당에 모인 예배자들에게 말할 기회를 얻게 될 것이라고 인식했던 것이다.

셋째, 바울은 복음은 "먼저는 유대인에게"라는 사실을 믿었다(롬 1:16).

넷째, 바울은 회당에서 세 유형의 예배자들을 만난다는 것을 알았다. 그들은 유대인, 유대교로 개종한 이방인, 그리고 하나님을 경외하는 자였다. 하나님을 경외하는 자들은 유대교에 깊은 관심을 표현했지만, 공식적으로 아직 개종하지 않은 사람들이었다. 하나님을 경외하는 자들은 바울의 복음을 가장 잘 받아들이는 청중이었음이 틀림없다.

다섯째, 회당에서 예배하는 사람들은 이미 구약성경을 알고 있었다. 그리고 그들은 이미 메시아를 기대하고 있었다. 그러므로 바울은 사전 지식이 없는 이방인 청중들에게 하는 것처럼 많이 설명할 필요가 없었

---

7 Kane, *Christian Missions in Biblical Perspective*, 75.

다. 일반적으로 회당에서 바울의 가르치는 사역은 단기적이었다. 그러나 그는 쫓겨난 후, 다른 지역에서도 같은 방법으로 가르치며 설교하였다(행 18:6-7; 19:9).

5) 바울은 신생된 교회들을 후원하기 위해 결코 안디옥이나 예루살렘에 있는 교회들에게 재정지원을 부탁하지 않았다.

오히려 그는 처음부터 교회들이 스스로 자립하길 기대했다.

6) 바울은 자신이 세운 모든 교회들을 이끌어나갈 장로들을 임명했다

사도행전 14:23은 다음과 같이 말한다.

> 각 교회에서 장로들을 택하여 금식 기도 하며 그들이[바울과 바나바] 믿는 주께 그들을 위탁하고(행 14:23).

장로들이 선출되는 과정은 명확하지 않다.
존 폴힐(John Polhill)은 다음과 같이 설명한다.

> 사도들의 사역에서 마지막 단계는 신생 교회들 안에 리더십을 세우는 것이었다. 초대 교회들 안에는 리더십을 맡을 전문적인 목사가 없었다. 결과적으로 신자들을 목양하도록 평신도 장로들을 세움으로 유대교 회당의 유형을 따랐던 것처럼 보인다. 이 특별한 상황에서 누가 장로들을 임명했는지에 대한 질문이 생긴다. 사도들인가? 아니면 회중들인가? 이 질문에 대한 바른

대답을 주는 NIV는 헬라어 구문을 "바울과 바나바가 장로들을 택하여"(23절)라고 가장 자연스럽게 번역한다.[8]

7) 바울은 교회들을 성령의 보호에 맡겼지만, 그 역시 그들을 방문하고 그들에게 정기적으로 서신을 썼다

예를 들어, 제2차, 3차 전도여행 동안 바울은 소아시아와 헬라에 있는 교회들을 방문하기 위해 돌아 다녔다. 실제로 바울은 서신들을 신생 교회들을 격려하며 그들 안에서 일어났던 문제들을 해결하기 위해 썼다.

8) 바울은 팀 사역을 하였다

우리는 혼자 일하는 바울을 결코 보지 않는다. 오히려, 그는 항상 팀 안에서 동료 선교사들과 함께 일했다. 제1차 전도여행에서 그는 바나바와 요한 마가와 함께 일했다. 제2차 전도여행에서 실라, 누가, 그리고 디모데가 바울과 동행했다. 실라는 처음부터 함께 했었고, 디모데와 누가는 소아시아에서 합류했다. 이렇게 팀으로 함께 일하는 것을 통해, 바울은 초보 선교사들을 훈련시키는 기회를 얻었고, 나중에 훈련받은 그들에게 중요한 임무를 맡길 수 있었다(딤후 2:2). 팀 사역을 통해 바울은 더욱더 안전하게 사역할 수 있었고, 자신의 복음사역을 돕는 많은 동료들을 얻을 수 있었다.

---

8 John B. Polhill, *Acts*, NAC (Nashville: Broadman Press, 1992), 319.

9) 바울은 반응을 보이는 사람들에게 설교하는 것을 좋아하였다

사도 바울은 헌신적이며 결실이 풍부한 사역을 하기로 결심하였다. 그러므로 그는 좋은 결과들을 성취할 수 있는 곳에서 설교했다. 모든 사람들과 모든 그룹들이 똑같이 반응하지 않았다. 예수는 이것에 대해서 씨 뿌리는 자의 비유를 통해 언급하였다(마 13:1-23). 비시디아 안디옥과 고린도에서 바울은 유대인들에게 복음전도사역을 시작하였다. 그러나 그들이 그리스도를 거절했을 때, 그는 이방인들에게로 돌아섰다(행 13:46; 18:6).

10) 바울은 수리아 안디옥에 있는 집처럼 편안한 교회와 밀접한 관계를 유지했다

전도여행 이후 바울은 하나님께서 이방인들 중에서 이루셨던 것들을 안디옥에 있는 교회에 보고하기 위해 돌아갔다(행 14:26-28).

11) 바울은 "다양한 사람에게 다양한 모습이 되었다"

바울은 결코 자신이 가르쳤던 메시지나 교리들을 바꾸거나 타협하지 않았다. 그러나 그는 다른 방법 안에서 융통성을 보였다. 그가 유대인들 사이에서 살고 일했을 때, 그는 유내인처럼 살았다. 그가 이방인들 사이에서 살았을 때, 그는 이방인들처럼 살았다. 이전에 바리새인이었던 바울은 이렇게 사는 것이 분명히 힘들었을 것이다. 그러나 그리스도의 사랑을 받았던 그는 복음을 위하여 문화적인 적응을 감내할 수 있었다(고전 9:19-23).

2. 토착 선교의 초기 주창자들

영국 국교회와 관련된 교회선교사회(Church Missionary Society)의 헨리 벤(Henry Venn, 1796-1873)과 회중 교회와 관련된 미국해외선교위원회(American Board of Commissioners for Foreign Missions)의 루퍼스 앤더슨(Rufus Anderson, 1796-1880)은 19세기 중엽 처음 "토착교회"라는 용어를 사용했다. 그들은 각자 따로 자신들의 이론을 발전시켰다. 그러나 그들은 이후에 서신 교환을 통해 그들의 입장을 일치시켰다. 사도 바울의 접근에 대한 연구를 근간으로 해서 그들은 "삼자"교회들을 세우는 필요성에 대해 썼다. 여기서 "삼자"는 자치, 자립, 그리고 자전을 의미한다(벤이 독창적으로 "스스로 확장"[self-extending]이라는 용어를 사용했다).

벤과 앤더슨은 선교사들이 재정적으로 독립되며, 자치적으로 업무를 수행할 수 있고, 복음전도와 선교를 수행할 수 있는 교회를 세우도록 독려했다. 그들은 선교사들이 교회를 목양하고 유지하는 데 몰두하는 것을 걱정했으며, 또한 선교사들의 주된 업무는 "독립적인", "순수하게 토착민들로 구성된" 새로운 교회들을 세우는 것임을 주장했다. 그들은 선교사들이 국내의 목사들을 훈련시키며, 교회의 관리를 훈련된 그들에게 가장 이른 시기에 넘겨주도록 가르쳤다.

벤은 선교사역과 관련하여 토착교회들에 대한 이해를 "안락사" 개념에 결합하였다. 안락사라는 개념을 통해 그가 의미하려고 하는 것은 선교사들은 교회들을 세우고, 지도자들을 훈련시키며, 그 다음 복음화되지 않은, 새로운 지역으로 이동해야 한다는 것이다. 다시 말해, 지역 토착교회가 발전할 때, 외부로부터 오는 선교는 감소해야 하고, 결국 그 지역에서 사라져야 한다. 선교사들은 그때 다른 지역으로 가서 복음을 전하는 임무를 부여받게 될 것이다. 벤은 선교사들이 "영원한 붙

박이"가 아니라, "항상 임시적인 사역자"이어야 한다고 믿었다.[9]

중국에서 장로교 선교사로서 사역한 존 네비우스는 자신의 대표적인 저서, 『선교교회의 설립과 개발』(Planting and Development of Missionary Churches)에서 벤과 앤더슨의 토착교회를 위한 원리들을 발판으로 삼았다. 네비우스는 "네비우스 선교정책"(The Nevius Plan)이라고 불리는 원리들을 발전시켰다.

① 신자들은 자신들이 속해 있는 지역에 계속해서 살아야 하며, 직업에 종사하며, 재정적으로 자립하고, 동료들과 이웃들에게 복음을 증거 해야 한다.
② 선교단체들은 국내의 교회가 원하고, 유지할 수 있는 프로그램들과 기관들을 발전시켜야 한다.
③ 국내의 교회들은 그들 자신의 목회자들을 소집하고 지원해야 한다.
④ 교회는 교회 구성원들이 낸 돈과 물질들을 가지고 그 지역의 양식대로 건축되어야 한다.
⑤ 성경적이고 교리적인 집중 교육은 매년 교회 지도자들에게 제공되어야 한다.

네비우스는 그의 저서에서 대부분의 선교단체가 중국에서 수행해 온 과도한 후원사역을 비판하였다. 엄밀하게 네비우스의 원리들은 중국에서 별로 영향력을 갖지 못했다. 왜냐하면 그곳에 있는 대부분의

---

9 Henry Venn에 대하여 더 알기 위해서 다음의 책을 보라. Max Warren, ed., To Apply the Gospel: Selections from the Writings of Henry Venn (Grand Rapids: Eerdmans, 1971). Rufus Anderson에 대해서 더 알기 원한다면, 다음의 책을 보라. R. Pierce Beaver, ed., To Advance the Gospel: Selection from the Writings of Rufus Anderson (Grand Rapids: Eerdmans, 1967).

선교사들이 그의 방법을 거절했기 때문이다. 그들은 여전히 선교기지를 유지하고, 중국인들을 간섭하고, 재정적으로 교회들과 목사들, 그리고 기관들을 후원하는 것을 좋아했다.

그러나 미국 장로교와 감리교가 1880년대에 한국에서 사역을 시작했을 때, 새로운 선교사들은 자신들이 경험이 전혀 없다는 것을 깨달았다. 그들 중 한 선교사는 네비우스가 쓴 몇몇 소논문들을 읽었다. 그래서 그는 존 네비우스를 초청해 가르쳐 주도록 모든 선교사들에게 제안했다. 네비우스와 그의 아내는 1890년에 한국을 방문했고, 몇 주를 보내면서 신참 선교사들을 지도하였다. 그들은 그의 정책을 채택했고, 엄청난 성공을 거두었다.[10]

3. 로랜드 알렌

영국 국교회 사제로서 로랜드 알렌(Roland Allen, 1868-1947)은 1892년부터 1904년까지 중국에서 해외복음선교협의회(The Society for the Propagation of the Gospel in Foreign Parts)와 사역했다. 네비우스처럼, 그는 중국에 있는 대부분의 선교사들에 의해 도입된 방법들을 비판했다. 그는 몇 권의 책과 많은 소논문들을 썼다. 특별히 그는 토착 선교에 관한 자신의 철학을 아주 명확하게 두 권의 저서에서 표현했다. 그 저서들은 『선교방법들』과 『교회의 자연스러운 확장』이다.

알렌은 선교사들에게 사도 바울이 보여 준 유형을 따르도록 권면하기 위해 글을 쓰는데 몰두했다. 예를 들어, 『선교방법들』에서 그는

10　John L. Nevius, *The Planting and Development of Missionary Churches* (Hancock, N.H.: Monadnock Press, 2003).

다음과 같이 진술한다.

> 우리는 그의 방법들이 갖는 보편성의 성격을 확실히 허용해야 한다. 그리고 지금 나는 감히 말할 수 있다. 그 사도 이후, 어느 누구도 그의 것보다 더 좋은, 또는 우리 시대의 환경에 더 적합한 복음 전파를 위한 방법들을 발견하거나 실행하지 않았다. 교회들을 세우는 사역에서 보여 준 그 사도보다 더 좋은 모델을 발견하는 것은 분명히 어려울 것이다. 어쨌든, 그 사도의 방법들은 우리가 실패해 온 곳에서 정확하게 성공했다는 것만은 확실하다.[11]

알렌은 선교와 관련하여 성령의 역할을 강조했고, 선교사들이 순회하며 교회를 세우며, 성령이 그 교회들을 성장시킨다는 것을 신뢰하도록 격려했다. 그는 확실히 "삼자"를 주장하였다. 그러나 그는 그 무엇보다도 자전을 가장 강조했다. 그는 세워진 토착교회가 주변에 복음을 전하며 또 다른 교회들을 세우지 않는다면, 토착교회가 될 수 없다고 믿었다. 알렌의 주요 원칙들은 다음과 같다.

1) 영구불변의 모든 가르침은 알기 쉬워야 하고, 그것을 받아들이는 사람들이 그것을 잊지 않고 계속 기억하며, 그것을 사용하고, 그것을 남에게 전달할 수 있도록 쉽게 이해되어야 한다

알렌은 선교사들에 의해 제공되는 가르침은 배우는 사람들이 다른 사람에게 가르칠 수 있을 정도로 쉽게 이해되어야 한다고 주장했다.

---

11 Allen, *Missionary Methods*, 147.

2) 모든 기관들은 자국의 신자들이 그것들을 유지할 수 있는 정도에서 설립되어야 한다

알렌의 시대에 행해진 중국에서의 선교사역은 상당히 제도화되었다. 선교기지(울타리로 경계된 선교사들의 주택을 포함하여), 학교, 기독교 단과대학과 종합대학, 고아원, 신학교, 출판시설, 농업시설, 병원, 약국, 그리고 직업훈련센터 등이 있었다. 알렌은 중국의 교회들이 이 모든 기관들을 정말로 원하고 있는지 의심했고, 그 모든 시설이 그들의 모든 필요를 채워줄 수 없다고 확신했다.

3) 교회 재정은 각 지역 교회 구성원들에 의해 제공되며 관리되어야 한다

알렌은 각 지역 교회들은 교회 구성원들이 낸 십일조와 헌금을 통하여 재정적으로 자립해야 한다고 강하게 믿었다. 그는 해외로부터 조성된 모든 기부금이 각 지역의 교구나 선교본부에 보내어지는 일반적인 관습에 반대했다.

4) 신자들은 목회적으로 서로를 돌보도록 배워야 한다

중국 사람들은 가뭄, 홍수, 그리고 유행병 때문에 자주 기근을 겪었다. 정기적으로 발생하는 기근이 있을 때, 선교사들은 교회 구성원들을 위해 쌀을 제공하였다. 이것은 이해할 만하며, 심지어 칭찬할 만하다. 분명히 선교사들은 그 개종자들이 굶어 죽는 것을 차마 볼 수 없었을 것이다. 그러나 그들의 제공 이면에 반대적인 현상 역시 지적되어야 한다. 그 기근 동안, 많은 중국 사람들은 각 지역 교회에 쌀을 받기 위해 모여들었다. 이 행동은 "쌀만 주면 믿겠다는 사람들"(rice Christian)이라는 관용구를 생기게 하였다. 알렌은 배고픈 사람들을 먹이는 것 그 자체를 반대하지 않았다. 그러나 그는 각 지역 교회 신자들이 외국 선교사들에 의존하는 것보다 서로를 돌보도록 배워야 한다고 믿었다.

5) 선교사들은 자국 신자들에게 영적인 은사들을 자유롭게, 즉 각적으로 실행하는 권위를 주어야 한다

알렌은 성령에 대하여 일관적으로 강조했다. 그는 성령은 지역 교회 신자들에게 교회를 인도하기에 필요한 영적인 모든 은사들을 준다고 강력하게 믿었다. 그는 교회성장을 막는 주요한 장애물 중 하나는 선교사들이 지역 교회 지도자들을 계속해서 간섭하는 것이라고 생각했다.

알렌의 원리들은 20세기의 많은 선교학자들에게 영향을 주었는데, 특히 교회성장운동(Church Growth Movement)의 창시자인 도널드 맥가브란(Donald McGavran)에게 지대한 영향을 미쳤다.

4. 20세기의 주창자들

라틴 아메리카에서 선교사로 사역하였고, 하나님의 성회(Assemblies of God)의 선교 담당관이었던 멜빈 하지(Melvin Hodges, 1909-1986)는 『토착교회』(The Indigenous Church, 1953)를 썼다. 바이블 컬리지와 신학교의 선교과목들과 관련하여 널리 사용된 이 책은 벤, 앤더슨, 네비우스, 그리고 알렌의 생각들을 좀 더 발전시켜서 표현하였다.

하지는 후원을 가지고 운영하던 접근방식에서 토착교회를 중심으로 운영하는 방식으로 선교현장을 바꾸는 데 있어서 어려운 선교경험들을 인정하였다. 그는 또한 국내의 사역자들을 훈련하는 것과 그들에게 교회들을 관리하는 책임을 주는 것, 그리고 선교사들이 자유롭게 신생 교회들을 세우는 것에 집중하는 것을 강조하였다. 토착교회를 지지하였던 또 다른 사람은 찰스 브록(Charles Brock)이었다. 필리핀에서 교회개척자로서 장기간 성공적으로 사역한 이후, 브록은 토착교회개척을 가르치며 전 세계를 돌아다녔다.[12]

5. 교회성장운동

1950년대에 도널드 맥가브란은 교회성장운동이라고 불리는 단체를 설립했다. 우리는 1955년에 맥가브란의 저서인, 『하나님의 교량들』(The Bridges of God)의 출판과 함께 그 운동이 시작되었음을 감지할 수 있다. 맥가브란은 선교사역에서 은퇴한 후, 1965년에 풀러신학교 세계선교부의 학과장이 되었다. 그가 고용했던 교수들 중에 한 명은 남태평양에서 선교사로서 사역하였던 호주 감리교인, 알란 티펫(Alan Tippett, 1911-88)이 있다. 티펫은 자신의 저서, 『선교이론의 평결신학』(Verdict Theology in Missionary Theory)에서 헨리 벤의 삼자원리를 더 발전시켰다. 교회성장운동은 토착 선교를 지지했던 초기 주창자들의 글들을 받아들이고 그 위에서 발전시켰다는 것을 티펫, 맥가브란, 그리고 다른 사람들의 저서들은 보여 준다.

---

[12] Charles Brock, *Indigenous Church Planting* (Neosho, Mo.,: Church Growth International, 1994).

『평결신학』에서 티펫은 토착교회의 6자 원칙을 제안했다.

① 자아상(self-image): 교회는 선교로부터 독립된 존재로 이해된다. 즉 교회는 자아정체성을 갖는다. 교회는 위치하고 있는 장소에서 그리스도의 교회로서 봉사한다.
② 자력 기능(self-functioning): 교회는 외국에 거주하는 선교사들의 도움 없이 교회의 정상적인 모든 기능들인 복음전도, 선교, 예배, 제자화, 친교, 사역을 수행할 수 있다.
③ 자기결정 능력(self-determining): 이것은 교회가 스스로 결정할 수 있다는 것을 의미한다(더 일찍 저술된 글에서는 자치[self-governing]라 언급). 각 지역 교회들은 교회를 위해 무언가를 결정하기 위해 선교사에게 의존하지 않는다. 오히려, 그 교회들은 성령과 성경의 인도에 의존한다. 티펫은 선교는 "토착교회를 지향하여 죽어야 한다"고 말했던 벤의 의견을 따른다.
④ 자립(self-supporting): 교회는 재정적인 부담을 스스로 지고, 사역 프로젝트의 자금을 스스로 조달한다. 이것은 국내의 교회가 해외로부터 오는 재정적인 도움을 받는 것보다 오히려 교회 구성원들이 낸 십일조와 헌금으로 자립하는 것을 의미한다.
⑤ 자전(self-propagation): 국내의 교회는 대위임령을 수행하는 데 책임 있는 존재로 스스로를 이해한다. 교회는 지역적으로, 국내적으로, 국제적으로 복음전도와 선교에 전심을 다해야 한다.
⑥ 자발적 헌신(self-giving): 토착교회는 속해 있는 공동체의 사회적 요구를 알고 있으며, 그 요구들을 해결하며 봉사해야 한다.

티펫은 토착교회에 대한 자신의 이해를 다음과 같이 정의내리면서 요약한다.

한 공동체에 속한 토착민들은 주님을 외래의 주님이 아니라, 자신의 주님으로 생각할 때, 그 토착민들이 주변의 문화적인 요구를 만족시키면서 또한 그들이 이해하는 방식으로 예배하면서 주님에게 일을 할 때, 토착민들의 교회들이 구조적으로 하나의 몸으로서 기능할 때, 바로 그때 당신은 토착교회를 이룬 것이다.[13]

최근에 일부 선교학자들은 티펫의 목록에 일곱 번째 원칙을 추가해야 한다고 주장했다. 바로 스스로 신학함(self-theologizing)이다. 그들은 진정한 토착교회는 성경에 입각하여, 문화적으로 적합한 방법으로 표현된 자신들만의 신학을 발전시킬 것이라고 믿는다. 이 신학들은 기독교 신앙의 중심 교리들을 확실히 따를 것이다. 그러나 그들은 그것들을 그들 자신의 독특한 문화를 반영하는 비유들과 개념들을 사용하면서 표현할 것이다. 역사적으로 이러한 시도들은 그 원칙 자체를 명백히 증명하는 마지막 표지였다.

6. 현대의 적용

오늘날 선교학자들은 토착 선교보다도 "상황화"(contextualization)에 대하여 더 이야기하고 저술한다. 학생들은 이 두 개념을 구별하는 데 어려움을 겪는다. 실제로 상황화는 구원의 성경적인 메시지를 명확하고 정확하게 전달하는 것을 강조한다. 다시 말해, 상황화는 다른 문화 간의 효과적인 의사전달에 초점을 맞춘다. 토착화는 좋은 선교사역의 결

---

[13] Alan R. Tippett, *Verdict Theology in Missionary Theory* (Lincoln, Ill.: Lincoln Christian College Press, 1969), 136.

과로 생겨나는 교회들에 초점을 맞춘다. 좋은 상황화는 토착화를 가져온다고 대개 말하는데, 이것은 사실이다.

토착교회들을 세우려고 하는 선교사들은 사역을 시작할 때 다음의 원리들을 명심해야 한다.

1) 선교사들은 바람직한 목적을 가지고 교회들을 개척해야 한다

때때로 선교사를 훈련시키는 사람들은 이것을 "목적 비전"(the End Vision)이라고 부른다. 이것은 바라는 결과인, 즉 토착교회들이 가능한 한 모든 방법들을 좌우해야 한다는 것을 의미한다. 성경은 우리가 뿌리는 것을 거둘 것이라고 가르친다(고후 9:6). 그것은 확실히 교회개척과 관련하여 사실이다. 만일 당신이 교회개척과 관련하여 과도하게 후원에 의존하는 방식을 이용한다면, 당신은 그 교회를 나중에 자립하는 교회로 바꾸는 것이 상당히 어렵다는 것을 발견하게 될 것이다.

2) 초문화적인 교리들과 변하기 쉬운 문화적인 특징들 사이에 언제나 역동적인 긴장이 있을 것이다

예수 그리스도의 동정녀 탄생과 성경의 영감과 같은 기독교의 근본적인 교리들은 모든 문화에서 그리고 모든 시대에 정확하게 사실이다. 그러나 교회는 속해 있는 문화에 적응해야 한다. 예를 들어, 인도네시아에 있는 많은 교회들은 금요일마다 예배한다. 왜냐하면 금요일은 교회 구성원들에게 쉬는 날이기 때문이다. 일요일은 확실히 예배를 위해 우선적인 날이다. 그러나 인도네시아의 상황에서 금요일에 예배하는 것은 허용된다. 또는 북아메리카에 있는 신자들은 일반적으로 예배를 하는 동안 의자에 앉는다. 그러나 인도네시아에서 예배하는 사람들은 자주 바닥에 매트를 깔고 앉는다. 이러한 것 말고도, 다른 많은 예들이 언급될 수 있다.

3) 교회를 개척하는 사람들은 교회들이 처음부터 자립할 수 있도록 해야 한다

우리는 신약성경에서 사도 바울이 소아시아에 신생 교회들을 위해 수리아 안디옥 또는 예루살렘에 있는 교회에 돈을 부탁하는 어떤 언급도 발견하지 못한다. 반대로 바울은 헬라와 소아시아에 있는 신생 교회들로부터 예루살렘에 있는 성도들의 고난을 덜기 위해 기부금을 요청했다. 그 성도들은 유대 지역에 발생한 기근 때문에 고생하고 있었다(고전 16:1-3).

이러한 접근은 "투박한 사랑"(tough love)에 비교될 수 있다. 교회개척에 대해 토착민을 중심으로 운영하는 접근은 신생 교회들이 처음부터 자립하는 것을 가르친다. 때때로 이것은 처음에는 더딘 성장의 결과를 초래한다. 그러나 그것은 이후에 훨씬 더 위대한 결과들을 가져올 것이다. 만일 교회개척자가 교회를 개척하는 데 많은 돈을 사용한다면, 그때 자금력이 설립될 수 있는 교회들의 수를 결정할 것이다. 그러나 만일 교회개척자가 토착민을 중심으로 운영하는 접근을 이용하면, 설립될 수 있는 교회의 수는 한계가 없을 것이다.

4) 조직된 교회로 성장하기 이전부터 성경 공부 그룹들은 스스로 기초적인 결정을 하도록 격려되어야 한다

자주 교회개척자는 사람들이 성경 공부를 위해 정기적으로 모이도록 초대할 것이다. 이 성경 공부 그룹들은 자연적으로 가정교회로 발전한다. 교회개척자는 언제, 어디서 만날 것인지 성경 공부 그룹의 구성원들 스스로 결정하도록 격려하면서, 그 모임이 교회가 되기 오래 전에 그들 스스로 의사를 결정하는 것을 도와야 한다.

5) 선교사들은 새로운 회중들이 속해 있는 공동체를 복음화 하며, 신생 교회들을 시작하는 기회들을 찾도록 격려해야 한다

교회개척자는 새로운 회중들에게 복음전도와 교회개척, 그리고 선교를 되풀이하여 가르쳐야 한다. 교회개척자는 새 신자들이 가족, 친구, 이웃, 그리고 동료들에게 자신들의 간증을 나누도록 격려해야 한다. 교회개척자는 또한 새로운 회중들이 교회개척을 위한 기회들을 확인하도록 도와야 한다. 교회개척자는 성경에 나타난 선교명령을 가르쳐야 한다. 이러한 방법으로 새 신자들과 회중들은 그리스도나라를 확장하는 데 자신들의 역할을 이해할 것이다.

6) 선교사들은 항상 복음전도, 가르침, 설교, 그리고 리더십을 계속 반복 재생할 수 있는 방법들을 사용해야 한다

이것은 교회개척자가 교회 신자들이 모방할 수 있는 방법으로 복음을 전도하고, 기도하고, 예배를 인도하고, 설교해야 한다는 것을 의미한다. 다시 말해, 교회개척자는 의도적으로 새 신자들과 신참 목사들이 모방할 수 있는 방법들을 만들어야 한다.

예를 들어, 1950년대에 선교사이자 교회개척자였던 한 사역자는 남부 필리핀에서 교회를 세우기 위해 열심히 사역했다. 그는 트럭, 텐트, 전등, 의자, 전기 발전기, 영사기와 영화 필름 등을 구입했다. 그는 마을이나 촌에 들어가, 텐트, 전등, 영사기 등등을 설치했다. 그리고 난 후, 그는 공짜 영화를 선전했다. 이것은 꽤 그 시대 시골에서 매력적이었다. 그는 영화를 절반 정도 보여 주고, 복음 메시지를 전하며, 나머지 영화 절반을 보여 주었다. 그는 마을이나 촌에 머무르면서, 몇몇 사람들을 그리스도에게 데려오고, 세례를 주고, 제자로 삼고, 교회를 조직했다. 그리고 난 다음 그는 다른 마을로 갔다.

이러한 방법을 사용하면서 성실한 선교사는 40교회 이상을 세웠다. 안타깝게도 이 교회들 중 소수만이 다른 교회를 세웠다. 그들에게 증명된 교회개척 방법은 트럭, 텐트, 발전기, 영사기, 그리고 영화 등을 필요로 했다. 그러나 그 교회들은 그 장비를 갖출만한 여유가 없었다. 그래서 그들은 다른 교회들을 세워나갈 수 없었다.

7) 선교사들은 토착민들이 교회 지도자들로서 섬기도록 우선권을 주어야 한다

세계를 복음화 하기 위한 외국의 선교사들의 숫자는 충분하지 않다. 세계 복음화를 위한 유일한 희망은 목사, 복음전도자, 교회개척자, 그리고 선교사를 증가시키는 것이다. 예수는 열 두 제자를 훈련시키는데 많은 시간을 보냈다. 그래서 그 제자들은 예수의 임무를 계속할 수 있었다(요 20:21). 바울 역시 이 원리를 이해했고, 자신의 전도여행을 하면서 많은 사역자들을 훈련시켰다. 처음부터, 선교사이자 교회개척자는 하나님께서 새로운 제자들을 사역자들로 세워 일으킬 것을 기도해야 한다(마 9:35-38). 그들은 이런 점에서 성령의 인도에 민감해야 하며, 영적인 은사들을 갖고 있는 사람들을 지도해야 한다.

8) 선교사들은 그들 자신을 영원한 목회자들이 아니라, 임시적인 교회개척자들로 여겨야 한다

헨리 벤과 루퍼스 앤더슨은 선교사역의 임시적인 성격을 강조했다. 그들은 교회개척자들은 실직을 앞둔 사람들처럼 일해야 한다고 가르쳤다. 만일 그들이 일을 잘 해도, 그 장소에서 그들 자신들을 더 이상 필요로 하지 않을 때가 올 것이다. 이것은 선교사들에게 어려운 일이다. 많은 선교사들은 신학교에서 목사로서 섬기도록 훈련을 받았다. 그리고 그들은 교회를 목양하는 데 경험을 가졌을지도 모른다. 그러므로 그들이 교회를 세웠을 때, 머물러서 그 회중을 성장시키고자 하는 자연스러운 열망이 있다.

이 접근은 전문 경영인의 교회개척(entrepreneurial church planting)이라고 불릴 수 있다. 그것은 어떤 의미에서 나쁜 것은 아니다. 그러나 일반적으로 국제 선교와 관련하여 교회개척자들은 사도적인 교회개척자들이 되어야 한다. 이것은 그들이 다른 지역에 복음을 전하며 다른 교회들을 세울 수 있는, 바로 그러한 토착교회들을 많이 세우고, 그 다음 다른 지역으로 옮겨가는 것을 의미한다. 사도 바울이 했던 것처럼 말이다.

선교사이자 교회개척자들이 갖는 어려움은 심리학적인 긴밀한 유대관계이다. 자신이 가진 모든 것을 사람들에게 쏟아 붓고, 그들을 떠나는 것은 어렵다. 사도행전 20장은 바울이 에베소에 있는 신자들과 얼마나 유대 관계가 돈독했는지를 보여 준다. 떠나보내는 것은 에베소 교인들에게도 힘들었다. 바울 역시 힘들고 어려웠다는 것을 우리는 충분히 짐작할 수 있다. 톰 스테펀(Tom Steffen)의 저서, 『바턴을 넘겨주는 것』(Passing the Baton)은 아주 유익한 책인데, 그 책은 교회개척자들이 발전시키고 수행할 수 있는, 그리고 어떻게 효과적으로 떠날 수 있는지에 대한 전략을 설명한다.[14]

9) 선교사들은 기관들을 세우고자 하는 유혹을 이겨내야 하고, 토착교회가 주도하기까지 기다려야 힌다

선교사들은 언젠가는 돌아가야 하기 때문에 새로운 토착교회들에게 기관들과 프로그램들이 필요로 한다고 고집하는 것은 선교사들에게 하나의 유혹이다. 이러한 것들에는 기독교 캠프 또는 쉼 센터들, 기독교 서점, 바이블 컬리지 등이 있다. 이것들은 정녕 나쁜 것은 아니다. 그러나 이것들은 그 지역 교회의 신자들의 필요성에 의하여 생겨나야 한다. 어느 한 선교사는 중앙아시아에서 자신이 세운 교회 성가대원들이 입는 가운을 위해 모금하려고 했다. 왜 성가대 가운이 필요하냐고 물었을 때, 그는 "내가 다녔던 고향 교회는 성가대 가운을 사용하고 있습니다. 그래서 우리 역시 이곳에서 그 가운이 필요합니다"라고 대답했다.

---

14 Tom Steffen, *Passing the Baton* (La Habra, Calif.: Center for Organizational & Ministry Development, 1993).

10) 선교사들은 국내의 교회들이 성경에 충실하고 그들의 문화적인 상황에 적합한 신학들과 관습들을 발전시키는 것을 허용해야 한다

세계 주변에 퍼져있는 기독교에 대한 아주 인상적인 비난은 기독교는 "외래 종교"라는 것이다. 진정으로 토착교회들은 성경과 일치하며, 지역 문화를 반영하는 예배와 관습들을 명백히 해야 한다. 이런 방식으로 한다면, 토착교회는 "수입된" 것처럼 보이지 않을 것이다.

7. 요약

당신이 읽어온 것처럼, 토착교회의 중요한 특성들은 자치, 자립, 그리고 자전이다. 헨리 벤과 루퍼스 앤더슨은 과연 정확하게 지적하고 있는가? 이 삼자원리는 사도 바울의 선교사역에서 행해진 실제를 잘 반영하는가? 바울은 자신이 세웠던 교회들이 처음부터 재정적으로 자립하길 기대했다는 것은 분명하다. 이것은 그 교회들에게 어렵지 않았다. 왜냐하면 그 교회들은 자원해서 섬겼던 장로들에 의해 인도되는 가정교회들이었기 때문이다. 적어도 교회의 초기에는 그랬다. 또한 바울은 교회들이 성령의 인도에 의해 다스려지도록 격려했던 것도 분명하다.

바울은 교리적이고 윤리적인 잘못들을 바로 잡는 것에 주저하지 않았다. 그러나 그는 세세한 점까지 관리하려고 하지 않았다. 오히려 그는 교회들 안에 일어난 일들을 스스로 처리하는 것을 허용했고, 그들이 조언을 구하거나 위기가 일어났을 때만 조언하였다.

마지막으로, 바울은 복음전도에 힘쓰는 교회들을 칭찬했다. 예를 들어 바울은 데살로니가에 있는 교회가 복음전도를 위해 수고했다고 칭찬했다.

> 주의 말씀이 너희에게로부터 마게도냐와 아가야에만 들릴 뿐 아니라 하나님을 향하는 너희 믿음의 소문이 각처에 퍼졌으므로 우리는 아무 말도 할 것이 없노라(살전 1:8).[15]

정말 그랬다. 사도 바울은 우리가 토착 선교라고 부르는 선교사역에 대한 접근을 확립했다. 그러므로 이 세대의 선교사들은 바울이 보여준 모범적인 예를 따라야 하며 다른 지역에 복음을 전하며 교회를 세울 수 있는 토착교회들을 세워야 한다.

---

15 복음전도와 선교에 관하여 교회의 책임에 대한 바울의 이해를 더 보기 원한다면 다음의 책을 보라. Robert L. Plummer, *Paul's Understanding of the Church's Mission* (Waynesboro, Ga.: Paternoster, 2006).

11장

바울과 교회개척

에드 스테처 박사
라이프웨이연구소 연구 이사
리제트 비어드
라이프웨이연구소 연구원

로랜드 알렌(Roland Allen)의 저서, 『선교방법들』의 100주년 기념을 축하하는 이 즈음에 우리는 "과연 알렌의 이 저서가 오늘날 선교연구에 관련이 있는지"에 대한 중요한 질문을 던진다. 바울의 방법에 대한 그의 분석을 재평가하는 것은 그 분석의 가치를 일축하려는 것이 아니라, 이 분석의 통찰력들이 오늘날의 정황에서 얼마나 적합한지에 대하여 더 좋은 이해를 찾으려고 하는 것이다.

이러한 연구는 우리가 "어떻게 바울과 그의 방법들을 총체적인 입장에서 신학적, 실제적, 그리고 정황적인 접근을 시도하며 연구를 해야 하는지"에 관하여 선교학적인 통찰력-좀 더 자세하게 말하자면 교회개척자들의 생각-을 얻는 데 도움을 줄 것이다.

우리 시대의 교회개척자들은 닮고 싶은 모델들을 쉽게 정하고 또는 여러 가지 방법들을 쉽게 이용하고 안 되면 금방 버리곤 한다. 그들은 선교사역에 대하여 어떻게 생각하고 행하는지 고민하면서 근본적인 변화를 찾으려고 하지 않는다.¹ 그러나 우리가 바울로부터 배우려고 하는 것은 단순히 새롭고 좋은 하나의 아이디어를 찾아내기 위해서가 아니라, 그의 전체의 노력과 전략이 그 시대에 얼마나 적합했는지 이해하기 위해서이다.

람세이(W. M. Ramsay)는 "사도 바울처럼 그렇게 심오하게 인간 역사에 영향을 주었던 사람의 생애와 자질은 오고 가는 모든 시대에 의해 새롭게 연구되어야 한다"고 결론을 내린다. 또한 그는 이러한 시도들은 비록 완벽하지 않지만, 오늘날 신자들이 바울의 사역과 편지들을 지발적으로 연구하도록 한다.²

신자들은 자신들이 속해 있는 시대, 문화, 그리고 상황을 면밀히 살피면서, 사역의 현장에서 성령의 인도를 구하며, 그들 자신의 시대에 맞는 선교를 한다. 신자들은 바울이 어떻게 그러한 사역을 할 수 있었는지 총체적인 관점을 가지고 연구하게 될 때, 그들 역시 비슷한 과정으로 이동하게 될 것이다. 이 책의 11장에서 우리는 알렌과 바울 신학자들이 어떻게 바울의 방법론들의 성공을 개괄하는지 살펴볼 것이다.

『선교방법들』에서 알렌은 바울이 효율적으로 사역할 수 있었던 이유를 혈통이나, 교육, 또는 그가 살았고 사역했던 문화와 시대에 있지 않다고 주장한다.³ 알렌과 동시대의 선교사들은 바울을 모델로서 전혀 생각하려고 하지 않았다. 왜냐하면 바울의 사도적인 권위로부터 얻었을 법한 주변으로부터의 순종때문이었다.

물론 전혀 틀린 주장은 아니지만, 그럼에도 불구하고 알렌은 바울

---

1 Roland Allen, *Missionary Methods: St. Paul's or Ours?* (London: Robert Scott, 1912; repr. Mansfield Centre, Conn.: Martino Publishing, 2011), 6.

2 Sir W. M. Ramsay, *Pauline and Other Studies in Early Christian History*, rev. ed. (New York: Church Growth International, 1908).

3 Allen, *Missionary Methods*, 4.

의 사역으로부터 실제적인 예들을 여전히 선교사들에게 적용할 수 있다고 주장한다. 많은 사람들은 바울의 교회개척 방법론을 따르며 효율적인 사역을 하려고 하지만, 그들은 현장에서 많은 문제들에 직면한다. 이러한 현상은 그들이 그 방법론을 덜 이해하고 실행한 것 때문에 발생하는 것이 아니다. 오히려 그들은 너무나 많은 비효율적인 방법론들이 바울의 방법론의 기초를 두고 있다고 주장하면서 그 비효과적인 방법들을 행하며, 실제로 바울의 방법론을 전혀 닮지 않는데 있다.[4]

선교사들은 모델로서 바울을 따른다고 주장하면서, 널리 이동하며 복음을 전했을지 모르지만, 자주 그들은 지속적인 성장이 필요한 지역 교회의 근본적인 요소들을 확립하는 데 실패한다고 알렌은 주장한다. 그는 또한 몸으로서 교회가 견고히 서는 것이 바울이 교회개척에 성공할 수 있었던 필수적인 요인이었음을 지적한다.[5]

에크하르드 슈나벨(Eckhard Schnabel)은 자신의 저서, 『선교사 바울』(*Paul the Missionary*)에서 바울은 복음을 전할 때, "정치적, 지리적, 도덕적, 그리고 사회적 상황"과 관련하여 알렌 시대의 선교사들처럼 어떤 이점을 얻지 못했다는 알렌의 견해를 요약하면서 오늘날 알렌의 글이 읽혀져야 한다고 확실히 요구한다.[6] 알렌은 바울의 방법들이 서구적인 상황에서 나타나는 자만심과 관련하여 자주 외면을 당하는 다른 이유를 밝힌다.

일반적으로 서양 선교사들은 인내심이 부족하고, 자기주장이 깅하고, 자기 자신을 지나치게 신뢰하며, 기독교의 확장은 전적으로 자신들의 노력에 달려 있다고 믿으며, 지나치게 우월한 태도를 취한다. 서양

---

4 Ibid., 5.
5 Ibid.
6 Eckhard J. Schnabel, *Paul the Missionary: Realities, Strategies and Methods* (Downers Grove, Ill.: IVP Academic, 2008), 11–12.

선교사들은 또한 자신들의 규칙과 관습들을 통하여 얻은 방법들과 모델들을 꽉 붙잡고 절대로 놓치 않는다. 이러한 고집은 무엇보다도 성령을 먼저 의지하라고 강조하였던 바울을 따르지 않는 것이라고 알렌은 단호하게 말한다. 바울은 겸손의 정신을 배양했고, 자신을 죽이고 그리스도를 위해 살도록 강조하였다. 알렌에 의하면, 바울은 그 당시 유대인 신자들에게 위험하게 작용하였던 "확립되고 조직된 구조들"을 믿지 않았다.[7]

토마스 슈라이너(Thomas R. Schreiner)는 자신의 저서, 『바울, 그리스도 안에 계시된 하나님의 영광의 사도: 바울 신학』(Paul, Apostle of God's Glory in Christ: A Pauline Theology)에서 바울을 교회들을 세우도록 부름을 받았고 사명을 받았던 "사도적인 선교사"로 묘사한다.[8] 바울을 선교사로 이해하는 것은 새 개종자들이 그리스도 안에 머물며 열매를 맺도록 돕기 위해 쓰였던 그의 서신들의 성격을 이해하도록 우리에게 도움을 준다.[9]

슈라이너는 바울은 하나님의 은혜를 전달하는 자신의 임무를 강조하며, 그 은혜 안에서 또한 위대한 많은 역사가 일어났다는 것을 항상 자신의 독자들에게 상기시키는 선교사로서의 바울의 자세를 묘사한다.[10] 바울은 선교 임무를 레슬링 선수, 달리기 선수, 그리고 권투 선수가 해야 하는 일에 비교하였고, 교회개척은 수동적인 노력에 의한 것이 아님을 독자들에게 상기시켰다.

---

7 Allen, *Missionary Methods*, 6-7.
8 Thomas R. Schreiner, *Paul, Apostle of God's Glory in Christ* (Downers Grove, Ill.: InterVarsity Press, 2001), 38-39.
9 Ibid., 40-41.
10 Ibid., 41.

1. 교회개척자로서 바울의 준비

아더 글래서(Arthur Glasser)는 『사도 바울과 선교적인 임무』(The Apostle Paul and the Missionary Task)에서 바울이 그 유명한 회심의 사건에서 선교사로 부름을 받고 복음을 전하였다는 것을 주목한다.[11] 예수를 만난 이후 앞을 보지 못하게 된 바울이 다메섹에 도착했을 때, 그 지역의 신자였던 아나니아는 세계 도처에서 예수에 대하여 선포해야 하는 사명에 관하여 바울에게 자세히 알려주었다.[12] 이 책의 다른 부분에서 이 주제와 관련하여 많이 다루어졌기 때문에, 나는 여기에서 그 사건에 관하여 짧게 다루려고 한다.

바울이 회심하고 나서 바나바와 함께 제1차 전도여행을 가기 전까지 바울의 사역 활동에 대하여 거의 알려지지 않았다. 비록 알려지지 않아서 논란이 있을 수 있지만, 그것을 좀더 명확하게 이해하기 위한 정보는 충분히 있다. 많은 사람들은 가정한다. 바울의 회심 사건과 제1차 전도여행 사이에 상대적으로 짧은 기간(몇 달에서 2년까지 추정)이 있었다고 생각한다. 이것은 바울이 최선을 다해 열심히 사역했다고 기록되기 이전에, 그는 선교사역을 옆에서 지켜보거나 직접 경험할 기회가 적었다는 것을 암시한다. 이 결론은 바울의 경험과 훈련의 가치를 전체적으로 떨어뜨리며, 선교사이자 교회개척자로서 가져야 하는 전문적인 지식을 거의 즉각적으로 습득했다는 것을 가정한다.

글래서는 사도 바울의 활동에 대하여 거의 기록되지 않거나 알려지지 않은 "숨겨진 나날들"(hidden years)에 대하여 좀 더 대담하고 낭만

---

11 Arthur F. Glasser, "The Apostle Paul and the Missionary Task," in *Perspectives on the World Christian Movement: A Reader*, ed. Ralph D. Winter and Steven C. Hawthorne (Pasadena, Calif.: William Carey Liberty, 1999), 128.

12 Schnabel, *Paul the Missionary*, 45-46.

적인 설명을 제공한다. 그는 다메섹에서 바울은 유대인의 회당에서 다른 유대인 신자들과 교제를 나누고, 그들과 함께 복음을 증거 했다는 것에 주목한다.[13] 그리고 난 후 글래서는 박해를 받았던 바울이 3년 동안 물러나 있으면서 자신의 힘의 근원으로써 하나님을 발견했으며, 그분과 영적인 교제에 힘쓰며, 신적인 가르침을 얻었다고 설명한다.[14]

여기에서부터, 바울은 신자들과 함께 복음에 대한 자신의 이해가 옳은지 확실히 하기 위해 예루살렘을 방문하였으며, 그 이후 그가 섬겨야 했던 길리기아에 있는 다소의 집으로 돌아왔다. 바울의 사역 준비와 관련된 글래서의 설명은 충분히 이해할만하지만, 그러나 주의를 요하는 것도 사실이다. 다시 말해, 그는 성경을 자신이 생각대로 제 멋대로 너무 많이 바꾸고 있다.

회심 이후 바울의 활동에 관한 다양한 생각들이 풍성하게 존재하지만, 에크하르드 슈나벨의 『선교사 바울』에 나타난 일반적인 개요는 아주 주목할 만하다. 회심한 지 며칠이 지난 후 바울은 다메섹에서 제자들과 시간을 보내고, 복음을 전하고 있었다(A.D. 31-32).[15] 바울은 아라비아(A.D. 32-33)와 다메섹에서 복음을 전하였다.[16] 바울은 회당에서 설교하기 위해 예루살렘으로 이동하였다(A.D. 33-34). 그리고 난 후, 그는 수리아와 길리기아에서 복음을 전하였는데, 그곳에서 그는 "예전에 멸하려고 했던" 믿음을 선포하였고, 교회들을 세워나갔다(A.D. 33-42).[17]

슈나벨은 바울이 아라비아에서 이방인 선교와 관련된 신학적인 문제들을 상고하면서 시간을 보냈다는 주장에 동의하지 않는다. 그는 주

---

13 Glasser, "The Apostle Paul and the Missionary," 128.
14 Ibid., 128.
15 Schnabel, *Paul the Missionary*, 58-59.
16 Ibid., 58.
17 Ibid., 40, 58.

장하기를, 바울은 아라비아 지역이 다메섹 지역에 상당히 가까웠으며, 또한 예루살렘과 상당히 멀리 떨어져 있었기 때문에 그러한 문제들로부터 자유로웠을 뿐만 아니라, 번영하고 있는 문명의 지역이었기 때문에 선교사역을 위한 최적의 장소였다는 것이다.

슈나벨은 중요한 사실을 주목하는데, 비록 바울은 아라비아에서의 사역이 성황리에 진행되고 있다는 것을 보고하지 않지만, 그 지역의 관리들이 취한 공격적인 반응을 감안했을 때, 그 도시들에서 긴장감을 유발시킬 만큼 상당히 많은 개종자들이 있었다는 것이다.[18] 바울이 예루살렘을 방문했다는 설명은 그가 회당들에서 복음을 전하고 있었다는 사실을 포함한다. 그는 헬라어로 말하는 헬라파 유대인들에게 복음을 전했을 것이다.

거기에서부터 바울은 복음을 전했던 길기기아와 수리아로 갔다. 이 기간에 바울이 어떻게 활동했는지 자세한 설명은 나타나지 않지만, 그는 이후에 전도여행을 하면서 방문할 교회들을 세웠던 것처럼 보인다.[19] 특별히 바울의 고향이 있는 이 지역에서 바나바는 바울을 A.D. 42년에 동역자로 불러들였다.[20] 그 사도는 이미 안디옥에 있는 많은 이방인 개종자들을 가르칠 수 있을만한 경험이 풍부하고 유능한 선교사로서 명성을 쌓아 왔던 것처럼 보인다.[21] 마틴 헹엘(Martin Hengel)과 안나 마리아 슈베메르(Anna Maria Schwemer)가 함께 저술한 책, 『다메섹과 안디옥 사이의 바울』(Paul Between Damascus and Antioch)에서 그들은 바나바가 바울을 발견한 것은 바울이 다소에서 명성을 쌓았고, 안디옥에

---

18 Ibid., 65.
19 Ibid., 67.
20 Ibid., 69-71.
21 Ibid., 72.

있는 "이방인 신자들"과 연결을 유지했었기 때문이라고 정확하게 주장한다.[22]

비록 충분한 정보가 부족하지만, 바울은 바나바와 함께 안디옥으로 가기 전에 이미 선교에 관여하면서, 지역 전체에 두루 다니면서 관계들을 형성하고, 어떻게 교회들을 세워야 하는지에 대한 기량들을 배우고 연마하면서 정기적으로 복음을 전하였다고 믿는 것은 매우 설득력이 있다. 슈나벨은 비록 우리가 바울이 매우 초기에 행한 선교적인 설교에 관하여 모르지만, 안디옥으로 가기 이전 그는 이미 12년 동안 사역을 해 왔으며, 선교적인 경험을 가지고 있었다고 지적한다.[23]

바울은 오늘날 교회개척자들의 훌륭한 모델로 보인다. 왜냐하면 그는 예수를 주님으로서 믿으며 순종하였고, 복음을 전하는 소명을 완수했고, 이 복음을 전하고 교회를 세우는 데 있어서 다른 신자들과 함께 팀으로 일하였기 때문이다. 우리는 회심사건과 제1차 전도여행 사이에 바울이 했던 모든 것을 알 수 없지만, 확실히 그는 평판이 좋은 사람이었고, 사역의 현장에서 그가 이룬 결실 때문에 유명하였다는 것만은 분명하다. 바울의 경험은 교회개척자들이 개척을 준비할 때 교회 사역과 관련하여 적극적인 경험들을 직접적으로 보여 준다.

22　Martin Hengel and Anna Maria Schwemer, *Paul Between Damascus and Antioch: The Unknown Years*, trans. John Bowden (Louisville: Westminster John Knox, 1997), 178.

23　Schnabel, *Paul the Missionary*, 31.

2. 바울의 교회개척 전략

알렌에 의하면, 바울의 교회개척 활동은 가장 중심이 되고 영향력이 큰 장소에서 복음을 전하고 교회를 세우는 방식을 따랐다. 거기서부터, 복음의 메시지는 그 지역 전체에 두루 퍼질 수 있었기 때문이다. 바울은 특정한 도시들, 마을들이나 동네보다도 일반적으로 큰 지역들에 초점을 맞추었다.[24] 알렌은 또한 일하는 것을 바울이 스스로 로마 제국 안에 국한했다는 것에 주목한다.[25] 그의 목적은 크게 성장하고, 중요한 역할을 감당할 교회를 세우는 것에 있지 않았고, 주변 지역들에 새로운 교회들을 세울 수 있는 교회를 세우는 것이었다.[26]

알렌은 바울이 남부 갈라디아에서 그 다음 자신의 고향이 있는 길리기아 지역에서 복음을 전하였다는 것에 주목한다. 그는 이 지역에 익숙하였고, 일부 도시들을 선택하여 복음을 전하였다. 즉 다른 도시들에서는 복음을 전하지 않았다. 왜 바울은 의도적으로 이 지역들을 지나치며, 그 지역 사람들에게 복음을 전하는 기회를 놓치고 있는가? 알렌은 지적하기를, 바울은 가장 영향력이 있는 지역들에서 교회들을 세우기로 작정하였고, 이 교회들은 특정한 지역들에서 장기적인 영향력을 줄 수 있는 무한한 잠재성을 가지고 있었다.[27] 오늘날 교회개척자들은 바울의 전략을 꼭 닮아야 하는 유일한 모델로 여길 필요는 없지만, 바울이 선호했던 전략적인 선택을 주목할 가치는 있다.

알렌은 바울이 로마의 문명사회에서 중요한 중심지를 선호했던 것은 몇 가지 이유 때문에 경험있고 요령있는 선택이었다고 지적한다.

---

24 Allen, *Missionary Methods*, 11-12.
25 Ibid., 12.
26 Ibid., 12-13.
27 Ibid., 12.

첫째, 바울은 로마 시민으로서 많은 극단적인 유대인들의 분노와 위협으로부터 보호해 주는 로마의 관리들을 의지할 수 있었다.

둘째, 바울은 안전하고 더 광범위하게 여행할 수 있었다.

셋째, 바울은 회당들로부터 쫓겨났음에도 불구하고 디아스포라 유대인들 중에 복음 메시지를 나누는 것에 대해 상대적으로 관대하고 관용적인 지역을 발견했다.

알렌은 세계적인 제국의 사상, 제국의 시민권, 제국의 다양한 인종들, 그리고 로마 제국에 의한 평화(Pax Romana)는 사람들이 그리스도의 나라에 대한 바울의 설교를 이해하도록 하였다.[28] 단순한 이야기일지 모르지만, 로드니 스탈크(Rodney Stark)는 자신의 저서, 『기독교의 발흥』(The Rise of Christianity)에서 한 지역이 도시적이면 도시적일수록, 관습에 더 얽매이지 않은 경향을 가지며, 어느 한 지역의 인구가 많으면 많을수록, 일반적으로 인정되어 온 관습들과 전혀 다른 그룹이 형성되고 더 모이기 쉽다고 지적한다.[29]

슈나벨은 바울이 "기독교인의 삶의 중심지들"을 세우려 했었다고 주장하는 알렌에 전적으로 동의하지 않는다. 슈나벨은 바울이 지방 전체 곳곳에 복음을 퍼뜨리려고 하였다고 말한다.[30] 그는 바울이 도시들에서 설교했을 때 각 도시 전체에 복음이 확산되었고, 각 도시에서 뿜어져 나오는 영향력은 각 도시의 경계선에까지 이르렀을 것이라고 주장한다.[31] 그 당시 사람들이 인식했던 사회적인 정체성은 도시가 속해있

---

28 Ibid., 14.
29 Rodney Stark, *The Rise of Christianity: How the Obscure, Marginal, Jesus Movement Became the Dominant Religious Force in the Western World in a Few Centuries* (San Francisco: Harper Collins, 1996), 134, 149.
30 Schnabel, *Paul the Missionary*, 260-82.
31 Ibid., 283.

는 지방이 아니라, 출생한 도시에 밀접하게 연결되어 있었다. 즉 중요한 사회적인 영향력은 도시들이 속해 있는 지방 전체가 아니었다. 왜냐하면 각 도시를 특징짓는 분명한 사회적인 정체성이 있었기 때문이며, 복음의 영향력의 범위는 도시들에 한정하는 것이 바람직한 것처럼 보인다.

슈나벨은 왜 특정한 영역들을 선택하고 교회들을 세웠는지에 대한 몇몇 가능한 이유들을 제공한다.

첫째, 바울은 이방인들에게 복음을 전하도록 부름을 받았다. 그래서 그는 처음 유대인들에게 복음을 전했을 때조차도, 이방인들을 발견할 수 있는 곳으로 갔다. 이 지적이 아주 가능성이 있는 이유는 바울은 자주 이미 복음을 전했고 교회를 세웠던 장소 근처들로 갔기 때문이다.

둘째, 바울 자신이나 함께 전도하는 동료 사역자들 중 누군가와 형성된 관계들 때문에 바울은 바나바의 고향이었던 구브로로 이동하고 길리기아에 돌아오기로 결정했을 것이다.

셋째, 유대인 공동체의 존재는 바울의 습관적인 사역의 유형을 만들었던 변함없는 중요한 요소였는데, 바울은 회당에서 유대인들에게 복음을 전하고, 그 다음 이방인들에게 복음을 전하기 위해 나갔었다.[32]

비록 나는 슈나벨보다 알렌의 견해(바울은 지방들을 염두하였다)에 더 동의하지만, 알렌의 전제가 결점들이 없는 것은 아니다.[33] 바울은 도시에 교회를 세웠다고 해서 결과적으로 어떤 지방을 복음화했다고 여기지 않았지만 그는 어떤 지방에 나가가려는 목적을 가지고 의도적으로 교회를 세웠다.

오늘날 단체들이 이동을 편하게 하기 위해 주요 도시들 안에 중요

32　Ibid., 260, 282.
33　Ibid., 286.

한 지도자들이나 사무실을 두는 것처럼, 바울은 각 지방에 쉽게 도달하여 또 다른 교회들을 설립할 수 있는 교회들을 세우고 모든 준비를 갖추었다. 여전히, 중심 도시들에 교회를 세우는 것이 주변의 지역에까지 미치는 효과적인 활동을 보장하지 않는다. 알렌은 자주 최고의 지도자들이 도시들 안에 중심적인 센터들을 세우는 전략에만 한사코 매달리며, 주변의 지역으로 나가도록 교회를 동원하지 않는 것에 대해 현명하게 경고한다.[34]

알렌은 "생명의 흔적들"(signs of life)이라고 부르는 전략도시센터에 표시된 특정한 흔적들을 인식하는 것이 중요하다고 말한다(이 흔적들은 영향력, 변화, 그리고 중요성이다). "우리는 때때로 실제적인 조직적 활동에는 안중에 없고 어떤 장소를 위해 계획한 전략을 확증하는 것에만 시간을 보낼 정도로 그 전략에 너무 매혹될 때가 있다."[35] 이러한 모습에 대해 나는 실제적인 장소에 교회를 세우지 않고, 오직 머리로만 구상하고 그치게 될 것으로 간주한다.[36]

바울은 이 중심지들 안에 신생 교회들을 세우고 준비시켰는데, 이 교회들은 성령을 의지하며 복음을 곳곳에 전하게 되었다. 비록 알렌은 도시 중심지들이 바울의 전략의 한 부분이었다는 것에 대해 매우 단호하게 주장한다. 하지만 그는 바울이 단순히 계획만 완벽하게 세웠던 것이 아니라, 그 지역의 문화와 사람들을 정확하게 이해했으며, 이동해야 하는 장소로 인도하였고 엄청난 영향력이 있는 교회들을 세우도록 기회를 열어주었던 성령의 인도에 민감하게 반응하였다고 한다.[37]

---

34 Allen, *Missionary Methods*, 17.
35 Ibid.
36 Ed Stetzer, "Planting/Pastoring in Your Head or Your Community?" www.edstetzer.com/2009/11/planting-in-your-head-or-your.html (accessed August 9, 2012).
37 Allen, *Missionary Methods*, 17.

3. 바울의 계획적이고 포괄적인 전략

스탈크는 바울은 자신의 선교사역 내내 상당한 거리를 이동하고 다양한 환경에서 복음을 전하는 동안, 그의 이동 전략은 자신이 이해하였고 발판으로 삼을 수 있었던 문화적인 환경에 초점을 맞추었던 것처럼 보인다고 지적한다.[38] 바울은 이동하면서 전략과 기본적인 계획을 계속 발전시켰다. 알렌은 바울이 일부 도시들에서만 복음을 전하였고 다른 도시들은 지나쳤다고 말한다. 즉 바울은 복음을 전할 때 도시의 회당에서 시작했고, 쫓겨나면 다른 도시로 이동하였을 것이다.[39]

글래서가 지적하기를, 바울이 그렇게 했던 이유는 복음이 "먼저는 유대인"(롬 1:16)에게 전해져야 한다고 믿었기 때문이라는 것이다. 비록 이방인들에게 보냄을 받은 사도로서 알려졌다고 할지라도, 복음전도사역 동안에도 바울은 먼저 유대인의 공동체에 향해 있었다.[40]

바울의 일부 개종자들은 회당에서 온 유대인 신자들과 하나님을 경외하는 헬라인들이었는데, 이들은 구약성경에 익숙하고 또한 구약성경에서 비롯된 근본적인 신념들을 가지고 있었으며, 공적인 예배를 행해 왔던 사람들이었다고 알렌은 말한다. 바울이 신생 교회들을 가르치기 시작했을 때, 신자들의 배경은 바울 자신에게 매우 도움이 되었다.[41] 비록 그들은 개종자들 중에서 가장 큰 그룹은 아니었다고 할지라도, 바울이 다음의 장소로 이동한 후에도, 그들은 구약성경을 지속적으로 배워야 하는 필수적인 인물들이었다고 알렌은 관찰한다.

바울에 의해 개종된 사람들 대부분은 "상업에 종사하고 있는 낮은

---

38 Stark, *The Rise of Christianity*, 135.
39 Allen, *Missionary Methods*, 18–19.
40 Glasser, "The Apostle Paul and the Missionary Task," 130.
41 Allen, *Missionary Methods*, 21–22.

계층, 노동자들, 노예 신분에서 해방된 자유민들, 그리고 노예들"이었던 것처럼 보인다고 알렌은 기록한다. 그러나 바울은 오직 그러한 사람들만 겨냥하지 않았다.[42] 무언가 새롭고 다른 것에 쉽게 관심을 가지는 사람들은 바울에게 몰려들었을 것이다.

알렌에 의하면, 바울이 이렇게 단순히 관심을 가지고 오는 사람들을 멀리 하려고 했다는 언급은 있지 않다. 그렇다고 그는 이러한 사람들을 자신의 첫 개종자로 만들려고 하지 않았다. 대신에, 바울은 자신이 세운 교회들이 존경할만한 지도자들을 중심으로 시작하도록 하였다.[43] 바울은 문화적인 차이들을 이해하였지만, 그렇다고 그 차이들을 조장하시 잃있다. 존 스토트는 지신의 저서 『성령, 교회, 그리고 세상』(The Spirit, the Church, and the World)에서 바울은 이 신생 교회들이 선교사들에게 의존하지 않고 적절하게 목회적인 감독 아래 계속 있어야 함을 확신하였다고 주장한다.[44]

4. 교회개척과 관련하여 바울의 상황화

바울은 직관적이든지 아니면 계획적이든지에 상관없이 강한 사회학적인 본능을 가졌던 것처럼 보인다. 스탁크는 사람들이 새로운 종교 또는 신념체계를 받아들이는 방법과 이유를 이해하는 몇 가지 중요한 원리들을 제공한다. 이 원리들 중 하나는 한 사람이나 사람들의 그룹이 신념을 기꺼이 바꾸고자 하는 마음은 그들이 현재 가지고 있는 종

---

42 Ibid., 24.
43 Ibid.
44 John Stott, *The Spirit, The Church, and the World: The Message of Acts* (Downers Grove, Ill.: InterVarsity Press, 1990), 236.

교적인 신념들이나 관습들과 함께 "문화적인 연속성"의 정도에 관련된다는 것이다.[45]

스탈크는 이것을 어떤 상황을 "최대한으로 활용하려고 하는" 즉 최소한의 희생으로 최대한의 이익을 얻고자 하는 인간의 자연스러운 성향으로서 설명한다. 이것은 사람들이 새로운 것을 받아들이기 위해 얼마나 많은 옛 것들(신념들, 행동들, 그리고 관계들)을 버려야 하는지에 의해 판단된다. 종교적으로 개종하는 사람은 자신들이 원래 문화적인 유산의 부분들을 지속할 수 있을 때, 손실과 희생의 감정이 변환기 동안 줄어들게 된다고 스탈크는 말한다.[46]

바울의 사역에서 이방인들은 유대인의 문화에 대한 무엇인가를 알았다. 특히 "하나님을 경외하는 사람들"은 유대인의 신학과 유일신론에 익숙하였다. 물론 그들은 유대교로 완전히 개종하려고 하지 않았다.[47] 글래서는 하나님을 경외하는 사람들은 이미 이방의 우상 숭배를 기꺼이 끊어 왔으며, 유대교로 완전히 개종하려고 하지 않았다고 확신한다. 그들은 유대인의 종교 공동체에 잘 흡수되지 않았고, 새로운 무엇인가에 열려 있었다.[48]

스탈크는 유대인들에 대한 선교는 처음 4세기, 5세기 내내 헬라화 된 유대인의 개종자들이 기독교로 들어오는 꾸준한 숫자를 감안했을 때, 성공적이었다고 강력히 주장한다.[49] 그는 이 성공은 헬라화 된 유대인들의 입장에서 유대인의 유산과 헬라 문화적인 요소들과 기독교가 갖는 문화적인 연속성에 관련된다고 주장한다. 그리고 기존의 사

---

45 Stark, *The Rise of Christianity*, 137.
46 Ibid., 55.
47 Ibid., 137.
48 Glasser, "The Apostle Paul and the Missionary Task," 130.
49 Stark, *The Rise of Christianity*, 138.

회적인 관계들은 빠른 성장을 촉진하였다고 더욱 주장한다.[50]

미가엘 포콕(Michael Pocock)은 그 성공적인 선교의 목적은 단순히 믿음의 메시지를 나누는 것에만 있지 않고, 새로운 개종자들이 자신들의 문화적인 환경에서 믿음으로 살도록 준비시켜 주는 것에 있다고 주장한다.[51] 그의 책은 상황화(contextualization)에 대한 바울의 접근에 관하여 쓰였으며, 이 주제는 이 책의 곳곳에서 다루어진다. 이것이 여기에서 우리의 주요한 초점은 아니라고 해도, 상황화는 교회개척과 관련하여 아주 중요하게 고려되어야 한다.

5. 바울의 설교

바울은 자신이 세운 교회들에게 보내는 서신에서 진행 중인 선교사역의 현장에 "복음의 소식"이 두루 퍼질 수 있도록 계속적으로 기도를 요청한다.[52] 슈라이너는 "바울은 복음 선포를 제쳐 놓고 진행되는 선교사역에 대하여는 도무지 모르고" 근본적으로 "바울의 선교는 선포된 복음 안에서 그리고 선포된 복음을 통하여 전진한다"[53]고 주장한다. 바울은 복음 선포를 통하여 교회를 세웠다.

윌리엄 베어드(William Baird, 또한 배위랑이라고 불렸음)는 자신의 저서, 『바울의 메시지와 선교』(Paul's Message and Mission)에서 바울은 유대인들과 이방인들의 잃어버린 상태를 인식하고 복음을 전하였다고 주장한

---

50 Ibid., 55.

51 Michael Pocock, Gailyn Van Rheenen and Douglas McConnell, *The Changing Face of World Missions: Engaging Contemporary Issues and Trends* (Grand Rapids: Baker Academic, 2005), 323.

52 Schreiner, *Paul*, 64.

53 Ibid., 64.

다.[54] 바울은 이방인들을 하나님의 정죄 아래 있는 존재들로 보았고(고전 11:32), 이 때를 "악한 세대"로 언급하였다(갈 1:4).[55]

베어드에 의하면, 회심 이후 바울은 모든 사람들을 교만과 거짓 때문에 행해진 완전한 심판대 위에 세워진 그리스도의 십자가 그늘 아래서 있는 것으로 보았다.[56] 바울은 율법주의의 종교와 유대인의 율법으로 사람들은 하나님 앞에서 의롭게 될 수 없다는 것을 분명히 이해했다.[57] 그는 죄를 인류의 비극적인 상황에 대한 이유로 보면서 인간 스스로 자유롭게 벗어날 수 없는 것으로 보았다.[58] 베어드가 정확하게 지적하는 것처럼, 바울은 인류의 어렵고 절망적인 상황을 인식하고 난 이후 나가서 말하지 않으면 안 되는 절대적인 사명감에 사로잡혔다.[59]

바울은 복음을 전하였을 때, 하나님의 능력과 권위를 완전히 확신하였다는 것은 분명하다. 그러나 교회개척자들이 단순히 확신만을 가지고 복음을 전하는 것이 효과적인 선교사가 되는 것인 양 믿고 있는 것은 잘못일지 모른다. 바울은 잘 훈련되어 있었고, 회심 이후 복음을 전하는 연설가로서 평판을 얻었다. 의심 없이, 하나님께서는 바울이 그리스도를 전하였을 때, 그의 확신과 더불어 그가 가진 모든 기량들을 사용하셨다.

알렌은 바울의 설교와 관련하여 인정할만한 몇 가지의 패턴들을 간략하게 설명한다.

첫째, 바울은 사람들이 일반적으로 인정하였던 진리나 일치점을 찾

---

54 William Baird, *Paul's Message and Mission* (Nashville: Abingdon, 1960), 34.
55 Ibid.
56 Ibid.
57 Ibid., 38.
58 Ibid., 40-41.
59 Ibid., 41.

아 연결함으로써 청중들의 과거 경력에 호소하며 시작하였다.

둘째, 바울은 일반적으로 구체적인 개념이나 삶과 죽음의 이야기와 같은, 쉽게 이해될 수 있는 사실들을 진술한다.

셋째, 바울은 청중들이 마음속에 가지고 있는 당연한 질문들에 대하여 답변하였다.[60]

넷째, 바울은 하나님의 메시지를 거절하는 것에 관련된 위험에 대하여 경고하였다. 바울의 사역에서 복음을 전하는 것은 신생 교회들을 세우기 위한 첫 걸음이었으며, 중심 요소였다.

6. 교회에 모이기

바울이 "교회" 또는 에클레시아(ekklēsia)라는 단어를 사용했을 때, 과연 무엇을 의미하였을까? 로버트 플러머는 자신의 책, 『교회의 선교에 대한 바울의 이해』(Paul's Understanding of the Church's Mission)에서 바울은 두 가지의 방법 안에서 교회라는 단어를 사용했다고 주장한다.

첫째, 그는 어느 시대, 어느 곳에서든지 "그리스도에 의해 구속을 얻은 사람들의 공동체 전체"를 언급했다.[61]

둘째, 그는 그 용어를 "라오디게아에 있는 교회" 또는 "고린도에 있는 하나님의 교회"처럼 지역의 환경에 있는 신자들을 언급하기 위해 사용했다. 이것은 가정교회들에서 만나는 사람들 또는 도시 안에 있는

---

60 Allen, *Missionary Methods*, 62–63.
61 Robert L. Plummer, *Paul's Understanding of the Church's Mission: Did the Apostle Paul Expect the Early Christian Communities to Evangelize?*, PBM (Milton Keynes, U.K.: Paternoster, 2006), 44.

신자들을 포함했다.[62]

플러머는 바울이 자신의 사도적인 선교를 이들 신자들이 갖는 지역의 모임들에 밀접하게 관련된 것으로 이해했다고 강조한다.[63] 이것은 바울이 신자들의 지역 모임을 교회로 보았다고 주장하는 슈라이너와 비슷하다.[64] 바울이 에클레시아라는 용어를 빈번하게 사용하는 것은 그가 교회를 "새 이스라엘, 하나님의 새로운 백성, 그리고 하나님께서 이스라엘에게 의도하였던 성취"로 보았기 때문이라고 슈라이너는 지적한다.[65] 바울이 교회를 복수로 언급했을 때, 그는 다양한 교회들 간의 관계를 강조하며, 교회들 간의 결속을 칭찬하고, 한 교회가 특정한 문제에 관하여 잘못 인도될 때 지적했던 것으로 보인다.[66]

로버트 뱅크스(Robert Banks)는 자신의 저서인 『공동체에 관한 바울의 생각』(Paul's Idea of Community)에서 교회를 향한 바울의 가르침들은 완수해야 하는 일의 목록이 아니라, 살아야 하는 생활방식이라는 것에 주목한다. 바울은 신자들에게 "예배"라고 부르는 활동을 하기 위해 교회에 가도록 훈계하지 않는다. 대신에 그는 그들에게 예배는 전적인 삶의 헌신이며, 말과 행동 안에서 자신들을 아낌없이 바치며, 이러한 것들은 특별한 시간이나 모임에 제한되지 않는다는 것을 가르친다.[67]

바울이 복음전도와 사회적 행동에 관련된 문제들을 설명할 때, 그는 출발점과 중간 지점들에 필요한 프로그램들과 활동들을 제시하지 않는다. 대신에 그는 신자들이 "시간을 최대한 활용하면서 외부에 있는 사

---

62 Ibid.
63 Ibid., 45.
64 Schreiner, *Paul*, 332.
65 Ibid.
66 Ibid.
67 Robert J. Banks, *Paul's Idea of Community: The Early House Churches in Their Cultural Setting*, rev. ed., (Peabody, Mass.: Hendrickson, 1994), 89.

람들에게 지혜롭게 대하도록" 가르친다.[68]

　상대적으로 짧은 기간(5개월에서 18개월) 안에 바울은 다른 교회들에 의존한 채로 남아 있는 교회들이 아니라, 회중들로 확고히 자리 잡은 교회들을 세웠다. 알렌은 바울이 이 교회들을 구약성경의 복음과 규정들을 가지고 준비시켰고, 그러한 가르침이 너무 복잡해서 교회를 혼란스럽게 하지 않도록 주의하였다고 주장한다.[69] 알렌에 완전히 동의하는 스토트는 바울과 바나바가 선교단체가 아니라 교회를 세웠고, 그리고 난 다음 그 교회를 남겨두고 "집으로 돌아갔다"는 것에 주목한다.[70]

　알렌은 바울 전략의 성공 대부분이 바로 첫 개종자들을 훈련시킨 결과로 나타났다고 강조한다.[71] 그는 이 첫 개종자들과 함께 동행 했던 바울의 사역을 철저한 양육 지도로 설명한다. 왜냐하면 바울이 떠난 후에도 자신의 사역을 계속 수행할 사람들의 자질을 점검하고 주의 깊게 임무를 부여하기 때문이다.

　알렌은 아마도 바울이 성공적인 사역을 수행할 수 있었던 열쇠는 바로 이 점이라고 지적한다.[72] 그는 바울이 한 장소에서 몇 달 동안 복음을 전하면서, 교회의 지도자들을 세우는 데 신중하게 고려했다고 지적한다. 그런 다음, 바울은 성장하고 수적으로 계속 증가할 견고한 교회들을 두고 떠날 수 있었다.[73]

　찰스 브록(Charles Brock)은 『토착교회개척』(Indigenous Church Planting)에서 토착교회는 그 교회가 속해 있는 지역의 문화와 상황을 반영한다고

68　Ibid.
69　Allen, *Missionary Methods*, 89-90.
70　Stott, *The Spirit, The Church, and the World*, 235.
71　Allen, *Missionary Methods*, 82.
72　Ibid., 82.
73　Ibid., 83-84.

쓰고 있다. 토착교회는 "토착민들로 구성되어 있고(native), 국내에 있어야 하며(domestic), 국민 특유의 문화가 반영이 된다(national)."[74]고 한다. 그는 계속해서 토착교회를 개척할 때 확인해야 하는 5가지의 자기 설명(five-self description)에 대해서 언급한다. 그것은 자치(self-governing, 스스로 중요한 문제를 결정한다), 자립(self-supporting, 교회 구성원들의 헌금을 통하여 필요를 충족시킨다), 자기 주도적 학습(self-teaching, 교회 구성원들이 가르치고 훈련하는 일과 성경을 공적으로 읽는 일에 참여한다), 자기 표현(self-expressing, 지역의 문화는 예배의 표현에서 명확하게 드러난다), 자전(self-propagating, 다른 교회들을 세운다)이다.

이렇게 도움이 되는 지침들은 바울의 교회들이 총체적으로 세워졌다는 것을 반영한다. 이 지침들은 외부의 선교 자원들에 너무 지나치게 의존하지 않도록 하며, 교회가 지역 특색에 적합하고 실제적인 발전을 이루도록 이끈다.

7. 모여든 새 개종자들을 가르치기

바울이 전한 복음을 사람들이 믿었을 때, 그는 그들을 가르치고 예배하기 위해 모이게 했다. 스토트는 바울이 가르치고 권면함으로써 믿음에 진실하게 남아있도록 하였으며, 견디는 교회들로 세웠다고 설명한다.[75] 모든 점에서 교회는 하나님께서 만들었으며, 오직 하나님에게만 속한다고 바울은 인정한다.[76]

---

74 Charles Brock, *Indigenous Church Planting: A Practical Journey* (Neosho, Mo.: Church Growth International, 1994), 89.

75 Stott, *The Spirit, The Church, and the World*, 235.

76 Schnabel, *Paul the Missionary*, 233.

슈라이너는 바울이 개종자들에게 믿음 안에서 "인내"하도록 강조하고 있다고 주장한다. 누군가를 개종자가 되도록 인도하는 것으로는 충분하지 않다. 즉 그들이 끝까지 인내하는 것이 중요하다. 이것은 교회를 세우는 바울에게 너무 중요한 문제였다. 단순히 교회가 시작되는 것만으로는 충분치 않았다. 교회는 견고하게 세워져야 하며, 인내해야 했다.[77]

8. 교회개척과 관련된 재정

교회개척은 거의 항상 재정과 관련된다. 바울은 자신의 사역 내내 이 문제를 다룬다. 선교적인 노력에서 재정의 복잡한 문제에 대해서 연설하는 알렌은 어떤 선교적인 활동에서 재정적인 합의는 선교사들과 그들이 복음을 가지고 다가간 사람들 사이의 관계에 심각한 영향을 가진다고 인정한다.[78]

알렌은 자신의 시대의 선교사들이 재정 문제들을 어떻게 논의하는지에 대하여 바울과 비교해 가면서, 재정에 대한 바울의 언급과 관련하여 독특한 어조와 방향에 주목한다. 돈을 향한 바울의 어조는 돈은 자신에게 중요하지 않다는 것을 지적한다. 그러나 그는 돈이 자신이 사역하고 있는 사람들에게 얼마나 중요한지에 대하여 썼다.[79] 그는 재정적인 후원을 받는 것을 비판하지 않았다. 그러나 그는 극단적으로 자신이 돈에 매이는 어떤 상황에 조심스러워했다.[80] 그는 그 자신이 그

---

77 Schreiner, *Paul*, 67.
78 Allen, Missionary Methods, 49.
79 Ibid.
80 Ibid., 49–50.

들의 후원 때문에 어느 누구에게 신세지는 것을 허용하지 않았다.

알렌은 바울이 보여 준 실제적인 예들을 서로에게 의존하고 있는 교회들에게 적용했다고 강조한다. 각 교회는 스스로 재정적으로 자립해야 한다. 신자들은 곤궁에 처해 있을 때 외부의 도움을 바라보기보다 오히려 서로를 도와야 한다.[81]

알렌은 교회들이 건물, 시설, 그리고 진열되어야 하는 가구들에 너무 많은 강조를 두기 때문에 문제가 생기고, 이 문제를 해결하기 위해 교회들은 재정이 필요하다는 것을 지적한다.[82] 그는 선교적인 노력에 사용된 장비시설과 건물들의 가치나 힘이 그 자체로 "영적인 결과들을 생산하지" 않는다고 강조한다. "외부적인 것들의 가치는 그것들을 잘 활용하는 영혼으로부터 나온다."[83]

알렌의 주장은 현대 선교사역에서 꼭 필요한 조언처럼 들린다. 가장 기본적인 물건들조차 예배에 사용하기 위해 한 문화에 유입될 때, 이것은 새 개종자들 안에 즉각적으로 무언가를 의존하고자 하는 사고방식을 형성하게 된다.[84] 알렌은 이것들과 같은 작은 단계들이 결정적으로 새 개종자들을 선교와 사역을 위해 책임 있게 능력을 발휘하는 사람들보다도 수동적인 교회 참여자로 만드는 결과를 야기한다고 믿는다.[85] 그는 또한 재정과 관련된 다른 문제를 올바르게 지적한다. 교회 개척자가 너무 많이 재정적인 자원들을 받을 때, 그들은 "움직이는 복음전도자가 되는 것을 멈추고 목양하는 사람들이 되는 경향이 있다."[86]

---

81 Ibid., 52; 고후 8:13.
82 Ibid., 52-53.
83 Ibid., 54.
84 Ibid., 56.
85 Ibid.
86 Ibid., 57.

바울은 교회들이 모든 면들 즉 세례, 의식, 징계, 연합에 대하여 상호 책임을 나누는 것에 강조하고 있다는 것을 알렌은 강조한다. "교회는 형제 관계이며, 형제, 자매들은 교회 안에 다른 사람의 연약함을 받아들이고 함께 고통을 분담하였다."[87] 바울은 교회의 모든 면들이 시작되도록 도왔고, 교회가 계속 수행하도록 하였다. "그가 서너 명에게 세례를 주고, 세례를 받은 사람들에게 다른 사람들을 인도하는 책임을 부여했던 것처럼, 그는 서너 명에게 안수하였고 다른 사람들을 안수하도록 권한을 부여했다."[88]

9. 떠난 후에도 방문하고 계속해서 지도하는 바울

슈나벨은 바울의 전도여행이 너무 자주 언급되기 때문에 그가 세운 교회들에 쏟아 부었던 목회적인 헌신은 충분히 강조되지 않는다는 것을 지적한다. 바울이 세웠던 교회들을 반복적으로 방문했던 것은 자신의 선교적인 사명에 대한 이해 안에서 모든 교회들에 대한 그의 염려를 증명한다(고후 11:28).[89] 이후에 쓰인 그의 서신들과 교회들의 방문은 그가 돌아왔을 때 환영을 받고, 존경을 받았으며, 이것은 교회들을 잘 남겨두었다는 것을 지적한다. 그는 이 교회들을 너무 빨리 떠났다는 것에 대해 어떠한 후회를 표현하지 않는다.[90] 이 전도여행들을 기록했던 누가는 바울이 복음전도여행에서 실수를 했다거나 잘못된 판단을

87　Ibid., 98-100.
88　Ibid., 100.
89　Schnabel, *Paul the Missionary*, 196.
90　Allen, *Missionary Methods*, 16.

했다는 어떠한 표시를 두지 않는다.[91] 사실 누가는 바울의 여행을 "성령에 의해 성공적인 결과로 인도된 여행들로 서술한다."[92]

바울은 자신이 세운 교회들에 있는 첫 개종자들과 제자들에게 무엇을 가르쳤을까? 알렌에 의하면, 그것은 아주 간단했는데, 바울은 그들에게 가장 필요한 본질적인 것들에만 초점을 맞추어 계속해서 가르쳤다. 그는 간단하고 실제적인 교리로 시작했는데, 그것은 아버지이자 창조주인 하나님, 아들이자 구원자인 예수 그리스도, 그리고 신자 안에 내주하여 능력의 원천이 되는 성령이다.[93]

바울은 그리스도의 죽음과 부활의 중요성에 관하여 반복적으로 가르치고, 더불어 성찬식에 대한 가르침을 강조했던 것처럼 보인다고 알렌은 지적한다. 그는 그리스도의 비유들이나 기적들에 관하여 좀처럼 가르치지 않았다.[94] 이것과 관련하여 바울의 근본적인 동기들이 무엇인지 우리는 분별해야 한다. 이전에 언급된 것처럼, 바울은 상대적으로 짧은 기간 안에 교회들을 세우는 데 있어서 매우 분명한 의도들을 가졌다. 그리스도의 기적들과 비유들을 바울이 배제하는데, 이러한 모습은 교회를 가르치는 데 있어서 그것들이 가치가 없기 때문이 아니었다.

아마도 바울은 교회를 세우는 첫 몇 달 동안 그것들이 가장 중요한 것으로 생각하지 않았다. 분명하게 바울은 신자들이 그들 스스로 영적으로 공급하도록 준비되어야 하는 것을 강조했으며, 그들의 현재의 위치를 이해하도록 도왔다. 알렌은 "바울은 항상 교회 안에서 사람들의 역량을 점점 더 끌어내고 있었다"고 설명한다.[95]

---

91 Ibid.
92 Ibid.
93 Ibid., 87.
94 Ibid., 88.
95 Ibid., 89.

요약하자면, 바울은 자신이 세운 교회들에 복음의 기초들, 주의 성찬과 세례, 그리스도의 죽음과 부활의 강조, 그리고 구약성경에 대한 많은 가르침들을 전했다고 알렌은 말한다.[96] 알렌은 기초적인 교리들을 가르치는 것은 매우 전략적이라고 단언한다. 단순성은 개종한 지 얼마 안 된 사람들이 새로운 믿음을 더 잘 이해하며, 그 이해 안에서 뿌리를 내리며, 앞으로 전진 하도록 한다.[97]

이 기본들에 대한 바울의 가르침은 그가 그 자료들을 매우 잘 알았고, 가장 우선적인 것이 무엇인지 결정할 수 있었을 뿐만 아니라, 그것을 간단히 전달할 수 있었다는 것을 지적한다. 게다가 바울은 성령과 그리스도에 굉장한 믿음을 표현했다고 알렌은 말하며 다음과 같이 쓴다. "사도 바울의 특징은 그가 위험들에도 움츠러들지 않을 정도로 교회 안에 내주하는 그리스도와 성령에 대한 믿음을 가졌다는 것이다."[98]

간단히 말하자면, 바울은 교회를 시작하고 난 다음 오래 머물지 않았다. 비록 역설적인 것처럼 보일지 모르지만, 바울이 세운 교회들에 머문 시간이 짧았다는 것이 오히려 교회들이 계속 전진하도록 도왔던 것 같다고 알렌은 설명한다. 그는 바울이 더 오래 머물렀다면, 바울은 실제로 성숙되고 있는 신자들의 성장과 진보를 방해하였을 것이라고 믿는다. 교회를 세우고, 한동안 새 개종자들을 준비시키며, 그리고 난 다음 떠났던 바울의 습관은 그들이 이 신생 교회들안에 리더십 역할을 하도록 하였다.[99]

---

96 Ibid., 90.
97 Ibid.
98 Ibid., 91.
99 Ibid., 93.

바솔로뮤(Bartholomew)와 고힌(Goheen)은 바울을 "선교사이자 목회자의 마음"을 가진 사람이며, "자신이 세운 교회들이 활기차고, 삶과 말, 그리고 행동으로 도래하는 하나님의 나라를 증거하는 공동체가 되는 것을 보기 위해 일했던 지도자"로 묘사한다.[100] 바울은 새로운 신자들이 자신의 사명을 성실하게 감당할 수 있도록 "어떻게 복음을 표현해야 하는지"를 가르치기 위해 충분히 오래 남아있었다.[101]

알렌은 바울이 얼마나 많이 성령을 의지했는지 그리고 새 개종자들이 자신처럼 그렇게 할 것이라고 신뢰했다는 것을 강조한다. 그는 이 교회들 안에 존재하는 기독교 하위 문화(subculture, 부차적 문화)의 발전을 격려하지 않았다. 사실 이 교회들의 구성원들은 오늘날 많은 교회들이 편안해 하는 것보다 더 그 지역 문화에 깊이 젖어 있었다.

바울은 개종자들이 심한 우상 숭배에 노출되어 있는 곳에서 계속 일하는 것을 금하거나 그 세속적인 문화에서 기독교 하부 사회로 물러서도록 요구하지 않았다고 알렌은 지적한다. 바울은 그들이 자녀들을 이교도의 학교에서 나오도록 하거나 또는 첫 개종자들을 사회로부터 벗어나도록 주장하지 않았다.[102] 알렌은 만약 개종자들이 그렇게 많이 우상 숭배하는 이교도적인 영향들로부터 벗어났다면, 바울이 사역하기에 훨씬 쉬웠을지 모르지만, 복음화하는 것은 더 어려웠을 것이라고 인정한다.[103]

100　Craig G. Bartholomew and Michael W. Goheen, *The Drama of Scripture: Finding Our Place in the Biblical Story* (Grand Rapids: Baker Academic, 2008), 187.
101　Ibid., 187-88.
102　Allen, *Missionary Methods*, 119.
103　Ibid., 120.

10. 복음을 전하면서 살도록 초대 교회를 가르침

밖으로 나가서 하나님의 구원의 메시지를 선포하였던 바울의 모습은 근본적으로 새로운 것이었는데, 이것은 분명히 유대인이었던 그가 신자로서 보여 준 노력이었다.[104]

헹엘과 슈베메르는 유대교의 유산들로부터 얻은 바울의 방법들과 관련하여 중요한 변화를 설명한다. 이스라엘 역사는 일관적으로 하나님을 "보내는 하나님"(예를 들어, 하나님은 도움을 주었을 뿐만 아니라, 왕들, 선지자들, 그리고 예수를 보내셨다)으로 보여 주는 반면, 유대인들은 종교적인 사람들로 비유대인들에게 적극적으로 다가가는 사람들로 알려지지 않았다.[105] 오히려 바울의 시대에 유대교는 유대인들의 전통 밖에 있는 사람들에게 아주 매력적인 종교로서 간주되었다.[106]

플러머에 의하면, 바울은 적극적으로 가르쳤고 이 신생 교회들이 받았던 복음 메시지를 전하길 기대했다. 바울의 서신들은 그가 모든 신자가 자신들의 선한 행위들이 다른 사람들로부터 관찰되고 있다는 것에 만족하거나, 자신들의 믿음에 대한 질문들을 답변하는 데 그치지 말고, 예수의 메시지를 나누는 데 의도적이어야 하고 솔선수범하길 기대했다고 지적한다.[107]

빌립보서에서 바울은 그리스도가 선포되는 것을 축하한다. 바울의 언어는 선교사나 성직자 계층이 아니라, 보통 신자들을 겨냥하고 있다는 것을 지적한다고 플러머는 쓴다.[108] 에베소서에서 바울은 에베소에

---

104 Hengel and Schwemer, *Paul Between Damascus and Antioch*, 75.
105 Ibid.
106 Ibid.
107 Plummer, *Paul's Understanding*, 71.
108 Ibid., 73.

있는 교회가 복음을 적극적으로 전하기 위해 준비되도록 훈계한다.[109] 마지막으로 바울이 고린도 교인들에게 자신을 닮도록 명령하는데, 즉 계속되는 박해에도 불구하고 다른 사람들을 그리스도에게 인도하기 위해 복음을 선포하면서, 복음의 선교사로서 살도록 명령하였다는 것을 플러머는 주목한다.[110]

11. 결론

바울이 보여 주는 예는 미래 세대의 교회개척자들을 훈련시키고 준비시키는 사람들을 위해 실제적으로 무엇을 의미하는가? 이 질문은 교훈들을 끌어낼 수 있을 것이며, 실제로 책 전체는 그 주제에 대해 쓰였다. 그러나 나는 네 가지의 결론적인 생각을 나누려고 한다. 모델로서 바울을 기초로 하여, 우리는 개척자들이 복음의 기초들, 교회의 성격, 선교의 순응성(flexibility) 그리고 열방을 향한 열정에 초점을 맞추도록 준비시켜야 한다.

1) 복음의 기초들

모든 세대는 예수 그리스도의 복음을 전혀 듣지 못한 사람들에게 그 복음을 나누도록 부름을 받는다. 복음 선포 없이 성공적인 교회개척이 될 수 없다. 현대의 많은 개척자들에게 특히 서양에 있는 개척자들에게, 교회를 개척하는 데 이용 가능한 많은 도구들과 자원들이 있

---

109 Ibid., 77-79.
110 Ibid., 84.

다. 교회개척자들은 전략과 마케팅 계획을 쓸 수 있다.

그러나 단순하게 말하자면, 예수의 복음을 우선적으로 설명하려고 하지 않는 사람들은 예수의 교회를 개척하기에 아직 준비되지 않았다는 것이다. 여기에 내가 해야 하는 일들 중 가장 우선적인 것에 초점을 맞추도록 내 자신에게 자주 상기하고 있는 정의가 있다.

> 복음은 하나님의 복음이다. 그분은 우리가 상상할 수 있는 것보다 더 거룩하신 분이시며, 긍휼을 가지고 우리가 인정하는 것보다 더 죄 많은 사람들을 바라보시며, 예수를 자신의 나라를 세우기 위해 역사 속으로 보내셨고 사람들과 세상을 자신과 화해시키셨다.
> 우리가 측량할 수 있는 것보다 더 풍성한 사랑을 가지신 분, 예수는 우리를 위해 희생적으로 죽기 위해 오셨으며, 그의 죽음과 부활 때문에 우리는 성경이 정의하는 새 생명, 영원한 생명을 그의 은혜를 통하여 얻도록 하셨다.[111]

진정한 교회개척은 바울이 보여 준 것처럼, 복음을 심는 것이다. 이것이 바로 바울이 우선적으로 행했던 것이다. 자신의 초점을 설명하면서 바울은 "내가 받은 것을 먼저 너희에게 전하였노니 이는 성경대로 그리스도께서 우리 죄를 위하여 죽으시고"(고전 15:3)라고 말한다. 그는 도시에서 교회를 어떻게 개척해야 하는지 전략을 설명하지 않았다. 그는 오직 복음을 지적했다. 우리가 교회를 개척할 때, 우리는 바울처럼 똑같이 행해야 한다.

---

111 Ed Stetzer, "EdStetzer.com: Gospel Definitions," www.edstetzer.com/2009/11/gospel-definitions.html (accepted August 30, 2012).

2) 교회의 성격

바울의 유산은 간단하다. 그는 복음을 전하였고 교회를 세웠다. 바울은 교회들을 아주 중요하게 생각하였다. 그는 단지 개종자들을 얻는 것이 전부가 아니었다. 그는 교회를 세우면서, "교회로 말미암아 하늘에 있는 통치자들과 권세들에게 하나님의 각종 지혜를 알게 하려 하였다"(엡 3:10).

바울은 교회들을 개척하면서 교회 안에 리더십을 세우고, 교회로서 제 기능을 하도록 하였으며, 그리고 교회로서의 특징들을 갖추도록 하였다. 많은 교회개척자들은 교회론에 대한 분명한 이해와 함께 교회를 향한 바울의 초점과 헌신이 필요하다.

3) 선교의 순응성

로랜드 알렌은 교회가 급속도로 성장할 때에 권한을 부여받은 지도자들과 교회 내에 이루어지는 사역을 인정하는 구조들이 필요하다고 우리에게 상기시킨다. 오늘날 그러한 요구가 남아 있다. 북 아메리카에 교회들이 급속도로 늘어나는 현상은 우리가 건물, 예산, 그리고 더 크고 좋은 심적 상태에 초점을 맞추는 한 일어나지 않을 것이다. 우리는 겸직 목회자가 사역하는 교회, 인종별로 모이는 교회, 평신도로 모이는 교회, 가정교회 등등 모든 유형의 교회개척자들을 옹호하는 주창자들이 되어야 한다.

한 예로서, 겸직 목회자에 의해 인도되는 교회개척은 성경이 "모든 신자는 사명을 감당하고 있으며, 모든 구성원들은 사역자이다"라고 가르치는 모델을 보여 준다. 이것은 인도하는 목사가 또한 현장 관리자나 웹 디자이너로 한 주에 40시간씩 일하는 것을 보면 더 이해하기 쉽다.

겸직 목회자에 의해 인도되는 교회개척은 아주 안정적이고, 매력적인 사고방식에서 선교적인 사고방식으로 전향하도록 하는 지표가 될 것이다. 누군가를 발견할 때까지 기다리는 것이 아니라 사람들이 있는 곳에 가서 자발적으로 그리스도의 메시지를 전하는 신자들로 구성된, 복음 중심의 교회는 미래의 세대에 복음을 가지고 다가가는 데 필수적이다.

4) 열방을 향한 열정

서바나에 대한 바울의 집념은 항상 나의 마음을 빼앗았다. 그는 한 번 이상 그것을 언급한다. 그렇게 나의 마음을 빼앗았던 이유는 지리학적인 행선지 때문이 아니었다. 그것은 영적인 갈망이었다. 바울은 가능한 한 멀리, 적어도 유럽에 있는 이방인들에게 가길 원했다. 그것이 서바나였다. 바울이 동료 사역자들과 함께 이동하였을 때, 그들의 간절한 바람은 복음이 전해지지 않은 열방으로 가는 것이었다.

바울은 확실히 예수의 말씀을 알았고, 자신의 선교 초점을 잘 선택했다. 당장 다른 교회를 세우는 교회개척자로서 나는 개척할 때 감당해야 하는 많은 도전들, 가령 구제활동을 조직하는 것, 빌린 장비들을 조정하는 것, 새 신자들을 상담하는 것, 그리고 지도자들과 함께 일하는 것을 알고 있다. 아마 그러한 것들은 다른 개척자들에게 엄청나게 힘든 일일 수 있다.

그러나 열방을 향한 바울의 열정을 보면서, 나는 교회를 개척하는 나의 사명은 멈출 수 없는 일이며, 내가 개척한 그 교회는 대위임령을 끊임없이 감당해야 함을 배운다. 바울이 세웠던 교회들처럼, 내가 개척한 교회는 "어떻게 예수의 말씀을 감당할 수 있을까"라는 질문을 가지고 있어야 한다.

> 예수께서 나아와 말씀하여 이르시되 하늘과 땅의 모든 권세를 내게 주셨으니 그러므로 너희는 가서 모든 민족을 제자로 삼아 아버지와 아들과 성령의 이름으로 세례를 베풀고 내가 너희에게 분부한 모든 것을 가르쳐 지키게 하라 볼지어다 내가 세상 끝날까지 너희와 항상 함께 있으리라 하시니라(마 28:18-20).

바울은 "내가 그리스도를 본받는 자가 된 것 같이 너희는 나를 본받는 자가 되라"(고전 11:1)라고 말했다. 복음의 기초들, 교회의 성격, 선교의 순응성, 그리고 열방을 향한 열정에 초점을 맞추면서, 우리는 참으로 바울의 선교에서 예수의 가르침들을 듣는다. 우리가 수행중인 예수의 임무에 참여하며, 바울의 예를 따른다면, 교회개척자 바울은 우리에게 여전히 다시 가르칠 것이다.

12장

바울과 상황화

데이비드 실스 박사
미국 남침례신학교 교수

　상황화(contexualization)는 최근에 상당한 논쟁을 일으켰던 용어이다. 사실 그 논쟁은 놀랍게 느껴진다. 왜냐하면 상황화는 성경만큼이나 오래 되었고, 상황화를 하지 않고서 충실하게 열방에 복음을 전하고 가르치는 것은 불가능하기 때문이다. 그 논쟁은 그 용어에 대한 오해와 오용에서 기인하는 것이 분명하다. 불행하게도 오늘날 일부 설교자들은 강단에서 신성을 더럽히는 언행이나 부적절한 농담을 하면서, 그들은 현대의 청중에게 그 메시지를 상황화하고 있다고 주장함으로써 자신들의 행동을 정당화시킨다.

　다른 설교자들은 일부 설교자들이 오용하는 그러한 상황화를 비난하며 반대한다. 불행하게도 양쪽 다 그 용어를 정확하게 정의하고 있지 않다. 선교학에서 꼭 필요한 상황화라는 도구는 "코끼리 싸움에 고통 받는 건 풀이다"는 아프리카 속담이 증명하고 있는 것처럼 터부시 되고 있다.

　데이비드 헤셀그레이브(David Hesselgrave)와 에드 롬멘(Ed Rommen)은

상황화를 "하나님의 계시에 지극히 충실하며, 동시에 반응자들 각자의 문화와 실존적인 상황들 안에서 이해 가능한 방법으로 하나님의 인격, 행동, 말씀, 그리고 뜻과 관련된 메시지를 전달하려는 시도"로서 정의한다.[1]

문화적으로 고유한 방법들 안에서 하나님의 말씀이 충실하게 이해되어진다면, 어느 누구도 상황화를 반대하지 않을 것이다. 그러한 이해는 성도들에게 최종적으로 전달되는 복음이 변질될 가능성을 배제하며, 동시에 설교자들로 하여금 듣는 사람들이 복음을 이해할 수 없는 방법으로 전달되는 실수를 피하도록 한다. 참으로, 성경을 문화의 언어로 번역하는 것은 상황화와 관련하여 첫 단계라고 볼 수 있고, 동시에 수혜자 중심(receptor-oriented)으로 행해지는 많은 과정들 중 첫 번째의 것이라 할 수 있다.

1. 상황화와 논쟁

반어적으로, 일부 사람들은 부주의로 복음을 변질시키지는 않을까 두려워하여 상황화를 피한다. 그러나 놀랍게도 상황화가 복음의 메시지를 변질시키지 않는 반면, 상황화의 실패는 복음의 변질을 야기한다. 참으로 비록 많은 사람들이 의도하지 않은 진리의 변경을 걱정하여 상황화와 관련된 문제들을 피한다 할지라도, 만약 상황화가 이루어지지 않는다면, 사람들은 복음을 듣고 제자가 되려고 할 때, 또한 하나님의 말씀을 공부하며 하나님께 예배할 때 자신들의 문화를 떠나 다른 문

---

[1] David Hesselgrave and Edward Rommen, *Contextualization: Gleanings, Methods and Models* (Grand Rapids: Baker, 1989), 200.

화를 이해하고 받아들여야 하는 부담감과 그에 따른 어려움을 갖게 된다. 만약 사람들이 주어진 환경에서 상황화하는 것을 거절한다면, 그들은 그리스도에게 오기 위해서는 자신들처럼 되어야 한다고 다른 사람들에게 요구하는 현대판 유대주의자들이 되고 말 것이다.

신약 시대의 선교사들은 교회들을 세울 때, 각 지역 문화의 형태들 그 자체를 이용하지 않았다. 그러나 그들은 로마 제국의 다른 문화들 안에서 성경의 진리들을 가르치기 위해 효과적인 방법들을 발견하며, 이방의 관습들에 영향을 미치도록 성경을 제시하고, 또한 그들이 유대적인 상황 안에서 전혀 직면하지 못했던 도전들을 생각해야 했다. 사실 기독교를 다른 문화들에 소개하는 것은 위험스러운 일이다. 즉 교사들은 그들이 금하거나 수용하는 형태들 이면의 의미를 이해해야 한다. 그렇지 않다면 그들은 가르쳐서는 안 되는 무엇인가를 전달하게 될 것이다. 슈나벨은 다음과 같이 지적한다.

> 이방인이었을 때 신을 기념하는 축제에 참여하였지만, 신자가 된 이후 자신들의 신을 기념하기 위해 어떤 행렬이나 놀이들을 준비하지 않는다. 다른 신자들과 함께 그들이 하나님을 믿는 믿음을 표현할 수 있는 형태들은 세례나 주의 만찬 … 그리고 기도였다.[2]

그러나 오늘날 선교사들은 이미 비슷한 문화 종교적인 형태들을 가지고 있는 사람들 사이에 들어갈 때 조심해야 한다. 여기서 우리는 매우 간단한 진리를 발견하게 된다. 그것은 선교사들이 다가가서 복음

---

2 Eckhard J. Schnabel, *Early Christian Mission* (Downers Grove, Ill.: IVP Academic, 2004), 2:1372.

을 전하는 사람들은 문화에 속해 있는 사람들이며, 그들의 마음은 아무 것도 기록되지 않은 "빈 서판들"(blank slates)이 아니라는 것이다.

선교사들이 교회 형식, 기독교 문화 그리고 자신들의 사역을 복음을 전하기 위해 방문하고 있는 나라의 문화들에 이입시킬 때 지역 문화에 순응하는 정도는 항상 논란이 많다. 그 논란의 경향은 "내가 아주 멀리 나가는 것보다 어떤 사람은 더 나간 것 같고, 내가 가는 것보다 어떤 사람은 덜 가는 것 같다"고 생각하는 것이다. 오늘날 세계 곳곳의 이슬람교의 상황과 관련하여 C5와 C6 전략들[3], 내부자운동들, 그리고 낙타전도법(Camel method of evangelism)을 활용하면서 코란을 사용하는 것과 같은 일부 "상황화"전략들이 사태를 더 악화시키는 결과를 초래한 것이 사실이다. 그러나 그 논란과 관련된 모든 관점들은 약간의 순응은 필수적이라는 것을 인정한다. 팀 켈러(Tim Keller)는 다음과 같이 지적한다.

"상황화되지 않은" 기독교는 존재하지 않는다. 예수는 이 세상의 사람들과 동떨어진 존재로 이 땅에 오지 않았다. 사람이 됨으로서 그는 특정한 인간이 되어야 했다. 그는 남자였고, 유대인이었고, 임금 노동자였다. 만일 그가 인간이어야 했다면, 그는 사회적으로 문화적으로 밀접하게 관련된 사람이 되어야 했다. 그래서 우리가 사역하는 순간 우리는 예수조차도 그랬던 것처럼, 복음의 대상들의 환경에 녹아들어야 한다.

실제적인 기독교 관습들은 성경적인 형태와 문화적인 형태 둘 다를 취해야 한다. 예를 들어, 성경은 분명히 우리를 하나님을 찬양하기 위하여 음악을 사용하도록 인도한다. 그러나 우리가

3　C5는 예수를 구주로 영접한 이슬람교도들로 이루어진 그리스도 공동체를 가리키며, C6은 비밀지하 신자들로 구성된 소규모의 그리스도 중심의 공동체를 의미한다.

사용할 음악을 선택하자마자 우리는 문화 안으로 들어가게 될 것이다. 우리가 언어를 선택하자마자, 우리가 어휘를 선택하자마자, 우리가 특정한 수준의 감정적인 표현을 선택하자마자, 우리는 일부 사람들의 사회적인 상황을 향하여 가게 될 것이고, 동시에 다른 사람들의 사회적인 상황으로부터 멀리 움직이게 될 것이다.

오순절에 모인 사람들은 자기 자신의 언어나 지역 방언으로 설교를 들었다. 그러나 오순절 이후, 우리는 결코 "모든 사람들의 비위를 동시에 맞출 수" 없다. 그래서 문화 수용은 피할 수 없는 것이다.[4]

선교적인 상황화는 사람들이 기독교와 복음을 이해하도록 하고, 기독교가 외부 사람들을 위한 외래 종교라는 인상을 피하면서 종교적으로 관련되지 않은 지역 문화의 구성 요소들을 이용하는 것이다. 물론 지역 언어를 사용하는 것은 이 진리를 전달하는 첫 단계이다. 그러나 다른 모습들은 음악, 리더십 스타일, 재정적인 문제들, 그리고 심지어 설교하는 스타일과 관련된다.

슈나벨은 다음과 같이 지적한다.

바울은 그 자신을 공적인 연설의 특정한 방법들로부터 분리한다. 그것은 분명하고, 놀라운 것이 아니다. 헬라적인 유대인으로서 그는 수사학적인 방법들에 대하여 아주 잘 알고 있었다. 고린도후서 11:4과 같은 본문에서 바울이 확실히 복음 선포를 위

---

4 Tim Keller, "Advancing the Gospel into the 21st Century, Part III: Context Sensitive," speech given to the Mission America Coalition, New York City, October 2003. 그

한 수사학적인 방법들의 문제를 인식하였다는 것을 증명한다.[5]

서구에서 잘 행해지는 멘토링 역시 아주 효과적인 구전 문화에 적응되어야 한다.

목표로 삼는 문화에서 상황화되어야 하는 음악, 의상, 예배 시간, 리더십 유형, 교회 건물, 그리고 언어와 같은 기독교의 다양한 영역들 중 신학의 상황화는 성경적으로 정확해야 하기 때문에 가장 위험스러운 것처럼 보인다. 그러나 상황화된 신학은 단순히 선교사 자신의 문화(home culture)에서 자세하게 다루지 않았던 문제들을 목표로 삼는 문화(target culture)에서 다루는 것이다.

선교사가 성경을 다른 문화에서 설교하고 가르치고 있을 때, 그는 일부다처에 관련된 복잡한 체계들과 세계관들을 설명하며, 가모장(matriarchal)의 문화에서 기독교의 성경적인 모델들을 가르치도록 요구될 것이다.

폴 히버트(Paul Hiebert)의 소논문, "배제된 중간 영역의 오류"(The Flaw of the Excluded Middle)는 영혼과 마술과 관련하여 아주 상당히 발전된 신념체계들을 가진 정령 숭배의 문화를 가진 사람들에게 다가가고 가르치려고 하는 선교사들에게 큰 도움을 줄 수 있다.[6]

5　Schnabel, *Early Christian Mission*, 2:1359.
6　소논문, *The Flaw of the Excluded Middle*은 선교학자 Paul Hiebert에 의해 발전되었다. 이 소논문은 Missiology(10:1 [January, 1982]: 35-47)에서 발표되었고 이후에 그의 책 *Anthropological Reflection on Missiological Issues* (Grand Rapids: Baker, 1994)의 12장에 게재되었다. 거기에서 그는 세계의 문화에서 나타나는 셀 수 없는 세계관들로부터 대표적인 문제들을 파헤친다. 그는 문화들에 나타나는 3단계 존재들에 주목한다. 그 실체들은 가장 높은 끝에는 창조주 신, 천사들, 성인들이 위치하고, 중간 단계는 정령 숭배가 있는 문화들에 의해 받아들여지는 것으로서, 이 중간 단계에는 최근에 죽은 사람들과 창조된 영혼들 즉 인정이 많은 영혼, 사악한 영혼, 아니면 그 두 모습 다 가지고 있는 영혼이 있으며, 가장 낮은 단계에는 인간들과 동물들이 있다. 그는 또한 3단계의 우주적인 힘을 구분하는데, 높은 단계에는 천명, 운명, 예정, 알라의 뜻과 같은 다른 문화들에서도 통용되며 받아들여지는 우주의 세력들로

상황화는 또한 기독교의 실제 형태들을 검토하여, 그 지역의 상황 안에서 문화적으로 가장 적합한 것을 발전시키는 것이다. 상황화를 염두하지 않게 되면, 선교사는 교회 건물과 관련해서조차 큰 실수를 범하게 될 것이다. 그는 무의식적으로 자신의 배경은 표준이라고 생각하며, 교회 장의자, 피아노, 주일 학교에 얼마나 많은 사람들이 있었는지를 표시하며, 그날 읽을 성경을 보여 주는 강단 뒤의 표지판이 갖추어진, 자신이 고향에서 알았던 빨간 벽돌로 만들어진 교회를 그대로 복제하려고 할 것이다.

반면에 일부 사람들은 극단적으로 반대의 입장을 취한다. 그들은 가정 안에서 갖는 모임이 제사인 것으로 간주하는 지역들에서조차 분명한 구분을 제시하지 않고 가정교회에서의 예배만을 고집한다. 흥미롭게도 갓 선교사가 된 사람들은 이전의 선교사들의 교회 형태들을 무조건 거절하고, 상황화하는 것 없이 새로운 것만을 고집하기도 한다. 만일 그들 모두가 문화적인 정황을 고려하지 않고서 그러한 사역들을 행한다면, 그 두 극단들은 효과적이지 않게 될 것이다.

선교사들은 확실히 그 지역의 상황에 맞게 복음화시키는 방법들을 고려해야 한다. 길거리 모임들은 일부 나라들에서 잘 들어맞을지 모르지만, 다른 나라들에서는 치명적인 잘못일 수 있다. 기독교 삶의 실제적인 방식들과 관련해서 선교사들은 상황의 문제들을 심각하게 고려해야 한다. 신자의 생활방식과 관련된 바울의 가르침에 대해 말하는 슈

구성되어 있고, 중간 단계에는 정령 숭배자들에 의해 받아들여지는 단계인데, 마술, 의식들, 마법들, 저주들, 물신들, 부적들, 주문들로 구성되며, 마지막 가장 낮은 단계는 우리가 두통을 없애기 위해 아스피린을 먹고, 감염부위를 낫게 하기 위해 항생제를 먹을 때처럼, 육적인 물체들이 가지는 기계적인 효과들로 구성되어 있다. Hiebert는 서양 세계는 이 3단계 실체들과 3단계 힘 중 높은 단계와 낮은 단계만을 강조하며, 중간 단계를 인정하지 않고, 심지어 인식하지 않는다고 주장한다. 이러한 오류들 때문에 복음은 혼란스럽게 되었으며, 이 혼란은 적절한 상황화를 통해서만 고쳐질 수 있다고 그는 주장한다.

나벨은 다음과 같이 진술한다.

> 바울은 실제적이면서 신학적인 문제들과 관련하여서 변화를 시도해야만 했다. 유대인 신자들이 계속해서 자신들의 자녀들에게 할례를 행하려고 했을 때(이 상황은 충분히 있을 수 있는 것이다), 그들은 할례는 더 이상 하나님의 언약 백성에 들어가는 표지가 아니라는 사실을 이해해야 했다.
> 유대인 신자들은 옛 언약의 토라 안에 계시된 하나님의 권위에 대한 표준적인 기준으로 십자가상에서 예수의 죽음의 중심적인 중요성을 인식하도록 가르침을 받아야 했다. 예를 들어, 그들은 토라의 정결법과 음식법은 더 이상 유효하지 않다는 것을 이해해야 했다. 왜냐하면 거룩함은 예수 그리스도에 의해 완전히 이루어졌기 때문이다. 이것은 유대인 신자들과 이방인 신자들의 진정한 통합을 가능하게 했다.[7]

상황화를 고려한다고 해서 성경과 불변하는 복음의 메시지를 신실하게 유지할 필요성에 대한 경각심을 간과하는 것이 아니다. 팀 켈러는 다음과 같이 지적했다.

> 바울은 복음을 바꾸지 않는다. 그러나 그는 그것을 매우 심각하게 순응시킨다. 이것은 확실히 오용을 야기할 수 있다. 그러나 문화에 순응하는 것을 두려워하고 거절하는 것은 마찬가지로 복음이 오용되도록 할 수 있다! 이 둘 사이에서 균형을 갖는 것은 상대주의에 양보하는 것이 아니다. 상대주의에 양보하는

---

7 Eckhard J. Schnabel, *Paul the Missionary: Realities, Strategies and Methods* (Downers Grove, Ill.: IVP Academic, 2008), 237.

것과 상황화를 피해야 한다고 생각하는 것은 복음을 침식시키는 잘못들이다.[8]

국제화 시대에서 문화들은 빠른 속도로 그리고 더 복잡한 방법으로 서로 충돌하고 있다. 세계 곳곳에 있는 코카콜라와 맥도널드는 우리가 발견하는 곳이 어디든지 상관없이 미국 본사의 것과 너무나 똑같이 보인다. 일부 사람들은 이것을 각 지역과 전 세계를 하나로 연결하는 인터넷과 항공 여행 때문에 갖는 세계화로 언급한다. 그럼에도 그것들은 각자 그 지역에 맞는 독특한 특징들을 가지고 있다는 것 또한 주목해야 한다.

2. 성경적인 기초

바울은 로마서 10:13에서 "누구든지 주의 이름을 부르는 자는 구원을 받으리라"고 진술한다. 이 구절을 통해 바울은 우리를 안심시키는 반면, 그는 또한 로마서 10:14-15에서 우리를 불편하게 만드는 질문들을 한다.

> 그런즉 그들이 믿지 아니하는 이를 어찌 부르리요 듣지도 못한 이를 어찌 믿으리요 전파하는 자가 없이 어찌 들으리요 보내심을 받지 아니하였으면 어찌 전파하리요 기록된 바 아름답도다 좋은 소식을 전하는 자들의 발이여 함과 같으니라(롬 10:14-15).

---

8 Keller, "Advancing the Gospel."

여기에서 분명히 나타나는 진리는 "복음 메시지를 받는 것이 구원받는 것에 필수적"이라는 것이다. 독일에서 온 어느 선교사가 중국에서 만다린(Mandarin) 언어를 말하는 사람들에게 복음을 전할 때, 만약 그들이 이해할 수 있는 언어로 말하지 않는다면, 그는 다가가서 가르치라는 대위임령을 이루지 못하는 것이다.

듣는 사람들의 언어로 말하지 못하는 선교사는 또한 그들의 귀에 감지할 수 없는 주파수로 말하는 것이나 다름없다. 그는 조정해야 한다. 이 조정은 그가 말하는 언어에 제한되지 않는다. 오히려 조정은 인간이 전달하는 모든 방법들을 포함한다. 이것은 복음의 필수 조건들이나 내용을 바꾸는 것을 의미하지 않는다. 그러나 오히려 우리가 복음을 전달하는 방법들을 바꾸는 것이다.

바울은 복음이 절대적으로 변질될 수 없는 내용을 담고 있다는 것을 강조한 반면, 동시에 그는 복음을 제시할 때 수반되어야 하는 순응의 필요 또한 인식하였다. 그래서 복음을 들었던 사람들이 그것을 이해할 수 있도록 하였다(고전 9:22). "복음전도자들과 바울이 다양한 문화적인 상황에서 복음을 전달하였던 태도를 통해 우리는 상황화의 형태는 초대 교회에서 실행되었다는 사실의 증거를 만나게 된다."[9]

예수는 하나님의 본체의 제2위격이신 성자 하나님이시다. 그러나 그는 인간의 육체를 입고 우리 안에서 살았다. 이것은 하나님 자신이 사람들의 세상으로 오신 상황화이다. 성경은 하나님께서 우리가 이해할 수 있는 형태인 인간이 언어로 자신의 메시지를 상황화한 것이다. 존 칼빈(John Calvin)은 성경을 마치 간호사가 유아용 침대에 있는 아기

---

9 Bruce Corley, Grant Lovejoy and Steve Lemke, *Biblical Hermeneutics* (Nashville: B&H Academic, 2002), 374–75.

에게 사용하는 어린 아이 같은 말(baby talk)의 형태로 언급한다.¹⁰ 그렇다고 하나님께서는 사람들이 이해하기에 쉽도록 하기 위해서 자신의 메시지를 지나치게 단순화하지 않았다.

그러나 하나님께서는 우리가 이해할 수 있는 용어들과 언어로 그것을 두었다. 참으로 성경의 각 책은 같은 진리들을 전달한다. 그러나 그것들은 몇 가지의 언어들 중 하나로, 다양한 역사적인 상황들에 놓여 있는 특정한 청중들에게 주어졌다. 그러나 성령께서 영감 했기 때문에 진리들은 다양한 역사적인 상황에 있는 각 청중들에게 동일하게 드러난다. 마찬가지로 사복음서 각 권은 독특하고 동일한 진리를 많이 포함한다. 그러나 그것들은 모두 특정한 이유들 때문에 각기 다른 청중들에게 상황화된다. 바울서신들 역시 독특한 형태들로 표현되며, 각 수신자들에게 적합한 필수적인 신적인 계시를 전하는 동일한 진리들을 지닌다.

3. 본보기로서 바울

바울은 문화적인 장벽들을 넘고, 절대적으로 불변적인 메시지를 듣는 사람들이 처한 환경에서 상황화한, 우리가 본받아야 할 선교사이다. 바울은 전도여행 중 방문하였던 도시들의 사람들이 유일신론의 세계

---

10 "약간의 지성을 가진 사람들은 간호사가 보통 아기들에게 하는 것처럼 하나님께서 우리에게 말할 때 습관적으로 불완전하게 발음하는 것을 이해하지 못하는가? 그러므로 그렇게 말하는 형태들은 하나님이 우리의 적은 능력에 그의 능력을 보여 주는 것으로서, 그러한 형태들을 통하여 하나님은 어떤 분이신지 알기 쉽지는 않다. 우리를 이해하도록 하기 위해 그는 자신의 높음에서 아래로 내려와야 한다"(John Calvin, *Institutes of the Christian Religion*, ed. John T. McNeill, trans. Ford Lewis Battles, LCC 21 [Philadelphia: Westminster John Knox, 1960], 121 [Book I, Chapter 13, Article 1]).

관, 히브리어의 지식, 유대인의 역사와 바리새파에 익숙한 전통들, 그리고 창조에 대한 진리에 이르기까지 자신과 같은 수준으로 이해할 수 없다는 것을 알고 있었다. 그는 항상 회당들에서 사역을 시작하였는데, 자신의 동족을 아주 사랑했기 때문이기도 하지만, 거기에 있는 사람들이 신적인 계시에 관하여 동일한 세계관을 나눌 수 있었기 때문이다.

그러나 그가 유대인 회당을 떠나 다신론의 이방인들에게 복음을 전했을 때, 그는 자신의 메시지를 조절해야 했다. 10년 동안 사역을 해 온 회중에게 설교하는 목사는 그 회중의 지식과 관련하여 어느 정도의 수준인지를 감안할 것이다. 그러나 그는 전달 방식에 있어서 다른 스타일을 가지고 아이들과 교회에 소속된 요양원 환자들에게도 자신들의 교인들에게 전달했던 동일한 진리를 전할 것이다.

만약 그 목사가 교인에게 전달했던 동일한 설교를 대도시 구조대나 전도여행 중에 만나는 가장 사람의 손이 닿지 않았던 그룹에게 해야 한다면, 그는 그 설교를 훨씬 더 그들이 알아들을 수 있도록 다듬어야 할 것이다. 예화들도 바꿀 것이다. 가정된 지식의 수준은 아마 높지 않을 것이다. 만약 그가 다른 언어를 가진 사람들에게 동일한 설교를 한다면, 그의 설교의 의미는 통역관을 통하여 조절되어야 할 것이다.

하나님께서 택하여 지도자로 세운 바울은 상황화의 대가였다. 이렇게 말할 수 있는 것은 그가 듣는 사람들과 읽는 사람들에게 너무 명확하게 전달하였기 때문이다. 사람들이 바울의 메시지를 받아들이거나 또는 거절할 때, 그들은 그 메시지를 알아들있기 때문에 그렇게 했던 것이다.

바울은 오직 복음 메시지만을 전하지 않았다. 그는 자신이 교회를 세웠던 문화들에 기독교를 상황화하였다. 바울은 새로운 지역에 갔을 때, 수리아 안디옥이나 예루살렘에 있는 교회를 그대로 본뜨려고 하지 않았다. 심지어 그 두 교회들 간에도 신약의 교회가 어떤 모습이 되어야 하는지에 대하여 다른 이해들을 가졌을 것이다. 그 다른 이해들을 해소하기 위해 교회 지도자들의 주요한 공의회(행 15장)가 열리기까지 했다. 바울의 지혜로운 통찰력들은 유대적인 배경을 갖지 않은 신자들에게까지 다가갈 수 있는 조화를 만들어냈다. 플레밍은 "선교사이자 신학자, 그리고 성경 해석가인 사도 바울은 의심 없이 신약성경에서 상황신학을 이행하는 과정을 보여 주는 중요한 인물"이라고 설명한다.[11]

바울은 새로운 접근들이 세상의 새로운 영역에 도달하기 위해 필요하다고 이해했다. 교회들은 여전히 신약이 교회들로서 자격을 갖추어야 했고, 최종적으로 성도들에게 가르침이 전달 될 때 성경적인 복음이어야 했을 뿐만 아니라, 각기 다른 상황들 안에서 문화적으로 적절한 사역 형태들이 요구되었다. 바르넷(Barnett)은 하나님께서 1세기에 기독교를 전파하기 위해 바울을 독특하게 사용하셨다고 믿는다. 그는 다음과 같이 지적한다.

> 구약성경의 배경을 가지고 있었고, 세례를 받을 때 기독교 진리에 문답식으로 답변했었을 이 사람은 성령을 통하여 그리스도 안에서 초대 교회의 최초의 신학자가 되었다. 아마 틀림없이 기독교 역사상 가장 위대한 신학자일 것이다. 바울의 천재성은 그의 획기적인 혁신에서라기보다 주님으로부터 받았던 전통들에 대한 그의 적응과 적용에 있다. 그리고 난 다음 그는 교회들에서 사용하기 위해 주님으로부터 받았던 전통들을 "구전

---

11 Dean Flemming, *Contextualization in the New Testament* (Downers Grove, Ill.: IVP Academic, 2005), 16.

의 교리 교수법과 그의 서신들"을 통해 다시 고쳐 만들었다.[12]

유대교 울타리 안팎에서 바울의 사고는 그를 예루살렘 사고방식으로는 첫눈에 인식할 수 없었던 기독교사역과 교회들을 세우도록 하였다. 이 실체를 인식한 바르넷은 계속해서 지적한다.

> 선교 초기부터 바울은 새 접근들을 채용했다. 그는 급속히 지역적으로 복음을 널리 전하는 수단으로써 교회들을 세웠다. 그는 다른 사람들을 함께 전도여행하는 동역자로서 그리고 복음을 전하는 대사로서 자신의 협력 관계로 끌어 들였다. 그는 심지어 부재중일 때에도, 자신이 세운 교회들을 가르치는 수단으로써 쓰는 서신을 보낸 개척자였다. 그러나 훨씬 가장 중요한 차이는 이방인들, 즉 우상 숭배하며 성전에 참석하는 이방인들을 사로잡은 그의 사려 깊은 접근이었다. 곧 그가 세운 교회들은 주로 회당에 연결된 하나님을 경외하는 자들뿐만 아니라 그러한 이방인들로 구성되었던 이유이다.[13]
>
> 복음의 순수성을 유지하면서 그것을 다른 형태들로 제시하는 바울의 재치있는 솜씨를 예증하는 두 단락은 사도행전 13장에 등장하는 비시디아 안디옥에서 바울의 설교와 사도행전 17장에 나타난 아레오바고에서 그의 연설이다.

바울은 복음과 복음의 필수 조건을 약하게 하지 않으면서, 듣는 사람들이 쉽게 이해할 수 있는 용어로 복음을 표현하였다. "만약 우리가 상황화를 이해할 때, 사람들의 입맛에 맞게 복음을 제 멋대로 만드는

---

12 Paul Barnett, *Paul, Missionary of Jesus: After Jesus* (Grand Rapids: Eerdmans, 2008), 2:7.
13 Ibid., 2:157.

시도로 이해한다면, 우리는 오해하고 있는 것이다. 누군가가 바울을 크든 작든 간에 메시지를 제거하거나 또는 겉을 잘 꾸미는 사람으로 비난할 수 없을 것이다. 복음은 공격적이다. 상황화의 요점은 복음을 바꾸지 않는 것에 있다."[14]

바울의 서신들과 사역을 통해 우리는 복음을 제시하는 데 있어서 상황화의 분명한 예를 보게 된다.

오스본(Osborne)은 바울의 기록에 대해서 다음과 같이 썼다.

> 우리는 복음주의적인 상황화, 즉 "몇 사람"을 구원하기 위해 "여러 사람에게 여러 모습"이 되는 문화적인 시도에 주목한다(고전 9:22). 이것은 또한 유대인들(행 2:14-36, 3:12-26)과 이방인들(행 14:15-17; 17:22-31)에게 매우 다른 접근을 하는 사도행전의 설교에서도 증명된다. 아레오바고 연설(행 17장)에서 바울은 헬라 철학자들을 이용하는데, 이것은 특별히 상황화의 중요한 예이며, 선교학자들이 "구속적 유비들"(redemptive analogies)이라고 부르는 것을 입증한다."[15]

판 리넨(Van Rheenen)은 고린도전서 9장에서 선교사역에 대한 바울 자신의 지침을 고려하고, 사도행전에서 바울이 그 지침들을 적용하는 것으로 이해했다. 그는 다음과 같이 말한다.

---

14 Tim Morey and Eddie Gibbs, *Embodying Our Faith: Becoming a Living, Sharing, Practicing Church* (Downers Grove, Ill.: IVP Books, 2009), 75.

15 Grant Osborne, *The Hermeneutical Spirit: A Comprehensive Introduction to Biblical Interpretation* (Downers Grove, Ill.: IVP Academic, 2006), 413.

우리는 모든 사람을 그리스도에게 돌아오도록 하기 위하여 기꺼이 문화적인 차이들을 극복하고 순응하려고 하는 바울의 모습을 이 진술들을 통해서 발견한다. 바울은 유대인들에게 말할 때 자신의 유대적인 배경을 강조하였을 것이다(우리는 바울이 행 13:16-43에서 실제로 그렇게 하는 것을 발견한다). 또한 그는 이방인들에게 말할 때 자신의 유대적인 요소들을 내색하지 않았을 것이다(그가 행 17:22-31에서 그랬던 것처럼).[16]

바울은 다른 문화들을 위해 다양한 형태로 성경적인 진리를 구두로 표현하는 은사들을 보여 준다. 팀 켈러는 사도행전 13장에서 회당 무리들과 사도행전 14장에서 이방인들에게 전해진 바울의 메시지를 비교 분석하면서 상당한 통찰력을 제공한다.

사도행전 13장에서 우리는 바울이 회당에서 성경의 하나님을 믿는 사람들에게 복음을 전하고 있음을 보게 된다. 사도행전 14장에서 우리는 노동자들이었던 이방인 무리에게 복음을 전하는 바울을 만나게 된다. 여기에 나타난 차이점과 유사점들 놀랍다.
(1) 바울의 인용에서조차 매우 다르다.
첫째, 그는 성경과 세례 요한을 인용한다.
둘째, 그는 일반적 계시 즉 창조의 위대함으로부터 설명한다.
(2) 그 두 장들은 내용의 강조가 다르다. 유대인들과 하나님을 경외하는 사람들에게 그는 하나님의 교리를 간과하고 그리스도에 대해서 바로 시작한다는 것은 자명하다. 사도행전 14장의 이방인들에게와 사도행전 17장에서 그는 하나님에 대한 개념을

---

16 Gailyn Van Rheenen, *Contextualization and Syncretism* (Pasadena: William Carey Library, 2006), 244.

전하기 위해 노력한다.

(3) 마지막으로 그 두 장들은 마지막 호소의 형태에서조차 다른데, 그리스도로 끝을 맺는 방법에 있어서 다르다. 사도행전 13:39에서 바울은 하나님의 법에 대해서 말하며, "여러분들은 스스로 잘하고 있다고 생각하지만, 그것으로 충분하지 않습니다. 여러분들에게는 의롭게 하시는 그리스도가 필요합니다"라고 구체적으로 말한다.

그러나 14장에서 그는 그들에게 "헛된 일" 즉 우상으로부터 돌아서고, 물질이 아니라, "기쁨"의 진정한 원천이신 "살아 계신 하나님께로" 돌아오라고 말한다. 그는 실제적으로 "여러분들은 스스로 자유롭다고 생각하지만 실제로는 그렇지 않습니다! 여러분들은 죽은 우상들에 사로잡혀 있습니다!"라고 말한다.

(4) 이 모든 심오한 차이에도 불구하고 중요한 유사점들이 있다. 첫째, 두 청중들은 강력하며 선하신 하나님에 대해서 듣는다 (행 13:16-22; 14:17).

둘째, 두 장들에서 그는 청중들이 잘못된 방법으로 그들 스스로를 구원하려고 한다고 말한다(도덕적인 사람들은 율법에 순종하려고 하며[행 13:39], 이방인들은 만족할 수 없는 우상들에게 그들 자신을 내어준다[행 14:15]).

셋째, 두 장들에서 바울은 듣는 사람들에게 무언가를 행하려고 시도하지 않도록 권면하며, 지금 구원을 이루기 위해 하나님께서 역사에 들어오셨다는 것을 강조한다. 자연스럽게 일어났던 감정 폭발이 있었던 사도행전 14장의 연설에서조차, 비록 그리스도를 직접적으로 언급하지 않았지만, 여전히 구원은 우리가 행하는 무언가가 아니라, 우리를 위해 역사 안에서 하나님께서

성취하신 것이라고 지적한다.[17]

비록 바울의 유대적인 배경이 상당히 도움이 되었지만, 그렇다고 회당에서 성공을 보증하지 못했다.

플레밍은 다음과 같이 지적하였다.

> 사도행전 13장에서 누가의 네러티브는 비록 바울이 청중들과 같은 동일한 기본 문화와 상당히 같은 세계관을 나누었다고 할지라도, 그리고 그가 유대인들을 대상으로 한 언어로 복음을 전달하였다고 할지라도, 예수를 믿는 믿음에 대한 장벽들은 여전히 많이 존재했다. 참으로 회당 공동체의 바로 그 세계관과 문화적인 가정들은 그들이 복음을 받아들이는데 장애물이 되었다. 지금 문화적인 경험을 공유하며 복음을 상황화하려는 우리의 노력 그 자체가 반드시 긍정적인 반응을 얻는 보증이 되지 못한다.[18]

심지어 이러한 실패에 대한 잠재성은 복음을 제시하는 우리의 궁극적인 소명을 상기시키기 때문에 우리에게 편안함을 주어야 한다. 실제로 그러한 실패는 십자가가 유일한 장애물일 수 있다는 것을 보여 주는 것이다. 문화적으로 적합한 형태들을 제시했음에도 불구하고 바울에게도 나타났던 것처럼, 우리에게 실패가 있다는 것은 "복음은 타협 없이 하나님의 영광을 위해 전해진다"는 표시임을 입증한다.

사도행전 17장에 나타난 복음전도는 매우 주목할만 하다. 왜냐하면

---

17 Keller, "Advancing the Gospel."
18 Flemming, *Contextualization*, 65.

우리는 바울의 청중이 현대 상황에서 발견하는 청중들과 너무나 흡사하기 때문이다. 진리에 회의적인 포스트모던의 성향이 짙은 현대인들은 한 분 하나님이 있다고 믿지만, 자신들의 죄를 회개하지 않고 그리스도를 믿지 않은 사람들보다 또 다른 접근이 요구되는 부류이다. 우리가 때때로 만나는 현대인들은 자신들의 이성에 울려 퍼지는 방법으로 진리를 들어야 한다. 플레밍은 바울이 전했던 메시지에서 유사한 조절들을 발견하였다.

> 아레오바고 연설의 형태와 스타일은 절묘하게 세련된 이방인 청중에 들어맞는다. 사도행전에서 유대인들에게 전해진 설교들에서 우리가 발견하는 헬라어 성경으로부터의 인용들과 언어의 빈번한 사용과 대조적으로, 이 연설은 더 헬라화된 스타일을 반영하며, 이것은 주어진 상황과 듣는 사람들에게 적합하다.[19]

선교사들은 신자들이 복음을 받아들이는 사람들이 되었다고 할지라도, 그들이 살아온 삶의 역사와 세계관이 바로 바뀌지 않는다는 것을 알게 된다. 그들이 제자가 되고, 배울 때까지, 그들은 지금까지 삶 속에서 참이라고 여겨왔던 옛 것들에 대항하는 복음과 관련된 새로운 것들을 계속해서 이해해야 할 것이다. 기독교 개념들을 이해할만 하고 문화적인 차이들을 극복하려고 노력하였던 바울은 듣는 사람들이 그리스도를 받아들이자마자 그 노력을 멈추지 않았다. 슈나벨은 다음과 같이 썼다.

---

19 Ibid., 74.

바울은 이방인 신자들에게 신학적인 교훈을 줄 때, 오직 일반적인 용어들을 가지고 신적인 것에 대하여 언급하였다. 기본적으로 바울이 이스라엘 역사 안에서 하나님과 그의 계시에 대하여, 하나님의 아들이자 메시아인 예수에 대하여, 죄와 죄 용서에 대하여, 그리고 마지막 날의 하나님의 백성들로서 예수를 따르는 자들의 정체성에 대하여 말했던 모든 것은 새로웠으며 전례에 없던 것이었다.[20]

로랜드 알렌은 바울의 회당 설교에 나타난 다섯 가지의 요소들을 지적한다. 그것들은 과거에 대한 호소, 사실들의 진술, 피할 수 없는 반대에 대한 대답, 사람들의 영적인 요구들에 대한 호소, 그리고 마지막으로 엄중한 경고였다.[21] 그는 더욱 바울의 설교를 회유적이고, 인정이 있으며, 대담하며, 존중하는 것으로서 설명하며, 특별히 메시지의 진리에 대한 주저하지 않은 확신을 담고 있는 것으로 묘사한다.[22]

바울의 사역 안에 나타난 문화적인 이유들과 관련하여 약간의 조정들이 보이지만, 영합하지 않았고, 성경을 일반 다른 책처럼 평가절하하지 않았다. 바울은 유대주의자들을 기쁘게 하고 하나님으로부터 공로를 얻기 위해 할례를 구하는 이방인들에 대하여 억지로 할례받지 않도록 일반적으로 권고한 때에도, 디모데에게는 할례를 받도록 했다(심지어 행 15장 이후에!). 그러나 사도행전 21장에서 바울은 정결의식에 참여했지만(행 21:17-24), 이방인들과 교제로부터 위선적으로 슬쩍 물러나는 베드로를 면전에서 꾸짖었다(갈 2장).

---

20 Schnabel, *Paul the Missionary*, 237.
21 Roland Allen, *Missionary Methods: St. Paul's or Ours?* (Grand Rapids: Eerdmans, 1962), 63.
22 Ibid., 64.

고린도전서 9:19-23에서 바울은 상황화의 목적과 제한들을 밝힌다. 상황화의 목적은 "약한 자들에게 내가 약한 자와 같이 된 것은 약한 자들을 얻고자함이었다"(고전 9:22). 그는 "내가 복음을 위하여 모든 것을 행함은 복음에 참여하고자 함이라"라고 말할 때, 상황화의 제한들을 드러낸다.

명백하게 바울은 술 취한 사람들을 얻기 위하여 술에 취하지 않았을 것이다. 그것은 복음에 불명예를 가져올 것이다. 마찬가지로 우리는 가능한 한 많은 사람들을 얻기 위해 상황화를 행해야 한다. 그러나 결코 그리스도에게 영광 돌리지 않을 무언가를 행해서는 안 된다. 만약 우리가 그렇게 한다면, 우리는 기록함에 대한 우리의 우선적인 부름을 오해한 것이다. 플레밍은 바울의 사역에 대해 다음과 같이 썼다.

> 한편 경계를 표지하는 유대인 음식법에 아랑곳하지 않고, 그는 정기적으로 이방인들과 교제하며 그들과 식사를 나누며, 심지어는 이방인 집에서 머무른다(행 11:26; 16:15, 34, 40; 17:4-7). 다른 한편으로 유대인들 사이에서 선교사역을 위해 바울은 자신의 동료 디모데가 할례를 받도록 하였으며(행 16:3), 이후에 그는 예루살렘에 있는 성전에서 유대인 정결의식을 행하는 것을 찬성한다(행 21:23-24, 26; 18:18).[23]

이교도를 위한 상황화는 받아들이기에 더 쉽도록 하기 위해 복음을 바꾸지 않는다. 어떤 것도 진리로부터 더 나아갈 수 없다. 상황화는 이교도가 명확하게 옛 것에 대하여 회개하며 새 것을 진정으로 받아들이는 요구를 이해하도록 한다. 오늘날 여전히 자주 오해되는 이 개념은

---

23 Flemming, *Contextualization*, 56.

알렌에 의해 몇 세대 전에 이해되었다. 그는 다음과 같이 썼다.

> 사도 바울은 종교적인 의식의 정교한 체계를 믿지 않았다. 성령의 능력 안에서 주저하지 않는 믿음을 가진 근본적인 원리들을 붙잡았는데, 그 원리들을 자신의 듣는 사람들에게 적용하며, 그 원리들 안에서 적절한 외적인 표현들을 이끌어 내었다. 사도 바울의 마음에 자연스럽게 나타났던 방법들이 그 당시 유대인 신자들에게 위험하게 나타났던 것처럼, 우리에게 위험한 것처럼 보이는 것은 피할 수 없었다.[24]

4. 상황화와 선교사들의 역할

적절하고 철저한 상황화는 선교사들이 새로운 상황에서 기독교를 통해 제자화된 백성들을 포함한다. 중국인이 기독교로 개종할 때, 누가 그들이 조상 숭배를 멀리하고 동시에 자신들의 부모를 존경하도록 가르치는 성경을 안내할 수 있을까?

거듭나서 제자화된 중국인 신자는 중국 문화의 이러한 면이 하나님의 말씀에 복종되어질 때, 그 면의 위험들과 한계들, 그리고 사고방식을 더 잘 이해할 것이다. 서양 선교사들은 때때로 거만하게 제대로 이해하지 않고 관습들을 금하거나 또는 반대로 기독교가 이교주의와 혼합되도록 허용하면서 자신들의 임무를 충분히 감당하고 있다고 여겼다. 그런 점에서 알렌의 시대 이후에도 다른 민족을 업신여기는 선교사의 자기 민족 중심주의는 근본적으로 바뀌어 지지 않았다.

---

24 Allen, *Missionary Methods*, 6–7.

알렌은 다음과 같이 썼다.

> 우리는 인종적인 우월감과 종교적인 자만을 가지고 "불쌍한 이교도"(poor heathen)에게 행동하였다. 우리는 우월한 존재로서, 우리의 부유함을 부족하고 멸망하고 있는 영혼들에게 나누도록 하는 자비심에 감동되어 그들에게 접근하였다. 우리는 속으로는 싫지만 동정심을 가지고 그들에게 믿음을 전하기 위해 집에서 논의했고, 밖에서 우리는 우월한 종교의 선교사들로서 그들 위에 군림하였다. 우리가 복음을 전하는 사명을 받은 것이 "우리의 의를 위해서가 아니라 우리가 온 세상에 하나님의 아들의 우주적인 구원을 드러내기 위한 하나님의 손에 붙들린 도구들"이라는 교훈을 배우지 않았다.[25]

이 원리는 단지 새 신자들에게 적용되는 것이 아니다. 알렌은 또한 교회들의 운영을 위해서 그 원리를 이해하였다. 그는 다음과 같이 썼다.

> 현대 선교에서 우리는 끊임없이 거의 변하지 않게 이 원리를 위반해 왔다. 우리는 꾸준히 세례를 베풂에 대한 모든 책임을 외국 선교사에게 내맡겼는데, 그들은 세례를 받는 사람들의 실제 동기들과 성격을 판단하기에 가장 최악의 위치에 있었던 낯선 사람들이었다. 그렇게 함으로써 우리는 개종자들 사이에 상호 책임감을 훨씬 더 약하게 만들었다.[26]

25　Ibid., 142.
26　Ibid., 98.

5. 비판적 상황화

폴 히버트는 전혀 상황화하지 않는 것의 위험들과 너무 상황화하는 극단을 인식했으며, 선교사들에게 "비판적 상황화"를 요구했다.[27] 그는 선교사들이 본질적으로 식민지 권력들이 부여한 그들의 정부 교회의 대리인들로서 활동하였던 때인 식민지 기간으로부터 비상황화의 시대를 추적하였다. 이들 교회 형태들은 복음을 적절하게 상황화하기 위해 지역 문화의 이해에 관심이 없었고, 오히려 식민지 정부의 교회와 함께 그 구성원들을 "기독교화"하는 데에만 관심이 있었다. 그 결과 교회들은 외국의 것처럼 보였고, 식민지 권력들의 의도에 밀접하게 연결되었다.

그 다음 시대는 선교사들이 문화 인류학과 관련된 많은 면들을 받아들이고, 진화론적인 이론들을 종교들과 문화들에 적용하던 상황화의 시대였다. 인류학자들은 다양한 문화들에 매혹되었고, 옳고 그름의 체계를 가지고 분리된 영역으로 문화들을 연구하였다. 그러한 사고에 영향을 받은 선교사들은 그 지역 상황에서 기독교의 형태들, 행동들, 심지어 내용들을 확립하는 데 자주 지역 문화들에 너무 많은 자유를 허용하고 말았다.

히버트는 비판적 상황화의 네 가지를 독려했는데, 문화를 조사하고 철저하게 이해하는 것, 지역 사람들이 공감하는 성경공부를 하는 것, 죄의 습관들과 잘못된 신념들을 인식하는 과정에 있는 사람들을 제자화된 사람들로 인정하는 것, 그리고 그들에게 성경적이고 문화적으로 적합한 반응들을 이끌어내는 것으로 구성된다. 이러한 것들은 예전에 죄악의 습관들에 의해 만족했던 요구들을 내려놓게 만들 것이며, 성경

---

27 Hibert, *Anthropological Reflections*, 75–92.

적으로 책임감 있게 할 것이며, 사람들이 자신들의 문화에서 상황화된 기독교를 기꺼이 받아들이게 될 것이다.[28]

역사적인 관점을 중요시 여겼던 폴 히버트처럼, 이미 로랜드 알렌은 비슷한 방법으로 자신의 시대의 선교사들이 사도 바울의 사역을 세계의 문화와 밀접한 관련 안에서 복음전도, 교회개척, 그리고 기독교사역을 재평가하도록 도전하였다. 문화의 역할을 인식했던 알렌은 선교사들이 국제 사역에서 성령의 인도에 더욱 민감하도록 요구했다. 알렌은 어떤 상황화가 이루어지지 않은 채 수출된 기독교를 받아들이는 지역 사람들은 단순히 외국에서 수입된 복음으로 여길 것이며, 서양 선교사를 영원히 의존할 것이라고 주장했다.

크래프트는 알렌에 대해서 다음과 같이 썼다.

> 그는 신약성경이 각 지역 상황의 사람들을 그리스도의 살아있는 몸으로 변화시키는 성령의 능력에 대한 강조를 하기 때문에, 신약성경이 건전한 선교 모델을 제공하는 유일한 것으로 생각한다.[29]

6. 로랜드 알렌과 현대의 상황화

오늘날 상황화의 가장 논쟁의 여지가 있는 요소들은 이 12장의 범위를 넘어서며, 로랜드 알렌 시대 이후에 자주 등장했었다. 그러나 우리는 그가 자신의 당대에 제기했던 염려들과 관련해서 오늘날에까지

---

28 비판적 상황화에 대한 Hiebert와 관련된 완전한 논의를 위해서 다음의 책을 보라. Hiebert, *Anthropological Reflections*, 75-92.
29 Charles Kraft, *Appropriate Christianity* (Pasadena: William Carey Library, 1995), 44.

적용할 수 있다는 점에서 그의 천재성을 발견하게 된다.

예를 들어, C1-C6의 규모는 매 시간 점점 더 증가하는 상황화의 정도를 보여 주며, 선교사가 이슬람 상황에서 복음과 기독교를 어떻게 상황화하는지 그 정도를 측정하는 방법이다. C5 수준이 도달되는 시간까지 이슬람교도들이 기독교를 이슬람 형태로 받아들이는 것이 더 쉬울 것이며, 그들이 결국 진정한 기독교로 가는 길을 발견할 것이라고 주장하면서, 개종자들이 실제적으로 인정할만한 모든 방법에서 이슬람에 계속 머물러 있는 것을 허용한다.[30]

C5가 이슬람 상황에서 일부 선교사들을 위한 하나의 전략이라면, 그것은 더 보수적인 선교학자들을 엄청나게 놀라게 할 것이다. 성경의 삼위일체 하나님을 언급하기 위해 "알라"(Allah)를 사용하면서, 복음화하기 위해 코란을 사용하며, 상황화의 극단들을 허용하는 C5는 많은 사람들 사이에서 상당히 강렬한 항의의 원인이 된다. 알렌은 그러한 극단적인 전략에 대하여 무엇이라고 말했을까? 그는 바울이 그러한 전략에 동의하지 않았을 것이라고 썼다.

비록 일부 사람들이 바울은 복음을 자유주의적으로 이해하며 성경의 권위를 인정하지 않는다고 평가한다고 할지라도, 특별히 루스드라와 아덴에서 바울의 설교와 관련하여, 이러한 평가는 전혀 맞지 않다고 알렌은 말한다. 그는 계속해서 진술한다. "또한 그러한 평가들을 가지고 사도 바울이 이방인 청중들을 이교도 철학을 담고 있는 이교의 신앙부터 기독교로 점차적으로 들어오도록 인도했다는 이론을 주장하는 것은 맞지 않은 것처럼 보인다."[31]

30　C1 또는 C6는 상황화의 논의에 관련되지 않는다. 왜냐하면 그 둘은 상황화하려고 하지 않는다. 오히려 C1은 단순히 교회를 이전의 문화에 있었던 것처럼 목표 문화에 가져온다. C6는 교회를 세우려고 하지 않는다. C5는 내부자운동에 관련되는 수준이다.

31　Allen, *Missionary Methods*, 67.

"내부자운동"은 C5 전략에 매우 밀접하게 관련된다.[32] 내부자운동 주창자들은 성전에서 예배하는 유대인들이자 교회에 참석하는 기독교인들이었던 초대 교회 신자들을 지적하면서 이 방법을 옹호한다. 그들은 첫 신자들이 유대교와 완전히 결별하기까지 수 십 년이 걸렸던 것처럼, 우리도 이슬람교도들과 힌두교도들에게 순전한 기독교에 거슬러 오기까지 한 세대를 허용해야 한다고 주장한다.

알렌은 이 전략에 대해서 역시 언급했다. 그는 베르나르드 루카스(Bernard Lucas)의 『그리스도의 제국』(The Empire of Christ)을 인용한다. 루카스는 "기독교 세례를 받고 카스트 제도를 포기해야 하는가 하는 사회적인 환경과 관련해서 우리는 포기를 요구하지 않고 힌두교도를 받아들여야 한다"고 믿었다.[33]

알렌은 이러한 주장을 다음과 같이 요약했다.

> 마치 그러한 주장들은 다음의 상황을 연상케 한다. '기독교 선교사의 사역은 이방 성전으로부터 사람들을 하나님의 교회로 부르는 것이 아닌 것처럼 … 그러나 희미한 빛을 발하는 하나님의 등잔을 이방인 성전에 놓은 것이며, 그 등잔 안에 기독교 교리의 기름을 새로운 빛을 밝힐 때까지 몇 방울 붓는 것처럼 …'[34]

---

32 내부자운동과 관련하여 정보, 역사, 발전, 그리고 그 결과로서 생긴 교회들에 대한 전체 배경을 위해서 다음의 글을 보라. J. Henry Wolfe, "Insider Movements: An Assessment of the Viability of Retaining Socio-Religious Insider Identity in High-Religious Contexts" (PhD diss., SBTS, 2011).

33 Allen, *Missionary Methods*, 70.

34 Ibid., 71.

그러나 알렌은 그러한 사고에 다음과 같이 반응했다.

> 이러한 모습이 분명하게 나타나는 곳에서 우리는 성 바울이 설교한 믿음의 성격을 완전히 잃어버렸다는 것을 발견할 것이다. 우리가 가르쳤던 것처럼 유일한 생명은 우리 주 예수 그리스도를 믿는 믿음이다. 예수 그리스도안에서 믿음은 그 자체로 과거와의 단절도 포함했다. 믿음은 단순히 삶이 예전에 있었던 것처럼 여전히 남아 있다고 주장할 수 있는 종교의 새로운 이론에 대한 지적인 동의가 아니었다 … 그것은 옛 삶을 포기, 어쩌면 우리가 옛 삶 전체를 완전히 내려놓는 것을 의미했다. 그것은 이전의 모든 것들을 내버리는 것을 의미했다.[35]

게다가 알렌은 바울이 "개종자들"이 이전에 익숙했던 것에 예수를 더하는 것을 허용하는 어떤 전략에 강경하게 대항했을 것이라고 믿었다. 그는 바울에 대해 다음과 같이 썼다.

> 그는 기독교와 이교주의 사이에 단절을 최소화하지 않는다. 그는 하나는 악의 왕국이고, 다른 하나는 하나님의 왕국이라고 말했으며, 자신의 사역은 어두움에서 빛으로 사단의 세력에서 하나님에게로 사람들을 돌이키는 것이라고 선언했다.[36]

알렌은 바울의 삶 속에서 의도적으로 이전의 종교가 새 신자에게 영향을 미치거나 어떤 권위를 갖는다고 이해하는 자유주의적인 상황화를 향한 어떤 경향을 발견하지 않았다. C5 방법론과 내부자운동 전략

---

35 Ibid.
36 Ibid., 73.

들은 알렌의 방법론과 또한 그가 사도 바울의 사역에 대해 믿었던 것과 관련하여 어떠한 관계가 있지 않다.

또한 우리는 알렌이 현대의 많은 문제들에 많은 영향을 주고 있다는 것을 주목해야 한다. 비록 알렌이 1895년에서 1903년까지 중국의 선교사로 사역하였다 할지라도, 그가 가르치고 강조했던 많은 것들은 참으로 오늘날 선교적인 사고와 실제에 영향을 주고 있다.

그는 『선교방법들』의 6장 곳곳에서 자주 강조하였던 "세워진 토착교회가 주변에 또 다른 교회를 세워야 하는 재현성"과 "외국의 선교사에게 의존하지 않는 것"에 대하여 강조했다. 비록 그 책 6장이 선교현장에서 필요한 재정에 관하여 초점을 맞추고 있지만, 그는 선교사역 안에서 일어날 수 있는 돈의 함정에 관한 모든 것을 잘 표현하고 있다.

오늘날 많은 선교사들은 "만일 우리가 지역 사람들이 가지고 있지 않은 기술을 이용한다면, 그들은 스스로를 노트북, 영사기, 또는 자동차가 없다는 이유로 사역을 포기할 것"이라고 이구동성으로 말한다. 다른 사람들은 지역 사람들이 재정의 부족을 새로운 사역을 시작하는 데 방해 요소로 생각하지 않도록 오직 지역의 재정들을 사용하는 필요를 주장한다. 물론 알렌이 원리적으로 그러한 사고에 동의할 것이지만, 그렇다고 그의 추론들은 단순히 실용적이지 않는 것도 사실이다. 그는 또한 "자연스럽게 해외로부터 재정 후원을 받는 선교는 기독교가 수입된 외국의 것으로 인식하는 결과를 야기할 것"이라고 주장했다.[37]

알렌은 바울의 선교방법들의 적용과 관련해서 실제를 위한 중요한 원리들을 열거했다. 그가 열거했던 5가지 중, 처음 4가지는 특별히 상황화의 과정과 상황화를 위한 필요에 적용할 만하다. 그는 다음과 같이 썼다. "우리는 교회들을 세우는 데 있어서 그 사도의 성공에 나타난

---

37 Ibid., 56.

실제적인 원리들에 주목할 수 있다."³⁸ 다음의 내용은 열거했던 4가지로부터 발췌한 것들이다.

① 모든 가르침은 알기 쉬워야 하고, 그것을 받는 사람들이 그것을 계속 보유할 수 있고, 사용할 수 있고, 알려줄 수 있을 정도로 이해될 수 있어야 한다.
② 마찬가지로 모든 기관들은 이해될 수 있고, 유지될 수 있는 성격의 것이 되어야 한다.
③ 교회의 일상적인 삶과 존재를 위해 만들어지는 모든 재정적인 합의는 사람들 스스로 조절할 수 있어야 하며, 외국으로부터 오는 보조금을 받지 않고 독립적으로 일을 처리해야 한다.
④ 서로를 향한 모든 신자들의 상호 책임감은 주의 깊게 되풀이하여 가르쳐져야 하며, 실행되어야 한다. 공동체 전체는 세례, 안수, 그리고 징계와 관련하여 적절한 집행에 책임이 있다.³⁹

7. 맺는말

적절한 상황화는 복음을 전달하는 데 필수적이다. 만일 상황화에 대하여 부담감이 여전히 있다면, 단순히 히브리어 또는 헬라어에서 영어로 메시지를 번역하고, 그리고 난 다음 듣는 사람들의 언어로 바꾸는 것이 상황화의 첫 단계임을 기억하라. 이것들은 절대적으로 필요한 것들이다. 도날드 스미스(Donald K. Smith)는 문화들은 전달하기 위해 사용하는 12가지의 신호체계가 있다고 주장했다. 우리는 그것들 모두를 사

---

38 Ibid., 151.
39 Ibid.

용하며, 각 문화는 독특한 방법으로 그것들을 사용한다.[40]

언어는 단지 그 체계들 중 하나이다. 우리가 복음을 상황의 언어 안에 놓아야 한다면, 음악, 예술, 건축, 의상, 그리고 인사 방법도 상황화해야 한다. 게다가 우리가 복음을 전하고 있고, 제자화하고 있고, 교회를 세우고 있는 바로 그 문화에서 통용되는 표현들까지 상황화해야 한다. 세계 모든 곳에 동일하게 복사되어야 하는 기독교 문화란 없다. 크래프트는 다음과 같이 썼다.

> 예수 그리스도의 복음은 어떤 문화적인 상황에서 구체화될 수 있고, 형태가 주어질 수 있고, 존속될 수 있다. 그 복음은 무한하게 보급될 수 있다.[41]

문화 속에 있는 사람들은 반드시 복음 메시지를 들어야 하는 것처럼, 그 사람들은 반드시 이해할 수 있는 방법으로 복음의 진리를 받아야 한다.

우리가 문화들을 배우고 그들 중에서 복음을 상황화할 때, 우리는 복음에 대해서 더욱 배우게 될 것이다. 세계의 무수한 문화들에 의해 바뀌거나 영향을 받아서는 안 되는 복음과 기독교의 초문화적인(supra-cultural) 면들이 있다. 이 초문화적인 것들은 그리스도의 몸 안에 모든 신자들 간의 교제를 위한 기초를 제공할 것이다. 하나의 문화가 진리의 모든 것을 포함하지 않는다.

각 문화는 그리스도의 몸에 더해져야 하는 방법으로 기독교 진리의 미묘한 차이를 만들며 이해될 것이다. 예배하는 사람들의 화음처럼, 우

---

40 Donald K. Smith, *Creating Understanding* (Grand Rapids: Zondervan, 1992), 144-65.
41 Kraft, *Appropriate Christianity*, 187.

리는 따로 떨어져 있을 때보다 더 풍성하고 완전하게 된다. 신약성경을 지향하는 교회들은 퀴추아(Quichua, 존 엘리엇이 사역했던 인디안 부족) 문화의 본질적인 모든 면들 안에서 복음을 이해하며 예배한다. 그러나 뉴 잉글랜드에서 보이지 않은 미묘한 차이들을 가지고 있다. 반대의 경우도 마찬가지이다. 크래프트는 다음과 같이 썼다. "기독교 복음과 기독교 교회의 전환성(translatability)은 메시지의 단순한 전달보다도 더 넓고, 더 깊은, 그리고 더 널리 퍼지는 무엇인가를 수반한다."[42]

이전의 세대의 연구와 경험을 기초로 한 선교학과 세계의 현대 방법들을 접하는 선교사들은 초기 선교사들이 상황화하지 않은 채 사역하였던 선교현장에 자주 도착한다. 그들이 물려받은 사역들은 그들이 원했던 것이 아니다. 아마도 초기 선교사들은 선교의 혼합된 정신 구조의 시대 또는 자신의 나라에서 보고 배운 것을 그대로 복사하는 시대, 지역 교회의 간섭을 유지하기 위해 재정적인 원천을 사용하던 시대에서 사역했다.

초기 선교사들 중 어느 누구도 부정적인 결과를 의도하지 않았을 것이다. 그러나 그들은 그러한 잘못된 유산들을 남겨놓았다. 그들이 남겨놓은 이후에 도착한 일부 선교사들은 다른 곳에 가서 새로 시작하는 것이 더 쉽다고 느낄지도 모른다. 새로운 선교사가 그러한 환경에서 무엇을 해야 할까? 알렌은 이러한 도전에 대해 젊은 선교사를 위해 다른 관점을 제시한다.

> 그(선교사)는 그 상황을 간과할 수 없다. 그는 부름을 받고 몸 담게 된 기독교 공동체가 잘못된 유산들을 가지고 있다는 것을 발견했을 때에도, 그는 그들을 버리고 복음이 전파되지 않

---

42 Ibid., 188.

은 다른 장소로 도망할 수 없다. 그는 모든 것을 다시 시작할 수 없다. 그럼에도 불구하고 만일 그가 사도 바울의 정신을 가지고 있다면, 그는 바로 그 진정한 감각으로 사도 바울의 방법이 없는 그곳에서 그의 방법을 실행할 수 있다. 물론 그는 과거를 되돌릴 수 없다. 그러나 그는 현재를 고칠 수 있다. 그는 그곳에서 외국 선교사로서 뼈를 묻을 각오를 가져야 할 것이다. 그는 현지인들과 함께 어울려 살며, 사역에 대하여 그 어떤 욕심을 가지지 않고, 자신은 그곳에서 가장 작은 부분임을 기억해야 할 것이다. 그는 아파서 집으로 갈지 모른다. 어쩌면 죽을지 모른다. 어쩌면 다른 곳으로 부름을 받을지 모른다. 그러나 중요한 것은 그는 사라져도 교회는 영원할 것이다.[43]

선교사가 상황화가 안된, 역기능의 관계들과 신념들이 만연한 사역 현장에 들어가면, 무엇보다도 먼저 처한 상황에서 떨어져서 바라본 다음, 적절하게 상황화해야 한다. 물론 이것은 쉽지 않을 것이다. 그러나 그것은 행해질 수 있다. 복음, 기독교, 그리고 기독교사역이 문화적으로 적합하고 이해할만한 방법으로 이해되고 실행될 때에만, 선교사들은 그들이 임무를 마쳤다고 말할 수 있을 것이다.

대위임령은 다른 사람들에게 가서 그리스도가 명령하였던 모든 것을 가르치며 제자화하는 것이다. 오직 비판적 상황화의 이러한 목적을 가지고 선교사들은 진정으로 하나님께서 그들에게 가르쳤던 것들을 취하여, "충성된 사람들에게 부탁하고 그들이 또 다른 사람들을 가르칠 수 있도록"(딤후 2:2) 할 것이다.

---

43 Allen, *Missionary Methods*, 153.

13장

바울과 리더십 개발

척 로리스
미국 남침례교협의회 국제선교부 부회장

나는 15년 이상 교회 컨설턴트로 일하였다. 그 일은 꾸준히 이루어졌고, 북 아메리카 대륙과 세계 주변에 있는 몇몇 교회들은 나의 도움으로 완전히 건강해 졌다. 대부분의 교회의 약점들은 복음전도의 부족, 제자화하는 데 실패, 내부에 지나치게 맞추어진 관심, 그리고 수많은 크고 작은 문제들이었다. 그러나 대부분의 문제들 중 가장 중심에는 절박한 문제가 자리잡고 있었는데, 바로 리더십의 실패이다.

때때로 지도자는 자신의 위치를 벗어나도록 하는 많은 문제들에 직면한다. 그는 자신이 줄 수 있는 것보다 더 요구받는 위치에 있는 자신을 발견하기도 한다. 또 어떤 경우에 그는 지도하는 은사를 가지고 있지만, 현재 주어진 환경들 때문에 그러한 은사를 발휘하지 못한 채 머무르기도 한다. 그 외에도 회중들로부터 오는 다양한 어려움들, 직원 인사 문제와 정체된 교회를 성장시켜야 한다는 부담감 등등 수많은 문제들 때문에 지도자는 더 중요한 대위임령을 수행하지 못하곤 한다.

대개 리더십 위치에 있는 사람들은 차세대 지도자들을 양성하는 문제와 멘토링의 문제를 고려하지 않는다. 즉 그들은 의도적으로 차세대 지도자들로서 자질을 갖춘 사람들이 자신들을 따르도록 하지 않았다. 그들의 초점은 미래에 관심을 두지 않은 채, 현재 시제에만 머물러 있기 일쑤였다. 또한 미래를 위한 리더십 개발 전략이 좀처럼 적절하지 않는 것도 사실이다. 유감스럽게도, 나는 자주 세계 도처에서 이러한 현상을 보이는, 건강치 않은 유형의 교회들을 보아왔다.

그러한 배경을 근거로 해서 13장에서 내가 추구하는 목표는 사도 바울의 리더십 개발 전략을 조사하는 것이다. 우리가 앞으로 보겠지만, 바울의 계획은 개인적이기도 하고 집합적이고, 즉각적이기도 하고 장기적이기도 하고, 내적인 부분에 초점을 맞추기도 하고 외적인 부분에 초점을 맞추기도 하는 다차원적이었다.

1. 바울의 소명: 구원의 백성을 증가시키라

사도행전은 다메섹 도상에서 일어났던 사도 바울의 회심 경험에 대한 세 번의 설명을 포함한다(행 9:1-30; 22:5-21; 26:12-18). 그 중 세 번째는 바울이 앞을 보지 못했던 것이라든가 다메섹에 있었던 아나니아와 만남을 언급하지 않은, 다른 설명에 비해 가장 덜 자세한 설명이다. 대신에, 초점은 바울의 소명에 있는데, 예수가 그에게 그 소명을 처음 말로 하고 있다.

> 일어나 너의 발로 서라 내가 네게 나타난 것은 곧 네가 나를 본 일과 장차 내가 네게 나타날 일에 너로 종과 증인을 삼으려 함이니 이스라엘과 이방인들에게서 내가 너를 구원하여 그들

에게 보내어 그 눈을 뜨게 하여 어둠에서 빛으로, 사탄의 권세에서 하나님께로 돌아오게 하고 죄 사함과 나를 믿어 거룩하게 된 무리 가운데서 기업을 얻게 하리라 하더이다(행 26:16-18).[1]

바울의 소명과 관련하여 축소된 설명은 "그리스도의 빛을 모든 사람에게 가져오는" 바울의 대위임령을 강조했다.[2] 그의 위임은 물론 이방인에게 강조점이 있지만(행 9:15), "유대인과 헬라인들에게 하나님께 대한 회개와 우리 주 예수 그리스도께 대한 믿음을 증언하기" 위해 주어졌고(행 20:21), 예레미야(렘 1:7)와 에스겔(겔 2:3)에게 주어진 하나님으로부터 온 소명과 비슷한 명령이다.[3]

게다가, "그 눈을 뜨게 하여 어둠에서 빛으로 돌아오게 하는"(행 26:18) 소명은 하나님의 종은 열방에 빛을 가져온다고 설명하는 이사야 42:6-7의 종의 노래와 밀접하게 관련된다. 그러므로 바울은 하나님의 종인, 메시아의 대표자로서 자신의 일을 해야 했다.

바울을 불렀던 분은 지상에 있는 동안 적어도 대위임령을 네 번 언급하였던 하나님의 아들이었다(마 28:16-20; 막 16:15; 눅 24:45-49; 요 20:19-23; 행 1:6-8).[4] "그 안에는 신성의 모든 충만이 육체로 거하시는"(골 2:9)

---

1 달리 명시하지 않는 한, 모든 성경 인용은 Holman Christian Standard Bible (Nashville: Life-Way, 2010)의 것이다.

2 John B. Polhill, *Acts*, NAC (Nashville: Broadman & Holman, 2001), 501-2.

3 Simon J. Kistemaker and William Hendriksen, *Exposition of the Acts of the Apostles*, NTC (Grand Rapids: Baker, 1991), 898.

4 여기에 막 16:15을 포함시켰는데, 이것은 마가복음의 마지막 부분이 정말 마가가 쓴 것인지에 대한 문제에 직면하도록 만들 것이다. 이에 대해 다음의 책을 보라. *Perspectives on the Ending of the Gospel of Mark: Four Views*, ed. David Allen Black (Nashville: Broadman & Holman, 2008). 13장의 지면 부족 때문에 이 복잡한 문제를 충분히 다룰 수 없다. 나는 막 6:15을 마가가 쓴 것으로 믿는다. 왜냐하면 이것은 일반적으로 현존하는, "문제가 없는 본문들"을 반영하기 때문이다. 신약성경에 나타난 대위임령을 보기 위해서는 다음의 글을 보라. Chuck Lawless, "To All the Nations," *SBJT* 15, no. 2 (2011): 16-27.

분인 예수 그리스도는 대위임령에 순종을 명하시는 "모든 권세"(마 28:18)를 받으신 분이시다. 크리스토퍼 라이트(Christopher Wright)는 "십자가에 못 박히시고 부활하신 나사렛 예수의 정체성과 권세는 선교명령을 위임하는 우주적인 지표"라고 말한다.[5]

즉 바울은 하나님의 살아 계신 아들이 대위임령을 부여하였기 때문에 그 명령을 이행하는 것이었다.

그리스도를 따르는 모든 사람들과 마찬가지로, 바울의 임무는 모든 나라에 복음을 선포하는 것이었다. 틀림없이, 메시지를 말로 전하는 선포는 대위임령을 행하는 데 필수적이다. 만약 로마서 10:14, "그런즉 그들이 믿지 아니하는 이를 어찌 부르리요 듣지도 못한 이를 어찌 믿으리요 전파하는 자가 없이 어찌 들으리요"를 정확하게 믿는다면, 그것은 놀라울 게 아니다. 복음을 듣지 않고서 세계에 있는 어떤 사람도 구원받을 수 없다. 그러므로 말씀을 선포하는 것은 명령적이다. 존 파이퍼(John Piper)는 "선교의 최전선은 하나님의 말씀, 곧 복음을 전하는 것이다"라고 옳게 지적한다.[6]

게다가 바울은 회심 이후에 따르는 필수적인 가르침을 생략해서는 안 되었다(마 28:20). 모든 신자들에게 했던 것처럼, 그는 새 신자들에게도 역시 예수의 가르침에 순종하도록 권면하면서, 미래의 세대들이 복음을 듣고, 거룩한 삶에서 증명되는 복음을 목격한다는 것을 그들에게 확신시켜야 했다.

---

5 Christopher J. H. Wright, *The Mission of God* (Downers Grove, Ill.: IVP Academic, 2006), 60.
6 John Piper, *Let the Nations Be Glad!* 3rd ed. (Grand Rapids: Baker, 2010), 84.

신약학자 로버트 플러머는 교회의 책임을 다음과 같이 설명한다.

> 사도들은 개종자들에게 예수가 명령했던 모든 것을 가르쳐야 한다(마 28:20). 만일 젊은 개종자들이 성숙한 제자들이 되어야 한다면, 그들은 그리스도의 내주하는 성령에 의해 하나님을 사랑하고 이웃들을 사랑하면서, 사도들의 가르침 안에서 계속해서 교육을 받아야 한다(마 22:37-40).[7]

이 임무는 성경에서 너무나 분명하다. D. A. 카슨(D. A. Carson)은 다음과 같이 결론을 내린다. "신약성경에서 세례를 받지 않거나 또는 가르침을 받지 않은 제자에 대해서 생각할 수 없다."[8]

이 임무의 중대함은 확실히 바울 자신도 측량할 수 없을 만큼 실로 엄청난 것이었다. 교육, 훈련, 또는 능력에 상관없이 어떤 사람도 혼자서 이 일을 할 수 없었다. 잃어버린 사람들을 찾아나서야 하는 긴급성은 대위임령에 대한 즉각적이고 완전한 순종을 요구했다.

그러나 로마 제국에서 불신자의 인구는 교회보다 엄청나게 수적으로 우세했다. 게다가 바울은 스스로를 과거엔 비방자(딤전 1:13)로서, 그 이후엔 죄인 중에 괴수(딤전 1:15)로서 인식할 만큼 심적인 위축이 있었던 것도 사실이다. 스스로를 그렇게 생각했던 바울은 자신의 삶 속에서 하나님의 소명을 성취하고자 했던 두 가지의 것들이 있었는데, 하나는 자신의 삶 속에 하나님의 임재성이 나타나는 것이었고, 또 하나

---

7 Robert L. Plummer, "The Great Commission in the New Testament," *SBJT* 9, no. 4 (2005): 4. Plummer는 그 명령이 대위임령 자체를 포함하면서, 예수가 명령했던 모든 것을 가르치는 것이었다고 지적한다. 만일 그 제자들의 학생들이 스스로 위임명령을 행해야 했다면, 마 28:18-20이 오직 제자들만을 위해 의도되었다는 주장은 약간 신빙성이 없어지게 된다.

8 D. A. Carson, *Matthew*, EBC (Grand Rapids: Zondervan, 1984), 597.

는 자신이 받은 소명을 수행함으로 하나님의 계획이 이루어지는 것이었다. 어쨌든 바울은 위임받은 사명을 성실히 수행해야 했다.

좀 더 주목해야 할 부분은 바울이 자신의 사명을 수행하는 데 가장 중요한 요소로 여겼던 성령에 대해서이다. 바울은 하나님께서 성령을 통하여 신자들 안에 내주하시며(롬 8:9-11), 그들 안에 친밀한 임재를 통하여 자신의 사랑을 그들에게 부어주신다는 것(롬 5:5)을 이해했다. 신자들을 해방하고(롬 8:2), 그들 안에서 하나님의 존재의 증거의 열매를 맺으며(갈 5:22), 그들의 말에 성령의 능력을 주고(고전 2:4), 그들을 하나님의 자녀로서 인치는(엡 1:13-14) 분은 성령이시다. 그러므로 토마스 슈라이너는 성령의 능력에 관한 바울의 가르침을 다음과 같이 요약한다.

> 성령의 능력은 신자들이 하나님께서 명령하신 것을 수행하도록 하는 유일한 수단이다. 바울서신에서 명령들은 바울이 하나님께서 그리스도 안에서 자신의 백성들을 위해서 성취하신 것을 자세히 설명한 이후 자주 주어진다. 다시 말해, 그리스도를 통해 성취된 놀라운 사실들(직설법)은 삶 속에서 어떻게 살아야 하는지 권면하는 실제적인 명령(명령법)을 선행한다.[9]

슈나벨의 지적처럼, 바울이 성령을 이해할 때, "신자들이 하나님께서 기뻐하시는 삶을 살도록 직접적으로 돕는 존재"(롬 8:1-17)로서 이해했다는 것을 감안하면, 우리는 바울이 이 13장의 주제인 리더십 개발에 대하여 성령의 인도를 당연히 찾았을 것이라고 생각할 수 있다.[10]

---

9 Thomas R. Schreiner, *Paul: Apostle of God's in Christ* (Downers Grove, Ill.: InterVarsity Press, 2001), 316.

10 Eckhard J. Schnabel, *Paul the Missionary* (Downers Grove, Ill.: InterVarsity Press, 2008), 204.

이 임무는 너무나 중요했고, 바울은 오직 한 사람이었다. 다음 세대의 지도자들을 훈련시키는 것을 통하여서만 그는 자신의 소명을 성취하는 것으로 이해하였음이 분명하다. 이 13장의 나머지는 그가 지도자들을 훈련시켰던 것에 초점을 맞출 것이다.

2. 바울의 방법론: 다차원적인 접근

교회개척 전문가인 J. D. 페인(J. D. Payne)은 교회개척자들은 항상 "만일 내가 길을 걷고 있다가 천둥에 맞아 죽는다면, 새로 개척된 교회들에 무슨 일이 일어날까?"라는 질문을 해야 한다고 상기시킨다.[11] 그 질문이 생생하고 너무 놀랄 만한 것이지만(물론 의도적으로 만든 것이다), 모든 교회 지도자들에게 적합한 질문이다.

그러한 일이 발생했을 때, 현재와 미래의 지도자들을 개발시키려는 계획들이 없는 지도자들은 상당한 공백을 교회에 남겨두는 것이 될 것이다. 사실 그러한 지도자들은 잘 인도하고 있는 것이 아니다. 아마 그들은 지도자들을 개발시키는 것에 대한 사도 바울의 접근을 배우지 못했을 것이다.

1) 새 개종자 훈련

로랜드 알렌(Roland Allen)의 대표적인 저서인, 『선교방법들』은 알렌이 바울의 방법들로 돌아오도록 하는 요구였던 만큼, 선교사역에 대한 선

---

11 J. D. Payne, *Discovering Church Planting* (Carlisle, U.K.: Paternoster, 2009), 117.

교기지 접근에 대한 비평이 있었다.¹² 선교사들에 무분별한 의존에 대한 강한 경계와 처음부터 지역 교회 자체의 리더십을 선교사들과 동등하게 세우도록 하는 강력한 요구는 이 비평에 포함된다.

> 이 사역의 성공의 비밀은 매우 초기에 어떻게 시작하는가에 달려 있다. 미래를 위해서 해야 하는 것은 첫 개종자들을 훈련시키는 것이다. 만일 첫 개종자들이 선교사를 의존하도록 배운다면, 그 시작 단계의 공동체는 아주 수동적으로 자신들에게 복음을 전했던 그 사람만을 의존하는 것을 배우게 된다.¹³

이 결론이 내포하는 것은 단순히 의존성의 문제를 넘어선다. 의존성에 관한 알렌의 지적이 사실인 것처럼, 리더십 개발에 관하여서도 마찬가지임을 명심해야 한다. 교회 안에 지도자들을 양성하는 것은 새 개종자들의 미래에 근거를 둔 준비이다.

바울이 새 개종자들을 어떻게 가르쳤는지, 또한 바울이 근본적인 교회론을 어떻게 이해했는지에 대하여 평가하는 알렌은 바울이 전통 또는 아주 기본적인 신조, 성례들, 교회 사역자들에 대한 질서들, 그리고 성경을 가르쳤다고 결론을 내린다.¹⁴ 그의 훈련은 정교하거나 복잡하지 않았다. 그러나 의도적으로 한가지에 초점을 맞추었는데, 그것은 그리스도와 함께 걷는 출발점에서 그리고 교회로 들어오는 바로 그 출발점에서 리더십 개발이었다.

---

12 선교기지 접근에 대한 다른 강력한 평가는 다음의 책을 보라. Donald A. McGavran, *Bridges of God* (London: World Dominion, 1955).

13 Roland Allen, *Missionary Methods: St. Paul's or Ours?* 2nd ed. (Grand Rapids: Eerdmans, 1962), 81.

14 Ibid., 107.

신조는 본질적으로 "창조주 하나님 아버지 … 독생자 구주 예수 그리스도 … 내주하시며 능력을 주는 성령"의 교리들을 포함하는 것으로서, 아주 간단한 복음이다.[15] 예수 그리스도의 죽음과 부활의 사실들은 이 복음에 필수적이다.

> 내가 받은 것을 먼저 너희에게 전하였노니 이는 성경대로 그리스도께서 우리 죄를 위하여 죽으시고 장사 지낸 바 되셨다가 성경대로 사흘 만에 다시 살아나사 게바에게 보이시고 후에 열두 제자에게와 그 후에 오백여 형제에게 일시에 보이셨나니 그 중에 지금까지 대다수는 살아 있고 어떤 사람은 잠들었으며 그 후에 야고보에게 보이셨으며 그 후에 모든 사도에게와 맨 나중에 만삭되지 못하여 난 자 같은 내게도 보이셨느니라(고전 15:3-8).

바울의 복음은 "항상 십자가에서 예수의 죽음과 죽은 자로부터 그의 부활의 중요성에 초점을 맞춘다. 바울은 십자가에 못 박힌 메시아이자 구원자인 예수의 소식은 예수를 따르는 자들의 믿음의 근간이라고 주장한다."[16] 사실 일부 학자들은 이 개념들이 초대 교회가 사용했던 믿음에 대한 가장 초기의 진술이었다고 주장한다.[17] 그 메시지는 성경의 권위에 기초를 두는데, 특별히 메시아의 복음에서 성취되었으며, 아브라함을 통하여 땅의 모든 족속들에 대한 약속된 축복들을 담고 있

---

15 Ibid., 87. Schnabel은 그리스도 안에 하나님의 계시, 하나님을 믿지 않은 인류의 상황, 그리스도 안에서 하나님의 선물로써 의, 회개와 용서의 필수성, 그리스도안에 신자들의 정체성과 그들의 공동의 교제, 매일 삶에 나타난 복음의 결과들, 신자들의 마음과 행동의 변화, 그리스도의 재림, 그리고 최종적인 완성이라는 가르침들을 포함한다(Paul the Missionary, 198-99).

16 Schnabel, Paul the Missionary, 398-99.

17 Simon Kistemaker & William Hendreksen, Exposition of the Frist Epistle to the Corinthians, NTC (Grand Rapids: Baker, 1993), 528.

는(창 12:1-3) 구약성경에 기초를 둔다.[18]

그 복음은 세례와 성찬이라는 성례들을 통하여 묘사되었고, 상기되었다. 모든 신자들은 그 두 의식에 참여하도록 기대되어졌다. 슈라이너는 바울의 글에서 세례의 행동이 새 신자들에게 얼마나 중요한지 설명하기 위해 수많은 구절들을 인용하면서, "새로운 공동체로 들어오는 의식," "신자의 삶의 시작을 위한 첫 걸음," "기독교 공동체로 들어오는 표지," 그리고 "옛 생활과 새 생활 사이의 분명한 경계"라는 표현을 사용한다.[19]

바울서신 중 고린도전서에서만 나타나는 주의 만찬은 복음의 핵심을 기념하고 축하하며, 그리스도의 재림을 기대한다. 이 두 성례이시은 교회와 떨어져 독립적으로 준수되어서는 안 되었다. "이 두 의식은 다른 모든 신자들과 그리스도 몸 안에서 공동의 삶을 나누는 것을 포함하며, 신자들이 위험을 각오하고 실행하는 심각한 윤리적인 결과들을 지니고 있다."[20]

알렌이 "질서들"이라고 불렀던 것은 바울과 관련된다. 사도 바울과 그의 동료들은 교회들을 세웠을 뿐만 아니라, 새로운 교회들을 위해 리더십을 세우는 데 도왔다. 예를 들어, 사도행전 14:21-23에서 바울은 자신이 교회를 세웠던 도시들에 돌아왔고, 그곳의 신자들에게 고난과 시련에 대한 말을 포함하여 더 많은 가르침으로 굳건하게 하였고, 교회를 위해 장로들을 세웠다.

---

18 Schreiner는 죽음과 부활은 구약성경에 나타난 약속들의 성취의 구성요소라고 지적한다 (*Paul*, 190).

19 Ibid., 371-76. 세례와 주의 만찬의 중요성을 주장하는 동안, Schreiner는 세례 자체가 중생을 가져온다(baptismal regeneration)고 긍정하지 않는다. 대신에 그렇게 생각하는 것은 복음보다 세례의식 자체를 높이는 것이라고 주장한다. 성례의식에 대한 Allen의 관심은 영국 국교회의 배경을 저버린다고 할 만큼 약하다.

20 F. F. Bruce, *Paul: Apostle of the Heart Set* (Grand Rapids: Eerdmans, 1977), 285.

학자들은 바울이 장로들을 임명했는지 아니면 회중들이 임명했는지 논쟁을 한다. "새로운 지역들에서는 지도자들이 임명되었을 것이지만, 이미 있었던 기존의 지역들에서 리더십은 그 지역 교회 구성원들에 의해 임명되었을 것이라고" 충분히 상상할 수 있다.[21] 어떻게 선택되었는지에 대한 방법은 상관없이, 초대 교회 장로들은 그들이 속해 있었던 회중들에 의해 선택되었다. 그들은 그 교회를 인도할 만큼이나 구별되었으며, 그 교회에서 알려진 구성원들이었다. 바울은 새 개종자들에게 이 중요한 역할을 가르쳤다.

슈나벨은 마찬가지로 신학적인 가르침, 윤리적인 가르침, 교회생활에 관한 가르침, 그리고 복음전도활동으로 그 가르침들을 요약하면서, 새 개종자들에 대한 바울의 가르침들을 평가한다.[22] 맨 마지막 구성 요소는 여기에서 더 주의를 요구한다. 선교적인 마음을 가진 교회들을 칭찬하는(빌 1:5; 살전 1:8) 바울은 신자들이 복음을 말하는 데 준비되기를 기대했다(엡 6:15). 배우자들(고전 7:16), 장로들(딤전 3:7), 늙은 여자들(딛 2:3-5), 종들(딛 2:9-10), 그리고 모든 신자들의 행동은 복음의 평판을 해쳐서는 안 되었고, 뒷받침해야 했다. 나이에 상관없이, 갓 신앙생활을 시작했든지 오랜 신앙의 성숙을 이루어왔든지, 모든 신자들은 복음을 나누어야 했다.

2) 계속되는 리더십 훈련

바울의 리더십 개발 전략들의 성격은 상당한 논쟁을 불러일으켰다.

---

21 R. J. D. Utley, *Luke the Historian: The Book of Acts*, SGC (Marshall, Tex.: Bible Lessons International, 2008), 178.

22 Schnabel, *Paul the Missionary*, 236-48.

이 논쟁의 중심에는 교회 안에 지도자들을 키우기 위한 선교사의 책임과 방법론의 문제에 있다. 알렌은 가장 걱정했던 문제를 다음과 같이 묘사한다.

> 한편, 반드시 크지 않아도, 수적으로 많지 않아도, 그러나 잘 교육된 각 지역에 한 교회를 세우는 것이 우리의 주요한 의무라고 주장하는 사람들이 있다 … 또한 그들은 계속해서 어리석은 주장을 한다. 시간이 지나고, 그렇게 세워진 교회가 우리가 시작해 온 모든 사역을 이어받을 수 있을 뿐 아니라, 그 땅 구석구석에 그 사역을 추진할 수 있는 힘으로 성장할 때까지, 우리가 교회 안에 소수에게만 집중하면서, 우리의 교리들과 윤리 안에서 그들을 세우며, 그리고 교회를 인도하도록 그들을 준비시켜야 한다고 말이다.[23]

알렌은 그러한 접근은 의존을 촉진하며, 온정주의(paternalism)와 전문가주의(professionalism)를 조장하며, 자연히 일어나는 성장을 저해한다고 말한다. 사실 그러한 접근은 또한 "훈련받은 교회 지도자의 도움 없이 하나님의 영이 교회를 성장시키고 준비시킬 수 없다는 암묵적인 신념"에 밀접하게 관련되는데, 어떤 의미에서 믿음의 부족이다. "우리는 우리에게 영감을 주고 인도하는 분은 그리스도의 영이라는 것을 믿지만, 바로 동일한 성령이 토착교회 구성원들을 인도하고 영감을 주실 것이라고 믿으려하지 않는다"고 알렌은 기록한다.[24]

그러므로 알렌은 권한 이양의 모습이라든지, "임의적으로 시간을 정

---

23 Roland Allen, *The Spontaneous Expansion of the Church and the Causes which Hinder It* (Grand Rapids: Eerdmans, 1962), 20.

24 Allen, *Missionary Methods*, 143-44.

하여 권리, 권위, 권력, 그리고 특권들을 점차적으로 지역 교회에 위임하는 개념"을 부정적으로 평가한다.[25] 그러한 과정은 교회의 자발적인 성장을 더디게 하고, 교회 안에 피할 수 없는 불만족으로 이끌게 된다. 선교사는 교회를 토착 지도자들에게 넘겨주는 시기를 그들이 충분히 훈련받은 이후라고 생각하지만 그것은 잘못된 생각이다. "선교사가 그들이 충분히 준비되었다고 평가할 때까지, 그들은 결코 기다리는 것에 동의하지 않는다."[26] 사실상 성령에 충만케 된 새 신자들은 "선교사들이 생각하는 것처럼 그렇게 무능하지 않다."[27]

이 목적을 위해서 알렌은 사도 바울이 일반적으로 "5, 6개월 동안 한 장소에서 설교하고 난 다음 그 교회를 남겨둔 채 떠났다는 것에 주목한다. 그 교회는 참으로 인도의 필요가 없지 않았지만, 바울의 인도 없이 확장할 수 있었다."[28] 바울은 이 임무를 "가장 간단한 형태로 많은 사람들에게 가르침으로써" 성취하였는데, 이러한 가르침에 의해, 새로운 교회들은 주변의 다른 교회들을 세울 수 있을 만큼 성장할 수 있었다.[29]

그래서 그 사도는 신생 교회를 세우며 가르쳤고, 다음 사역지로 빨리 움직였다. 필요하다면, 그는 편지들을 교회에 보내었고, 동료 사역자들을 통해 그 교회를 도왔다. 그가 남겨둔 지도자들은 필수적으로 높은 교육을 받은 사람들이 아니었다. 그들은 단순히 성령에 충만한 사람들이었다. 바울이 지도자들을 개발시키는 과정에 대한 분석은 지금 여기에서 순서적으로 정리될 것이다.

---

25 J. D. Payne, "The Legacy of Roland Allen," *Churchman*, 117 no. 4 (2003): 321.
26 Allen, *Spontaneous Expansion*, 25.
27 Allen, *Missionary Methods*, 146.
28 Ibid., 84.
29 Ibid., 90.

첫째, 바울이 교회 지도자들의 역할과 훈련 과정을 완벽하게 설명하지 않았다고 결론을 내리는 것은 정확한 지적이다. 슈라이너는 바울의 목회서신들의 목적을 아주 잘 알려준다.

> 이전에 언급되어진 다른 특징은 목회서신들을 교회 편람과 구별하도록 한다. 실제적으로 지도자들의 구체적인 기능들에 대한 어떤 것도 언급되지 않는다. 실제적으로 모든 초점은 임명 받은 사람들의 특징에 맞추어진다(딤전 3:1-13; 딛 1:5-9). 보통 사람이라면 지도자의 구체적인 기능들에 대하여 그렇게 언급하지 않은 채 교회 편람을 쓰지 않을 것이다. 자세한 내용들은 채워지지 않았는데, 아마도 바울은 각각 교회들이 교회생활의 구체적인 상황들에 맞게 실행하도록 남겨두었기 때문일 것이다. 그는 모든 것을 지시하지 않았고, 회중의 영적인 지혜와 분별에 상당 부분 맡겨두었다.[30]

다시 말해, 바울은 논의되지 않은 많은 문제들을 남겨두었다. "아마도 바울이 디모데와 디도, 그리고 교회들이 스스로 해결하도록 자세한 것들을 남겨두었기 때문이다."[31] 그래서 성경이 제공하는 항목들은 다소 일반적이지만 그럼에도 불구하고 아주 중요하다.

둘째, 바울은 전도여행을 통해서 자신이 세운 교회들을 포기하지 않았다. 알렌은 바울과 그가 세운 교회들의 관계를 설명하는데, "그 교회들은 더 이상 그 사도에 의존하지 않았지만, 그로부터 독립적이지 않

---

30 Schreiner, *Paul*, 389. Allen은 다음과 같이 지적한다. "그는[바울은] 결코 그들을 위한 것들을 하지 않았다. 그는 항상 그들 스스로 일들을 처리하도록 남겨두었다. 그는 그들에게 그리스도의 마음에 합당한 본을 보였다. 그는 그들 안에 그리스도의 영이 그 본을 인정하며 따르도록 그들을 가르치고, 영감할 것이라고 확신하였다"(*Missionary Methods*, 149).

31 Schreiner, *Paul*, 389.

았다"는 것이다.[32] 예를 들어, 바울과 바나바는 바울이 돌을 맞고 거의 죽은 채로 남겨졌던 루스드라에서 사역하였다(행 14:8-22). 그럼에도 불구하고, 그 사도는 이후에 그 지역에 있는 신자들을 굳세게 하기 위해 돌아왔다.

그렇게 함으로써 바울은 계속되어야 하는 사역의 필요와 중요성을 보여 주었고, 새 신자들을 끊임없이 훈련시켰다.[33] 그들은 반대와 박해 중에서도 하나님께 계속 충실하게 남아있어야 했다. 바울이 루스드라에 더 방문했는데, 결과적으로 디모데의 훈련을 시작하게 되었다(행 16:1-5). "모든 제자들을 굳건하게 하는 것"은 거듭 행하는 방문의 또 다른 목적이 될 것이다(행 18:23).[34]

고린도에 있는 교회와 바울의 관계는 제자화와 훈련, 그리고 후속조치를 위한 그의 장기간 헌신의 다른 예이다. 바울은 제2차 전도여행 동안 이 교회를 세웠고(행 18:1-11), 적어도 교회에 1년 6개월을 머물렀다(행 18:11, 18). 에베소에 간 이후에 바울은 고린도 교회에 있었던 여러 가지 어려움들 듣게 되고, 급기야 지금은 현존하지 않은 서신을 고린도 교인들에게 보냈다. 바울은 교회와 계속 연락을 하면서, 고린도전서를 썼으며, 디모데를 그 도시에 보내었다.

그러나 어려움들은 멈추지 않았다. 그리고 바울은 고린도에 어려운

---

32 Allen, *Missionary Methods*, 111. 때때로 Allen은 바울이 자신이 세운 교회들에 대리 사역자들을 파송하는 것은 신자들을 가르치고 성례들을 집행하기 위해 누군가를 보내는 것과 동일시될 수 없다고 신중하게 주장하였다. "사도 바울은 자신의 새 개종자들과 계속해서 연락을 하였다. 그들은 심하게 그의 방문과 가르침이 필요했고, 그것들을 받았다. 나는 그가 그들과 끊임없는 연락을 여러 수단을 통해 했다는 것에 어떠한 의심이 없다. 그러나 '서신들, 사자들, 그리고 때때로 방문들을 통해 조직된 교회를 다루는 것'과 '머물면서 직접적으로 개인적인 간섭을 하는 것'은 상당한 차이가 있다"(Ibid., 86-87). 이 일반적인 진술은 타당성을 가지지만, 자칫 바울이 자신이 세운 교회들과 관련하여 적절한 교리, 올바른 삶 등등에 대해 깊은 관심을 놓치고 있는 것처럼 비쳐질 수 있다.

33 Polhill, *Acts*, 318.

34 Richard Longenecker, *John and Acts*, EBC (Grand Rapids: Zondervan, 1981), 489.

방문을 하였다(고후 2:1). 서신을 그들에게 더 보내며, 디도가 방문함으로써 바울과 고린도 교회와의 관계를 계속 유지하였고, 교회가 회개하였을 때 바울은 기쁨을 누리게 되었다(고후 7:8-16). 이후에 예루살렘에 있는 신자들을 돕기 위하여 고린도 지역에 있는 신자들로부터 얻은 풍성한 헌금은 바울의 세 번째 방문이 아주 긍정적이었음을 말해 준다(고후 13:1-2).

요점은 분명하다. 복음이 전파되지 않은 곳에 복음을 전해야 하는 그의 확신에도 불구하고(롬 15:20) 바울은 자신이 세웠던 교회들을 소홀히 하거나 버리지 않았다. 개인적인 방문과 서신 교환, 그리고 자신을 대표할 만한 동료들을 통하여 그는 교회가 필요할 때 다가갔다. 심지어 바울이 아주 짧은 기간만 머물렀던 빌립보와 데살로니가와 같은 도시들에서도 그는 그곳에서 사역할 지도자들을 남겨두었다.[35] 신자들에 대한 바울의 사역을 설명하는 슈나벨의 결론은 바울의 접근을 아주 유익하게 요약한다.[36]

① 바울은 끊임없이 성경 즉 구약성경을 인용하거나 언급한다 …성경 읽기와 해설은 바울이 세웠던 교회들의 일반적인 특징이었음을 보여 준다.
② 바울은 "하나님의 뜻"(행 20:27)을 새 개종자들에게 "공중 앞에서나 각 집에서나"(행 20:20) 새 개종자들에게 가르쳤다.
③ 바울은 복음에 대한 그들의 신학적인 이해를 증진시키려고 했을 뿐만 아니라, 그들이 기도하고, 예배하며 매일 일상의 삶에서 복음의 진리를 따라 진지하고 일관되게 살도록 도움으로 신자들의

---

35 Neil Cole, *Journeys to Significance* (San Francisco: Jossey-Bass, 2011), 106.
36 Schnabel, *Paul the Missionary*, 198-200.

영적인 성장을 증진시키려고 했다.
④ 바울은 지역 교회 신자들의 교제를 하나님의 백성, 성전, 그리고 권속으로서 또한 그리스도의 몸으로서, 그리고 성령의 공동체로서 강화시키려고 하였다.

참으로, 슈나벨은 신자들의 신학적인 가르침은 바울에게 있어서 "가장 우선되며 주요한 초점"이었다고 결론 내린다.[37] 슈나벨의 다음의 요약은 길지만, 계속되는 지도자 훈련에 대한 바울의 접근의 중요한 분석을 제공한다.

> 바울은 불신자들에게 복음을 전하는 것으로 또한 예수를 따르는 사람들의 새로운 공동체를 세우는 것으로 만족하지 않았다. 그는 기존에 있었던 교회들에 대하여 그리고 매주 이곳 지역 교회들에서 만나는 신자들에 대하여 계속해서 걱정하였다. 그 걱정이라고 하는 것은 그들의 교리적인 확실성, 그들의 도덕적인 삶의 일관성, 그리고 그들의 믿음, 삶, 리더십, 그리고 새로운 개종자들에 대해서였다. 바울은 교회들의 교사들이 제대로 가르치고 있는지 또한 교회들 안에 신자들이 옳게 믿고 있는지 걱정하였다. 이것은 그가 서신들을 썼던 이유이며, 그가 일부 신자들이 선전하였던, 한쪽으로 치우치거나 왜곡된 신념들을 논의한 이유이다.[38]

---

37 Ibid., 237.
38 Ibid., 207; Cole, *Journeys*, 108-9. "나는 선교사로서 한 장소에서 장기간의 섬김에 대해서 주장하려고 하지 않는다. 실제적으로 사도적인 은사를 가지고 있는 사람이라면, 어쨌든 그렇게 할 수 있다고 나는 생각하지 않는다. 그러나 만일 어떤 교회가 시작되고, 지도자들이 세워지기 전에 선교사가 떠난다면, 그 교회는 버려졌다거나 불충분하다고 느낄 것이며, 누군가를 의존하고 싶은 마음으로 가득하게 될 것이라고 나는 조심스레 말하려고 한다."

여기에서 슈나벨의 요약은 현대의 선교학적인 행동들에 대한 알렌의 많은 염려들을 부정하기 위해 의도한 것이 아니다. 알렌은 개종자들이 오직 "정식으로 임명된 사역자들만 설교할 수 있다"고 너무 자주 가르쳐진다고 지적하는데, 이것은 옳은 지적이다.[39] 누가 구성원으로서 받아들여져야 하는지 또는 누가 장로로서 구별되어야 하는지 회중들의 결정 또한 중요하기 때문이다.[40] 게다가, 리더십 개발과 훈련에서 행해지는 몇몇 시도들은 지도자들과 불신자들을 확실히 분리하려고 한다.[41] 그러나 때때로 심지어 알렌조차도 다른 신자들을 가르치는 리더십 신자들을 통해서 교회가 갖추어진다는 것을 인정한다.[42] 이렇게 행해지는 합법적인 가르침은 옳은 교리와 실제, 그리고 복음에 대한 순종으로 인도한다.

그러나 위에서 언급된 슈나벨의 요약은 바울이 계속해서 전도여행을 할 때 남겨진 회중들의 돌봄과 발전에 관심을 기울이지 않은 채 바울의 사역이 언제나 신속했다고 주장하는 사람들에게 문제들을 제기하는 반론에 해당된다.[43] 사역과 관련하여 바울은 소명의 긴급성 때문에 수행해야 했던 새로운 사역과 자신이 이미 세웠던 회중들 사이에서 어느 것을 택해야 할지 때때로 갈피를 못 잡았던 것도 사실이지만, 그 사도는 새로운 사역과 기존의 사역 모두 다루기 위해 최선을 다했다는

---

39 Allen, *Missionary Methods*, 76.
40 Ibid., 97-100.
41 Ibid., 106, 119-20.
42 Ibid., 89, 96, 157을 보라.
43 Günther Bornkamm, *Paul* (Minneapolis: Fortress, 1995), 54. Bornkamm은 "바울은 그들을 돌보거나 훈련시킬 시간을 갖는 것 대신에 교회들을 세웠고 더 멀리 이동했다"고 주장한다. 공정하게 말하자면, Bornkamm은 바울이 서신들을 보내며, 교회들을 사역할 수 있는, 자신을 대신할 동료 사역자들을 보내었다는 것을 인정한다. 그러나 그는 그러한 접근들은 바울이 직접 머물면서 개인적인 접촉을 갖는 것보다 훨씬 덜 중요하다고 이해한다.

것은 거의 의심할 여지가 없다.[44]

3) 멘토링 리더십 개발

대위임령은 바로 리더십 개발을 요구한다. 교회개척자로서 바울은 아마 사역 안에서 젊은 사람들을 멘토링하는 것을 통하여 지도자들을 개발시키는 것으로 가장 잘 알려져 있다. 참으로 그는 자신의 삶을 디모데와 디도를 포함하여 몇 사람들에게 투자했다. 이제 나는 바울과 디모데 사이에 이루어졌던 멘토링 관계에 초점을 맞추려고 한다.

성경은 바울이 디모데를 멘토링하게 하였던 사건들에 대한 상세한 이야기를 거의 하지 않는다.[45] 그 사도는 제2차 전도여행 중 루스드라의 도시를 거쳐 지나가면서, 디모데와 함께 동행하길 원한다고 말했다(행 16:1-5). 디모데는 바울이 제1차 전도여행 중 처음 루스드라에 방문했을 때 기독교로 개종하였다. 그러나 디모데가 언제 신자가 되었는지 명확하지 않다. 그의 어머니와 할머니는 하나님의 말씀 안에서 어린 디모데를 훈련시켰던 신자들이었다(행 16:1, 딤후 1:3-5, 3:14-17). 헬라인이었던 그의 아버지는 불신자였던 것 같다.[46]

디모데에 대한 이 소개는 멘토링을 통한 리더십 개발에 대한 바울의 접근과 관련하여 통찰력을 제공한다.

첫째, 바울은 멘토링 관계를 세우는 데 주도하였다. 그러므로 그 지도자는 차세대 지도자들을 불러내는 데 있어서 앞장섰다. 바울은 분명하게 유망한 신자가 있는지 계속해서 살펴보았고, 그 중 디모데를 눈

---

44 John Polhill, *Paul and His Letters* (Nashville: B & H Academic, 1999), 99.
45 이 부분에 대한 일부분은 다음의 책에서 발견된다. Churck Lawless, *Mentor: How Along the Way Discipleship Can Change Your Life* (Nashville: LifeWay, 2011).
46 Kistemaker and Hendriksen, *Acts of the Apostles*, 578.

여겨보고 있었을 것이다. 바울은 디모데의 재능을 인식하였던 교회 지도자들로부터 직접 그에 대해 들었을 것이다(딤전 1:18, 4:14). 알렌의 말에 의하면, 바울은 디모데와 같은 사람들을 "자신을 돕는 사람이나 사역자들로서 선택했으며, 그들은 집에서 배울 수 있는 것보다 기독교 교리와 실제에 대한 더 깊은 교훈들을 그 사도로부터 받았다."[47]

둘째, 멘토링을 통한 리더십 개발은 바울과 디모데 사이의 깊은 관계를 만들어냈다. 성경에서 디모데의 아버지에 대한 일반적인 침묵은 그 아버지가 디모데의 삶 속에서 강한 영향력을 갖지 못했거나, 바울이 디모데에게 전심으로 마음을 쏟아 붓기 시작했을 즈음 죽었기 때문일 것이다.[48] 그러니 디모데를 위해 바울이 사용했던 용어들의 평가는 그들의 멘토링 관계가 깊이 맺어진 관계로 발전했다는 것을 드러낸다.

> 내가 주 안에서 내 사랑하고 신실한 아들 디모데(고전 4:17).

> 믿음 안에서 참 아들 된 디모데(딤전 1:2).

> 사랑하는 아들 디모데(딤후 1:2).

> 내가 밤낮 간구하는 가운데 쉬지 않고 너를 생각하여 청결한 양심으로 조상적부터 섬겨 오는 하나님께 감사하고 네 눈물을 생각하여 너 보기를 원함은 내 기쁨이 가득하게 하려 함이니 (딤후 1:3-4).

---

47 Allen, *Missionary Methods*, 101.
48 Kenneth O. Gangel, *Acts*, HolNTC (Nashville: Broadman & Holman, 1998), 266.

디모데의 연단을 너희가 아나니 자식이 아버지에게 함같이 나
와 함께 복음을 위하여 수고하였느니라(빌 2:22).

바울은 "뜻을 같이하여 너희 사정을 진실히 생각할 자"가 디모데 말
고는 없었다는 것을 말한다(빌 2:20). 그래서 리더십 개발은 프로그램보
다 훨씬 더 이상의 것이다. 그것은 관계였다. 바울과 디모데의 관계는
하나님께서 허락한 관계였다. 신약성경의 6개의 서신들에서 자신들의
이름을 공저자로 밝힐 만큼 바울과 디모데는 아주 가까웠다. 여기에서
가까움은 디모데에 대한 바울의 생각, 위임, 그리고 격려에서 특별히
증거되는 것처럼, 자신의 제자인 디모데가 하나님께서 주신 은사들을
사용하도록 도전하는 권리를 바울에게 주었을 만큼이다(딤후 1:6).[49]

셋째, 바울은 디모데가 성장해야 하는 영역들을 인식했다. 바울의 글
들 안에서 디모데에 대한 암시들이 있다. 디모데는 사역의 현장에서 혈
기왕성한 젊음을 가진 청년(아마 30대)이었던 것 같다. 바울은 그가 "오
직 말과 행실과 사랑과 믿음과 정절에 있어서 믿는 자에게 본이 되어"
그 장애를 극복하도록 격려했다(딤전 4:12).

게다가, 디모데는 분명히 물론 성적인 욕구에만 제한되지 않겠지만,
그 욕구를 포함한 "청년의 정욕"과 싸웠다(딤후 2:22). 정욕들은 쓸데없
는 논쟁과 성급함을 포함했을 것이다.[50] 바울은 디모데에게 의, 믿음,
사랑, 그리고 평화를 추구함과 동시에 의도적으로 온유하며 인내함으
로, 젊은 욕구를 거스를 수 있다고 상기시켰다. "디모데의 나이가 아

---

[49] Michael T. Cooper, "The Transformational Leadership of the Apostle Paul: A Contextual and Biblical Leadership for Contemporary Business and Ministry," *CEJ* 2, no. 1 (Spring 2005): 58.

[50] Tommy Lea and H. P. Griffin, *1, 2 Timothy, Titus*, NAC (Nashville: Broadman & Holman, 2001), 219.

니라, 그의 인격이 그의 권위를 결정했을 것이다."⁵¹

바울의 다른 글들은 디모데가 소심하고, 아마도 건강하지 않은 사람이었다는 것을 제시한다. 바울은 그에게 "하나님이 우리에게 주신 것은 두려워하는 마음이 아니라"는 것을 상기시켰다(딤후 1:7). 또한 그는 고린도 교인들에게 디모데가 방문했을 때, 그 안에 두려움을 만들지 않도록 경고했다(고전 16:10). 자주 발생하는 병과 위장 문제는 또한 바울의 제자를 늘 따라 다녔다(딤전 5:23).

그 병이 무엇이었든 간에, 그것들은 바울이 그것들을 의식할 정도로 충분히 정기적으로 되풀이 되는 것이었을 것이다. 그러나 바울은 그러한 병을 가지고 있는 디모데를 지도자로 부르는 데 있어서 주저함이 없었다.

넷째, 바울은 디모데를 자신의 삶에 초대했다. 디모데후서는 로마의 감옥에서 죽음을 기다리고 있는 사도로서 디모데에게 주는 마지막 말들인, 바울의 마지막 유언이 담겨진 것으로 간주되는 성경이다. 이 서신은 감정적이고, 매우 흥미를 끌며, 개인적이다. 바울이 "당했던 핍박들과 고난들과 함께, 그의 가르침, 행동, 목적, 믿음, 인내, 그리고 사랑"을 보아왔던 디모데는 바울이 박해를 당하고 루스드라에 거의 죽은 채 남겨졌을 때에 함께 있었을 것이다.⁵²

디모데는 또한 바울이 채찍과 매를 맞고, 온갖 어려움들에 부딪히며, 여전히 자신의 약함 속에서 하나님의 능력을 발견하였을 때에 대해서도 알았을 것이다(고후 11:23-30). 그러므로 디모데는 바울이 가장

---

51 Bruce Barton, David R. Veerman and Neil Wilson, *1 Timothy, 2 Timothy, Titus*, LABC (Wheaton, Ill.: Tyndale House, 1993), 87.

52 Allen, *Missionary Methods*, 145. Allen은 교사의 주요한 역할은 "자신 앞에 어려움들이 놓였을 때 그것들을 어떻게 접근하고 극복하는지를 보여 주면서, 영혼을 깨우며, 자신이 가진 능력을 깨닫도록 학생을 가르치는 것이다." 바울은 자신이 겪었던 어려운 상황들 가운데 디모데가 함께 하도록 허락하면서 그렇게 했다.

높이 세워졌을 때 뿐만 아니라 가장 낮은 위치에 있었을 때에 함께 했으며, 그에게서 배웠다.

바울이 디모데와 다른 사람들을 불러서 자신이 그리스도를 따르는 것을 본받도록 했던 것이 리더십 개발이었으며, 이것은 계속되는 삶의 현장 속에서 이루어졌다(고전 4:6, 11:1; 빌 3:17-21; 살후 3:7-9). 바울은 자신의 제자들이 개인적으로 성장을 할 수 있다는 것을 알고 있었지만, 그는 또한 하나님의 동행하는 걸음 안에서 다른 사람들을 불러서 자신의 곁에서 성장할 것에 대하여 충분히 확신하였다.

그러므로 바울은 자신을 따르는 사람들의 본보기가 되었으며, 그들 자신들도 다른 사람들의 본보기가 되었을 것이다(살전 1:6-7).[53] 케네스 보아(Kenneth Boa)가 지적하는 것처럼, 그 결과는 따르는 사람들이 지도자들이 되었다는 것이다.

> 사도 바울은 리더십 개발에 있어서 멘토링의 중요한 역할을 이해했다. 그는 데살로니가 교인들에게 영적인 진리를 나누었다는 것보다 그들을 위해 더 무엇인가를 이루었다고 상기시켰다. 바울은 자신을 따랐던 사람들이 그리스도를 따르고 있다는 것을 확신할 수 있었다. 더욱더 주목할 수 있는 것은 데살로니가 교인들에게 끝나지 않았다는 것이다. 바울을 따른 후, 그들은 "마게도냐와 아가야에 있는 모든 믿는 자의 본"이 되었다(7절). 따르는 자들은 지도자들이 되었다. 멘토링을 받았던 사람들은 다른 사람들의 멘토가 되었다.[54]

---

53 Payne, Discovering Church Planting, 166-7. Payne은 이 과정을 교회개척과 관련하여 다른 사람들이 계속해서 본받을 수 있는 모델로서 이해한다.

54 Kenneth Boa, "Leadership Development," http://bible.org/seriespage/leadership-development.

다섯째, 바울은 디모데에게 자신의 소명을 이루도록 도전하였다. 바울은 자신과 함께 복음전도를 위해 이동하며, 자신으로부터 배우도록 디모데를 불렀다. 그러나 그는 디모데를 자신과 함께 머물도록 허용하지 않았다. 디모데는 교회가 지지하며 사역을 위해 따로 구별할 정도로 많은 재능을 가지고 있었다. 디모데가 그렇게 재능이 있다는 것을 알고 있었던 바울은 그를 훈련시켰고 그를 사역을 위해 파송하였으며, 사역을 위해 자주 그와 함께 재결합하였다.

디모데의 사역에 대한 평가는 바울이 얼마나 많이 그를 신뢰했는지를 보여 준다. 디모데는 바울의 전도여행들 중 두 번을 동행했다. 그는 바울을 위하여 바울의 지시들을 받아들였다. 디모데와 실라는 군중들이 바울을 쫓아낸 후에 사역하기 위해 베뢰아에 머물렀다(행 17:14). 이후에 그 두 사람이 아덴에서 바울과 다시 재회했을 때, 바울은 디모데를 마게도냐에 세운 교회들을 점검하기 위해 다시 보냈다(행 19:22). 바울이 고린도에 갈 수 없었을 때, 그가 보냈던 사람은 "주 안에서 내 사랑하고 신실한 아들 디모데"(고전 4:17)였다.

감옥에서부터 바울은 자신의 제자 디모데를 교회에 관한 좋은 소식을 얻기 위해 빌립보에 보냈다(빌 2:19-20). 그는 또한 에베소에 있는 교회를 어지럽히는 거짓 교사들을 다루기 위해 신뢰하였던 디모데를 내세웠다(딤전 1:3-4). 이러한 것을 미루어보아, 사역의 현장에서 디모데가 바울에게 중요한 역할을 했다는 것은 명백하다. 이 역할에 대해 알렌은 약간 자세하게 설명한다.

> 교회의 설립자는 자신이 세운 공동체들과 밀접하게 연락을 주고받는 것이 절대적으로 필요하다. 그래서 그는 일어날 수 있는 어떤 위기라든가 심각한 어려움에서도 어느 순간 개입할 수

있도록 해야 한다. 사도 바울은 디모데와 디도가 필요했다. 우리는 주저 없이 우리의 임무의 어느 지점에 급파할 수 있는 열정적이고 유능한 보좌관들이 몹시 필요하다. 아마 덜 교육되고 덜 훈련된 지도자들은 잘못 판단하여 위험에 빠질 수 있는 중요한 임무 말이다.[55]

사도는 임박한 죽음에 직면했을 때 디모데에게 자신의 마지막 리더십 임무를 부여하는데, 바울은 자신의 감정을 겉으로 드러내면서(딤후 4:1-8), 디모데를 매우 간절히 원했다는 것은 훨씬 더 인상적이다(딤후 4:9). 그 임무는 바울의 삶의 증거이며 디모데에게는 도전이었다. 그 임무와 그 증거 사이의 연결들은 아래에 나온 표에서처럼 명백하다.

바울의 증거	디모데에게 부여한 임무
이제 후로는 나를 위하여 의의 면류관이 예비되었으므로 주 곧 의로우신 재판장이 그날에 내게 주실 것이며 내게만 아니라 주의 나타나심을 사모하는 모든 자에게도니라(딤후 4:8).	하나님 앞과 살아 있는 자와 죽은 자를 심판하실 그리스도 예수 앞에서 그가 나타나실 것과 그의 나라를 두고 엄히 명하노니(딤후 4:1).
전제와 같이 내가 벌써 부어지고 나의 떠날 시각이 가까웠도다 나는 선한 싸움을 싸우고 나의 달려갈 길을 마치고 믿음을 지켰으니(딤후 4:6-7).	너는 말씀을 전파하라 때를 얻든지 못 얻든지 항상 힘쓰라 범사에 오래 참음과 가르침으로 경책하며 경계하며 권하라 … 그러나 너는 모든 일에 신중하여 고난을 받으며 전도자의 일을 하며 네 직무를 다하라(딤후 4:2, 5).

바울은 자신이 영원한 심판에 직면할 것임을 알았다. 그래서 그는 하나님 앞에 서기 위해 준비해 왔다. 왜냐하면 그는 자신의 싸움을 싸

---

55 Allen, *Missionary Methods*, 84-85.

웠고 자신의 경주를 마쳤기 때문이다. 지금 그는 디모데 역시 끝까지 신실하게 남길 원했다. 그는 디모데의 소명은 점점 더 어려워질 것이라고 이해했다. 왜냐하면 사람들은 하나님의 말씀을 듣길 원치 않을 것이기 때문이다. 그렇다 치더라도 그는 자신의 제자가 대가에 상관없이 메시지를 선포하도록 도전했다. 하나님께 부어진 전제와 같이 이미 부어진 죄수로서 지금 바울은 진실하게 디모데가 끝까지 순종하며 남아있도록 권면할 수 있었다.

사도 바울은 죽을 준비가 되어 있었다. 그는 사는 것과 죽는 것에 대하여 자신의 제자를 가르칠 기회를 놓치지 않았다. 이처럼 리더십 개발은 스승이 죽을 때까지 계속되었다.[56]

디도에 대한 바울의 글은 그것을 지역 교회 안에 적용할 때 나타난다(딛 2:1-8). 그레데에 있는 교회는 명백하게 불완전하게 조직되었고, 그들 중에 있었던 거짓 교사들의 위협에 직면하고 있었다. 그 상황에서 바울은 교회가 리더십 개발 전략, 즉 차세대 지도자들을 양육할 지도자들을 채택하도록 요구했다. 특히 오랜 신앙생활을 했던 신자들은 잘못에 대항하는 가장 최고의 교정 수단의 역할을 할 수 있었던 사람들로, 제자도를 확립하고 "신자들의 내적인 삶을 세우면서" 특별히 젊은 신자들을 가르쳐야 했다.[57]

---

56 Stacy E. Hoehl, "The Mentor Relationship: An Exploration of Paul as Loving Mentor to Timothy and the Application of This Relationship to Contemporary Leadership Challenges," *Journal of Biblical Perspectives in Leadership* 3, no. 2 (2011):35. Hoehl은 다음과 같이 결론을 내린다. "이러한 관계를 맺고 있는 동안, 바울은 디모데가 그 일에 대해 적합한 사람이라는 것을 확신하였고 사역을 위해 그를 준비시켰으며, 성공을 위해 그에게 권한을 부여하였고, 도전적인 환경에서도 효과성을 극대화 할 수 있도록 디모데와 협력하였고, 디모데와의 관계의 가치를 전하였다."

57 D. E. Hiebert, *Ephesians through Philemon*, EBC (Grand Rapids: Zondervan, 1981), 435.

첫째, 연로한 남자들은 명철하며, 존경할만하고 현명함으로 기독교적인 삶의 본이 되어야 했다. 이 연로한 남자들은 그들 자신의 가족들을 양육할 만큼 충분한 연륜이 있었고, 그들의 삶은 좋은 판단과 기독교 품위로 특징되었을 것이다. 그들의 믿음은 참된 교리에 기초를 두었어야 했고, 그들의 사랑은 하나님과 다른 사람들에 대해 진실해야 했으며, 시험 아래에서 그들의 인내는 분명히 나타나야 했다. 이 구절의 문맥은 연로한 남자들은 특별히 교회 안에 젊은 남자들에게 믿음의 본이 되어야 했다는 것을 보여 준다.

둘째, 연로한 여자들은 모함하지 않고, 술의 종이 되지 않으면서 존경의 삶을 살아야 했다. 그들은 "선한 것"을 가르쳐야 했는데, 이것은 공식적인 학교 교육에 의해서라기보다 비공식적인 삶, 즉 삶 속에서 계속적으로 본을 보여 주면서 가르치는 것이었다. 더 구체적으로 젊은 여자들에게 그들의 남편과 자녀들을 사랑하도록 가르치면서, 신중하고 순전하며, 집안 일을 하며, 선하며, 자기 남편하게 복종하면서, 어떻게 신자로서 믿음의 삶을 살아야 하는지를 훈련하는 것이었다. 거룩한 삶을 살고 다른 사람들도 역시 동일하게 하도록 가르치면서, 연로한 여자들은 하나님의 말씀을 영화롭게 했을 것이다.

디도는 젊은 남자였다. 그러나 그 또한 다른 젊은 남자들을 위해 신자의 신실함의 본을 보여야 했다. 다시 말해, 그레데에 있는 교회의 연로한 남자들과 믿음 안에서 디도처럼 성장하고 있는 젊은 남자들 모두는 교회 내에 있었던 또 다른 젊은 남자들에게도 진심으로 시간을 투자하며 인도해야 했다.

다시 강조하자면, 디도는 선한 행동을 하고 옳은 교리를 믿으며, 위엄과 진지함을 나타내면서 기본적인 거룩한 삶의 본이 되어야 했다. 공식적인 가르침에서든 비공식적인 대화에서든 그의 언사는 심지어 그의 반대자들조차 그를 대항할 꼬투리를 가지지 못할 정도로 아주 성경적이며 일관적이어야 했다. 결국 디도는 자신이 훈련되어졌던 것처럼 다른 사람들을 훈련시켰다. 이처럼 멘토링은 계속해서 리더십 개발의 주요한 방법이어야 할 것이다.

3. 결론

참된 지도자에 대한 기준은 그가 남긴 유산이라는 말이 있다. 참으로 맞는 말이다. 이 진술을 기초로 해서, 달라스대학교(University of Dallas), 텍사스웨슬리안대학교(Texas Wesleyan University), 그리고 북텍사스대학교(University of North Texas)의 연구팀은 데살로니가전서에 나타난 바울의 리더십을 평가했고, 그들의 결론은 다음과 같다.

> 사도 바울의 리더십의 크기는 그가 사역했던 사람들의 바뀌어진 삶을 통해 볼 수 있다. "또 너희는 많은 환난 가운데서 성령의 기쁨으로 말씀을 받아 우리와 주를 본받은 자가 되었으니 그러므로 너희가 마게도냐와 아가야에 있는 모든 믿는 자의 본이 되었느니라"(살전 1:6-7). 여기서 중요한 점은 데살로니가 교인들이 본받은 자들이 되었다는 것이다. 바울은 부활하신 그리스도를 개인적으로 만남으로 변화되고, 그를 본받은 자가 되었던 것처럼, 데살로니가 교인들은 바울을 만남으로 변화되었다. 더 일찍 논의되었던 것처럼, 그들은 특징짓는 삶을 살았고, 변화되었던 다른 사람들을 위한 본이 되었다. 다른 사람들이 본받을만한 가치를 소유하였던 바울은 본받을만한 가치를 소유한 다른 지도자들을 창조하는 리더십의 본을 끊임없이 제공하는

유산을 창조했다.[58]

리더십의 본이 되는 지도자들을 길러내는 것이 리더십 개발의 진정한 목표이다. 바울은 회중들과 각 개인을 훈련시킴으로써, 시급한 상황에서 가르치고 미래를 위해 훈련시킴으로써, 그리고 교회들을 내부적으로 사역하며, 때때로 그 교회들을 밖으로 나아가도록 함으로써, 이 임무를 완수했다. 그러한 지도자들을 양산하는 데 현대 교회의 실패를 감안한다면, 바울의 리더십 전략에 대한 계속된 평가들이 절실히 요구된다. 새로운 세대들을 위한 지도자들의 건강한 발전을 통하여서만, 교회는 그 사도에게 동기를 부여했던 대위임령을 성취할 수 있을 것이다.

---

58 J. Lee Whittington, Tricia M. Pitts, Woody V. Kageler, and Vicki L. Goodwin, "Legacy Leadership: The Leadership Wisdom of the Apostle Paul," *The Leadership Quarterly* 16, no. 5 (October 2005): 759.

후기

로랜드 알렌의 『선교방법들』
–백주년을 기념하며

J. D. 페인 목사
브룩힐스교회 목사

"할아버지, 제가 할아버지께서 쓰신 글을 읽어도 될까요?"

청년이었던 허버트 알렌(Hubert J. B. Allen)은 자신의 할아버지에게 물었다. 그 선각자는 다음과 같이 대답했다.

"그래, 네가 읽을 수 있지! 그런데 아마 그 글들을 이해하지 못할걸, 아니, 어쩌면 내가 죽어서 10년이 지나도 사람들은 그 글들을 이해하지 못할 거야!"[1]

허버트 알렌은 선교학의 고전으로 알려진 『선교방법들』을 저술하였고, 영국 국교회 소속의 전설적인 선교사였던 로랜드 알렌에 대한 유일한 자서전에서 그렇게 썼다.

---

1 Hubert J. B. Allen, *Roland Allen: Pioneer, Priest, and Prophet* (Grand Rapids: Eerdmans, 1995), vii.

알렌은 1947년에 죽었다. 그가 죽은 지 10년이 채 안 된, 불과 몇 년이 지났을 때, 그의 작품은 전 세계에 있는 교회들과 선교사들 사이에서 이목을 끌기 시작했다. 그는 사람들에 의해 잘못 이해된 선지자였다. 중국에서 선교적인 노력과 영국과 나이로비에서의 수고에도 불구하고 사역했던 기간에 비해 회심한 사람들이 매우 적었지만, 알렌은 예리한 지성으로 아주 많은 글들을 썼다.

알렌은 자신의 시대를 간파하고 성경에 능통했던 사람으로서 당대의 선교학적인 문제들에 대하여 꽤 광범위하게 다룰 수 있었다. 『선교방법들』이 출판 된 지 15년 후, 알렌은 자신의 시대를 향한 도전들과 사도적인 패러다임의 절실한 필요에 대하여 여전히 확신하고 있었다. 사도 바울에 관하여 의견을 말하였던 알렌은 다음과 같이 썼다.

> 우리는 사도 바울의 방법들이 가진 보편적인 성격을 인정해야 한다. 지금 나는 사도 바울 이후 어느 누구도 우리 시대의 상황에 더 알맞거나 또는 바울보다 더 좋은, 복음 전파를 위한 방법들을 발견하거나 실행하지 않았었다고 감히 주장할 수 있다. 새로운 교회들을 세우는 사역과 관련하여 사도 바울보다 더 좋은 모델을 발견하는 것은 어려울 것이다. 어쨌든, 사도 바울의 방법들은 우리의 방법들이 실패해 온 바로 그곳에서 성공했다는 것, 이것만큼은 확실하다.[2]

---

2 Roland Allen, *Missionary Methods: St. Paul's or Ours?* 2nd ed. (Grand Rapids: Eerdmans, 1962), 147.

1. 알렌의 선교학

　본서에서 다른 저자들이 알렌의 선교학에 대해서 설명하였기 때문에, 나는 상세히 다루지 않을 것이다. 그러나 나는 지난 세기에 걸쳐 그의 영향력을 조명하기 위해 필요한 부분만 언급할 것이다. 브리스길라 알렌(Priscilla M. Allen)은 자신의 아버지의 작품에 관해 가장 최고의 요점을 제공했다.

> 로랜드 알렌의 생애에서 둔주곡(fugue)의 멜로디들처럼 서로 겹치는 세 가지의 주제들이 있다. 그는 선교사였으며 선교적방법들에 대해 비평하였다. 그는 교구 목사였으며, 굽은 곳을 바로 잡을 수 없다는 것을 양심적으로 발견했다. 그는 그들이 선교사이든, 성직자이든 전문성이 부족하다는 것을 점점 더 깨닫게 되었다.[3]

　이 주제들은 그의 선교학에 상당히 영향을 끼쳤고, 그의 작품들을 읽을 때 잊지 말아야 한다.
　비록 알렌의 저서, 『교회의 자연스러운 확장』이 1927년까지 저술되지 않았다고 할지라도, 『선교방법들』 이후의 선교학은 그의 이후의 작품과 일치한다. 알렌은 사람들이 자연스럽게 복음을 전하고 교회들을 세울 때 전 세계에서 일어나게 될, 자연스럽게 증가하는 교회들의 확장을 보길 원했다.

3　Priscilla M. Allen, "Roland Allen: A Prophet for this age," *The Living Church* 192, no. 16 (1986): 9.

1) 예수의 방법

비록 알렌이 바울의 사도적인 노력에 초점을 맞추고 있지만, 그럼에도 그는 교회의 자연스러운 확장을 일으키는 아주 중요한 요소들은 바울에서부터 시작하지 않는다고 인식했다. 알렌은 예루살렘의 사도들 대부분은 예수에 의해 훈련되었으며 그들은 예수의 모습을 본 받았다고 이해했다. 마찬가지로 예수의 가르침과 인격은 사도들로부터 바울에게 또한 고스란히 전수되었다.

2) 사도적인 패러다임

알렌은 바울의 방법이 예수의 모델로부터 나온 것이고, 토착교회들을 세우는 데 적합한 방법이었다고 확신하였다. 미가엘 돈 톰슨(Michael Don Thompson)은 "알렌은 바울에게서 전심으로 그리스도의 능력을 믿으며, 그 믿음을 분명히 반영하는 방법으로 살고 사역하는 선교사의 완벽한 전형을 발견했다"고 지적하였다.[4]

그 선교사는 은퇴를 해야 했다. 사도 바울처럼, 그는 단지 자리를 지킨 채 남아 있지 않았고, 신설된 교회들에게 리더십을 제공하였다. 오히려 그는 신설된 교회들과 그 교회들의 지도자들에게 어떻게 성령의 인도를 의지해야 하는지 가르치면서 성령의 직무를 행하도록 도왔다. 성령의 중요성에 관한 그의 글들은 데이비드 보쉬(David Bosch)에게 깊은 인상을 남겼고, 다음과 같은 결론을 내리도록 하였다. "그는 성령

---

4 Michael Don Thompson, "The Holy Spirit and Human Instrumentality in the Training of New Converts: An Evaluation of the Missiological Thought of Roland Allen" (PhD diss., Golden Gate Baptist Theological Seminary, 1989), 69-70.

론과 관련하여 선교적인 중요성을 강조해 온 신학자들 중 한 명이다."[5]

알렌은 선교사들이 새로운 교회들을 개척한 후 바로 버려두고 떠나야 한다는 것을 결코 주장하지 않았다. 그는 그 교회들을 훈련시키면서 계속 관계를 갖는 것이 적합하다고 생각하였다. 그러나 그들과 함께 남아 있어서는 안 되었고, 오히려 그 밖의 다른 곳에서 계속해서 수고를 하는 것을 바랐다. 사도 바울이 신조, 성례들, 질서들, 그리고 성경을 남겨두었던 것처럼, 현대의 선교사는 다른 지역으로 이동하기 전, 바울이 했던 것처럼 비슷한 토대를 제공해야 했다.

알렌은 복음전도를 가장 우선시하였다. 물론 그는 교육적인 일과 의료 행위들과 같은 선교적인 표현들의 다른 형태들에 많은 이익이 있었다는 것을 인식하였지만, 그는 복음을 전하는 것이 가장 중요하다고 이해했다.

> 복음전도의 선교사역들을 지원하는 이유들과 관련하여 나는 상세하게 이야기할 필요가 없다. 나는 그 사역들이 그 자체로 가장 중요하고, 복음전도사역들 없이 교육 선교나 의료 선교들은 결코 존재해 오지 않았다고 믿는다 … 그리스도가 시작이며 끝이다.
> 다시 말해, 오직 그리스도만이 필요하다. 오직 그리스도 안에만 참 소망이 있다. 오직 그리스도의 영광만을 간절히 사모해야 한다. 그리스도의 주권에 대하여 확신해야 한다. 그리스도의 영에 의한 인도가 있어야 한다. 이러한 것들이 복음전도의 선교사역들을 위한 근본적인 이유들이다. 우리가 그러한 이유들을

---

5 David J. Bosch, *Transforming Mission: Paradigm Shifts in Theology of Mission*, 20th Anniv. ed. (New York: Orbis, 2011), 41.

어떻게 표현하든지, 그것들은 본질적으로 가장 중요하다.[6]

3) 선교적인 믿음

사도적인 모든 패러다임을 둘러싸고 있는 것은 성령의 능력에 대한 믿음이다. 이 믿음은 선교사들이 어떤 온정주의적인 방법들을 피하도록 하며, 신설된 교회들이 서구로부터 오는 외부 간섭과 상관없이 자신들의 현장에서 수고하도록 한다.

선교사들이 신설된 교회들 안에서 역사하시는 성령을 신뢰할 수 없다면, 그들은 그 교회들을 계속해서 간섭할 것이고, 그러다 나중에 간섭을 서서히 내려놓으며, 일반적으로 "점차적인 권한 이행"이라고 불리는 행동을 하게 될 것이다.

4) 토착교회들

네비우스와 앤더슨 그리고 벤의 주장을 기초로 해서, 알렌은 토착교회는 세워지는 순간부터 교회라는 것을 강조했다. 그 토착교회들은 그들 자신의 지도자들을 가져야 하고, 성찬을 자유롭게 행해야 했다. 알렌은 서구 전통이 만들어 온 것과 달리, 토착교회들은 복잡한 문제가 아니라는 것을 명확하게 지적했다.

> 신약성경에서 교회에 대한 생각은 단순하다. 그것은 지도자들이 있는, 신자들로 구성된 몸이다. 직분 자들과 함께 신자들은

---

6 Roland Allen, "The Relation Between Medical, Educational and Evangelistic Work in Foreign Missions," *Church Missionary Society* (March 1920): 57.

바로 그곳에서 교회를 이룬다. 그들 모두는 그 자체로서 교회이다. 이것은 단순하고 이해할만 하다.

그 교회는 그 장소에서 그리스도의 눈에 보이는 몸이다. 그 교회는 그리스도의 모든 권리와 특권 그리고 의무를 갖는다. 그것 위에 보편적인 교회(Universal Church)가 있다. 이 보편적인 교회는 세계에 있는 모든 교회들로 구성되어 있고, 하늘과 땅에 구원받은 모든 사람들로 구성되어 있다. 모든 곳에 있는 사람들은 교회에 대한 사도적인 생각을 아주 정확하게 이해할 수 있다 … 사도적인 체계는 교육과 문명에 상관없이 모든 사람들에 의해 이해될 수 있을 정도로 아주 단순하다.[7]

알렌에게서 토착교회는 "본국에서 스스로 생성하여서 어떤 외부적인 도움이 없는 토양에서 자발적으로 성장하고 확장하도록 해야 한다"[8]고 하였다.

5) 자연스러운 확장

알렌의 선교학은 외부적인 간섭 없이 교회가 자연스럽게 성장하는 것을 포함한다. 1927년에 출판된 저서, 『교회의 자연스러운 확장』에서 알렌은 "확장"에 대해서 다음과 같이 정의한다.

---

7 Roland Allen, "The Priesthood of the Church," *The Church Quarterly Review* 115 (1933): 240.

8 Roland Allen, "The Use of the Term 'Indigenous,'" *International Review of Missions* 16 (1927): 264.

확장은 교회의 각 구성원들이 스스로 깨달았던 복음을 다른 사람들에게 설명하는 활동이다. 이 활동은 누군가에 의해 권면을 받거나, 조직되어 이루어진 것이 아니다. 내가 의미하는 확장은 교회가 소유한 불가항력적인 힘에 의한 확장인데, 이 힘에 의해 사람들은 질서 있는 삶을 살게 되고, 이 삶을 지켜보는 사람들은 그 삶의 비밀을 발견하기 위해 교회로 들어오게 된다는 것이다. 나는 또한 새로운 교회들이 늘어남에 따른 교회의 확장을 의미한다.[9]

그는 그러한 성장을 "정교한 조직이나 많은 재정과 급료를 받는 선교사들이 요구되지 않는, 매우 간단한 것"으로 설명했다.[10]

알렌은 만약 선교사들이 예수의 방법으로 세워진 사도적인 접근을 실행하기만 하면 그러한 성장은 가능하다고 믿었다. 그 선교사들이 세운 교회들은 교회 내 토착민들에 의해 인도되며, 토착교회들은 성령의 권능에 힘입고, 성령을 의존하는 것을 배워야 했다. 선교사들이 그러한 선교적인 믿음을 분명히 하고, 토착교회들이 세워지는 한 자연스러운 확장은 가능하였다.

2. 지난 한 세기

1950년대 영국 국교회의 성직자 조셉 무어(Joseph Moore)는 알렌의 주장들을 남쪽의 인디애나의 시골 지역에 적용하였고 이후엔 네바다와

---

9 Roland Allen, *The Spontaneous Expansion of the Church and the Causes which Hinder It*, American ed. (Grand Rapids: Eerdmans, 1962), 7.

10 Ibid., 156.

알래스카에 적용하려고 했다. 그러나 기존 교회들과 성직자들은 전통적인 기대들을 가지고 있었기 때문에 관습에 얽매이지 않은 접근에 대해 매우 불편하게 생각했다. 알렌은 동 아프리카에 있는 마사이족(Masai)을 섬겼던 로마 가톨릭의 빈센트 도노반(Vincent Donovan)의 선구적인 사역에 영향을 끼쳤다.

홍콩의 주교, R. O. 홀(R. O. Hall)은 자신이 섬긴 교구 전체에 자원하는 성직자들을 두었다. 이것 역시 알렌의 영향이었다. 주교 K. H. 팅(K. H. Ting)은 중국에서 삼자운동에 영향을 주었던 알렌의 작품을 인정하였다. 미국에서 학생자원운동은 알렌의 작품들인 『선교방법들』과 『교회이 자연스러운 확장』에 의해 영향을 상당히 받았다. 1960년대에 알래스카에 있는 몇몇 주교들은 알렌에 의해 제시된 접근을 기초로 원주민들이 중심이 된 사역을 할 수 있었다.

이 주교들 중 일부에 의해 이루어진 결과들은 영국 국교회의 지도자들에게 큰 영향을 주었고, 알렌의 이념들이 중앙아메리카와 남아메리카에 적용되도록 하였다. 주교 아드리안 카세레스(Adrian Caceres)는 『교회의 자연스러운 확장』을 아주 높이 평가하였는데, 1971년부터 1988년 사이에 지역 성직자를 갖지 않은 채 394명의 교회 구성원들로부터 시작하여 48명의 토착민 성직자들과 세례를 받은 20,000명(이들은 240개의 회중으로 나누어지고, 크게 두 교구로 나누어진다)에 이르기까지 확장된 영국 국교회의 성장의 직접적인 원인을 제공하였던 저서로서 인정하였다.[11]

1960년대 초반 데이비드 파톤(David M. Paton)은 자신의 저서, 『성령의 사역: 로랜드 알렌의 일부 선택된 글들』(*The Ministry of the Spirit: Selected*

---

[11] 이 단락에서 제공된 실례들은 Charles Henry Long과 Anne Rowthorn의 글에서 가져온 것이다("The Legacy of Roland Allen," *International Bulletin of Missionary Research* 13 [April 1989]: 68).

Writings of Roland Allen)에서 "알렌은 이제 정당한 평가를 얻고 있고, 전 세계의 대중들로부터 놀랄만한 관심을 받고 있다"고 지적한다.[12] 1963년에 찰스 채니(Charles Chaney)는 다음과 같이 말한다.

> 제2차 세계대전 말 이후, 알렌의 사상은 아주 널리 알려지고 받아들여지게 되었다. 그의 주요한 책들은 다시 인쇄되었고, 그의 이론들은 더 영향력을 발휘하였고, 더 많은 동의를 얻어냈으며, 이전보다도 더 넓은 실제적인 적용을 경험하였다. 오늘날 알렌의 영향력이 그의 시대보다도 훨씬 더 광범위하다는 것은 두 말할 필요 없는 자명한 일이다.[13]

알렌의 사상 되살리기는 "에큐메니칼운동"과 "성경신학의 발생"때문에 발생했으며, 또한 사역할 수 있는 선교사들이 부족하고 재정이 부족한 현실 때문에 각광을 받았다. 그러나 이러한 이유들과 함께, 채니는 다른 두 "주요한 이유들"이 있다는 것을 지적했다.

그는 알렌의 영향이 증가했던 이유는 제2차 세계대전 이후 선교사역들이 방어적이었기 때문이라고 믿었다. 선교단체들과 선교사들은 알렌이 부정적으로 보았던 온정주의의 많은 문제들을 다루지 않으면 안 되었다. 또한 보수적인 믿음을 가진 선교단체들의 급증이 중요한 요인이었는데, 그들은 성경을 선교적인 실제와 성령의 중요성, 그리고 복음전도와 교회개척의 우선순위를 위한 안내서로서 강조하였기 때문이다.[14]

---

12 David M. Paton, ed., *The Ministry of the Spirit: Selected Writings of Roland Allen* (Grand Rapids, Eerdmans, 1970), vii.
13 Charles Chaney, "Roland Allen: The Basis of His Missionary Principles and His Influence Today," *Occasional Bulletin from the Missionary Research Library* XIV, no. 5 (1963): 1.
14 Ibid., 9-10.

지난 한 세기 동안 많은 교회 지도자들은 알렌의 책들을 읽어왔다. 그는 교회 역사에서 가장 영향력 있는 선교이론가들 중 한 사람으로 평가된다. 신설된 교회들의 삶 속에서 성령의 위치에 대한 그의 주장은 토착교회들이 세워진 순간부터 교회로서 가지고 있어야 하는 모든 것을 가지고 있다고 주장하는 사람들에게 받아들여졌다. 알렌의 저서들은 토착교회들이 서양의 간섭으로부터 자유로운 비서구 지역(non-Western lands)에 많이 세워지도록 가속화시켰다.

『자원하는 성직자: 자원하는 성직자와 해외에서 자원하는 성직자에 대한 실제 사례』(Voluntary Clergy, The Case for Voluntary Clergy and Voluntary Clergy Overseas)와 같은 덜 알려진 알렌의 책들은 교회 사역에 평신도를 참여시키는 것과 관련하여 많은 관심을 갖도록 하였다. 1958년에 헨드릭 크래머(Hendrik Kraemer)는 자신의 중요한 저서인, 『평신도 신학』(A Theology of the Laity)에서 알렌의 『교회의 자연스러운 확장』을 언급하였다.[15] 데이비드 파톤(David M. Paton)은 1968년에 알렌의 저서들에 대한 관심은 계속해서 증가해 왔다고 지적하였다. 심지어 로마 가톨릭의 많은 선교 지도자들도 1960년대에 알렌이 출판했던 것에 관심을 기울였다.[16]

전임 사역자들이 부족하고, 재정적 충당의 어려움이 영국 국교회를 강타한 반면, 데이비드 파톤과 찰스 롱은 그러한 문제들은 결국 비전문적인 성직자에 관한 알렌의 견해들을 더 받아들이도록 하였다고 지적하였다. 1980년대 초, 파톤과 롱은 영국 국교회의 많은 교구들 중, 봉급을 받지 않는 많은 성직자들이 있으며, "회중에 의해 세워지고, 주교에 의해 인정되며, 교구에 의해 육성되는" 지역적으로 발생한 사역

---

15 Hendrik Kraemer, *A Theology of the Laity* (n.p.: Regent College Publishing, 2005, reprint), 20.
16 David M. Paton, ed., *Reform of the Ministry: A Study in the Work of Roland Allen* (London: Luterworth, 1968), 7.

의 발전들에 대하여 지적했다.[17]

20세기의 가장 위대한 선교학자이자 교회성장운동의 아버지인 도널드 맥가브란은 자신의 견해에 가장 큰 영향을 주었던 사람들 중 한 사람으로서 알렌을 인정했다. 그는 종족운동(people movement) 사역을 하는 모든 선교사들이 알렌의 책들을 읽도록 권면할 정도로 알렌의 글들에 대하여 강한 확신을 가졌다.[18]

알렌의 저작들에 대한 가치를 인정하였던 또 다른 사람은 레슬리 뉴비긴(Lesslie Newbigin)이었다. 본서와 관련하여 뉴비긴은 선교적 교회운동(Missional Church Movement)으로 귀착하는 신학적이고 선교학적인 기초를 제공하는 데 영향을 미쳤다. 뉴비긴은 심지어『선교방법들』의 1962년 미국판의 서문을 썼다. 알렌의 말들의 힘을 깨달은 뉴비긴은 독자들에게 다음과 같이 권면한다.

> 나는 두 가지를 지적하는 것이 옳다고 생각해 왔다. 왜냐하면 독자는 책을 읽음으로써 진지한 행동을 하고 있다고 격려받아야 하기 때문이다. 일단 독자가 알렌의 글을 읽기 시작했다면, 그는 계속해서 읽게 될 것이다. 그는 이 조용한 목소리가 우리 시대의 교회의 문제들과 너무나 직접적으로 관련되어 있다는 것을 발견할 것이다. 그리고 만일 그 독자가 익숙하게 여겨왔던 것들이 이 엄중한 목소리에 의해 점검을 받고 있다는 것을 발견하게 될 것이다.[19]

---

17 David M. Paton and Charles Long, eds., *The Compulsion of the Spirit: A Roland Allen Reader* (Grand Rapids: Eerdmans, 1983), viii.

18 Donald McGavran, *The Bridges of God* (New York: Friendship Press, 1955), 136.

19 Allen, *Missionary Methods*, iii.

인기 있는 많은 저자들과 특히 교회개척과 관련하여 글을 쓰고 있는 사람들이 로랜드 알렌을 참고하는 것은 오늘날 일반적이다. 릭 워렌(Rick Warren)은 자신의 저서인 『목적이 이끄는 교회』(The Purpose Driven Church)에서 다음과 같이 쓰면서 알렌을 인정했다.

> 교회 리더십의 임무는 성장을 저해하는 질병들과 장벽들을 발견하고 제거하여, 자연스럽고 정상적인 성장이 일어날 수 있도록 하는 것이다. 70년 전 로랜드 알렌은 선교에 관한 자신의 글에서 이러한 성장을 "교회의 자연스러운 확장"이라고 불렀다. 이것이 바로 사도행전에서 나타난 성장이다. 당신의 교회는 자연스럽게 성장하고 있는가? 만일 그러한 성장이 교회에서 일어나고 있지 않다면, 우리는 "왜 일어나지 않는지" 물어봐야 한다.[20]

네일 콜(Neil Cole)은 자신의 저서, 『유기적인 교회』(Organic Church)에서 『선교방법들』에 관심을 가진다.[21] 데이비드 게리슨(David Garrison)은 자신의 저서, 『교회개척운동들』(Church Planting Movements)에서 『교회의 자연스러운 확장』과 『선교방법들』을 인용한다.[22] 알란 히르슈(Alan Hirsch)는 자신의 저서인, 『잃어버린 방법들』(The Forgotten Ways)에서 알렌을 인용한다.[23] 또한 미국에서 인기 있는 많은 저자들이 알렌을 인용한다.

20　Rick Warren, The Purpose Driven Church: Growth without Compromising Your Message and Mission (Grand Rapids: Zondervan, 1995), 16–17.

21　Neil Cole, Organic Church: Growing Faith Where Life Happens (San Francisco: Jossey-Bass, 2005), 110.

22　David Garrison, Church Planting Movements: How God is Redeeming a Lost World (Midlothian, Va.: WIGTake Resources, 2004), 249, 268.

23　Alan Hirsch, The Forgotten Ways: Reactivating the Missional Church (Grand Rapids: Brazos Press, 2006), 83.

일화적으로, 나는 로랜드 알렌에 대하여 배운 것에 관심을 가지는 미국에 있는 사람들을 점점 더 발견하고 있다. 나는 21세기의 선교와 관련하여 어떻게 알렌이 사람들의 사고와 행동에 영향을 미쳐왔는지에 대하여 자주 듣는다.

2010년에 나는 복음주의선교학회(Evangelical Missiological Society)의 실행 이사회와 함께 2012년의 주제와 관련하여 알렌의 책이 출판된 지 100주년을 기념하는 공로로 그의 저서 『선교방법들』의 필요성을 나누었다. 놀랍게도 2012년을 위해 이 주제에 초점을 맞추는 것이 만장일치로 결정되었다. 미국에서 가장 큰 복음주의 선교단체인 북미주선교연합회(Missio Nexus)는 복음주의선교학회(EMS)의 주제에 대해 들었고, 그들 또한 2012년의 모임을 이 주제를 중심으로 운영하기로 결정하였다.

「복음주의 선교 학술지」(Evangelical Missions Quarterly) 2012년 1월 호는 "선교방법들"이라는 주제에만 초점이 맞추어졌다. 나는 알렌의 책 100주년 기념과 관련하여 사설을 쓰는 것에 아주 자랑스럽게 생각했다.[24] 2012년 4월에 나는 알렌의 생애와 선교학에 관한 짧게 기술한 책인, 『로랜드 알렌: 자연스러운 확장의 선구자』(Roland Allen: Pioneer of Spontaneous Expansion)를 출판했다.[25] 영국 옥스퍼드선교센터(Oxford Center for Mission Studies)에 의해 출판되는 정기간행지인 「변화」(Transformation)는 2012년 7월의 주제를 로랜드 알렌의 소논문들에 초점을 맞추었다. 나는 또한 다른 선교 저널들의 편집자들이 2012년 한 권에서 알렌을 조명하려 한다고 들었다.

---

24 J. D. Payne, "Messing Up' Missionary Endeavors: Celebrating Roland Allen's Missionary Methods," *Evangelical Missions Quarterly* 48, no. 1 (2012): 6-7.

25 J. D. Payne, *Ronald Allen: Pioneer of Spontaneous Expansion* (n.p.: CreateSpace, 2012).

최근 미국에 있는 영국 국교회는 로랜드 알렌을 성인들의 달력(Calendar of Saints)에 포함하여 6월 8일을 그를 기념하는 날로 선언했다. 알렌은 그러한 관심에 대해 찬성하지 않았을 것이지만, 확실히 시대는 바뀌었다. 그 당시 일부 사람들에 의해 급진적으로 보여 졌고, 이해되었던 사람이 이제는 푸아티에의 힐라리우스(Hilary of Poitiers), 필립스 브룩스(Phillips Brooks), 토마스 아퀴나스(Thomas Aquinas), 시릴(Cyril)과 메토디오스(Methodius), 마틴 루터(Martin Luther), 그레고리 대제(Gregory the Great), 패트릭(Patrick), 존 칼빈(John Calvin), 디히트리히 본훼퍼(Dietrich Bonheoffer), 어거스틴(Augustine), 존 번연(John Bunyan)과 같은 이름들과 나란히 해마다 기념될 것이다.

백 년 안에 수많은 일들이 일어날 수 있다. 비록 알렌은 잠들었지만, 그는 여전히 말하고 있으며, 이 시대의 사람들은 들으려 한다.

CLC 도서안내

선교적 교회론의 동향과 발전

크레이그 밴 겔더·드와이트 J. 샤일리 지음
최동규 옮김 | 신국판 | 336면

선교적 교회의 태동 배경과 '미셔널'(missional)이라는 용어를 명확하게 분석하고 있다. 그리고 선교적 교회에 대한 개념에 대한 명확한 정의와 선교적 교회의 역사적 신학적 이해를 다루고 있을 뿐만 아니라 선교적 교회의 발전 방향을 제시한다.

변화하고 있는 선교

데이비드 J. 보쉬 지음
김병길, 장훈태 옮김 | 신국판 양장 | 816면

하나님께서 어떻게 구원하시며 이에 대해 인간은 어떻게 반응해야 하는가에 대한 기독교 이해를 다섯 개의 패러다임으로 요약하였고 구원의 초월적이고 내재적인 차원들을 변증법적으로 연결시키면서 부상하는 포스트모던 패러다임의 핵심 특징들을 제시한다.

바울의 선교방법들
Paul's Missionary Methods

2016년 1월 15일 초판 발행

편 집 자 | 로버트 L. 플러머 · 존 마크 테리
옮 긴 이 | 조호형

편 집 | 정희연, 이종만
디 자 인 | 이수정
펴 낸 곳 | 사)기독교문서선교회
등 록 | 제16-25호(1980. 1. 18)
주 소 | 서울시 서초구 방배로 68
전 화 | 02) 586-8761~3(본사) 031) 942-8761(영업부)
팩 스 | 02) 523-0131(본사) 031) 942-8763(영업부)
홈페이지 | www.clcbook.com
이 메 일 | clckor@gmail.com
온 라 인 | 기업은행 073-000308-04-020, 국민은행 043-01-0379-646
　　　　　 예금주: 사)기독교문서선교회

ISBN　978-89-341-1510-6(93230)

* 낙장 · 파본은 교환해 드립니다.

이 도서의 국립중앙도서관 출판시 도서목록(CIP)은 서지정보유통지원시스템 홈페이지(http://seoji.nl.go.kr)와
국가자료공동목록시스템(http://www.nl.go.kr/kolisnet)에서 이용하실 수 있습니다.
(CIP제어번호: CIP2015033618)